THIS FIGHT IS OUR FIGHT

The Battle to Save America's Middle Class

Elizabeth Warren

エリザベス・ウォーレン 著
大橋 陽 訳

この戦いはわたしたちの戦いだ

アメリカの中間層を救う闘争

蒼天社出版

Metropolitan Books
Henry Holt and Company
Publishers since 1866
175 Fifth Avenue
New York, New York 10010
www.henryholt.com

Distributed in Canada by Raincoast Book Distribution Limited

Library of Congress Cataloging-in-Publication data is available.

ISBN: 9781250120618

First Edition 2017

Designed by Kelly S. Too

Printed in the United States of America

1 3 5 7 9 10 8 6 4 2

この戦いは
わたしたちの戦いだ

アメリカの中間層を救う闘争

エリザベス・ウォーレン著

大橋陽訳

蒼天社出版

私をこの戦いに送り出してくれたマサチューセッツの人々に捧ぐ

目次

プロローグ

「ポップコーンを取ってから行くわ」

ブルースに知らせようと階段の上に向かって声を張り上げた。ビールとノートパソコンも手にしていた。

ブルースはテレビをつけていて、ドウェイン・ジョンソン主演の『ボウラーズ』第二シーズンが映し出されていた。息子が一年前に夢中になっていたが、録画を今夜、そう「選挙の夜」まで残してあった。

二〇一六年一一月八日のこと。マサチューセッツ州では投票が締め切られようとしていて、いつものように選挙の夜を過ごそうとしていた。ニュース番組をあちこち切り替え、テレビで大騒ぎを一気見する。ノートパソコンを持っていたから地方の選挙戦もチェックできて、電話もあるから嬉しい結果になればお祝いの電話をかけることもできる。

二〇一二年の上院議員選挙で当選するまで、上院議員というのはプロのように選挙結果を見守るものだと思っていた。どこかの選挙対策本部に大勢の人、壁には数台のテレビスクリーン、電話の呼び出し音、最新情報に食い入る人々。デスクにはたくさんのコーヒーカップやピザの箱。開票率二%のイリノイ州ではダックワースのリードは四ポイントで、第一一選挙区で投票率が高い、といったことを誰かが簡潔に説明している。実際、私はそんなシーンを映画で見たはずだ。

だが、ブルースと私の夜はそんな感じではなかった。今年は改選ではなかったので、選挙対策チームとの協議もなかった。さらに、事ここに至っては、選挙結果に影響を与えることは何もできなかった。あまりに多くの者が当落線上にあったので、これから数時間にわたって数字が動くのを見るのは苦しいことが予想された。

この選挙戦のほとんどの間、私は候補者と一緒にいた。応援し、隣に立って演説をし、一緒に寒さに凍え、汗をかき、中傷も受けた。もちろんヒラリー・クリントンの大統領選挙戦がその夜最大の注目の的だったが、上院議員選挙でもハラハラした。キャサリン・コルテス・マストは、八年前の住宅危機で一緒に銀行と戦った元ネバダ州司法長官だ。ケイティ・マクギンティは、ペンシルヴァニア州の元環境政策担当官で、ウォール街から無限に供給される資金を持つ共和党候補を破ろうとしていた。ウィスコンシン州選出の元上院議員のラス・ファインゴールドは、一五年前、略奪的な貸し手から人々を救うために一緒に戦線を張った人物で、昔の彼の議席を取り戻そうと攻勢に出ていた。マギー・ハッサンはマサチューセッツ州の隣、ニューハンプシャー州の知事で、ニューハンプシャーには応援のために何度も足を運んだ。ジェイソン・カンダーは、ミズーリ州の進歩派民主党員で、坂道を懸命に駆け上がっていた。タミー・ダックワースは、イラクで両足を失ったイリノイ州の退役軍人で、驚くことではないが勇猛な候補者だと証明した。カリフォルニア州司法長官のカマラ・ハリスとは何度も協力して戦いに挑んだ。他の人たちもそうだ。数カ月間、候補者たちはすべてを賭けてきた。選挙の夜には、顔、名前、ストーリー――それらすべてが入り混じり、私は一人ひとりに不安、希望、恐れを抱いていた。

数字が刻まれていくのを大勢で見たくなかった。ただブルースと一緒にいたいと思っていた。その夜はいつものように、テレビ番組と選挙結果の間を交互に行ったり来たりしていた。ソファーに座り、ポップコーンを食べ、ビールを飲み、最高のことを望んでいた。

『ボウラーズ』はとても素晴らしかった。二〇一六年の選挙は、そうはいかなかった。

つまずきの最初の兆候は、いくつかの上院議員選挙であまりにも早く共和党候補が当選確実となったことだった。インディアナ州。フロリダ州。勝つと思っていた候補者、ウィスコンシン州のラス・ファインゴールド、ペンシルヴァニア州のケイティ・マクギンティが突如苦戦しはじめた。それからヒラリー・クリントンも窮地に立たされているようだった。

まるでスローモーションで大惨事を見ているようだった。一台の自動車がトラックに衝突し、別の車がそこに突っ込み、火が出て爆発が起こり、車体があちこちに吹き飛ばされる。

ホワイトハウスを手放し民主党の敗北が重なるのを見て、何が間違っていたのか、どうしてこうなってしまったのかについて侃侃諤諤の議論が数週間続くだろう。多くの評論家が言うだろう（「最初から分かっていたのだが・・・」）。多くの政治家は自分ならばはるかにうまくやれたはずだと確信しているだろう。

確かに、二〇一六年選挙の検証は際限なく続くだろうが、その長い夜が更けていくと、政治の一瞬の風向きについて考えるよりも、むしろこの選挙の副産物が働く人々に再びもたらす痛手について考えるようになった。テレビは祝ったり悲嘆にくれたりしている候補者と支持者の黒だかりを映していた。だが、私の心に去来したのは、数千万のアメリカ人の生活がいっそう厳しいものになるということだった。

＊　＊　＊

政治の世界に足を踏み入れる前、私は教師で研究者だった。数年かけ、アメリカの中間層に何が起こっているのか、働く人々、働きたいけれども働き口がない人々に何が起こっているのかを追跡していた。それは素晴らしく、そして恐ろしい物語だった。

大恐慌から抜け出て、生き残るどころか経済大国に変貌したアメリカの物語は語り草になっている。しかし、ゾクゾクするようなそのストーリーも、私たちがその富で成し遂げたことだ。つまり、数世代にわたって、私たちの国は史上最高の中間層を作り上げたのだ。

自らのハードワークと、政府のツールを使って数百万もの人々に多くの機会を切り開き、私たちは自分たちの手で最高の中間層を築いた。中間層を成長させ拡大するために、課税政策、公教育への投資、新しいインフラ、研究支援、消費者や投資家を保護する規則、反トラスト法、これらすべてを使った。壮観な打ち上げ花火のような事実は、私たちが成功したことを表している。所得の伸びは幅広く、九〇％に相当する人々が所得の伸びの大半を手に入れた。一九六〇年代と一九七〇年代に、幸運なことに私は、アメリカが築き上げたものを享受できた。そのことに今日まで心の底から感謝している。

しかし今、新しい世紀の異なる時代に、最高の中間層は打ちのめされている。アメリカ中で人々は不安に思っている。不安を感じ、怒ってもいる。

中間層は懸命に働いているのに所得がほとんど増えないので怒っている。家計は住宅費と医療費でギリギリまで追い詰められているので怒っている。子供を託児所や大学にやる費用の目処が立たないので怒っている。

貿易協定によって外国の労働者には仕事と機会が与えられているのに、国内には放棄された工場が残されたままだから人々は怒っている。若者は学生ローンで打ちのめされ、働く人々は借金漬けで、高齢者は社会保障（年金）の小切手では必要最低限の生活費すら賄えないから怒っている。道路、橋、安全な水、信頼に足る権力といった基本的なことでさえ政府を当てにできないから怒っている。私たちの子供がよりよい生活を送る機会が自分の世代ほどないことを懸念しているから怒っている。

国民は怒っており、しかも怒っているのは正しい。なぜなら、ようやく勝ち取り、堅固に作られ、とても貴重な私たちの民主主義がハイジャックされたからだ。

今日、この国はトップにいる人にとっては素晴らしく機能している。大勢のロビイストと弁護士を雇える豊かな企業にとっては素晴らしく機能している。従業員よりも低い税率の税金しか払っていない億万長者にとっては素晴らしく機能している。ワシントンで有利な計らいを買う金を持っている人にとっては素晴らしく機能している。政府は彼らにとっては素晴らしく機能するが、それ以外の人に対してはこの国はもはやうまく機能していない。

これは最も危険な腐敗だ。それは現金を詰めた封筒の授受による古典的な賄賂ではない。この洗練され上品で着飾った形態の腐敗は、私たちの政府を変質させてしまい、来る日も来る日も、次から次へ行われる決定に金持ちと権力者の意向が必ず反映されている。この腐敗は、富と影響力をすでに手中に収めた人々のツールへと政府を変質させている。この腐敗はアメリカの中間層を空洞化させ、私たちの民主主義を解体している。

二〇一六年、この不安と怒りが絡み合う中、大いなる約束をしたエンターテイナーが登場した。ヘドロを掻き出すと誓った男は今、ヘドロをつくり政府の有利な計らいを手にしたロビイストと億万長者に囲まれている。ポピュリズムの話をしたが、最悪のトリクルダウン・エコノミクスを提示した男。自分自身のために何度も腐敗したシステムを利用したことがあるから、それがいかなるものか知っていると言った男。アメリカを再び偉大にすると約束し、移民、マイノリティ、女性への攻撃を徹底した男。次の大掛かりな詐欺をつねに追い求めている男。

これからの数カ月間で、この男は大統領選で暴かれた以上に敵対的で不誠実なことが明らかになるだろう。選挙の夜には、この男が次期アメリカ大統領になるのだと、身につまされる思いでテレビをじっと見つめていた。

開票速報は続き、多くの人たちがドナルド・トランプの特別な魅力をしきりに語りたがり、彼が勝利した理由を説明したがっていた。だが、たった一度きりの選挙を説明することよりも必要なことがある。私たちの国がこれほどまで根本的に誤ってしまった経緯と理由を理解することが必要だ。私たちには元の軌道に戻る計画が必要で、早速計画に取り掛かり実現させなくてはならない。

一握りの人のためでなくすべての人のために機会に投資する国家、というわが国の価値観を再生しなくてはならない。自己利益のために民主主義を変質させてしまった人たちから、私たちの民主主義を取り戻さなくてはならない。最高の夢を持ったアメリカを建設しなくてはならない。

ブルースとソファーに座りながら、ドナルド・トランプが政権は「美しいもの」になると語るのを見ていた。いや、美しいものになるわけがない。さらに悪いことに、ホワイトハウス入りするトランプは、すでに窮地に追い込まれている中間層を圧迫し、ノックアウト・パンチを放つ力を持っている。

もし戦うべき時があるなら、今がその時だ。

第一章　アメリカの中間層が消えてゆく

準備万端だった。

二〇一三年三月、木曜の朝。上院に来て二カ月半、これが最低賃金に関する最初の公聴会だ。四年近くの間、連邦最低賃金は時給七・二五ドルに凍結されていた。その時給は歴史的水準からしてもすでに低く[1]、たくさんの労働者が意気消沈していた。最低賃金は、最低額だ。

マサチューセッツ州に戻ったときには必ず、できる限り多く地元の人々と話している。その中には大きなビルでサービス業務をしている人々もいる。こうした人々は、オフィスの給湯室の補充をしたり、ビルの清掃をしたり、警備をしたりする労働者だ。彼らのほとんどが二つ三つ仕事を掛け持ちしていることに驚かされた。公共交通機関を使ってボストンに通っている女性は、フルシフトでビル清掃の仕事をし、続けて朝のシフトでサウス・ステーションの改札で働いている。ボストンのローガン空港で一日中車椅子を押したりバッグを運んだりしている男性は、夕方にはタクシーを運転するか、警備の仕事をしている。ボストン以外でもそうした人々に出会う。ニューベッドフォード、フォールリバー、それからウースターやスプリングフィールドの母親や父親は、街角やハイウェイのファストフード店で働き、選り好みせずどんな仕事でもして生計をつないでいる。ノースショアで出会った女性は、一つの仕事が終わって次の仕事がはじまるまで駐車場に停めた車で数時間眠ると言っていた。とても疲れているので、まだ赤ん坊の娘を迎えに母親の家まで車を走らせると、着くなりソファーに倒れ込む。低賃金労働者は、マサチューセッツ州でも他の州でも、アメリカで最も懸命に働いている人々だ。

私はこの争点にかなり力を入れている[2]。私が見たようなフルタイムで働いても貧困にあるという状態に、この国の誰一人として置かれることがあってはならない。だが、時給七・二五ドルでは、週四〇時間、最低賃金の仕事で働いても、赤ん坊を持つ母親は貧困基準以上の暮らしを維持することはできない。これは間違

最低賃金に関する委員会公聴会。馬蹄の右端が私(4)。

いだ。そして、米国議会が最低賃金を引き上げれば改善の見込みがある事柄だ。私たちは今すぐこれを修正できるはずだ。

上院議員になって一〇週間、ノートを脇に抱えて上院公聴会室に入るのは、いまだにゾクゾクするものだ。この部屋は舞台のようだ。高い天井、重厚な鏡板、濃紺のカーペット。壁に取りつけられた照明は、古代寺院を照らしていたかのようなアールデコ調の巨大なトーチ型だ。公聴会室はあまりにも広いため、互いの声を聞くにもマイクを使わなくてはならない。

上院議員は、一段高い壇に配置された巨大な木製の馬蹄型の台に沿って座った。椅子は非常に大きく背も高い革製で、古代の王が現代の最高経営責任者(CEO)に出会うような感じだ。証言者はU字の空いた部分の低いテーブルに着席し、彼らの背後には傍聴者がいた。部屋のデザインは、上院の威厳と厳粛さを呼び起こし、上院の権力をまざまざと見せつけている。

上院における厳格な先任者の尊重と私の後任者としてのステータスに合わせて、私の椅子は中央演台から一番遠く、馬蹄の一方の端にあった。私は気にしなかった。これは上院議員にお決まりの事だと理解していた。この委員会は映画のワンシーンを撮影するのではなく、どこにでもいる働く人々になりかわって最低賃金の引き上げを要求するのだ。

最低賃金引き上げ運動が全米で勢いを増していた。この公聴会はその戦いを前進させる絶好の舞台だ。この委員会は、仮に今実行しなかったとしても、三〇〇〇万のアメリカ人のために引き上げを勧告する権限を現に持っている。[3] いくらかの前進を確実にしたかった。戦わなければ勝てない。

また、四〇年以上もの間、労働者の賃金の上昇率はインフレ率に追いついていなかった。[5] 生産性は上昇した。利益は上昇した。[6] 経営幹部は昇給を得た。[7] この国で最もハードでダーティーな仕事をしている人々がちょっとした安心を築くチャンスを得られるように、どうして私たちは最後まで一致できなかったのだろうか？

この完全に「超党派」の事案をもう一回試してみようではないか？ 一九三〇年以来、共和党は民主党と共に最低賃金の定期的引き上げを支持してきたが、最低賃金が四年間据え置かれた現在、何らかの引き上げのために協力を得られないだろうか。おそらく私が望むほどにはならないだろうが、少なくとも何かをしてもらえないだろうか？

無理だ。共和党は拘束されていた。彼らは最低賃金のほんのわずかな引き上げでも阻止するだろう。

公聴会では、最低賃金引き上げが雇用に及ぼす影響について、激しいやりとりがあった。データは明白だ。多くの研究は、最低賃金が上昇しても雇用に大きな悪影響はないことを示していた。そしてわが国の第一人者が私たちの目の前に座りまさにその点を証言した。[8] 私は数人の証言者と論戦し、どれほどまでに最低賃金が下落してきたのかはっきりさせたが、一時間半後、終了に向かった。

私は書類をまとめ、小槌が鳴らされ次第席を立とうとしていた。テネシー州選出でこの委員会で議員歴が最も長い共和党議員、ラマー・アレクサンダーが最後の質問をしていたとき、証言者が遮って議会には最低賃金の適正水準を定める責任があることを指摘した。

アレクサンダー上院議員は、もし自分が決められるなら最低賃金などというものはないと応じた。最低賃金などない。一五ドルではない。七・二五ドルではない。五ドルではない。一ドルですらない。

その発言は不用意に発せられたものではない。頭のおかしい興奮したイデオロギー信奉者によって叫ばれた宣言ではなかった。そうではなく、ベテラン上院議員は、雇用主が時給五〇セントでどうしても働きたいという者を見つけられるなら、一セントたりとも余分に支払う必要はなく、雇用主にはその賃金を支払う権利があると自信を持って主張した。彼は、雇用主はケーキを食べることができ、労働者はテーブルから落ちるパンくずがどんなものでも奪い合うものだと言ったようなものだ。

まばたきをしている間、私の心は重厚な鏡板の上院公聴会室から離れていた。壇に座っていなかった。私には後ろに座る補佐官はいなかったが、カメラは私の方を向いていた。

＊　＊　＊

まばたきをしている間、私はオクラホマシティの痩せた一六歳の少女に戻った。それは初秋のこと、高校三年生になったばかりだった。

その頃、私たちは小さな家族だった。残っていたのは、母、パパ、そして私だった。三人の兄はそれぞれ軍隊に入り、結婚し、自分の家族を築きはじめていた。

すべての家族と同じように、私たちにも浮き沈みがあったが、十代の目から見ると、生活は少し落ち着きを取り戻したようだった。母は百貨店のシアーズで電話応対をし、パパは芝刈機とフェンスを売っていた。二つの収入源だ。借金取りが電話をかけてきたり、家を差し押さえると脅したりしていたときから数年が経過していた。夜遅く、母が声を殺して泣くのを聞くこともなくなっていた。

それでもまだ厳しかった。余分なお金はなかったし、余裕もなかった。私はウェイトレスとベビーシッターをした。不定期だったが、縫製とアイロンがけで数ドルを手にした。私は一六歳だった。一六歳で世界が崩れ去っていくのを見ていた。これは高校最後の一年で、ノースウェスト・クラッセン高校の誰もが、私を除いて誰もが、将来を夢見ているようだった。友人はみな、大学のことを話していた。大学、女子学生社交クラブ、専攻を比較しだすと止まらなかった。いくらお金がかかるのか気にしている者はいなそうだった。私? 私は大学に願書を出すお金すらなく、ましてや授業料や教科書代には手が届かなかった。大学は月にあるんじゃないかと思う日もあった。

それは私の人生で惨めな時期だった。

ある夜、母と私は高校卒業後の進路のことでまたぶつかった。今にして思えば彼女はベストを尽くそうとしていたのだと思う。彼女は長時間働いていたし、ときには限界にきているようだった。

そしてあの夜、すべてが制御不能になった。彼女は私に向かって叫んでいた。なぜそんなに特別で大学まで行かなくてはならないの? 家族の誰よりも優秀だと思っているの? どこからお金が出てくるの? 私はいつものようにした。静かに床を見つめ、うんざりして寝室に引き上げたのだ。だが、今回は寝室に行くだけではすまなかった。彼女は私の部屋までついてきて叫び続けた。とうとう立ち上がって一人にしてと母に向かって絶叫した。

不意に彼女は強く私の顔を殴った。

二人とも驚いたのだと思う。母は部屋から出て行った。私は少しの服をキャンバスバッグに詰め込み、玄関を飛び出した。

数時間後、街中のバス乗り場のベンチに座っている私をパパが見つけた。私の顔は赤く、まだ震えていた。私は傷ついていた。傷つき、落胆していた。

人生のすべてが間違っているように思えた。

ベンチの私の隣にパパは腰を下ろし、長い間何も言わなかった。二人とも前をじっと見つめていた。しばらくすると、パパはお腹が空いたなと言った。彼は自動販売機に行き、いくつかクラッカーサンドウィッチを買ってきた。それから、パパが心臓発作を起こした後、パパも母も家を失ってしまうと思ったつらい数カ月間のことを覚えているかと私に尋ねた。

私は覚えていた。

ほぼ四年が経とうとしていた。心臓発作の後、パパは長期間入院し、退院して帰宅したときには髪が白くなり、以前にもまして寡黙になった。数時間一人で座り、タバコを吸い宙を見ていた。兄のデイビッドが陸軍に入隊してから空になっていた狭い寝室にパパは移った。

数カ月間、母はクリネックスか、いつも買っているノーブランドの安物のティッシュペーパーを持ち歩いていた。彼女はティッシュを細くちぎり、丸めて灰皿や化粧台の上に置いた。だが、泣き出してもいいようにいつもティッシュを持っていた。そしてたくさん泣いた。

パパは、それが人生最悪の時だったと言った。医者が彼の首のしこりがガンだと言った時よりも悪かった。パパの親友、クロードが死んだ時よりも悪かった。ひどい衝突事故に遭って、フロントガラスを突き抜け肩が裂けた時よりも悪かった。

「連中がステーションワゴンを奪ったとき母さんは家にいた」と、低い声でパパが言った。「それから連中は家を差し押さえるつもりだとも言った。母さんは毎晩泣いていた」。

パパはしばらく間を置き、「見ていられなかった」と言った。

バス乗り場のベンチに座って、パパは私に、失敗して恥ずかしくて死にそうだったと言った。彼は死にたがっていた。彼は、私たちの暮らしから、地球から、そしてうまくいかなかったすべてのことから逃れたがっ

パパは言った、「人生は良くなる、カボチャちゃん」。

ていた。彼は事態がとても悪いことを受け止め、今夜は母と私をそっとしておいた方がよいかと聞いた。

どうしたの？　私は聞いた。

パパは長い間黙って座っていて、あのひどい日々の記憶をたどっていた。まだ私を見ていなかった。ようやく彼は両手で私の手を取り、しっかりと握った。

良くなった、とパパは言った。お前の母さんは仕事を見つけた。しばらくして俺も仕事に戻った。いくらか返済もした。お金はあまりないけどなんとかやっていける。俺たちは住宅抵当ローンもちゃんと返済している。お前は大丈夫そうだね、と。

やっとパパは横を向いて私を見た。「人生は良くなる、カボチャちゃん」。

たとえどんなに悪いと思っても人生は良くなる、頑張れ、とパパは私に言った。このように私はこの時期のことをいつも思い出す。私はその話を何十年もポケットに忍ばせている。そうやって私は苦しいときを乗り切ってきた。離婚、失望、死。事態が本当につらくても、その話を引っ張り出してきて心の中にしっかりと刻む。パパの声を聞くと、いつも気持ちが楽になった。彼の一節は今では私のものだ。

人生は良くなる、カボチャちゃん。

＊　＊　＊

まばたきをして、私はあの意匠を凝らした公聴会室に戻った。だが、たった一回のまばたき、誰かの人生を変えるのに必要なのはそれだけだ。パパの人生、母の人生、私の人生。

オフィスに戻り、私の家族はちょっと間違えば大惨事になるところだったと思った。パパの心臓発作の後、私たちは坂道を転げ落ち断崖に向かっていて、崖から落ちる寸前、母が一本の枝――シアーズでの仕事――を掴んだ。彼女は五〇歳で、給料をもらう仕事に就くのは人生で初めてだった。彼女は電話に出てカタログ注文を受けた。窓のない窮屈な部屋で、大半が母のように打ちのめされた八人の女性が、一日中座り、電話をかけてきた顧客の注文を聞いていた。彼女はハイヒールにストッキングを履き、毎日、同僚と一緒に四〇分の昼休み、それぞれ一〇分きっかりの休憩を二度とった。

そして彼女は最低賃金で働いていた。

だからアレクサンダー上院議員が自分に任せてもらえるなら最低賃金はないと言ったとき、その仕事が母とパパと私にとってどれだけ多くの意味があったのかを考えた。母の最低賃金の仕事は私たちの住宅を守っただけではない。家族を救ったのだ。ええ、それで私たちの生活は完璧になったわけではない。父の心臓発作の医療費を払い終えるには数年かかった。母はごくわずかなお金すら節約するために食料品の買い物リストを考えに考えた。母が不安でいっぱいになり激怒したことも、パパがひどく寡黙になったこともあった。だが、バラバラにはならなかった。私たちはなんとかなった。危なかったけれど、それでも持ちこたえた。

パパが病気になった後、もし私たちが暮らしていけるお金を母が稼げなかったら？　私たちはすでにステーションワゴンを失っていた。家を失ったら？　恥で父はどうなってしまっただろう？　もし私たちを残して父が逝ってしまったとしたら？　パパを失ったら母と私はどうなっただろう？　母と私はぶつかり合ってきたから、致命的に傷ついたらどちらも立ち直れなくなってしまったのではないか？

母がシアーズの最低賃金の仕事で落下を止められなかったら、どうなってしまったのか分からない。だが、はっきりしているのは、最低賃金のような重要問題についての政策決定は重大だということだ。そうした政策決定は——遠く離れたワシントンで、優雅な部屋に到達した自信を持った裕福な男女によってなされるのだが、——本当に重大だ。

母がシアーズで働いていた一九六〇年代には、最低賃金の仕事で、三人家族がなんとか暮らすことができた。母は高卒で職歴もなかったが、シアーズが電話応対をする者を必要としたとき、法律の定めにより、会社は私たち三人家族が自立するのに必要な時給を支払った。

そして、最低賃金引き上げに反対する議員の胸の内にある不公平にうんざりする。母がシアーズに働きに行ってから数十年後、アメリカはより豊かになった。事実、アメリカの総資産は史上最高を記録している。(9)

母は政治にあまり関心がなかったが、五〇年後、最低賃金は大幅に高くなると考えていたのは確かだ。一九六五年に三人家族を養い住宅ローンを払うことができたとすれば、今でも最低賃金によって家族は、例えば住宅や自動車を買うことができて、おそらく痩せた娘の大学出願のためのわずかなお金くらい持てるだろう。そうだろうか？

違う。完全に間違いだ。

インフレを調整すれば、今の最低賃金は一九六五年よりも低い——約二四%低い。[10]シアーズでの仕事によって、母は三人家族の生計をかろうじて立てることができた。今日の母親は、フルタイムで働いても最低賃金であれば、アメリカのどこへ行っても二つの寝室のある平均的なアパートメントの家賃を払えない。[11]私の育ったオクラホマ州では、母の収入は、三人家族の貧困基準所得近くまで落ち込むことさえなかった。[12]家賃を払い、食べ物を食卓にならべ、学校の靴や昼食代に少しお金を残しておく。今では、それらすべてに手が届かなくなった。今日、家族の転落を食い止めようとする母親は、私の家族のためにあったのと同じ枝を掴むことができない。

かつてないほど多くの家族が金銭の崖から落下して岩場に打ちつけられているのに、今のワシントンは目を背けている。私は上院議員になり五年になるが、任期中、苦い教訓を学んだ。共和党主導の議会はただ無関心だという教訓だ。

人々が人生で行き着く先は、勤勉と幸運だけで決まるわけではない。規則もまた重要だ。政府が億万長者のために数百億ドルもの税の抜け穴を作るのか、それとも大学に行くお金を借りなくてはならない学生の負担削減にそのお金が使われるのかが重要だ。ウォール街が国民を住宅ローンで欺いたりクレジットカードで騙したりして数十億ドルを稼ぐのか、それともウォール街を誠実にするために取締りの警官を配置するのかが重要だ。最低賃金があまりにも低いためにフルタイムで働いても貧困のままでよいのか、それとも最低賃金というものがふつうに暮らしていけるだけの賃金を意味するのかが重要だ。

会議やカンファレンスに出席し、証券に投資して別荘を持つ人が、揚げ物調理人やレジ係が自身や家族の暮らしを日々支えていることを一顧だにすることなく、最低賃金引き上げがマクドナルドやベスト・バイのような巨大企業に与える影響を心配するのを聞くと、歯ぎしりで頭が痛むほどだ。上院議員が堅実なデータを無視する一方で高尚な理論経済学的議論を展開するのを聞くと、絶叫したくなる。生活賃金に反対し、ファストフード店の労働者を搾取して財を成した人物をトランプ大統領が労働長官に指名すると[13]*、テーブルに頭を打ちつけたくなる衝動にかられる。そして、議会の私の同僚が、なんとか切り抜けようと必死に頑張っているすべての人を威勢よく見捨てたにもかかわらず、すでになんとかやりくりしている人々について深い懸念を表明するのを聞くと、私の中で怒りが実体的な力のように湧き上がる。

機会の国アメリカは攻撃を受けている。私たちはかつて、多くを持たないが懸命に働く人々に恩恵を与えるために、中間層を成長させるために、子供たちに機会を生み出すためにこの国を運営してきた。私たちはかつて、貧しい子供が他の子供たちと同じように機会を得られるという理想を抱いていた。

私たちはかつて、機会はゼロサム・ゲームではないと信じていた。つまり、他の者の機会が増えても自分の機会が減ることにならない、と信じていたのだ。

私たちはかつて、地上で最も偉大な国アメリカは、より多くの国民により多くの機会をもたらすように未来を変えられると信じていた。だが、今日、ワシントンの決めることすべてに偏りがある。政治家は、次の選挙の資金調達ばかり考え、ロビイストはあらゆる権益を追求し、大勢の企業弁護士は政府機関を取り囲んでいる。大物経営者はウォール街で数百万ドルを稼ぐと、回転ドアを通って数年間政府政策に責任を持つ立

*トランプは労働長官に、ハンバーガー・チェーンのカールスジュニアなどを運営するCKEレストランツのCEO、アンドリュー・パズダーを指名した。だが、スキャンダルが続出し、二〇一七年二月一五日にパズダーは指名辞退を表明した。その後、ヒスパニック系で全米労働委員会委員や司法次官補などを歴任した元連邦検事、アレクサンダー・アコスタを指名し直した。アコスタの指名は同年四月二七日に承認された。

場となり、それからもっと金を稼ぐために企業側に戻っていく。シンクタンクは、対価が適正であればどんな意見でも述べる似非専門家を支援している。その結果、金持ちと権力者が勢力を伸ばし、他方、他の人々は後ろに後ろに追いやられていく。こうした政策決定が数十年積み重ねられた結果、アメリカの中間層は空洞化し、私たちは国家として弱体化した。

ゲームは仕組まれている。ゲームは、金持ちをもっと金持ちに、権力者をもっと強力にするように、意図的に、永続的に、攻撃的に仕組まれてきた。政策決定を推進しているのが穏やかな物腰の男であれ、狂信的な扇動政治家であれ、その政策決定がどういうものか、それが誰を助けようとしているものかが重要だ。

中間層と破綻

多くの人々がゲームは仕組まれていないと言う。よりよい国にするために全身全霊を傾けている一部の非常に賢明な人々は、アメリカの経済システムを褒め称える。そして、彼らはそれを裏づける多くの数字を持っている。確かに二〇〇八年の崩壊で落ち込みを見せたが、大局的には素晴らしく見える。国としては、アメリカは豊かに、より豊かになり続けている。

非常にたくさんの幸せなストーリーがある。

- 株式市場は大きく上がっている。[14]
- 企業利益は記録を塗り替えている。[15]
- インフレ率は何年も低いままだ。[16]

- 私たちが毎年生み出す資産は一世代前の二倍だ。[17]
- 失業率は低下し、金融崩壊後に仕事を失ったたくさんの人々が今は仕事を持っている。[18]

ウォール街の豪華なパーティーが増えているのはとても良い。大ヘッジファンドのシタデルは二〇一五年に好調だった。[19] シタデルはケイティ・ペリーを（噂では五〇万ドルで）目玉にしたパーティーで祝い、別の機会には、天井からケーブルで吊るされた私の好きな音色のバイオリニストたちと一緒に、マルーン5を（これまた五〇万ドルほどで）登場させたパーティーで祝った。マルーン5とケイティ・ペリーはとても才能があり、どちらも進歩派の大義のために激しく戦ってきた。もし億万長者が彼らや大勢のバイオリニストに大金を払いたがっているなら、全額を受け取るべきだ。だが、信じられないことに、たんなるエンターテイメントのパーティーに四人家族が半世紀間食べていけるほどの費用をかけるべきなのか？[20] 報道によると、翌年、シタデルのCEOは、セントラルパークを眺望する高層ビルに三フロアに及ぶ新しいコンドミニアムを、さっかり二億ドルまで吊り上がった価格で購入した。[21] 空中のこのコンドミニアムは、普通のアメリカ人の住宅一二軒分とほぼ同じ広さだ。[22] そして、彼が買わない理由があるだろうか？　彼はすでにシカゴとマイアミで最も高額な住宅を購入した記録を打ち立ててきたので、ニューヨークの物件で記録を更新する頃合いだった。[23]

シャンパンのコルクを抜こう！

だが乾杯し、エアーキスをする前に、そうした景気の良い見出しとしゃれたお祝いをすべてどけて、アメリカの何百万もの家族が生きている現実をよく見てみよう。一瞥しただけで鞭打ち症になるほどの衝撃だ。私たちが見るのは、まだ夜が明けないうちに起床し、一日中働き、夕方には二つ目の仕事に行き、洗濯物の山をたたむのは夜遅くで、最後の一つまでたたんでようやく眠りにつく人々だ。私たちが見るのは、限界まで頑張っているのに、毎月ちょっとずつ悪くなっている人たちだ。私たちが見るのは、一八〇〇平方フィートのコンドミニアムの億万長者とは似ても似つかない生活だ。なぜなら何かのおとぎ話の世界の暮らしではなく、今の現実の暮らしだからだ。

＊　＊　＊

本書を書きはじめて間もなく、ジーナという女性と話をした。彼女は五〇歳——私の母がシアーズで働きはじめたのと同じ年齢だ。ジーナは自分のことを話したがっていたが、近所の人や雇用主に身元が分からないように、本では名前と人生についていくつか細部を変えてほしいと言った。私はそうすると約束した。

ジーナは苛立っていた。突然爆笑し、突然怒りを爆発させた。背が低くがっしりしていて薄茶色の髪を持ち、スーパーの列で周りの人に話しかけ、店員一人ひとりの名前まで知っているような女性だった。彼女は誠実な友人で、誇り高きアメリカ人だ。

ジーナは四人の姉妹と一緒に育った。十代のときに父親は亡くなり、その後は母親が家族経営のバーを切り盛りしてきた。ジーナは、「母は汚いジョークは何でも知っているのよと言っていました」とハスキーな笑い声を発した。

彼女のストーリーの初めは順調だった。ジーナは大学に行きビジネスの学位を取得した。彼女はダレンと出会って恋に落ちた。二人であちこち住まいを移したが、家族を築くには良い場所に思えたため、ノースカロライナ州の小さな町に落ち着くことに決めた。すぐに二人の男の子が生まれた。大人になったジーナとダレンにとって、住宅購入が中間層に仲間入りした瞬間だった。(24) それは小綺麗なほぼ新品のトレーラーハウス

COURTESY OF COPYRIGHT OWNER

ジーナの芸術的な手作りの一つ、クリスマス飾り。

で、砂利を敷き詰めた長い道路を持つ大きな区画に恒久的に設置された。

ジーナは話を急ぎ、この家がいかに大切か訴えようとした。その家は彼女が何者なのか、彼女が何を成し遂げたのかを語っているという。「わが家を愛しています」とジーナは言った。「私たちは家の手入れをきちんとして、私たちはここに住んでいて、全世界が私たちを見ているのです」と。

ジーナは良い教育を受けていたが、二人の男の子が小さいときに子供と一緒に居る決心をした。彼女は子供の学校でボランティアをし、スクラップブック作りをし、何もないところから小さな宝物を作った。彼女の家族にとって良い時代だった。

二人の男の子が学校に入ると、ジーナは仕事をすることにした。彼女は大きな全国的な会社に営業担当として就職し、三つの郡の小売業者に売り込みの電話をかける仕事をした。ダレンも屋根職人としてうまくやっていた。彼はトラックを持ち、ジーナは自動車を持ち、二〇〇〇年代後半まで、彼らは年に約七万ドルを稼いでいた。

その所得があったのでジーナとダレンは中間層にいた。彼女たちはアメリカのすべての四人家族の約半数よりも稼ぎが多く、約半数よりも少なかった。つまり正真正銘の中間層だった。だが、十分な堅実な収入を持っていても、ジーナとダレンはほとんど外出しなかった。彼女たちはディスカウントストアで買い物をした。ときどきする外食はたいていデニーズかチリーズだった。何よりも、ジーナとダレンは慎重だった。彼女らは四〇一（k）に拠出し、いくらか株式を買い、住宅ローンを一部繰上げ返済し、いくらかの現金貯蓄をとっておいた。彼女らは、巨大部族、つまり、絵に描いたような堅固なアメリカ中間層の一員だった。

現在、ジーナはダレンと依然として婚姻を続けていて、依然として同じ住宅に住み、依然としてスクラップブックにボタンやレースの飾りつけをしている。依然として彼女は中間層だろうか？　彼女の答えは短く苦いものだ。

「中間層なんてどこにもいないと思います。中間層がいるとしたら、食料貯蔵配給庫に行く必要なんてないでしょう。」

ダレンの屋根職人としての仕事は不安定で、背中と膝に不調を抱えていた。ジーナは今ウォルマートで働いていて、そんな具合に暮らしている。

株式と貯蓄は、一人もしくは二人とも仕事のないときに不足を埋めるために使ったので、尽きてしまった。少額の四〇一（k）はほとんどなくなっている。二人の男の子が大学に通うのを援助するお金は全くなく、今、彼らは成人間近だ。二人ともバイトをし、自分自身の住居を持てないので実家に住んでいる。

ジーナの車は今一七年目だ。彼女とダレンは自宅の売却について話したが、彼女が言うには住宅ローン返済額は家賃よりも少なく、トレーラーハウスは、大きな区画にあったとしても、あまり高値がつかないという。ジーナは絶対に返済できないと認めた。なぜ？　なぜなら今、ジーナとダレンの所得は合わせても二万六〇〇〇ドルに満たないからだ。

何が起こった？　ジーナのようなしっかりとした中間層の女性を食料貯蔵配給庫の入口に立たせた、衝撃的な個人的悲劇や異常な不運とは何だったのか？

何もなかった。

危機はなかった。事故はなかった。災難の話もなかった。摩耗した経済は、ジーナのような家族に対してもはや機能していない。

そして、このストーリーから経済が機能していないことを思い知るから、苛立ちでテーブルを叩きたくなる。ジーナとダレンに起こったことが現代経済なのだ――バブルのような株価、企業利益、ケイティ・ペリーを呼んだプライベート・コンサート、それらすべてを生み出す経済だ。起こったのは、大蛇が獲物を絞め殺すような、勤労世帯が息も継げなくなるほどの圧迫だ。

ジーナのストーリーは、ちょっとバリエーションはあるものの、全米の何百万もの家計で繰り返し起こるかもしれない。起こるだろうか？　ええ、まさしくそれは何度も何度も繰り返し起こっている。

だが、彼女のストーリーで私が一番気になる部分は、ジーナがやるべきことを全うしたことだ。彼女は懸命に働いた。それどころか彼女は何年もの間働きすぎだった。二時間半の通勤のために早起きし、食料を買うお金を削ったので、住宅ローンを少しだけ余分に返済できた。彼女は、貯蓄、保険、退職後のための蓄え、すべてルールにしたがってプレーした。そして今、彼女は五〇歳で長い下り坂にいる。たまには外食をしていた家族は今、その月の収支を合わせるために食料貯蔵配給庫を訪れなくてはならない。

幸運の女神は一部の人にしか微笑みかけず、順調な航海を保証されている人は誰もいない。分かっている。だが、ジーナだけではない。彼女は、目には見えないアメリカの中間層崩壊の巻き添えだ。彼女や、かつて中間層だった家族は体裁を保ち、芝刈りをして近所の人にニコニコ手を振るかもしれないが、彼女たちの経済生活は地獄といえる。

ジーナが話すとき、彼女の声は言葉と同じくらい多くのことを物語っている。自宅に持つ誇り。息子たちの心配。強がり、水を吸う砂利のように人生の出来事を何でも受け止める態度。そして震えるほどの絶望。

次にジーナに何が起こるのか？　ダレンが働けなくなるとどうなるのか？　いつバラバラになるのか？　五〇ドルの定額自己負担がかかる高血圧治療の服薬をはじめる頃だと医師が判断したときや、自動車のトランスミッションがとうとう壊れてしまったとき、彼女たちはどうするのか？　ジーナが早口で話し、息ができないように聞こえるときがあるのも驚くことではない。

アメリカ経済について、いくつかそれほど嬉しくない事実を検討しよう。

- ほぼ四人に一人のアメリカ人が期限までに請求額を支払えない。[25]
- ほぼ半数のアメリカ人が四〇〇ドルの予想外の支出を埋め合わせることができない。[26]
- 過去半世紀のいかなる時期よりも住宅所有率は低い――六三・五％。[27]
- フルタイムで働く典型的な男性は、一九七二年よりも現在のほうが少ない。[28]
- わが国成人人口のほぼ三分の一――七六〇〇万人――は、自分の生活を「やっていくのに苦労している」または「ギリギリやっている」と言い表している。[29]

GDP、株式市場、企業の収益性、失業など、全体的な経済統計は非常に重要だが、それらが描くバラ色の構図には大きな盲点があり、アメリカ人の生活経験を語るものではない。アメリカの中間層が空洞化したので、これらの数字は、ジーナや彼女のような何百万もの人に起こっていることを描く上で不正確になっている。GDPの伸びは、その成長が幅広く分かち合われていた時代のアメリカについては、はるかに多くのことを明らかにしていた。株価は、多くの人々が貯蓄し、会社が彼らの年金に拠出していたときには、中間層の安心が増したことを映し出していた。企業の収益性は、大量のレイオフと海外移転の関数ではなかったときには、より多くのことを意味していた。失業統計は、ウォルマートの不規則な二〇時間の仕事ではなく、給付のあるフルタイムの仕事があるときには、より役立つ指標だった。失業率も、最低賃金が人々を貧困から救うものだったときにはより重要だった。

GDPが上昇し、失業率が低下すると嬉しい。やった！　だが、私はシャンパンを飲んでいるわけではない。事実、私はどこでもあらん限りの警鐘を鳴らしている。私たちのかつて堅牢だった中間層は瀕死だ――危機であり、時間がなくなってきている。そうした嬉しい数字のそれぞれが経済記者、評論家、政治家によってあまねく使われているが、そうした数字は、アメリカの中間層が文字通り消えていっているという事実を取り繕っている。

貧乏暇なし

ジーナは、仕事があるのは運が良いと感じているが、ウォルマートで働くことについて、かなり率直に嫌だと言った。今、彼女は地元のウォルマートで働いて九年になり、長時間立ちっぱなしで接客し、店舗周りで重い商品と格闘している。だが、彼女が心を痛めているのはそのことではない。

昨年、経営幹部は従業員に大幅な昇給があると言った。職場に車で行くときや洗濯物をたたんでいる間に、彼女は昇給分をどのように使おうか考えていた。家の修繕に使おうか。緊急時のためにわずかなお金を取っておこうか。それとも「ママの役目だから」息子を援助しようか。そして眠りにつく寸前、何年もの間新しい洋服を全く買っていなかったと思った。買えたらいいな、買えたらだけど。

数週間、考えることが嬉しかった。彼女は、自分や同僚の仕事にウォルマートがどのように敬意の証を示すのか考えた。心の中で、「大幅な昇給」というフレーズを繰り返した。それが何を意味するのか思いを巡らせた。たぶん時給二ドルの昇給か？　それとも二・五ドル？　週に八〇ドル、いや一〇〇ドルにもなる。そう考えるのは楽しかった。

その後、昇給を通知する手紙を受け取る日が来た。時給二一セント。桁が足りない二一セント。合計、一日一・六八ドル、週八・四〇ドル。

ジーナは手紙を手に取りそれを見て、「侮辱」のように感じたと説明した。ほんのわずかな昇給について語るとき、彼女の声は怒りに満ちていた。怒りは恐れを帯びていた。ウォルマートが何をしたとしても、彼女は受け入れざるをえなかった。彼女にはまだこの仕事が必要だ。ウォルマートが彼女を塵芥のように扱ったとしても出勤しなくてはならないだろう。まさに彼らは塵芥のように扱った。

二〇一五年、ウォルマートは一四六億九〇〇〇万ドルの利益を上げ、ウォルマートの投資家は配当と自社株買いで一〇四億ドルを懐に入れた[30]──そしてジーナは時給が二一セント上がった。これは犠牲を分かち合う話ではない。「厳しい時代」に営業を続けようともがいている会社の話ではない。気前のいい昇給を与えられない中小企業のことではない。真逆だ。ウォルマートは、世界中のジーナのような人々から大金を生み出しているとてつもなく豊かな会社だ。

フォーブスのアメリカで最も豊かな四〇〇人のリストには、ウォルマートの大株主、ウォルトン家の七人が入っている。[31] ウォルトン家の七人は、合わせると、約一億三〇〇〇万のアメリカ人と同じくらいの資産を持っている。七人ではソフトボールチームの人数にも満たないが、彼らは四〇%の国民よりも多くのお金を持っている。やむにやまれずではなく、できるがゆえに、ウォルマートは日常的に労働者を搾取している。会社がうまくいっていれば従業員も潤うという考え方は、ウォルマートのような巨大企業には当てはまらない。

ウォルマートはアメリカ最大の雇用主だ。一五〇〇万以上のアメリカ人が、この企業を世界で最も収益性の高い企業にするために働いている。他方、ジーナが言うには、彼女の店では「ほとんどすべての若者がフードスタンプをもらっている」。[32] そして、それは彼女の店だけではない。アメリカ中のウォルマートでは、賃金があまりにも低いので、貧困を免れるために、従業員の多くはフードスタンプ、家賃補助、メディケイド、他の様々な政府給付に頼っている。

次回ウォルマートに行って駐車場に車を停めるとき、一呼吸おいて、このウォルマートには——全米五〇〇〇以上の他のウォルマートと同じく——アパートメントの家賃、食料の購入、あるいは子供を育てる上で欠かせない医療にも事欠く収入しかない従業員がいて、彼らへの約一〇〇〇万ドルの直接補助を納税者が負担していることを思い出してほしい。[33] ウォルマートは、あなたのような納税者から合計で毎年七〇億ドル以上の給付を受けている。[34] ウォルマートの「超低価格」は、ものすごく低い賃金によって、またウォルマートの労働者がものすごく低い賃金で生きていけるようにあなたが支払う税金によって実現されている。

前に述べたように、フルタイムで働く者は誰でも貧困に陥るべきではない。また、従業員の食料、住む場所、医療を納税者が払わなくてはならないほど低賃金ならば、ウォルマートのように唸るほど大金を稼ぐ企業は、株主に利益を分配すべきではないと思う。右派の大口を叩く連中が福祉を声高に批判するのを聞くと、「その通り、ウォルマートはこれまで長い間莫大な政府援助を吸い上げてきましたよ」と思う。だが、どういうわけか、これらの連中は福祉の女王ウォルマートについて語らない。
ウォルマートだけではない。小売業やファストフードの店舗の雇用主があまりにも低い賃金しか支払わないので、労働者を援助するためにアメリカは合計一五三〇億ドルを毎年支払っている。[36] 一五三〇億ドル、毎年だ。その大金で何ができるか考えてみようか？　私たちは全公立大学の学費を無償化し、くわえて、すべての子供のプレスクールの費用を払うことができ、[37] それでも数十億ドルが残る。障害、長期医療、ホームレス解消など、退役軍人のためのサービスへの支出をほぼ倍増できる。[38] 医療、科学、工学、気候科学、行動的健康、化学、脳機能マッピング、薬物中毒、さらには国防などすべてで、連邦政府の研究開発支出をほぼ倍増できる。[39] さもなければ、道路、橋梁、空港、大量輸送、ダム・堤防、水処理施設、安全な新しい水道管といった、交通インフラ及び水インフラへの連邦支出を二倍以上に増やすことができる。[40]

実際、私の主張は明々白々だ。フルタイムで働いているが、雇用主から生活賃金を支払われない人々が暮らせるように納税者が負担しているお金で、アメリカはたくさんのことができる。

もちろん、巨大企業は自身がおいしい思いをしていることを知っている――ありがた迷惑なことに、それを守ろうとしている。それらは大勢のロビイストと弁護士を配置し、労働者に組合組織化や賃上げ闘争の機会を与えるあらゆる取り組みを撃退している。巨大企業はスポークスマンたる全米商工会議所を使い、最低賃金のいかなる引き上げにも反対し、それを「狂気の沙汰」[41] であるとか、組合員増加のための「ひねくれた努力」[42] と呼んでいる。ロビイストは、ジーナのような人々の給料が増えないようにすることで、金持ちになるのだ。

その結果、かつては堅牢な中間層のためだった政策や規則が、だいぶ前から同じ基盤を与えられなくなっている。

前にも述べたが、子供の頃、母の最低賃金の仕事で、私たちは住宅ローンを返済し、食卓に食べ物をならべられた。最低賃金が納税者の援助によることなく家族を養う基盤を与えたので、私たちは生活保護やフードスタンプを必要としなかった。また、母の仕事には安定した勤務時間もあった。二世代前、彼女がシアーズに雇われていたとき、当たり前のように四〇時間働けた。シアーズが繁盛していたとき、彼女は給料をもらった。シアーズが繁盛していなかったときでも、彼女は給料を受け取ったのだ。

＊　＊　＊

ジーナは、ウォルマートでの日々を、一家の暮らしを立てるのに十分な勤務時間を確保する絶え間ない戦いだと言う。ウォルマートはわざと必要以上に従業員を雇い、労働者にシフトをめぐる競争をさせる。[43]ジーナは一〇年近くもその店で働いているとはいえ、直前になるまで勤務スケジュールが分からず、歯医者に行く予定も立てられない。そして毎週何時間働けるか、給料が必要最低限の生活に間に合うのかすら分からない。

ジーナは、ウォルマートのまともじゃない勤務予定管理制度は店舗運営のためのものではないと思っている。彼女は、それが剥き出しの権力だと考えている。彼女はニコールという名の友人のことを話してくれた。ニコールは、ウォルマートの給料で自分と幼い男の子の生計を立てていた。ジーナは言った。「彼女はもっと働く必要がありました。彼女は暮らしを良くしたいと思っていたので、地元のコミュニティ・カレッジで夜間に授業を取っていました」。ニコールは、毎週昼間は毎日、夜は五日間都合が良かったが、授業に出席したいので「彼女は火曜日と木曜日の夜は休む必要がありました」。だが、「彼らは休みを与えるつもりはありませんでした」。

どうして？　管理職はニコールに対して、お前は俺に逆らえないと思い知らせたかったのだとジーナは

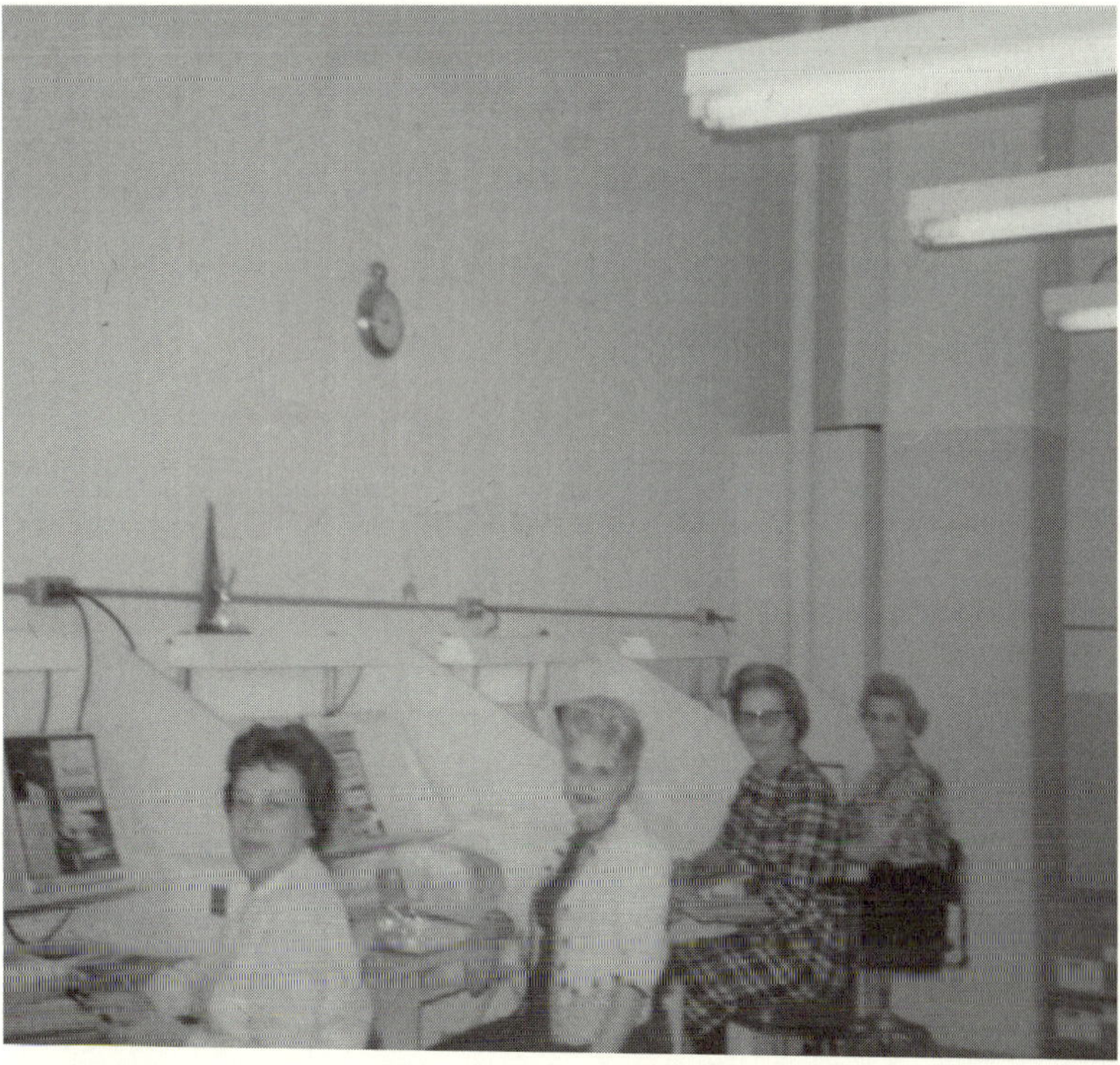

母は格子縞のドレスの背の高い女性。シアーズでの最低賃金の仕事によって、住宅ローンを返済し、食卓に食べ物をならべられた。

言った。「彼らは［勤務スケジュールを］罰として使います。彼らはニコールに教訓を叩き込もうとしていました」。

ジーナが同僚のことを話しはじめると、事例が次々に出てくる。スケジュールが予告もなしに変更された労働者の話。不安発作を抱える労働者の話。食物連鎖の上位からのいじめのために休憩室で涙を流す労働者の話。

ジーナは世話焼きの女性リーダーの役回りを務めるようになった。彼女は、車で暮らす同僚のために食品集めをはじめた。ジーナは管理職の一人をおだてて、肺炎発作の後にあまり力仕事ができなくなった高齢の同僚の担当業務を変えてもらった。

ジーナはチャンスがあればいつでも同僚を助けようとしているが、決して十分ではない。ウォルマートで長年働いてきたにもかかわらず、彼女の雇用はつねに不安定のようだ。私に話すことは助けにならなかった。彼女の名前を使わないことや、どうやって知り合ったかを誰にも言わないことを、繰返し約束した。彼女はいつもすすんで話してくれた。実際、彼女は、「私たちはこのストーリーを語らなくてはならない！」と叫ぶように言った。それからもっと小さな声で、「本当にこの仕事が必要なのです」と続けた。

他の産業の雇用主は、保証された労働時間、固定されたスケジュール、最低賃金、給付、これらを撤廃したウォルマートと全く同じように、効果的な新しいモデルを発明してきた。彼らは労働者を、下請け、独立請負、単発労働者などと呼ぶ。今日、懸命に働く何百万もの人々は、所得が増減し、スケジュールが毎日変わる世界で生きていて、手に入る仕事は何でもしなくてはならない。(44) もてはやされている独立性の長所と「柔軟な労働力」の創造性は、一定の条件下のわずかな労働者には確かに良いものだ。だが、何百万もの人々にとって、勤労世帯が不利な状況でなんらかの経済的保障を築こうとする負け戦の中では、新しい働き方の経済は再度の敗北以外なにものでもない。

十分な勤務時間を得るために、労働者は予定を空けておかなくてはならない。だが、その空いた予定はコストを伴う。コミュニティ・カレッジに通えない場合、自分と赤ちゃんの暮らしを立てるために、どうしてニコールはスキルを高めて良い仕事に就けるというのだろうか？　いったい彼女は家賃補助やフードスタンプから離れられるほど稼げるようになるだろうか？　いったい彼女は、素敵な公園や良い学校があるもっと良い地区に引っ越すことができるだろうか？

ニコールのことだけではない。マクドナルドが一週間以上前に勤務スケジュールを出さないのに、商品倉庫で働く男性は、近くにある専門学校の自動車修理の授業にどうやって申し込めばいいのか？　勤務時間が三日ごとに変更される場合、フロント・オフィスで働く女性は、高齢の母親を検診と理学療法に連れて行く時間をどうやって設定すればいいのか？

マサチューセッツで話をした外食産業で働く人々や清掃員についてはどうだろうか？　家族を養おうとするとき、二つ、三つの仕事を掛け持ちすることが経済的に必要だが、ほとんどの職場で勤務時間が変わるため、呼ばれたときに出勤できるようにスケジュールをまとめるのは困難だ。二番目、三番目の仕事をする日にちを確保できるように、夜勤の清掃の仕事を探したという者もいる。育児は悪夢だ。私が会った女性が、母親の家に着くなり眠りに落ちるのも不思議ではない。

それは悪質な二重の危機的状態だ。つまり、低賃金と予測できないスケジュールが組み合わさって、何百万ものアメリカ人にとって人生は終わりのない苦闘になる。それはウォルマートや外食企業にとっては非常に効果的だが、ジーナや友人のニコールのような人にとっては、しがみつかなくてはならないことを意味する。しかも、彼女らはおそらく生涯ずっと、かろうじてしがみ続けなくてはならない。

またもワンツーパンチ

私は、家族が直面するリスクについて多くのことを考えている。以前はほぼ新車のステーションワゴンで町に出かけていたのに、一家が路上に投げ出されるかもしれなくなって母親が何日も泣くのを聞いたことがあれば、おそらく誰もがそうなるだろう。だが、今心が痛むのは、どこまでリスクが高まってしまったのかということだ。私が生まれるずっと前にも、人々は職を失い、病気になり、まずい決断をした。私の家族は、パパが心臓発作を起こして非常に厳しい時代を過ごしたが、私たちは回復した。違いは、今日の家族は金銭の崖の淵に暮らしていることにある。あまりにも崖っぷちに近いため、何百万もの人々は大きなトラブルが起こるずっと前から足元で岩が崩れるのを感じている。

この変化については以前説明した。そのことについて一冊ならず本を執筆した。そのことについて語ってきた。ときには叫びもした。だが、問題は悪化し続けている。

今日の家族はワンツーパンチを受けている。一発目は所得だ。インフレ調整済みの収入は、典型的な完全就業の男性が一九七〇年に稼いだ金額と、[45]同じ完全就業の男性が今日稼ぐ金額によって、できる限り同一条件で比較される。その描写は素敵なものではない。GDPが倍増し、再びほぼ倍増した今日、企業が記録的な利益を上げている今日、アメリカがより豊かになった今日、そして億万長者の数が爆発的に増加した今日、フルタイムで働く平均的な男性は、一九七〇年とほぼ同じ金額しか稼いでいない。一九七〇年からほぼ半世紀がすぎようとしている今日、一団のちょうど真ん中の男性は、彼の祖父とほぼ同じだけの金額しか稼いでいないのだ。

家族を襲った二発目のパンチは支出だ。過去数十年にわたってコストが同じだった場合、家族は大丈夫だろう——少なくとも、彼らは三五年前とだいたい同じ場所にいるだろう。前進もしていないし、後退もしていない。だが、そうはならなかった。総コストはものすごく上がっている。確かに、家族はいくらか支出を切り詰めている。今日の平均的な家族は一九七一年の同等の家族よりも、食料（外食を含む）、衣服、家電への支出が少なくなっている。[46]言い換えると、家族は日々の支出についてかなり慎重になっているが、救いになっていない。

問題は、他の多額の固定支出が天井を突き抜け、家計をバラバラに吹き飛ばしたことだ。[47]インフレを調整すると、今日の家族は、交通、住宅、医療により多くを費やしている。小さな子供がいて昼間家に誰もいない家族について言えば、託児費用は倍増し、再び倍増し、そしてまた倍増した。家族は食料品や衣服のお金をわずかながら切り詰めてきたが、こうした繰り返しの多額の支出は、彼らを金銭の崖の上まで吹き飛ばした。

このワンツーパンチ——伸びない所得と上昇する支出——は、中間層に痛烈な打撃を与えた。

一九七〇年代以降、多くの家族は、全員を仕事に送り出すことによって高まる金銭的圧力に対応した。[49] それ以前、働くのはたいてい父親だけだった。だが、父親の給料が上がらなくなったので、父、母、ときには子供でさえ、全員が稼ぐ方法を探した。それが助けになった。より多くの女性が仕事に就くにつれて、家族所得は上昇し、家族所得曲線は一九七〇年代から二〇〇〇年代初めまで上昇し続けた。給料を受け取る家族の数が増えることで、家族全体としてより多くのお金を稼げるようになった。

だが、この新たな解決策には新たな問題があった。第一に、多くの家族では、働きに行けるのは二人しかいない。二つの収入源を得られる夫婦は多いが、二つの収入源を得られない夫婦はもっと多い。またアメリカには多くの単身者——シングルマザー、シングルファーザー、未婚者——がいて、彼らは不運にも所得は一定だ。ニコールは、家賃と育児の支払いを助けてくれる誰かと一緒に人生を歩もうとしていたが、その誰かはずっと昔にいなくなってしまった——彼女は今すぐなんらかの保障を築かなくてはならない。

そして、ニコールも、なんとかしようとしている他のすべての単身者も、夫婦と同じく支出の増加に直面していること、それがもう一つの二重の拘束だ。彼らは、より高額な医療、より高額な住宅、より高額な教育、つまり、他の家計が父親と母親を働きに行かせることになったのと同じコストに苦闘しているが、一人しか働きに出られない。働く人を増やせないので、なんとか暮らしを立てる給料は一つしかない。

共働き世帯でさえも苦闘しはじめた。託児、交通、仕事着のために新たな費用が発生した。[50] 外食が増え、

図１　収入と支出、1970～2015年

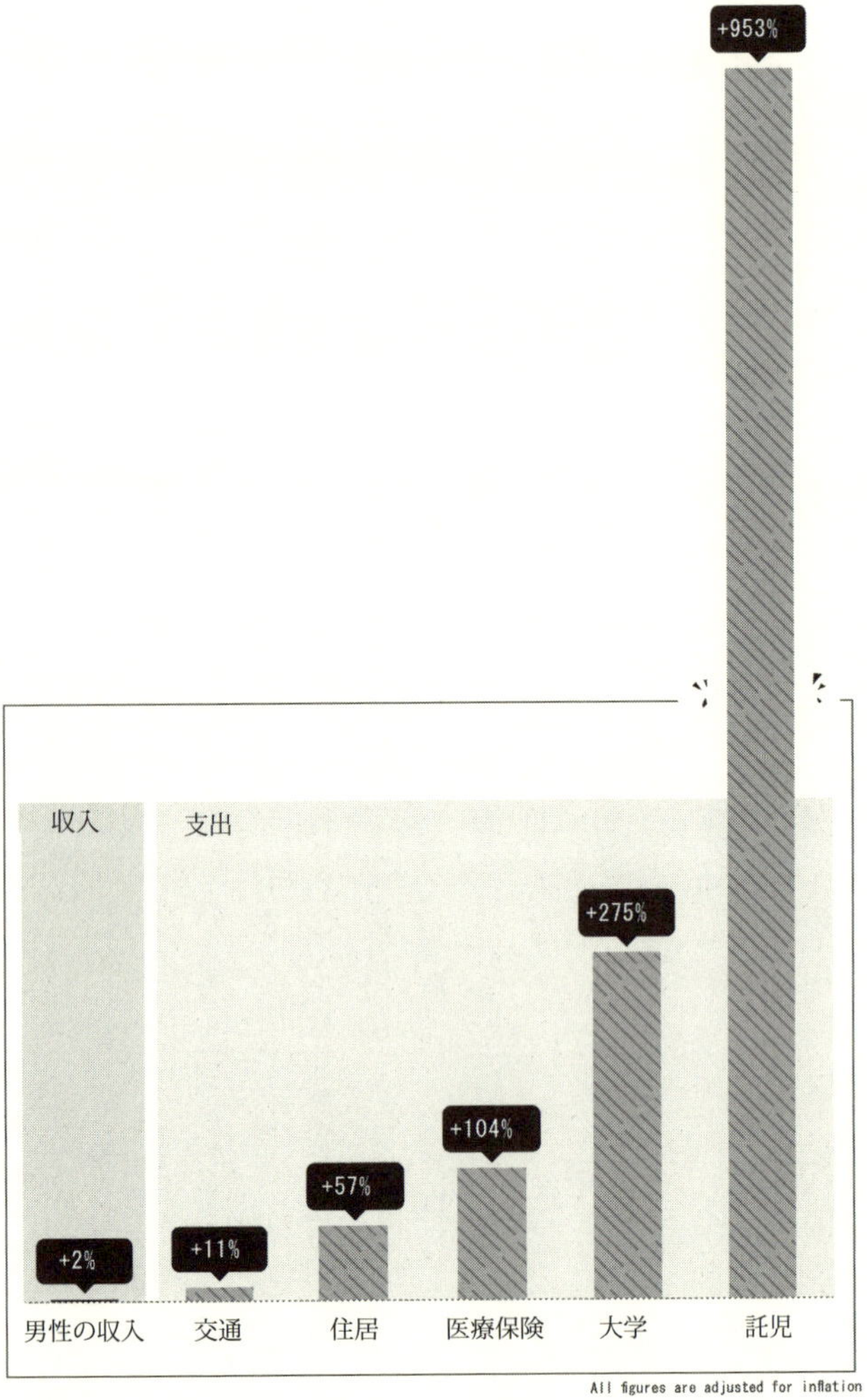

1970 年から 2015 年までに、家族はいくらか支出を切り詰め所得はわずかに増えたが、多額の固定支出が飛躍的に上昇した(48)。

繕い物が減った。第二の給料を得るのは決してたやすくはなかった。平均すれば、四歳未満の子供をあずけるフルタイムの託児費は現在、州内出身者が州立大学に通う場合の授業料を上回っている[51]。

誰もが就業すると、新たなリスクが崖っぷちに忍び寄ってきた。専業主婦だった私の母はそんなふうに考えてもいなかったが、トラブルが発生したとき、彼女は私たち家族のセイフティネットだった。パパが心臓発作になったとき、彼女は働きに出て家に給料を持って帰ってきた。いや、多額の給料ではなかったが、それは新たな収入源だった。今日、単独飛行をしているひとり親、両方の親がすでに働いている夫婦は、危機に陥った場合、新たに仕事に送り出す人がいない。だから赤ちゃんが病気になったり祖母が転倒して腰の骨を折ったりした場合、誰かが家にいなければならないし、それによって家族にお金がかかるだろう。そして稼ぎ手の一人が重病になったりレイオフされたりした場合、新たな給料を稼ぐほかのパートナーはいない。そのリスクは高いので、セイフティネットはもはや消え去っている。

典型的な家族がたった一つの所得しか得ていなかった一九七〇年代初めには、手取り額の約一一%を貯蓄できた[52]。クレジットカード債務はほんのわずかしかなかった――可処分所得の一%未満だ[53]。だが今日、所得や支出の圧迫によって、家族は貯蓄を三分の二減らし、他方で債務は衝撃的にも一五倍になった。

現在、何かがうまくいかない場合、彼らには依るべき貯蓄は全くなく、すでに債務を負っている。(これは、『共働きの罠』(未邦訳)で述べたことだ。同書は二〇〇三年に娘のアメリア・ティアギと執筆した。)突然何かがうまくいかなくなると、善良で一生懸命働き、正真正銘の中間層家族が崖から転落する。

ジーナとダレンは崖から落ちた。二人とも良い仕事をしていたとき、住宅を買い、その後は貯蓄や退職勘定など、あらゆるお金を住宅を保持するために注いだ。ダレンが働けなくなったりジーナが病気になったりすれば、手榴弾のような打撃が家計を直撃する。彼らに巻き返す術は全くない。急に必要なお金が生じても、職場に送り込める者は誰もいない。長年、本当に懸命に働いてきたが、彼女はため息を漏らすこともある。「ここで働けば働くほど、払わなくてはならない請求書の金額からますます遠ざかっていくわ」と彼女は言う。

ジーナは私の母の現代版だ。以前、ジーナは子供を育てるために家にいたが、今は大手小売業者で長時間働く大黒柱だ。ジーナは私の母と比べて良い教育を受けていたし、より多くの職歴もある。語られるべき真実のため、勇気を振り絞っている。だが、母とは違ってジーナは、食卓に夕食を用意できるほどの収入を得られず、食料貯蔵配給庫の援助を受けなくてはならない。母は私たちを救う道を見つけられたが、ジーナと彼女の家族は救いの道をおそらく見つけられないだろう。

いっそう困難に

アメリカの中間層が攻撃を受ければ、痛みはどこにでも生じるが、その痛みの大半は黒人とラテン系の人々にはより激しいものだ。

この攻撃の証拠は、住宅を見ればとりわけ明白だ。住宅は安定性を示す良い指標だ。一家が自分たちの住宅を持つと、子供たちは近隣の学校に通え、親は通常、ご近所づきあいをし、一緒になって遊び場をきれいにするだろう。小さなコンドミニアムにセンターホール・コロニアル様式、三層構造にケープコッド農家様式――住宅は、一家がアメリカンドリームの中で生きているという形ある証だ。

マイケルはアメリカンドリームを持っていた。

彼は自分のことを私に語る準備ができていた。ジーナと違い、自分の名前マイケル・J・スミスを使ってくれと言った。写真も使ってくれ。俺はここにいると。

マイケルはアフリカ系アメリカ人で、結婚していて五〇代だ。彼は大柄で、がっしりしていて大きな手をしている。笑顔は柔和でかわいくもあり、声は低く安心感を与える。穏やかなリズムの語り口は、小さなときに南部で育ったことを思い起こさせる。何十年も、マイケルは教会に熱心に通ってきた。「私たちが前進し続けられるのは、本当に信仰のおかげです」と、彼は一度ならず私に言った。

マイケルの一家は一九六〇年代にアトランタからシカゴのウッドローン地区に引っ越し、彼は家族と教会に包まれしっかりと育まれた。近隣にはギャングがいたが、マイケルは信じた道――神と家族――にとどまり、大きな決断を下す前には必ず祈りを捧げた。

マイケルが自分のことを語るとき、良い思い出でウォーミングアップをする。二〇代の頃、彼は良い仕事に就き、高校時代からの恋人と結婚し、三人の子供を持った。彼らは離婚したが、マイケルはすぐに再婚し、妻のジャネットとの間にはアシュリーという名の娘がいる。マイケルは初めて給料を家に持って帰ったときから、住宅の頭金を支払うために貯蓄をはじめた。彼とジャネットは、シカゴ郊外のリッチトンパークに最初の住宅を購入した。マイケルはつねに、「安全で、子供を育てることができ、前後をフェンスで囲まれた場所」を望んでいた。とりわけ、子供たちに遊ぶ庭を持たせてやりたいと望んでいた。

彼はそうした夢を中心に据えた。マイケルは良い仕事に就き、DHLで荷物を配達し飛行機に荷積みをしていた。ときにはたくさんの力仕事をすることを求められ、仕事を素早く終わらせるようプレッシャーがあったが、DHLの仕事を、「今までで一番充実した仕事だった」と言っている。ジャネットは、チェース銀行で二七年間働き、あらゆる請求書の支払いに一度も遅れたことがないことを誇りに思っていた――かつては。彼らは貯蓄をし続け、数年後、マイケルは、最初は主にアフリカ系アメリカ人の住むヘイゼルクレストに、その次にはもっと多様なホームウッドに再び住まいを移した。

マイケルがホームウッドへの引っ越しについて私に話しているとき、「私たちはもうちょっとうまくいくと思っていました」と言った。だが、すぐに解決できない事態に陥った。「私たちはそれについて考え、祈り、数字を見ました。うんざりするほどやりました」。

マイケルは、ジャネットと購入した住宅をかわいいわが子のことのように語る。彼は、住宅の前の三つのアーチと、裏庭の松の木について語る。また、毎年春にコマドリが巣づくりをする表の垣根について語る。「コマドリがいる間は決して生垣を剪定しませんでした」と彼は言った。「コマドリはプライバシーを好むのです」と。

彼の結論はこのようなものだ。「私たちには偉大なアメリカというストーリーがありました」。

二〇〇八年の崩壊が起こり、底辺の人たちは転落した。数カ月の間に、DHLは一万四九〇〇人の雇用を削減した(54)――マイケルの雇用も含まれている。

仕事に就いてから一六年後、彼は自分のトラックに轢かれたように感じた。ムキになって、その後の数カ月間、どこであろうとパートタイムの仕事を探した。だが、どこにも求人はなく、昔の仕事と同じくらいの給料で医療保険のあるフルタイムの仕事を得るチャンスが全くないことを、彼はすぐに悟った。このとき、ジャネットはもう銀行で働いていなかったので、マイケルの失業手当では必要最低限の支出にも足りなかった。あっという間に、マイケルの全世界はひっくり返ってしまった。

卑劣な住宅ローンは悪い状況をさらに悪くした。マイケルとジャネットは、ごく普通の三〇年固定金利住宅ローンからはじめた。住宅ローン・ブローカーが彼らに借り換えを説得するのに時間はかからなかった。つまり、複雑な住宅ローンを借りることに同意したのだ。それは銀行にとっては素晴らしい取引だったが、一家にとってはそうでもなかったと、マイケルは今認識している。住宅ローン返済額が急増した上での失職は、ほとんどすべての家族が生き残れないような二重の打撃だ。心のどこかで、マイケルは一家が大事にすなのだと思っていた。たとえそうでも、彼はできる限り長く辛抱した。

アシュリーは当時高校生で、音楽を熱心にやっていてピアノとヴィオラを演奏していた。マイケルが私に話したところによると、朝学校に出かける時間になると、「彼女は楽器にとても情熱を持っていたので、自分で起きていました。私たちは彼女を起こす必要はありませんでした」。

アシュリーは、いつの日にか有名な交響楽団で演奏したいと、音楽のキャリアを目指すことを夢見ていた。マイケルとジャネットは娘のために追加の音楽レッスンのお金を出した。「私たちにとって彼女を励まし、刺激を与え続けることが大切だったのです」と、マイケルは言った。収支を合わせるため、彼らは、二台あった自家用車の一台を売却し、ジャネットの宝飾品の一部も売却した。マイケルは自分の結婚指輪まで売った。

彼らは骨の髄まで支出を切り詰めたが、家計状況はずっと下り坂だった。マイケルはどこでも仕事を探し、仕事があれば何でもやった。彼らは奮闘したが、家計の帳尻が合うことはなかった。

そのとき電話が鳴った。DHLに戻ってこないかという電話だった。DHLは一二人を再雇用しようとしていた。彼の支店にいた九〇〇人の元従業員のうちの一二人だ。マイケルは他の者に申し訳なく思ったが、選ばれた一二人の一人になれて良かった、本当に良かったと思った。

そのオファーは神の賜物——愛した仕事をできる良い雇用——のように思えた。そしてどこか心の奥で、彼は敬意のようなものも感じた。力を尽くし素晴らしい仕事をしていたマイケルのような者が、仕事に注いだ特別なエネルギーに見返りを得られる。

だが、話はちょっとばかり違うことが分かった。今回DHLは、彼に昔のように給付のあるフルタイムの仕事を提示したわけではなかった。今回提示されたのは、勤務時間の保証がなく、給付もないパートタイムの仕事だった。

二一世紀型の仕事にようこそ。

そう、その仕事によってマイケルは、政府統計上「失業者」から「就業者」に移った。そう、彼は給料をもらっていた。そう、彼はありがたく思っていた。

だが、マイケルは自分を欺くことはできなかった。「すぐさま給料が十分じゃないことが分かりました。私が返済するには住宅ローンが多すぎたからです。給料は私と家族が暮らしていくには不十分でした」。彼は首を横に振った。「それは耐え難い状況でした」。

マイケルとジャネットは錐揉み状に住宅差し押さえに向かっていたので、銀行との話し合いに必死だった。後の祭りだが、マイケルは、どのようにしてブローカーが彼に新たな住宅ローンに同意させたのか振り返った。「詐欺にあったようなものだと感じています」。彼は訴訟を検討したこともあったが、弁護士を雇うのに多くのお金がかかることや、住宅があまりに速く手から離れていってしまうことを考えて、訴訟は諦めた。

とうとう銀行はマイケル一家の住宅の差し押さえに入った。マイケルは落ち込みが深くなっていく様をこう言っている。「何度も何度も、絶望して家の窓の外を見ながら『私はどうすればいいのでしょうか？』と祈っていたことを思い出します」。

この大柄で敬虔な男性、ギャングを寄せつけなかったこの強い男性、家族のために貯蓄し金をかき集めて住宅を購入した覚悟を決めた男性、この男性はその後、とうとう音を上げた。

マイケルとジャネットが差し押さえで自宅を失ったとき、一万七〇〇〇ドルの頭金が消えた。彼らの信用履歴は屑となった。彼らの家計は破壊された。

マイケルは、生活が変えられてしまった日付、一〇年一〇月一〇日をマントラのように繰り返す。それは、一家が家を出て、マイケルが鍵を銀行に渡した日だ。

だが、マイケルにとって、それはまだ終わりではなかった。彼とジャネットは近くに住まいを借りた。彼らの以前の住宅は空き家のままで、マイケルはスーパーマーケットや地元の店に行くたびにその家の前を通った。雪が降れば、雪が積もったままだ。その場所を見るたび、失敗の記憶が蘇る。彼の家は放棄されたままだ。だからついにシャベルを持ってその家に戻り、車庫までの私道と玄関までの歩道の雪かきをした。

冬が春に、そして夏になると、マイケルは家の手入れをして芝刈りをした。彼はコマドリを確認した。住まいの周りを掃除し終えると、かつてのご近所さんと話をした。数人の隣人は、マイケル一家の所有物を保管していて、ガレージセールをするときにマイケルとジャネットの物も売り、マイケルにお金を渡した。

毎月、マイケルはその家のおかげで頑張ることができるのだが、かつてそこで築いた生活について思いを巡らす。頭を横に振りながら、「家の前を通るたびにみぞおちの辺りがひどく痛むのです」と、彼は私に言った。

マイケルは二〇〇八年の崩壊をどのように表現しただろうか？「それが私の心を壊したのです」。

＊　＊　＊

住宅ローン会社のＣＥＯたちの笑っている写真を見たり、ゴールドマン・サックスの経営者への数百万ドルのボーナスの記事を読んだりすると、マイケルと、垣根にコマドリのいる彼の愛した家のことを思わざるをえない。巨大金融機関の経営幹部は、カネを発明したと考えていた。その公式はシンプルだ。つまり、まず家族を騙して実にひどい住宅ローンに契約させることで一儲けをする。次に、それらの住宅ローンをひとまとめにし、怪しむことを知らない年金基金や地方自治体に売りつけることでまた儲ける。最後に、すべてが吹き飛んでしまったら、政府に莫大な補助金を求めるといったものだ。

COURTESY OF MICHAEL J. SMITH

マイケルはいまだに差し押さえられた自宅のドアの写真を持っている。アシュリーが窓越しに覗いている。

確実に言えるのは、経済を崩壊させた企業経営幹部は誰一人として自宅を失っていないということだ。手放した住宅でマイケルが雪かきをしたり芝刈りをしている間に、彼らが次の大きな金融取引を手がけていることもほぼ確実だ。そして今、大手銀行とインサイダーたちは、再び大盛り上がりだ。彼らは世の中のマイケルのような人のことを気にとめることはない。一〇年一〇月一〇日に気にとめていなかったし、今も気にとめていない。

全米で起こった黒人とラテン系の家族の住宅差し押さえには、差別という別の問題がある。醜く、不快で、卑劣な差別だ。

黒人とラテン系家族に対する住宅ローン差別とはどのようなものだったのか？　住宅ローン・ブローカーが座って、「本当に劣悪な住宅ローンがあります。これらを黒人家族に押しつけましょう」とでも言ったのだろうか？　「ラテン系家族がいます。　多少おかしな手数料を取っても高値をふっかけても、彼らはたぶん気づかないでしょう」とでも思ったのだろうか？　それとも住宅ローン・ブローカーは互いに「これこれしかじかの郵便番号があって、そこでゴミのような住宅抵当ローンをたくさん貸しつけられるでしょう」とでも話をしたのだろうか？　そしてこれこれしかじかの郵便番号は、住民のほとんどが黒人の地区だったり、ヒスパニックの地区だと後になって判明したのだろうか？

私はバックオフィスで起こったことは知らないし、住宅ローン・ブローカーも語っていない。だが、住宅ローン・ブローカーが何を考えていたにしろ、その影響は同じだったはずだ。ブローカーが黒人とラテン系の家族を標的にしたのかどうか、ブローカーが彼らに偶然遭遇しただけなのかどうかにかかわらず、ブローカーはたくさんの人たちの生活を破壊した。

最終的に調査が示したように、信用度を調整しても、アフリカ系アメリカ人とラテン系の家族は、住宅ローン取引で最悪の中の最悪のものをずっと掴まされてきた。現在はバンク・オブ・アメリカの子会社となったカントリーワイド社は、そのことをようやく五年前に認めた。同社は二〇万の黒人及びラテン系家族を組織ぐるみで差別し[55]、信用履歴の同じ白人家族と比べてみても、金利や手数料が高く、リスクも高いローンの標的にした。しかもカントリーワイド社は多くの貸し手の一つにすぎなかった。

住宅ローン差別は、赤線引きが発端のことが多い。赤線引きとは、アフリカ系アメリカ人やラテン系の借り手が住んでいる可能性の高い郵便番号には融資しないという慣行だ。例えば、ローン・データの分析によると、カリフォルニア州に本拠を置くワンウェスト銀行は、長年白人以外の借り手を締め出してきた[56]。ロサンゼルス、シカゴから、マイアミ、ニューヨーク、至るところで[57]、銀行は差別的融資慣行のために何百万ドルもの罰金を支払っている。そのリストは長く恥ずべきことだ。

貸し手がマイケルを標的にしたのは、マイケルが黒人だったためだろうか、住んでいた場所のためだろうか、それともセールスの電話に出た人すべてにチェース銀行が押しつけていた質の悪いローンを掴むほど不運だったためだろうか？　どのように起こったにせよ、住宅ローン返済額が急増すると、マイケルが住宅を保持できる術はなかった。ここに本当につらい部分がある。つまり、高くつくことを細かい活字に隠した住宅ローン借り換え書類に署名した日から、銀行は、彼が家を失う確率が高いことを知っていた。マイケルは、すでにピンを抜かれた手榴弾のような住宅ローンを売りつけられたのだ。

真っ逆さまに差し押さえに向かって落下すると、マイケルは黒人だから標的にされたのではないかと疑った。「本当に疑いました」と彼は私に語った。「彼らが私のことを知ったとき、とくにローンを借り換える時期が来たとき・・・」。彼の声は次第に小さくなった。

マイケルはのちに、住宅を手放さないように苦闘していたときに確証を得た。それは金融危機の最も厳しかったときで、彼は、住宅ローンに問題を抱えた人を対象にしたイベントに参加しようと、シカゴのコンベンションセンターに行った。数千人が列に並び、すべての人が差し押さえに直面していて、すべての人が住宅を守る方法を見つけたがっていたと、彼はその場面を説明した。彼はそこに一三時間いて、アドバイスをもらう順番を待つ間、周りを見回した。「当時、何千人ものアフリカ系アメリカ人がいました」と彼は振り返った。「その場所はアフリカ系アメリカ人とヒスパニックばかりでした。そのことによって誰が標的にされたのか分かったのです」[58]。

ラテン系も住宅市場崩壊で押しつぶされた。二〇〇八年のグレート・リセッションの後、ヒスパニック系の三世帯に一世帯は、純資産がゼロかマイナスになった[59]。二〇〇五年から二〇〇九年までの期間に、ヒスパニック世帯の資産は六六％減少した。『ワシントン・ポスト』紙の報道の通り、研究によると、「その時期に、黒人とラテン系は、住宅を差し押さえられる可能性が白人よりも七〇%高かった」
金融崩壊後も、住宅差別の兆候は続いている。オンライン不動産情報データベースのジローによると、二〇一三年の膨大なデータを分析した結果、白人に比べて、アフリカ系アメリカ人とラテン系は住宅ローン申請を却下される可能性が二倍以上高かった。[61] 二〇一五年の政府データもまた、住宅所有のハードルが黒人及びラテン系に対して相対的に高いことを示している。[62]
賃貸住宅市場の差別も幅広く明らかにされている。二〇一六年、コネティカット州の不動産会社は、アフリカ系アメリカ人の申込者には物件見学を拒否する一方で白人には認めるなど、アパートメントに申し込んだマイノリティを差別したとの申し立てに和解するために、数千ドルを支払った。[63] また二〇一六年に、カナダ人のIDを認める一方でメキシコ人の身分証明書を認めず差別した件では、カリフォルニア州の複合型アパートメントが住宅都市開発省と和解した。[64] そしてこの種の差別は長い間続いてきた。例えば、黒人賃借人を拒絶する一方で白人賃借人を優遇することは、一九六〇年代、一九七〇年代にトランプ大統領所有のアパートメントの一部でも起こっていたことだ。それらは最終的に司法省との和解に至った。[65]
住宅市場崩壊は、全米で何兆ドルもの家計資産を消し去ったが、[66] 崩壊はアフリカ系アメリカ人とラテン系の人々を津波のように襲った。そして、アフリカ系アメリカ人とラテン系の人々は代々、住宅で激しい差別を受けてきたために、その打撃は二重に厳しかった。転売制限、土地売買契約、赤線引き――アメリカ史には、黒人とヒスパニック世帯の住宅ローン申請を却下し、彼らが住宅資産を築くのを妨げる住宅法や融資戦略の事例が散らばっている。[67]
アメリカのほとんどの中間層家族にとって、住宅購入は金融的保障を築く最善策だ。住宅はたんに住む場所というだけではない。それは退職金制度でもあり、住宅ローンを完済すれば、老後は社会保障給付で生活していける。住宅は、金融面の信用を与え、企業を立ち上げる際には低リスクとして銀行側に融資の安心感を与える。住宅は、重い病気になった場合、子供を大学まで出す手段とセイフティネットを与える。そして、万事うまくいけば、祖父母は死ぬまでその住宅で過ごすことができ、住宅は次世代を後押しできるのだ。その家を売れば、一家は経済的階梯を登るのに必要なお金を得られ、それによって孫は人生でよりよい機会を得られるようになる。

それは雄大で素晴らしいアイデアだ。住宅所有からはじめ、もうちょっと保障を築き、それからちょっとずつ、ちょっとずつ保障を築く。退職後のための蓄えへの投資を増やすことによって、よりよい仕事を得たり事業をはじめたりし、子供を支援し、それから孫を支援して、ずっとボールを前に転がしていく。そして、世代から世代へ、二〇世紀のほとんどを通じ、少なくとも白人についてはそのように機能してきた。だが、黒人とラテン系については、ポケットに岩を入れて泳ぐようなもので、可能ではあったが、はるかに困難だった。

黒人とラテン系の家族の足を引っ張る制度上の人種差別は、住宅差別が唯一のものではなかった。差別は全面的で、刑事司法[68]、雇用[69]、教育[70]、自動車ローン[71]、破産救済の利用[72]、医療[73]、さらには生鮮食品を売る店舗へのアクセス[74]にもあった。数十年にわたる差別の累積的な影響は、ほんの少し経済実績を見るだけで痛々しいほど明白だ。

- フルタイムで働く人について、白人が一ドル稼ぐとすると、アフリカ系アメリカ人は五九セント、ラテン系は七〇セントしか稼げない[75]。
- 黒人またはラテン系の卒業生の所得が学士の学位で一ドル増えるごとに、同じ学位によって白人の所得は一一ドルから一三ドル増える。[76]
・白人と比較すると、アフリカ系アメリカ人は失業する可能性が八〇％高い。ラテン系は三七％高い。[77]
・白人家族と比較すると、退職後のための蓄えを全く持たない可能性が、黒人家族は六八％高く、ラテン系家族は約二倍高い。[78]

人種を問わず、金融崩壊はすべての家族を襲った。しかし、荒廃は一様に広がったわけではない。黒人、ラテン系、白人、すべての人が住宅ローンで騙されたが、騙された黒人とラテン系の比率はずっと高かった。そして、騙されたとき、黒人、ラテン系、白人、誰もがすっからかんになる可能性があったが、何も取り戻せない確率は白人よりも黒人とラテン系の方がずっと高かった。黒人とラテン系の所得は低く、貯蓄は少なく、家族の他の成員から得られる援助が少ない。教訓は明白だ。経済的人種差別主義は他の問題すべてを悪化させる。

マイケルは二〇〇八年の崩壊を決して乗り越えられないだろう。彼と家族が荷物を詰めて家を出た日の記憶は、永遠に彼と共にある。他の何が彼の人生に起こったとしても、銀行が家を取り上げたずっと後も、雪かきと芝刈りをし、コマドリを確認していたことをつねに思い起こすことだろう。

ウォール街の一握りのインサイダーは、ピンを抜いた手榴弾のような金融商品を販売することにより、自分の会社の短期的利益を押し上げ、巨額のボーナスを得たので、マイケルのような何百万もの人々は人生をぶち壊されるはめになった。人生は公平ではないが、どうしてアメリカではこのひどい不公平がまかり通るようになってしまったのだろうか？　私たちは善良な国民だったはずなのに。

若者たちの夢

一九六六年春、一六歳のとき、私は毎日昼食をとるために家に帰っていた。母はシアーズで働いていて、パパはフェンスを売りに出かけていたので、家には誰もいなかった。だが、家に帰ったのは集まるためではなく、郵便をチェックするためだった。

私は二つの志望大学を見つけた。高校のカウンセラーのオフィスにあった本を検索して見つけた大学と、知り合いの男の子から聞いた大学で、どちらの大学もディベート奨学金をウリにしていた。私はディベートが得意で州の選手権に出場していたからチャンスだと思った。だからベビーシッターとウェイトレスをしてお金を手に入れ、セブンイレブンで二枚のマネーオーダーを買って二つの大学に出願し、ひたすら待つことにした。私は、二つの大学のどちらかが十分な額の奨学金をくれることに一縷の望みを賭けていた。どちらかでも奨学金をくれるように祈るばかりだった。

その春、私が集中できるのは大学のことだけだった。小さな女の子だったときから、私は教師になりたかった。大学の学位がなければ教師になれない。

何週間も音沙汰がなかった。友人たちは合格通知を手にしていて、どの寮に住むとか、どの専攻を志望するとか話しはじめていた。私は昼食のたびに家に帰り続けた。

ある日、鐘が鳴った途端に歴史の授業から飛び出した。家の通りの角に差し掛かったとき、郵便があることを知らせる赤い旗が郵便受けに立っているのが見えた。中には二つの厚い封筒が重なっていた。私は前庭に立ったままそれぞれを開封した。最初の手紙はノースウェスタン大学からだった。ノースウェスタン大学は奨学金、就労返済型奨学金、学生ローンを提示していた。すぐに計算し、まだ年間一〇〇〇ドルほど足り

ないことが分かった。夏に働くことでちょうど埋め合わせられる金額だった。つまり、私は大学に行けると
いうことだった。確実に行けるのだ。

それから二通目のジョージ・ワシントン大学（GW）からの手紙を開封した。わあ、やった！　全額支給奨学金と連邦学生ローンを提示してくれた。私が知りたいのはそのことだった。その場ですぐにGWの学生になることに決めた。どちらの大学も見たことはなく、どうやってワシントンや住む場所に行けばいいのかも分からなかったが、GWに行くことにした！

その夜、私は両親を驚かせた。彼らは出願については知っていたが、何カ月もそのことについて誰も何も言わなかった。私たちはみな待っていて、その知らせが来るまでそっとしておいた。私はキッチン周りを愉快に踊っていて、その書類を振り回し、途方もない金額（少なくとも当時私にはそう思えた）の奨学金について話をした。パパは笑った。良かったね、カボチャちゃん、と。

母はショックを受けていたが、立ち直った。大学と学費の支払いの目処が立った。数日のうちに、彼女は、祖父母、おば、おじ、いとこ、近所の人、食料品店、クリーニング店、説教者、道で出会った人に、私が大学に行く話をした。母はいつもあまり遠くに行って欲しくないと言っていたが、後になったら「ベッツィが無料で大学に行く方法を見つけたのだから、何も言えないわよね？」と周りに言っていた。彼女は、謙虚さを装って自慢をすれば人が素晴らしい話に仕上げてくれる術を見つけたのだと思う。

奨学金の知らせでひどくのぼせ上がっているときも、母はいつも「でも彼女は結婚しちゃうかもしれないわね」とつけ加えた。

三年になってGWに戻る直前、労働者の日の週末に、私の最初のボーイフレンド（そして私を最初にふった男の子）が私の人生を変えた。彼は当時二一歳、良い仕事に就いた大卒者で、結婚するなら今だと彼は

大学生の私、世界に挑戦しようとしていた。

はっきりと思っていた。彼からプロポーズされ、約一ナノ秒で私はイエスと返事をした。一九歳で、私は主婦となり大学に別れを告げた。最も賢明ではない決断だったことは間違いない。

だが、私はやり直しがきく時代に生きていて、再び幸運を手にした。全額支給奨学金を投げ出した近視眼的な女の子でさえ、ゲームに戻ることができた。まもなく、私は学校に戻って通学制大学で猛勉強をしたが、学費は一セメスター五〇ドルだった。これは、私がパートタイムのウェイトレスの仕事で払える教育だ。私はチャンスを見つけ、今回はそれを両手で掴んで必死にすがりつくくらいの了見はあった。

二年後、特別支援学級で教える最初に仕事に就いた。

＊　＊　＊

大学は経済的、社会的に上昇する方法だ——少なくとも、私たちが信じていることだ。私にとって、大学は飛躍のチャンスだった。

だが、今日の大学生にとって、飛躍はずっと困難になっている。今、大学生と話すたび、いかに幸運だっ

たのか、ずっと昔、私が大学の学位を目指していた頃からいかに変わってしまったのか思い知らされる

友人にカイを紹介してもらった。二〇一六年一〇月、マサチューセッツ州ケンブリッジの私の自宅から徒歩圏内のレストランで会う約束をした。カイは二〇代後半だった。彼女が立ち上がって挨拶をしたとき、その目に強い印象を受けた。彼女は生き生きとしていて、周りのものすべてに関心を示した。彼女はレストラン、メニュー、シルバーウェア、皿、部屋の照明、壁に掛けられた絵画について感想を言った。それは最初の五分だけだった。背が高く黒髪の彼女は、印象的で若く、どこでも通用し成功するような女性だ。

彼女はすすんで話をしてくれたのだが、こうなったことが恥ずかしいので、本当の名前は使ってほしくないと言った。私は、彼女のプライバシーを守るために詳細を変更することに同意した。

カイはコロラド州で育った。子供の頃から、彼女は将来の計画を持っていた。父親は消防士で、二人は一緒にコンピュータゲームをして過ごすのが好きだった。それは彼女たちの時間だった。彼女は、「歩けるようになってからずっと」テレビゲームをしてきたと説明した。彼女はそういったゲームを作りたいと思っていた。

カイは画面で見たものに興味があったが、そのグラフィックスに隠された科学と美術について多く学び、関心を広げた。ATMから航空会社のチェックイン機、高度医療画像設備まで、最先端のデザイナーは現在、ゲームだけなく至るところに進出し、経済全体にわたる成果で人々をリードしている。カイは、正しい教育を受ければ、パパと初めて一緒にゲームをして以来学んできた分野の仕事に就けると考えていた。

カイの両親は大学に行ってなかったし、高校の誰かから大学についてのカウンセリングを受けることもなかった。彼女は自力でどれが良い学校なのか見分けなくてはならなかった。彼女は大講義室で美術理論を勉強するようなことは望んでいなかった。実際の仕事に備えるような実践的な活動と洗練されたトレーニング

を求めていた。

彼女は全国規模の美術学校、アート・インスティテュートのテレビコマーシャルを見たとき、「これだ！」と思った。宣伝材料は素晴らしかった。彼女は言う。「アート・インスティテュートに入学する選択をした決め手は、『専門学校』であることを謳っていたからで、社交クラブや交流イベントで普通の四年制大学の経験に煩わされないことでした」。

カイはもう迷わなかった。「私は、プロのアーティストやデザイナーに囲まれた環境を求めていました。みんな目的と覚悟を持って、業界でやっていくという共通の目標に向かっていました」。カイの姉はシアトル近辺に住んでいたので、アート・インスティテュート・シアトル校（ＡＩＳ）に入学し、姉のところに引っ越して支出を切り詰める工夫をした。彼女は世界に挑戦しようとしていた。

カイの大学での最初の二年間は、私よりもずっと厳しかった。彼女は毎朝五時に起きてシアトル行きのフェリーに乗り、バスに乗って通学した。二年間日の出を見るほど早起きしなくてはならなかったのに、早起きや長時間の通学に不満を漏らすことは一度もなかった。宣伝材料で目玉となっていた最先端の内容を身につけているのか少し不安を感じていたが、コンピュータに向かうことやグラフィックスの作業をすることが大好きだった。生計を立てるため、彼女は書店のバーンズ&ノーブルでアルバイトをした。そうは言っても、彼女の優先順位はブレることがなかった。彼女はすべての授業に出席し、すべての宿題をこなした。カイはＧＰＡ三・九の成績を誇らしく思い、ＧＰＡが落ちないようにしようと決心した。

長い通学時間中に時々、カイはお金のことを考えた。ＡＩＳの教室で勉強できることは分かっていたが、二年を終えるまでに、彼女の学生ローンはすでに四万五〇〇〇ドルに上っていた。それは大金だった。

三年目の早い段階で、すべてが崩壊した。アート・インスティテュート・シアトル校は、地元の州立大学

カイは学校で一生懸命やったが、それでも十分ではなかった。

とは違った。AISは、数十億ドル規模の企業が所有する全米五〇の大学キャンパスの一つだった。エデュケーション・マネジメント社と高額報酬の経営幹部は、カイの連邦学生ローンを巻き上げ、自分自身と株主のために大金を稼ごうとしていた。

新入生としてスタートを切ったときには知らなかったが、アート・インスティテュートは苦境に陥っていた。詐欺的な約束、偽造記録、提供されないプログラムについての苦情が山積みだった。司法省が調査を開始し、カイが三年のとき、受講していたプログラムが崩壊しはじめた。教職員は解雇された。プログラムの評判は急激に低下した。アート・インスティテュートが授与した資格は役に立たないと言われた[79]。カイは、AISがプログラムを閉鎖していっていると聞き、パニックになった。たとえAISが生き残ったとしても、卒業証書に何の価値もなくなることを心配した。さらに、一年たりとも無駄にしたくなかったので、本格的に動き出し、急いで別の学校を探すことに決めた。

カイは、大好きな勉強をしていて、テレビゲームのアート&デザインで学位を得るのに必死だった。フロリダ州のリングリング美術大学にプログラムを見つけたとき、シアトルを離れてフロリダに行く決心をした。アメリカを横断しなくてはならず、無料で住宅を提供してくれる姉はフロリダにいなかったが、熱意はあふれんばかりだった。「多くのリソース、多くのコネクションと機会がありました」と、彼女は説明した。「美術学校に限れば、リングリング美術大学はアイビーリーグ以上で、学生の成功を支援する取り組みに資金を投入していました」。

カイは持ち物を梱包し、姉に別れのキスをし、アメリカを横断してフロリダ州サラソタに向かった。新しい学校、新しいプログラム、新しい土地。彼女はすべてを手にすることができた。だが、フロリダを立ち去ることになった理由の一つは費用だった。リングリング美術大学は巨大営利企業が経営する一校ではなかったが、公立大学でもなかった。私立大学だったので、学生はすべての支出を負担しなくてはならなかった。カイは、一年分を払うためにまた三万五〇〇〇ドルを借りた。それが、AISでの約五万五〇〇〇ドルの借金に加わった。

彼女は授業が大好きだったが、二年目のお金を工面できなかった。どうしようもなかった。カイはフロリダを離れたくなかったが、勉学は諦められなかった。彼女は実家に戻ってコロラド大学で授業を受講しはじめた。コロラド大学には学んできたような映像デザイン・プログラムはなかったが、ずっと安価だった。コロラド大学に一年通って、学位を取って、夢だった仕事に就くことを思い描いていた。最初から夢だった仕事に就くことはできないかもしれないが、ゲーム業界で働くために生まれてきたのだから、最初の扉に入ってしまえば次の扉を自分で蹴破ることができると信じて疑わなかった。そのうち、学生ローンを返済し、本当の人生がはじまるだろうと思っていた。

ただ一つ、ちょっとした障害があった。彼女は新たな大学に通うためにまた学生ローンを借りなくてはならなかった。彼女の負債にまた一万三〇〇〇ドルが加わり、負債総額は約一〇万ドルとなった。連邦学生ローン・プログラムで限度額に達したため、彼女は政府にもウェルズファーゴ銀行にも借金を持つことになった。

コロラド大学での最後のセメスター、卒業までわずか数週間になったとき、教務課は彼女に、AISでの最初の二年間に修得した単位のほとんどが認定できないと伝えた。カイのような学生は、州の単科大学・総合大学認証機関の定めた基準を、AISのような営利大学が満たしていないことに気づくのが遅すぎることが多い。何度かやりとりして、大学当局は、フルタイムで二年以上通学しないと卒業証書を得られないと説明した。

カイは壁にぶち当たった。何年もの犠牲と苦労の末、大学を卒業することが突然手に届かなくなったように思えた。「お金を払うことができませんでした」と彼女は私に言った。「ウェルズファーゴ銀行はこれ以上貸してくれませんし、両親は依然として余裕がありませんでした。その時点で、はっきり言って私は終わってしまいました」。

また個人的にも難しい時期だった。カイの父親が脳腫瘍を患い、そのプレッシャーは彼女の限界を超えていた。

カイはコロラド大学にセメスターの終わりまでとどまらず、結局学位は取得できなかった。では、彼女は今どこにいるのだろうか？　彼女は二七歳で、コネティカット州に住む別の姉と一緒に暮らし、イタリアン・レストランでウェイトレスをしている。彼女は収入全額をローンの返済に充てている。まさに全額だ。「家族がいなければ、私はホームレスで貧困に打ちひしがれていたでしょう」と、彼女は言った。これほど頑張っても、返済をはじめてから五年半経っても、彼女のローン残高はまだ九万ドルを超えている。

これが彼女の姿からすべての自信を奪ってしまうポイントだ。彼女の手は膝に落ち、視線はテーブルに落ちた。「私は何をしちゃいけないかのお手本そのものです」。

＊　＊　＊

カイは全責任を感じているが、私は彼女に全責任があるとは思わない。カイは、言われた通りのことをその通りにやった。一生懸命勉強し、良い教育を受けることだ。彼女はサボったりパーティーをしたりしなかった。良い成績を堅持した。教授から良い助言を受けた。良い仕事が約束された進路を選択した。そう、営利大学に入学しなかったら、それから高額の私立美術大学に通学しようと思わなかったら、彼女はうまくいっていただろう。だが私は、未来を創る方法を見つけようとした一七歳の高校三年生にすべての責任を押しつける気になれない。

もちろん、教育に一〇万ドルを払える家庭に生まれていれば、カイは金銭的には助かっただろうが、それも彼女のせいにはできない。

カイは現在、学生ローン――一部は多額の学生ローン――を抱えた何百万ものアメリカ人に加わっていて、それに値する卒業証書は持っていない[80]。こうした若者が卒業証書を持っていても、それだけでは必ずしもうまくいくわけではない。二五歳以上の一五〇〇万人が大学の卒業証書を持っているが仕事は持っていない[81]。

カイの話は、アメリカの壊れた高等教育のすべてを物語っている。彼女は金持ちの子供とはまったく違う大学探しを経験した。金持ちの子供は、コネを使える親で得をし、完璧な学校との完璧なマッチングを手助けする高額なコーチを雇う。他方、カイのような中間層の子供は、働きすぎの進路カウンセラーからふつうもった「幸運を」という言葉をもらう。高校卒業後、カイは営利大学の仕掛けた罠に引っかかった。営利大学は、大学進学者の一〇人に一人を入学させており、[82]多額の連邦学生ローンに署名させるが、それに見合ったものをほとんど残さないことが多い。カイが最終的に素晴らしい州立大学に入学したときでさえ、それでも大学は支払えないほどお金がかかるという厳しい現実にぶち当たった。

昔、私は奨学金で幸運を掴んだ。その後、入学に戻って学位を取得したとき、一セメスターでわずか五〇ドルほどだった。アメリカが教育に投資し、勉強をする覚悟を持つ子供なら誰にでも幅広く門戸を開放していた時代に私は育った。だが、一九七〇年代半ば以降、州立大学の教育費はインフレ調整後で四倍になった。[83]そのため、今日、州立大学に通う子供の三人に二人は、卒業するのにお金を借りなくてはならない。[84]

ああ、借金。強く締めつけ、決して終わることのない借金。カイは毎日働いているが、学生ローンのために足踏みするだけだ。彼女の九万ドルの借金は、全米の学生ローン負債残高という巨大なボールに小さな突起をつけ加えただけだ。彼女は、教育を受けるための借金の返済に苦闘している大勢のアメリカ人に加わっている。私の見るところ、アメリカ経済に関する一見幸せそうな統計データには、この事実を告げる脚注をつけなくてはならない。つまり、四〇〇〇万人が総計一兆四〇〇〇億ドルの学生ローン債務の返済に苦労しているのだ。[85]

債務が有害な理由は一つだけではない。それは個人のクレジット・リポートに大きな影を落とし、保険から住宅ローンに至る何から何まで、コストを押し上げる。そして住宅ローンと違って、学生ローンは金利が下がったときに借り換えることができない。カジノ・ローンやクレジットカード債務と違って、学生ローンは、借り手が払えなくても破産によって免責されない。

学生ローンはまた、元学生の将来を大きく閉ざすこともある。カイの場合、学生ローンは住宅購入のために住宅ローンを借りる機会を摘み取った。それは、大学に行き学位を修めるためにもっとお金を借りるチャンスを摘み取った。学位が取れないまま、学生ローンによって、ビジュアルアートの学位が求められる業界で初心者レベルの仕事に就くという夢が打ち砕かれた。そして彼女は、少しの貯蓄を築く、医療保険を買う、退職後のためにいくらか現金を取っておくことを完全に忘れてしまうかもしれない。

カイはまだビジュアルアートを「自分の分野」だと思っている。だが、彼女はそこで働けるだろうか？彼女の答えは短くはっきりしていた。「いいえ」だ。

カイと彼女の友人たちは、学校で懸命に勉強すれば良い教育が得られ、世界は思いのままだと教える国に生まれた。だが、残酷な新たな現実が理解されはじめている。つまり、彼らは一生懸命働くが、それでも中間層に自分の居場所を作り上げることができないという現実だ。

カイと友人たちは、他のどの世代にも増して、よりよい将来のために準備をしてきた。彼らはより高度な教育を受けている。現在、高校を卒業し、大学を卒業し、大学院の学位までも取得している若者の比率は、以前よりも高くなっている。彼らは、高校時代や大学時代から、パートタイムの職務経験が多い。彼らはコンピュータに精通し、テクノロジーに触れた経験が豊富なので、一世代前の人から習うどころか、彼らに教えることができる。

若者が雇用市場に参入して人生に目処がつけば、高く飛べるはずだ。だが、若者は飛躍できない。

・積極的に雇用を探している一六歳から二四歳の人々の失業率は一二％だ[86]——二五歳以上の人々の失業率の約三倍だ。

・大学進学者が負った一兆四〇〇〇億ドルの学生ローン債務は、史上類を見ないものだ——その金額は、年一〇〇〇億ドルのペースで増え続けている。[87]

・現代アメリカ史上初めて、親と同居している一八歳から三五歳の人々の数が、自分の住居で暮らす人々の数を上回った。[88]

・若者が親より多くの収入を得る見込みは、一世代前にはほぼ一〇〇%だったが、今日では五分五分まで下がっている。[89]

・よりよい教育を受けているにもかかわらず、ミレニアル世代の収入は、ベビーブーマーが人生の同時点で得た収入よりも約二〇%少ない。[90]

若者――アメリカの未来――は、手酷く扱われている。大学まで行けなかった人々は、中間層に仲間入りする可能性がほとんどない。そして大卒者はしばしば債務でがんじがらめになっているので、深い金銭的な穴の中から社会人生活を開始することになる。大学は、中間層入りの宝くじを持っている人と持っていない人の分水嶺だが、結局卒業証書を持つ人々にとってもただの宝くじにすぎない。現在、何百万もの大卒者は、失業していたり、派遣、パートタイム、大学卒業証書を必要としない仕事をしていたりし[91]、卒業証書を輝かせることができる人々に機会を与えない経済で足場を得ようとしている。

今日、最低賃金かその少し上でしか持続的な雇用の伸びが見られないアメリカ経済で[92]、一五歳の人たちは社会人生活のスタートを切る。多くの者には、親が購入したような住宅を所有したり、親がはじめたような事業を立ち上げたりする現実的なチャンスがない。今日の若者は、親よりも暮らし向きが悪くなるアメリカ史上初めての世代だ。

カイの話に心が苦しくなる。その不公平は唾棄すべきものだ。かつては私のような子供に人生で何かをするチャンスを何度も与えてくれた国が、どうして今ではカイのように才能があり一生懸命な若い女性を締め出すのだろうか？　カイのような人が教育を受け、良いキャリアに向かって旅立ち、良い生活の基盤を築く余地がないなら、どのような国が未来を築けるというのだろうか？

圧迫は決して止まらない

若かった頃、ジーナは基盤を築くために懸命に働いた。しかし、年齢を重ねるにつれて、ほとんど崩れてしまった。彼女は今五〇歳で、退職について考えると途方に暮れてしまうようだ。「完璧な世界ではキーラーゴで老後を過ごせるはずよ」と彼女は言い、それからハスキーな笑い声をあげた。でも現実世界では？「どうなのかしら。本当に分からないわ」。彼女は、はしごの登り降りや屋根板を運ぶのがダレンにはつらいのだと言った。彼は関節炎にだいぶ苦しめられている。「彼はたぶん外で死ぬんじゃないかって言ってたわ」と、あまり暗く聞こえないように彼女は私に言った。

アメリカの中間層を襲った経済的打撃は、退職後を通じて影響を及ぼしている。ここでも、経済に関する全体的には良いニュースの下に潜んでいる数字は、ゾッとするような内容だ。

- 六五歳以上の破産申請は、一九九一年以降約四倍になった。[93]
- 一五〇〇万の高齢者にとって、社会保障は彼らを貧困に陥らないようにする唯一の生活手段だ。[94]
- 介護施設に入居している高齢者のうち、六二％は介護費用の支払いに足るお金を持っていない。[95]
- 全世帯の約半数は退職勘定に一ドルたりとも持っていない。[96]

一部の経済問題は良いニュースではじまるものだ。人々は長生きするようになった。[97]アメリカで最も増加が速い年齢グループはいわゆる「超高齢者」で、それは八五歳以上の人々を指すために造られた用語だ。次に増加が速いグループは七五歳から八四歳の人々、その次は六五歳から七四歳の人々だ。そう、ここにはパターンがある。

老いに直面しているすべての人にとって、またアイスクリームを買ってくれたり、子供が描いたクレヨン画ならなんでも褒めてくれる祖父や祖母を持つすべての人にとって、そのニュースは元気が出るものだ。だが、今では退職後の生活はかつてよりはるかにお金がかかる。現在、六五歳で退職する人は、平均二〇年以上自分たちの生活を維持するお金が必要だ。[98]一九七〇年よりも約四年長くなっている。[99]

退職者はまた、とくに医療と介護施設のために、晩年の支出が増加していることを心配しなくてはならない。今日、介護施設の準個室の平均費用は年間八万二〇〇〇ドル以上で、[100]費用は増加の一途だ。[101]

費用の増加、それはよく聞くことだろう？　事実、晩年に差し掛かっている人が直面する問題の多くは、働く人々が直面する問題と大変よく似ている。だが、高齢者の場合、彼らが勤続期間を終え退職に向かうときに打撃が来る。

打撃は貯蓄からはじまる。ここでも総計は素晴らしく見える。アメリカ人は退職後のために合計一五兆ドル貯蓄している。[102]ワオッ！　デニーズのシニアスペシャルでデザートを二つ注文しよう！

焦ってはいけない。「退職貯蓄」には、所得分布の頂点の人々が保有する多くの素晴らしい投資が含まれている。一握りのＣＥＯやスーパースターが大金を奪い去るので、[103]労働者にとっての数字はまたも驚くほどひどい。中位労働者——退職勘定を持つすべての人のうちちょうど真ん中の人——は、わずか一万八四三三ドルしか持っていない。[104]そして彼らは幸運な人たちだ。約半数の世帯は貯蓄を全く持っていない。ゼロ。まったくゼロ。[105]うーん、小さな一皿のアイスクリームにスプーン二本をつけたものに、お祝いのデザートを変更してもらった方がいいですよね？

雇用主提供年金制度はどうだろうか？　一九六〇年代まで、民間セクター労働者の約半数は、生涯給付を保証された年金制度を持っていた。[106]今日、その数字は約一三％まで低下した。[107]企業経営者は一般従業員を圧迫することで利益（と自分自身の報酬パッケージ）を増やせることを学んだので、寛大な年金制度が削減の俎上に乗せられた。年を経るごとに、そうした雇用主提供年金制度は絶滅危惧種のようになっていった。

だが、社会保障がその差を埋めることができるだろう？　いや、それは誤っている。社会保障には、誰もお金の受け取りを止められない、という素晴らしい特徴がある。マサチューセッツ州ウースターの女性は、一一三歳でアメリカ最高齢だが、[108]彼女に対してさえも毎月確認が行われる。社会保障にはまた、生計を立てるには十分ではない、という本当に悲惨な特徴もある。平均で、受給者は年に一万六二〇〇ドル未満しか受け取っていない。[109]

それは高齢者にとって実に厳しい。経済が非常にうまくいっているのだから、少し増額したらどうだろうか？　結局のところ、社会保障受給者の生計費上昇分の調整は、近年、あってもごくわずかで、全くないこともあった。二〇一五年にCEOは三・九％昇給し、[110]社会保障で生活している高齢者は何も得なかった。その明白な誤りが正されるように、[111]経営幹部に一〇〇万ドル超のボーナスを与えるごとに企業が税額控除を受けられる税制の抜け穴を塞ぐ法案を提出した。その分を高齢者（と退役軍人と障害者）に三・九％増額するのに使うためだ。企業はそれでも多額のボーナスを分配することができる。ただ税による補助金を受けられなくなるというだけだ。私には道理に叶っていると思えた。

だが、驚くべきことではないが、共和党は法案の可決を許さなかった。これまた驚くことではないが、私は憤懣やるかたない思いだった。私は、反対論者一人ひとりに電話し、「家賃、公共料金、食費、自動車支出、保険、医療費定額自己負担を一カ月一三四八ドルでお前が払ってみろ――議場に戻って投票するのはそれからだ」と怒鳴ってやりたかった。

ジーナは自分の将来をあまり心配しないようにしているが、よく同僚の心配をしている。かつて、ウォルマートの彼女の店舗で青果担当マネージャーをしているハンクについて話してくれた。ハンクは六五歳だが、退職について考えることさえできない。実際、彼はこの仕事を失うことを心配していて、別の仕事で稼げないか考えている。ジーナは一瞬沈黙した。ハンクだけではない。彼の母親は四五分離れたダラー・ツリーで働いている。「彼女は八七歳よ」とジーナは言った。「彼女は膝関節置換手術を受けたので、働き続けられます。働かなくてはならないのです」。

なんということだろう！　ハンクの母親が八七歳でまだ立ち上がることができて働きに行けるのは喜ばしい。だが、それがアメリカの退職計画なのか？　死ぬまで働くのか？　これを進歩と呼べるのか？

五人に一人のアメリカ人が六五歳をすぎてもなお働いているが、(112)それはせいぜい短期的な解決策だ。仕事中にひどい目に遭った建設労働者、長年患者を抱き上げたりベッドに寝かせたりしていた看護師、幼稚園で一日中子供を持ち上げていた教師、一日中立ちっぱなしで重い荷物を運んでいた調理人など、身体がもうついていかない人々にとって、六五歳まで、いやもっと手前まででも働き続けるのは本当に苦しい。ダレンの関節炎は手を不自由にしはじめ、椅子から立ち上がるにもしばしば手助けがいる――彼はまだ五〇代だ。それでも毎日仕事を求めてお金を稼ごうとしているので、一家は食料貯蔵配給庫を早々に訪れなくて済んでいる。ジーナが退職計画を説明できなくても不思議ではない。ハンクの母親の退職計画でも同じだ。死ぬまで働くのだ。
ローンを完済した住宅を持つ人は、社会保障の給付額で住宅以外の支出を賄えるかもしれない。だが、退職年齢に入ってもまだ多額の住宅ローンを抱えている人の数が増えている。今日、六五歳以上の住宅所有者のほぼ三人に一人は、まだ住宅ローンが残っている――住宅ローン債務額はわずか一〇年のうちに八二％増加した。[113] 家賃も高くなってきており、[114] 高齢者が入居できる住宅を見つけるのは、大部分のコミュニティでとても難しい。
より多額となった住宅ローンが多くの高齢者を圧迫するようになっているが、彼らの多くにとって、住宅の売却は良い選択肢ではない。六五歳以上の推計三五〇万人が、住宅価値を上回る負債を抱えている。[115]
では彼らはどうやってやりくりしているのだろうか？　お金を貯めるためにたくさんの方策を講じているとしても、何百万もの高齢者がいつのまにか借金漬けになっている。彼らはクレジットカードを使って必要最低限の支出をカバーするが、[116] 多くの場合、クレジットカード債務を返済することができない。下降スパイラルに陥っている高齢者は増えており、彼らにとっては破産が唯一の答えだ。[117]
現代の高齢者のストーリー――より長く働かなくてはならないこと、山積みの借金、破産に陥ること――は、この一世代にわたり、アメリカの働く家庭に起こった大きなストーリーの寒々とした続編だ。賃金は増えないのに支出が増えることによる圧迫、安定した勤務時間と予測可能なスケジュールの絶え間ない侵食、不確実さを増す世界においてなんとかしようとするリスク、これらが大打撃を与えている。これらの問題は、時間の経過と共に貯蓄を減らし、債務を増やすことになる。これらの問題は、生産年齢にあるときにも耐えるのが困難だったのだから、退職後には強烈な一撃を与えることになる。
人々は人生の大部分を懸命に働き、尊厳をもって退職することを望んでいる。大多数の人にとって、これは自立して生活することを意味する。彼らは、子供たちに頼ることなく、自分の支出をカバーするのに十分なお金を持つことを目指している。だが、何百万ものアメリカ人にとって、自立という夢は消え去りつつある。

ハンクの母親は八七歳だが、ハンクに大変な思いをさせたくないので、週に五日早起きして薬を飲み、服を着て、魔法瓶にコーヒーを注ぎ、ダラー・ツリーでタイムカードを押す時間に間に合うように出かける。彼女の退職計画は、八八歳になっても今のように自分で出かけられるようにすることだ。八九歳でも、九〇歳でも、そして永遠に。

信仰の最後の糸

私の兄のデイビッドは、八歳で新聞配達をし、一四歳で自動車の売買をしていた。彼はいつも午前五時には起き、いつも手がけている取引があった。除隊後、彼は自分で中小企業を起業し、それがうまくいかなくなると、次から次へと起業した。気力と笑みを絶やさない性格によってセールスマンにうってつけの人物となり、妻と子供のために生計を立てることに全力を尽くした。子供たちは成長し、妻は乳ガンで闘病の末亡くなった。最終的に、彼はアメリカを一掃した大きな経済的ハリケーンに巻き込まれた。現在は、愛犬のブロンディと一緒に、社会保障と家族からのいくばくかの援助で生活している。

少し前、私たちは電話をし、株価の上昇、記録的な企業利益、数千万ドル稼ぐＣＥＯなど、経済について話をした。デイビットは一呼吸置いてから言った。「三人の男がバーでビールを飲んでいて、ビル・ゲイツが入ってきたという話を聞いたことがあるかい？」。

こうした会話では私はつねに率直だ。「ないわ。それでどうなったの？」。

「一人の男が叫んだって言うんだ。『やったー！　平均すれば、バーにいる全員が今億万長者だ』と」。そういうわけで、平均して見れば私たちは素晴らしい状態だ。

この疑問を投げかける時がきた。これは資本主義が提供すべき最高のものだろうか？　株価が急騰し、多額の証券投資を持ち巨額報酬を得る人に大きな見返りがある。他方で、他の人は必死に耐えている。

他のみんなと同じように、私は経済を偉大にしたい。だが、最も価値があるもの、保障となるもの、子供たちが私たちよりも豊かになる機会を生み出す場合にだけ、経済は偉大になるのものだ。

経済ニュースの死角は、たくさんの悲惨さを隠している。GDP、企業利益、雇用統計は、経済活動について重要な計測値を与えるが、私たちが知らなくてはならないことすべてを教えてくれるわけではない。私たちの豊かさ、私たちの疼痛は、私たちすべてを一緒くたにして計測することはできない。必要なのは、素晴らしい平均値を誇ることではなく、GDP増加の恩恵を被っている人、絶好調の企業利益の分け前に預かっている人に注目し、また、週給を受け取る数千万の人にとって雇用がどのように見えるのかに注目することだ。

私たちはもっとうまくやるべきだ。私たちは、日々の生活、個人の生活、家族の生活を検証することで、経済の成功と失敗を計測すべきだ。そうした検証はとても簡単なはずだ。

- 私たちの経済は、前進するために懸命に働く数多くの人々に機会を生み出しているだろうか？
- 私たちの経済は、保障を生み出し、病気や事故によって人々が破産したり、高齢者が貧困のうちに見捨てられたりしていないだろうか？
- 私たちの経済は、子供たちには親よりも豊かになる十分なチャンスがあるという約束を果たしているだろうか？

私たちの経済が、幅広く共有される機会、より多くの保障、よりよい将来、という三つのことすべてを生み出していないとすれば、何かがひどく壊れていることになる。そして、わが国の現在の経済が三つのことすべてで失敗しつつあるという証拠は多い。

だが、これをなんとかするために、私たちは行動することができ、私たちの行動によって変えられると信じなければならない。

大恐慌と第二次世界大戦から抜け出した後、ほとんどのアメリカ人は、私たちは共により強くなれると信じていた。それに続く世代のアメリカ人は、私たちは共に何かできると確信していた。私たちは共にポリオを撲滅した。私たちは共に高齢者の世話をし、月に向かう競争をし、自分たちよりも明るい生活を子供たちに約束した。私たちは共に投票権を拡大し、貧困との戦いを宣言し、本当に平等な機会が手に届く世界を夢見た。そう、人種差別、性差別、あまりにも多くの偏見があった。そう、私たちは互いに言い争い、政府も決して完璧ではなかった。だが政府は、次世代により多くの機会をもたらすために私たちが一緒に働く手段だった。

今や、変化しつつあるアメリカの経済論理は、私たちみんなで保障しあうことを強く批判している。この永続的な経済不安は、何百万ものアメリカ人の生活をひどく困難にしただけではなかった。それはまた、私たちが達成できるという確信を掘り崩し、何百万もの人々が不満と怒りを募らせた。

「誰もが仕事をし、懸命に働き、家に帰り、幸せになれるようにすべきです」と、ジーナは言う。「私はお金を唸るほど持ちたいわけじゃありません。ただ幸せになりたいのです。もし主人が亡くなったら、もし私がまた入院しなくてはならなくなったらどうしようかと心配したくないのです」。

だが、ジーナは実際には心配していた。彼女は、自分自身について、またダレンと二人の息子について心配していた。彼女はこの国とその行く末を心配していた。

ジーナの未来はかつて想像していたよりも暗いが、数字も悲観的な状況を語っている。

- 半数以上のアメリカ人は、今の子供たちが成長したときには親よりも暮らし向きが悪くなると考えている。[118]
- 六五歳未満のアメリカ人の半数以上は、自分が退職する前に社会保障が完全に枯渇してしまうと考えている。[119]
- 二〇一六年に、七二％の有権者は、「アメリカ経済は金持ちと権力者を利するように仕組まれている」と考えていた。[120]

人々は先行きについて自分自身を疑うようになっただけではない。未来を築くために私たちが共にできることを疑うようになっている。

人々は疑うべきだ、というところに恐ろしさがある。物理学の普遍の法則の結果としてこのようなことが起こったわけではないので、彼らは正しいのだ。何世代にもわたる働きと犠牲の末、かつてないほど力強い中間層を築き上げた後で、重力のせいで何百万もの家族がつまずくようになったのではない。勤勉な人々に敵対する諸力は、もっと意図的で危険なものだ。その問題を解決しようとせず、中間層がかつてなく不安定であるにもかかわらず、今、政府の多くのリーダーは傍観しているか、事態をさらに悪化させる政策を推進しているかのようだ。

私はオバマ大統領を支持した。私は大統領補佐官として一年間働いたし、彼が任期中に達成したことの多くを称賛した。彼は消費者金融保護局を支持した（私は同局創設に懸命に働いたという理由もあるので、私はこれからも二重の意味で感謝するだろう）。彼はまたこの地球を安全にし、画期的な気候変動枠組条約に調印し、イランを核兵器開発から遠ざけるように交渉した。

だが、オバマ大統領と私は別々の道を選んだこともあった。その一つは二〇一六年夏のことだった。彼は、学位授与式で演説を行い、金持ちと権力者が政府に及ぼす影響力について語った。「政治におけるビッグマネーはとてつもない問題だ」と、彼は認めた。それから満足そうに言った。「だが、政治システムはあなたがたが思っているほど仕組まれていない」と。(121)

いいえ、オバマ大統領、政治システムは私たちが思っているように仕組まれているのです。

実際には、多くのアメリカ人が思っているよりもひどい。

真実は次の通りだ。私たちは喜ばしい経済報告の上っ面を幸せな気持ちで眺め続けることはできない。私たちは、表面下で起こっている現実に踏み込まなくてはならない。全米の何千万もの人々は、この国はもはや自分たちのために機能していないことを理解し、それについて怒っている。私たちの政府が彼らの問題に対して真の解決策を提示しない限り、彼らの怒りは増す一方だろう。

ドナルド・トランプは彼らの怒りを理解した。彼は、選挙運動中にその怒りを発信して国民とつながったが、彼の計画は働く家族の問題をさらに悪化させるだろう。最も熱烈な支持者でさえ、トランプ大統領が実際に行うことには全く納得がいかないことになると、私は絶対的に確信している。彼は忘れられた労働者について語るのが好きだが、最低賃金の引き上げに反対し、史上最大の金持ち減税提案を計画し、ウォール街に責任を持たせる規則を廃止することを約束している。それはポピュリズムではない。それは強化されたトリクルダウン・エコノミクスだ。「ヘドロを掻き出す」と誓い、[122] 小さき男のために戦うと誓った後、トランプは、長い間自分自身や同類しか見てこなかったウォール街のインサイダー、億万長者、CEOから成るグループのために政府を利用した。これはアメリカで機会を強化する方策ではない――金持ちをもっと金持ちにし、他の人たちを押しのける方策だ。

私たちアメリカ人は、ハードワークが勝利するとの楽観的信念に断固としてしがみついているが、事実は違ったストーリーを物語っている。今日、アメリカの子供は、カナダやほとんどのヨーロッパ諸国の子供よりも所得階層を上昇するチャンスが少ない。[123] 幼い子供たちが親よりも豊かになるチャンスは、過去一世代のうちにおよそ半分になった。[124] これまで以上に、何百万もの子供たちは前進するための戦いのチャンスを得られなくなっている。貧しい子供たちは貧しいままで、金持ちの子供たちはさらに金持ちになる。それが究極的に仕組まれたゲームだ。

ジーナは低い声で言う。「もはや中間層はいません。持つ者と持たざる者がいるのです。これが子供たちに残していく世界です。私が死んだらどうなるのでしょうか？　子供たちはどうなるのでしょうか？」。

賃金の停滞、学生ローン債務の増加、退職できない高齢者。至るところに見られるこうした前兆は、経済的困窮がアメリカにおいて幅広く根深いことを私たちに示している。そうした数字の根底にある不確実な勤務時間と不安定な所得という新たな現実は、さらに大きな警告を発しているかのようだ。これらは再定義されたアメリカの標識だ。かつてないほど多くの人々は自分たちが生み出したものに見返りを得るチャンスがない一方で、国はますます多くの富を生み出しているのがアメリカだ。

気軽な話の時間は終わっていて、「アメリカを再び偉大にする」とたんに約束するだけでは成果を上げることはできない。今こそ、何が間違っていたかを理解し、それを修正するための計画を立案することに真剣に取り掛かる時だ。今こそ、いかにして私たちはかつて力強く生き生きとした中間層を作り上げたのか、とうして私たちは道に迷ったのか、いかにして私たちは戦いながら進むのかについて厳しく考える時だ。

何より、今こそ、心の奥底に楽観主義を持つべき時だ。確かに、私たちの中間層は窮地に陥っているが、私たちは、機能するアメリカを築く強さと決意を持っている——一部の人のためだけではなく、私たちすべてのために機能するアメリカを。

第二章　経済を少しでも安全にする

アメリカの経済システムが仕組まれていることについて、「何がうまくいかなかったのか」からではなく、「何がうまくいったのか」から話をはじめよう。

世界の多くの国と同じように、アメリカには最初から過熱と破裂の経済があった。[1] ジョージ・ワシントンが大統領二期目を迎えていた一七九六年、不動産バブルとその崩壊がこの若い国を襲い、大きな金融危機に陥った。その後、およそ二〇年周期で次々に過熱と破裂が生じた。土地投機、通貨投機、鉄道投機、さらには戦争投機まで、これらすべてが一度ならずパニックの引き金となった。それぞれの詳細は異なっていたが、全体的なパターンははっきりしている。経済が少し成長し、人々が少し豊かになり、投機が泡のように膨らみはじめる。さらなる富という約束は、そっとはじまるがすぐに騒がしくなって強烈になる音楽のようだ——音楽が止まった瞬間、みんな出口に殺到する。

崩壊は激しかった。崩壊は多くの投機家をなぎ倒し、不幸を告げる一通の手紙が届いたり、一隻の船舶を失ったりすれば大富豪でも財産が消えてしまうこともあった。破裂は、何の前触れもない価格下落や銀行倒産で不意を突かれた中小企業所有者や農業経営者を破産させた。崩壊は、工場労働者や店員、大工、牧場労働者を襲い、何百万もの人々が仕事を失い、自分や子供たちが食べていくのにも苦労した。

一七九〇年代から一九三〇年代まで、アメリカの過熱と破裂の経済は宇宙の自然なリズムのようなもので、慈悲深い潮流のように幸運をもたらすが、その後恐ろしい獰猛さで幸運を奪い去った。

どん底

その後、本当に大きな崩壊が起こった。この破裂はあまりにも大きく深いもので、アメリカ中の非常に多

図2　重大な金融危機、1789～1935年

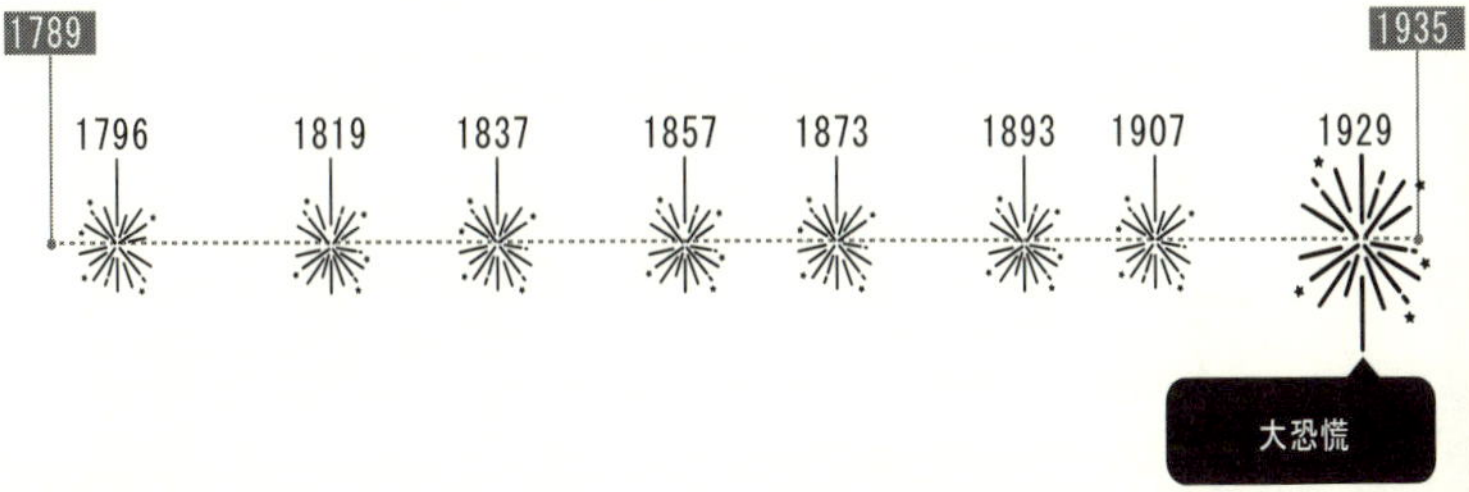

1790 年代から 1930 年代まで、アメリカには過熱と破裂の経済があった。

くの人々を打ちのめしたので、大恐慌という独自の名前を持つようになった。何千もの銀行が破綻した。[2] 四人に一人が失業した。一五〇万人がホームレスとなり、数千万の人々が全国の今にも壊れそうな仮設施設に避難した。子供たちはお腹を空かし、大勢の人がゴミ箱の残飯をあさった。今では、この不況が人々の生活をどれほど壊したのかを評価するのは難しい。[3]

　私の家族の物語の中には、劇中の強力だが、見えない登場人物のように、大恐慌がつねに存在していた。赤ん坊の誕生と、ある町から別の町への転居は、大恐慌の前、最中またはその後のことであった。（私の兄のドン・リードとジョンは「最中」に生まれ、兄のデイビッドと私は「後」に生まれた。）　親戚が集まったときや、誰かが「まだ使える」古いズボンやボロボロの肘掛け椅子を捨てようとしたときにはいつも、「厳しい時代」の話が語られたものだ。

　ビーおばさんは一九〇一年に、のちにオクラホマ州の一地域となったインディアン特別保護区に生まれた。高校卒業後、秘書科に通ってタイピングと速記法を学んだ。彼女は様々な仕事をし、アパートメントを最初はある友人と、のちには別の友人とシェアしていた。友人たちが結婚し、立ち去っていったので、彼女は残された唯一の住人になった。

大恐慌が起こったとき、ビーおばさんは年老いた私の祖父母のところに戻り、毎週給料袋を実家に持って帰って生計を支えていた。給料が半分になったとき、彼女は泣いた――お金を失ったからではなく、レイオフされなかったという安堵感から涙を流したのだ。オフィスのほぼ全員がレイオフされていた。

のちに私が幼い頃、ビーおばさんは、地元の銀行が破綻した日のことを語ってくれた。人々はその知らせを聞くと、荷物を放り出し、子供たちの手を離して銀行に駆け込んだという。銀行の外に人だかりができ、ドアは閉められていた。祖父がよく語ったものだが、銀行が閉鎖された後、建設業で生涯働いて残ったのは「工具と自分の手で建てた家」だけだった。ビーおばさんの給料は半分になったが、命綱だった。

アメリカ全土で、仕事がなく見通しが立たない人々が貨車に乗り込み、わずかばかりの食事と仕事を求めて貨車から降り、次の町へと去っていった。私の家族は、鉄道がプレーリーを横切る数百人程度の小さな町の一つに住んでいた。

ビーおばさんは、見知らぬ人が数人、祖父母の家の裏口にほぼ毎朝来たと言っていた。男たちはいつも礼儀正しかった。彼らは帽子を脱ぎ、それぞれ家の敷地で何かできることはないかと尋ね、少しばかりの食べ物を求めた。おばさんが言うには、彼らは痩せ衰え、目の下に濃いクマが刻まれていて、ぶかぶかの服を着ていた。「骨と皮だけだった」。

そうしたときに家族でいさかいがはじまった。「ママは彼らに食べ物をあげていたの。毎日、毎日、ママはシチューや穀類、あるものは何でもお皿に盛りつけてあげてたわ」と、ビーおばさんは私に言った。

ビーおばさんは祖母に止めてほしいと頼んだ。それから止めるように懇願した。とうとうおばさんは祖母に叫んだ。「この人たちに食事をあげるのは止めて！　自分たちの分もないのにママは食べ物を分けてあげちゃう」と。

都市では食料配給を受ける人の列が作られ、もっと小さな町では空腹の人たちが家々を訪ねた。

祖母は何も言わなかった。祖母はただコンロの上の鍋をかき混ぜ続け、オーブンでもう一度ビスケットを焼いた。ビーおばさんが仕事に出かけると、祖母は持っているものは何でも分け与えた。そして毎晩、ビーおばさんは祖母を詰問した。昨日買ったジャガイモはどうなったの？ どうしてラードがなくなっているの？ ママはまた食べ物をあげちゃったの？

一九六九年、九四歳になった祖母は脳卒中を起こした。祖母が死の床にあるとき、ビーおばさんは何日もベッドの横に座り、高齢の祖母の華奢な手を握っていた。ずっと昔のことなのに、人助けを怒鳴って本当にごめんなさいとビーおばさんは何度も祖母に言っていた。おばさんは下を向き、涙が膝に落ちた。

私が生まれたのは、大恐慌が終わってしばらく経った一九四九年だ。それでも、「厳しい時代」が人々にもたらしたものを詳しく見てきた。ビーおばさんは私の知る最も優しく最も寛大な

一番右がビーおばさん。かつてのルームメイト３人と。

人で、私の家族の誰よりもずっと親切だった。ビーおばさんは大恐慌中に祖父母が暮らしていけるようにしただけでなく、家族一人ひとりに少しばかりの現金をそっと渡していた。彼女はいつも、少額の社会保障小切手の一〇%をバプティスト教会のためにとっておき、布教と伝道集会に寄付して信仰を深めた。彼女は、あらゆる食料品店やクリーニング店の募金箱に小銭を入れ、困っている親戚や近所の人を誰でも手助けした。

ビーおばさんは私も助けてくれた。私が仕事と幼い子供の世話で四苦八苦し、生活がめちゃくちゃだったとき、ビーおばさんは自分のことをすべて投げ出して救いに来てくれた。彼女は何年も一緒に暮らしてくれて、二人の元気な（そしてときには不愉快な）子供の世話をしてくれたが、声を荒げることはもちろん、厳しく叱ることすら一度もなかった。率直に言えば、彼女はお人好しで、私たちみんながそのことを知っていた。長い耳をしたコッカースパニエルの小さなボニーでさえ、みんなでテレビを見ているときにビーおばさんをソファーから押し出していたくらいだ。

そんなビーおばさんでも、母親が空腹の人々に食事を与えるのを怒鳴り、母を怒鳴ったことでとても深く傷つき、約四〇年経ってもそのことが原因で悲嘆にくれていた。愛する人に与えられない恐れが何を意味するのか、そのことを私に教えてくれた。心配というものがいかに心を苦しめるのか、そのことを私に教えてくれた。経済崩壊は激しく噛みつき、その記憶は消えないことを、そのことは私に教えてくれた。

銀行を投機家から守る

大恐慌は一九二九年にはじまった。万力のようにアメリカを締めつけ、年々悪化していった。「厳しい時代」が永遠に続くかのように思われた一九三三年、宣誓就任したフランクリン・デラノ・ローズヴェルト大統領は、私たちはもっとうまくやれるという大胆な主張をした。

ローズヴェルトは、仕事がなく、食料がなく、希望すら消えかけていた何百万もの人たちにとって、全く縁のなさそうな指導者だった。彼は、子供時代には蝶よ花よと育てられ、巨額の資産と、高い社会的地位に伴うすべてのもの、すなわち、私立学校、使用人、舞踏会、毎年のヨーロッパ旅行を与えられた。彼は活動的な若者で、射撃、乗馬、狩猟、帆走を学び、余暇にはテニス、ポロ、ゴルフをした。

だが、ローズヴェルトは一族の財産を増やすことには興味がなかった。早い段階で公職を天職だと思い、三〇歳になる前にニューヨーク州議会選挙に出馬した。一一年後にポリオに罹患したとき、彼の政治生命は終わったかに思われた。当時、自分で立ち上がれない者が指導者になるとは、誰も想像できなかった。だが、ローズヴェルトは諦めなかった。彼は、最初はニューヨーク州知事に、のちには沈着冷静な人統領になり、最も暗く恐ろしい時代にアメリカを導いた。

ローズヴェルトは深く愛されていた。祖母は政治に詳しくなかったが、後年、私はまだ幼かったが、ローズヴェルトが亡くなってからだいぶ経ったとき、彼の名前を聞くたびに同じように答えた。一段と声を低くし、「彼は私たちを安全にしたのよ」と、彼女は言ったものだ。

大変危険な時代に、ローズヴェルトは実験を歓迎し、この国を大恐慌のどん底から救い上げるため、できることは何でも試した。彼は行動を信じ、政府が傍観すべきではないという考え方を信じ、市民の暮らし向きを改善する上で政府が積極的かつ決定的な役割を果たすべきだと信じていた。

最初の仕事は、金融システムを元の軌道に戻すことだった。度を越した投機、株価暴落、何千もの銀行の破綻は、アメリカ経済を破壊する寸前だった。ローズヴェルトは、恒久的なウォール街閉鎖や銀行国有化を提案しなかった。彼はもっと大胆なことを提案した。つまり、すべてのアメリカ人に役立つ資本主義をつくるという提案だ。

経済の過熱と破裂は不可避だという考え方、つまり、それらは自然界の秩序と同じで、洪水や原野火災のようなものだという考え方をローズヴェルトは退けた。彼は経済を安全にする法律を制定することを提案した。資本主義は維持するが、すべてのアメリカ人のためにようまく機能させるという提案だ。いくらか紆余曲折があったものの、最終的に一九三三年と一九三四年に成立したアメリカ経済のための計画は、次の三つの主要要素で構成された。

- 連邦預金保険公社（FDIC）の創設により、安全に銀行にお金を預けられるようにする。[4]
- グラス＝スティーガル法と呼ばれる銀行法により、通常の当座勘定及び貯蓄勘定を扱う銀行業と、ウォール街の投機を分離する。
- 証券取引委員会（SEC）の創設により、ウォール街を取り締まる警官を配置する。

三つのアイデアは、一九三〇年代初めの絶望と実験から生まれ、金融システムを正したものだ。これら三つすべてが政府の力を高めて、誰にとっても経済を安全なものにした。

後から見れば、これらのアイデアが良いことは明白だ。だが、単純さが重要な力だった。ビーおばさんは、銀行の強さも弱さも評価できなかったが、他の顧客のほとんども同じだった。彼女らはただ、懸命に稼いだお金を銀行に預けて、引き出したいときに銀行にちゃんと現金があると信じたいだけだった。

何が起こっても預金者のお金を保証するＦＤＩＣ保険は、破滅的な銀行取り付けの引き金となるパニックを防いだ。問題が生じても、銀行に駆けつけて全額を引き出さなければ何も残らないという心配がなくなった。連邦政府の保証という特別な恩恵と引き換えに、銀行はプルーデンス規制に従うことに同意した。銀行は、たびたび検査を受け、安全かつ健全なこと、ＦＤＩＣに救済を要請する必要がないことを示した。

銀行に恩恵を与える前に、ＦＤＩＣは銀行の資産と管理能力をチェックした。銀行業は投機的な事業からはるかに安定的な事業にすぐさま転換し、毎年一定程度の利益を生み出すようになった。銀行業は退屈になった——退屈なのが良かった。全米の何千もの小銀行は、顧客が信頼して稼ぎを預金し、いくらかの貯蓄を大切にしまい込むことができる機関となり、また、住宅購入や起業に必要なお金を借りられる場所になった。銀行規制が金融システムを揺るぎないものにしたのだ。それは、銀行にとって良い取り決めであり、預金者にとって良い取り決めであり、アメリカ経済にとっても良い取り決めだった。[5]

法案を起草した二人の議員、カーター・グラス上院議員とヘンリー・スティーガル下院議員にちなんで名づけられたグラス＝スティーガル法は、[6]ＦＤＩＣ保険の当然の帰結だった。納税者によって保証された預金を持つ金融機関はすべて、リスクの高い活動に従事することが禁じられた。これにより、ビーおばさんのわずかな貯蓄を銀行が取り上げてウォール街のギャンブルに使ったり、一部の銀行経営者が隠れてクレージーな取引に使ったりできないようにした。ビーおばさんのお金は安全になった。投機的な取引で失敗するはめになると、納税者はその銀行を決して救済しないからだ。この新たな規則の嬉しい副産物は、地元の銀行に預金されたお金が、中小企業への融資や住宅ローンといった形でコミュニティにとどまりやすくなったことだ。銀行家は、リスクが低く退屈な銀行業と、ウォール街スタイルの投機のどちらかを選択しなくてはならなかった。どちらか一方だけで両方はダメというのは、とても分りやすい取り決めだった。

金融システムを前より安全にするための第三のツールは、巨大企業を取り締まり、投資家を欺けないようにするものだ。ここでも、アイデアはとても単純だ。つまり、ウォール街に警官を配置するということだ。警官は、企業に正直に帳簿をつけさせ、詐欺や不正に目を光らせる。こうしてＳＥＣが誕生した。[7] ＳＥＣは、競争条件を平等にすることで、ウォール街のインサイダーだけではなく一般投資家でも、良い案件と悪い案件を見極められるようにした。

新たな法律により多くの問題に対応したが、ローズヴェルトは緊急性の最も高い場所からスタートした。金融機関を管理下に置くことだ。彼は、預金者が銀行に預けたお金を信頼できないならば、人々や企業が売買や投資に必要な現金をあちこち動かせなくなり、経済全体が窮地に陥ることを理解していた。また、ウォール街を無法地帯のジャングルと同じだと人々が考えたら、クレージーな投機家や詐欺師がマーケットに吸い寄せられ、善良で安定的な投資家は家に引きこもってしまうことを理解していた。それは大いに問題だった。なぜなら、慎重な投資家が家に留まれば、拡大に必要な資金を成長企業が得られないからだ。

これらの三つすべて——連邦預金保険公社の保険の提供、大手銀行の解体、ウォール街への警官の派遣——は、あるがままを望ましく思っていたＣＥＯや大富豪との大きな戦いを引き起こした。確かに、その衝突はＣＥＯや大富豪にとって痛手だったが、それでも彼らは政府に監視されるのを好まず、行動を制限

ローズヴェルトは大手銀行を解体することをかなり喜んでいたようだ。彼がグラス＝スティーガル法に署名したとき、グラス上院議員（左側の両手をポケットに入れている人物）とスティーガル下院議員（右側の両手を前で組んでいる人物）の姿が見られた。

されることは資本主義への攻撃だと考えた

非常に強力な人々の抵抗にもかかわらず、三つの新たな法律が成立した。さらに良いことに、それらは一体となって金融界を安定させ、金持ちにとってもそうでない人にとっても、すべての人々にとって良いことが証明された。それらはすべて、ある決定的な考え方に基づいている。つまり、銀行業は特別で、慎重に統治されたときにのみ銀行業以外の経済が繁栄できるという考え方だ。

銀行を解体する――第二ラウンド

銀行業界の安定化は、以前よりも強く安定的な経済を構築するローズヴェルトの取り組みの手始めにすぎなかった。彼はまた、他の産業における企業権力の集中を後退させるために、反トラスト法というツールを用いた。よりよい商品の提供やコスト引き下げではなく、巨大企業が競争を阻害するという恥ずべきやり方で小さな競争相手を圧迫するのを、彼は決然と阻止した。

銀行法を制定し、発効させた後、ローズヴェルトは、一匹オオカミの弁護士と呼ばれたサーマン・アーノルドを、司法省反トラスト局長に抜擢した。強硬な独自路線をとったアーノルドは、[8]知性の力と芯の強さのために広く尊敬されていた。転換は素早いものだった。[9]短期間に、反トラスト局は弁護士を一八人から五〇〇人に増やし、捜査とその結果としての訴訟が増加した。新たなリーダーシップの下わずか五年間で、弁護士たちはそれ以前の四半世紀間に行われたのとほぼ同じくらい多くの訴訟を行った。アーノルドによれば、彼の方法は「激しく攻撃し、あらゆる者を攻撃し、一網打尽にする」[10]ものだった。肥料から新聞、映画まで、靴からタバコ、石油まで、独占と談合はあらゆる産業に根づいていた。そして今度は、政府がこれらの巨大企業を解体し、[11]略奪行為を終わらせた。

業界のCEOらは衝撃を受けた。以前は現状追認的だった政府が彼らを非難したことに衝撃を受けた。攻撃的で危険な商慣行を止めさせるために既存の法律を適用しようとする政府職員がわずかでもいれば、彼らは激怒と強烈な非難という反応を示した。実際、これらのCEOの一部は、激昂して最高裁まで戦い続け、[12]厄介な政府職員には絶対にしっぺ返しを食らわせてやろうとした。

目下の規則がほとんど「何でもあり」の市場から、厳格に法律を執行するタフな警官を持つ市場へというアプローチの転換は、アメリカ法とアメリカ経済の構造変化を反映していた。一九三〇年代には、基本的なルールがなければ市場は機能しないという考え方が根づきはじめた。人々が協力し合う政府は、強力な法律を制定し、競争条件を平等にするためにそうした法律を執行できる。今度はこれが、消費者、投資家、商店主、小規模農業経営者に、自分自身の経済的未来を構築するために戦うチャンスを与える。

権力者との直接対決

この歴史は、はるか昔の埃をかぶったおとぎ話のように思えるが、一九三〇年代の経済闘争は、二〇一六年の度を越した選挙シーズンと同じくらい激烈だった。また昔のこうした経済闘争は、わが国に変革をもたらした。それらは、わが国の経済発展、金融諸法発展の舞台を、また、約半世紀に及ぶ素晴らしい繁栄の舞台を設置した。

経済がゆっくりと改善しはじめたにもかかわらず、権力を奪われた大物企業経営者は、アメリカが向かった方向性が気に入らなかった。新聞界の大物、ウィリアム・ランドルフ・ハーストは、ローズヴェルトを「スターリン・デラノ・ローズヴェルト」[13]と呼び、全米に配信されたニュース記事で、記者が「ニューディール」の代わりに、不当な仕打ちを意味する「ロウディール」[14]という言葉を使っていると述べた。大富豪はローズヴェルトの「社会主義政府」に警告を発した。[15]『タイム』誌は、「わずかな例外を除き、いわゆる上流階級はフランクリン・ローズヴェルトを嫌っている」[16]と報じた。上流階級のある者は、「同志ローズヴェルトには、後頭部に三八口径の拳銃を突きつけてやらねばならない」[17]と、不気味な口調で言った。

祖母はローズヴェルトがアメリカを安全にしたと信じていたが、金持ちと権力者の間では、ローズヴェルトがもたらした変化に根強い不満が鬱積していた。戦線が形成されていった。

一九三六年六月、ローズヴェルトはフィラデルフィアに行き、二期目に向けて民主党の大統領候補指名を受諾した。[18]一〇万人がペンシルヴァニア大学のスポーツスタジアム、フランクリンフィールドに押し寄せた。ローズヴェルト大統領がリムジンでアリーナに入場し、フィールドに沿った長いループを周ると、耳をつんざくような大歓声があがった。

ローズヴェルトにとって満ち足りた瞬間のはずだったが、目の前には車から降りて舞台に立つという課題があった。ポリオに罹患して一五年、ローズヴェルトにとって、歩くこと、それどころか立っていることさえも苦痛を伴う覚束ない動作となり、一般の人々に麻痺を隠すのはいつも非常に骨の折れることだった。雨が降り、スタジアムの芝生は滑りやすくなっていたので、その課題はより危険なものとなった。

息子の腕にもたれながらゆっくりと演壇に向かっていたとき、よく見える場所で祝福の言葉を叫ぶために群衆がもみ合った。大統領にドスンとぶつかった。金属製の下肢装具が外れ、彼はひどく転んだ。彼が倒れると、演説原稿は群衆の方に飛散した。ローズヴェルトは青ざめて震えており、服装には泥が染みついていた。衝撃的な瞬間の後、補佐官がすぐに立ち上がらせた。スタジアムのほとんどの人は何が起こったのか見えなかったが、補佐官はパニックに陥った。ローズヴェルトはすぐに前を向いた。

「きれいにしてください」と、彼は指示した。

数分で彼は舞台に立ち、ズキズキした痛みに耐え、一〇万の群衆が集まったスタジアムの明るい照明の下に立った。歓声が轟音のようになると、彼は手を振って微笑んだ。それから攻撃をはじめた。ローズヴェルトは、企業国家アメリカを支配する「特権的王子」と「経済的王室」を非難した。「欲望と欠乏と経済的士気喪失との戦い」だけでなく、「民主主義の生存のための戦争」の宣戦布告をすると、群衆は熱狂した。

四カ月後、選挙運動が最終週に入ったとき、ローズヴェルトは依然として攻撃をしていた。一般投票直前の土曜日、利権を許さず、「彼らは満場一致で私を憎んでいる、そして私はその憎しみを歓迎する」と彼は宣言した[19]。

その三日後、彼は再選し、メイン州とヴァーモント州を除くすべての州で過半数を獲得した。

フィラデルフィアでは、わが国の「経済的王室」に対するローズヴェルトの宣戦布告を10万人が聞いた。

規制が機能した

第二次世界大戦は大規模動員を要請した。戦争遂行によって何百万もの人々がわが国のために戦い、さらに多くの人々は陸海軍人が必要とした装備や補給品を製造するために働いた。戦争は、恐ろしい殺戮や破壊があったにせよ、新たな支出をアメリカ経済に送り込んだ。

だが、アメリカの経済システムを根本的に変えたのは、ローズヴェルトの政府の役割に関する新たなヴィジョンだ。大恐慌から脱却すると、大統領は私たちがもっとうまくやれると確信し、実際、私たちはうまくやった。約半世紀にわたり、ローズヴェルトの考え方は、のちの民主党の大統領にも共和党の大統領にも影響力を及ぼした。歴代大統領は、市場における競争条件を平等にし、安定性を高めるために意識的に政府を活用した。一九七〇年代には、共和党の大統領が環境保護庁と消費者製品安全委員会を設立し、廃棄物の河川への投棄や隠蔽された欠陥を持つ危険な製品の販売では、企業はコストを削減できなくなった。反トラスト法が執行されたので、中小企業は根を下ろし、成長するチャンスを得た。アメリカはウォール街に警官を配置し続け、大企業の捜査を継続した。

大切なのは、規制が機能したということだ。

第二次世界大戦後には、過熱と破裂の経済は消え去った。浮き沈みはあったが、一九二九年の崩壊に相当するものはなかった。新たな金融規制が実施されると、一九三〇年代半ば以降、アメリカは何十年にもわたる経済的平和を経験した。崩壊はない。食料配給の列はない。銀行を閉鎖する必要もない。だが、たんに安定していただけではなかった。一年ごと、一〇年ごとに、わが国は豊かになっていった。一九三〇年代後半から、わが国の国内総生産（GDP）はかなり順調な右肩上がりだった。[20]

何よりも、わが国が豊かになるにつれて、わが国の家族は豊かになっていった。[21] すべてではなかったけれども、ほぼすべての家族が豊かになった。所得が上昇したのだ。戦争が労働力不足を生み、賃金が上昇した後、一九四七年には、中間層の生活は好調だった。だが、好調の時代はまだはじまったばかりだった。フルタイムで働き中位所得を得ていた男性は、一九四七年から一九八〇年までにインフレ調整済みの収入が六五%増加した。[22] 彼の家族もお金を使ったので、企業は力強く成長し、企業利益が膨らんだ。中小企業も繁盛した。わが国は、以前の世代の見果てぬ夢を上回るほど豊かになった。

大恐慌が終わってわずか二〇年後の一九六〇年には、アメリカは経済的奇跡を起こしていた。私たちは地上で最高の中間層を築き上げた。前途洋々、私たちの未来は輝かしかった。

しかし不満は大きく、しばしば実に根深いものだった。企業経営者と大富豪はますます金持ちになっていったが、彼らにとって、大手銀行を抑制し、巨大企業を解体したローズヴェルトの所業は依然として腹立たしかった。神授王権が新大陸アメリカで神授CEO権に変換されたかのような心持ちだったのだ。民主的に選出された政府に企業の権力を奪う意志と力があることを、彼らは脅威として認識し、それを好まなかった。確かに彼らはすでに金持ちだったが、さらに金持ちになるのはたまらないことだ――もっと金持ちの方が良い。金持ちがどれほど金持ちになっても満ち足りることはない。そのうえ、あらゆる種類の政府規制は、心の奥底の善悪の観念への干渉、また、強力な企業支配者として金持ちに与えられた明白な特権への干渉の兆しだった。

一九七一年、全米商工会議所は、ルイス・パウエルという企業弁護士に機密メモの執筆を依頼した[23]。全米商工会議所はアメリカの大手企業の利益を代表する全国組織で、パウエルが三三ページの文書を書き上げるや否や、静かにそれを一人、また一人と政界の黒幕に手渡した。CEOたちはその機密メモで目が覚めた。パウエルには躊躇がなかった。彼は自由企業体制全体が攻撃を受けていると力強く論じた――そして全力で反撃するよう超金持ちに呼びかけた。

パウエルは扇動家には見えなかった[24]。彼は穏やかで紳士的で、実に礼儀正しかった。多くの人は、彼の深く染みついた礼節について語った。彼はヴァージニア州にルーツを持つことを強く誇りに思っていた。そのことは、ゆったりとした話しぶりに顕著だったし、また、ロバート・E・リー将軍に心酔していたことからも分かる。背が高く痩せ型のパウエルは、厚手のメガネをかけ、昔風のスーツを着ていた。上品だったが、いざ企業を弁護する段になれば、情け容赦なく徹底的に戦う男だった。

パウエルは、アメリカ最大手の企業十数社の取締役を歴任し、[25] 企業国家アメリカの利益を促進した姿勢は伝説になっている。フィリップモリスに対しては、タバコの健康上の利点に触れた同社の年次報告書に署名し、また、タバコの安全性に関するタバコ産業の主張に報道機関が十分な信憑性を与えなかったとして抗議した。彼はゼネラルモーターズの首席顧問弁護士と親友で、危険な設計や製品に欠陥を持つ自動車についての新聞記事が現れると、パウエルはその内容と記事を書いた記者を警戒した。彼は、このような挑戦が企業国家アメリカに対する人々の信頼を損ない、社会主義に傾斜しやすくすると強く信じていた。

パウエルのメモを受け取った人の多くは、アメリカの自由企業体制が危機にあるとの見解に同意したが、読者層のＣＥＯに本当に刺激を与えたのは行動せよとの呼びかけだった。[26] 彼の助言には先見の明があった。

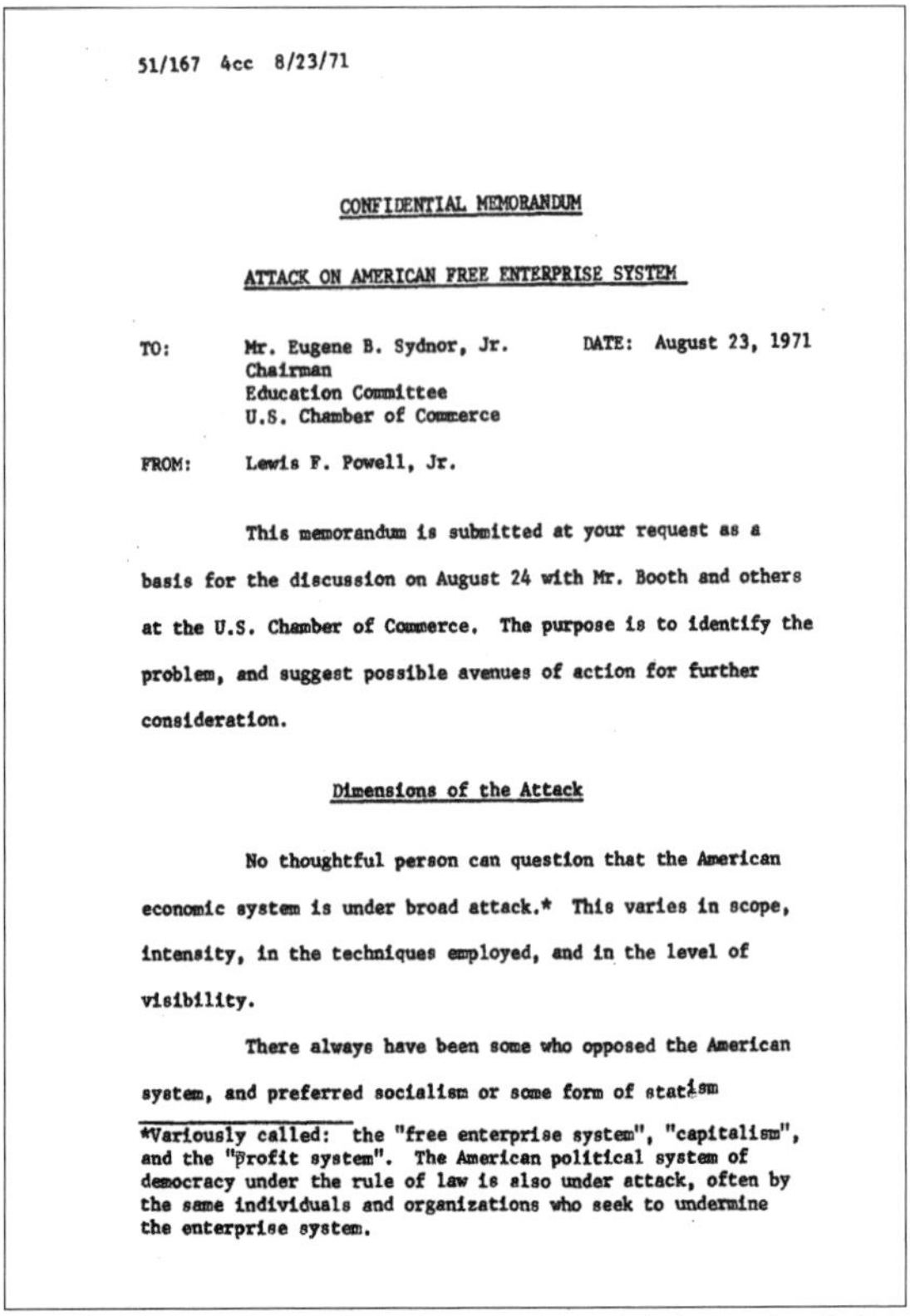

51/167 4cc 8/23/71

CONFIDENTIAL MEMORANDUM

ATTACK ON AMERICAN FREE ENTERPRISE SYSTEM

TO: Mr. Eugene B. Sydnor, Jr.
Chairman
Education Committee
U.S. Chamber of Commerce

DATE: August 23, 1971

FROM: Lewis F. Powell, Jr.

This memorandum is submitted at your request as a basis for the discussion on August 24 with Mr. Booth and others at the U.S. Chamber of Commerce. The purpose is to identify the problem, and suggest possible avenues of action for further consideration.

Dimensions of the Attack

No thoughtful person can question that the American economic system is under broad attack.* This varies in scope, intensity, in the techniques employed, and in the level of visibility.

There always have been some who opposed the American system, and preferred socialism or some form of statism

*Variously called: the "free enterprise system", "capitalism", and the "profit system". The American political system of democracy under the rule of law is also under attack, often by the same individuals and organizations who seek to undermine the enterprise system.

LEWIS F. POWELL JR. PAPERS. WILBUR C. HALL LAW LIBRARY, WASHINGTON AND LEE UNIVERSITY. LEXINGTON, VIRGINIA

タイプライターで打たれたパウエル・メモの書き出し。その文書は巨大企業の政争のやり方を変えた。

反撃しろ！　企業、政府、政治、法律に関するアメリカ人の考え方を変えろ。保守系シンクタンクに資金を与えろ。大学キャンパスで企業の利点を何度も主張することで若者に影響を与えろ。教授陣に金を払って財界寄りの業績を出版させろ。パウエルの見解では、大恐慌以前のように、財界寄りで規制をしない政府が非常に有益だった。様々な事例を用いて、そうした政府を取り戻したいと主張した。

最も暗い大恐慌の日々に、ローズヴェルトは「経済ピラミッドの底辺にいる忘れられた人々」[27]に希望を与えた。皮肉のつもりでもなんでもなく、今度はパウエルがアメリカの大富豪に優しく語りかけたのだ。「立法と政府行動のプロセスにおける政治的影響力の点で、アメリカの企業経営者が本当に『忘れられた男』だということは、誇張でもなんでもない」。

金持ちは好機を掴んでいない、ということだ。

計画——政府を乗っ取る

全米商工会議所にメモを送ってから二カ月後、ニクソン大統領はパウエルを連邦最高裁判事に指名した。パウエルの指名が承認されるまで、その文書は機密のままだった。だが、彼の考えにより、メモを読んだ大富豪やCEOは、不満を言うのを止めて行動をはじめるように促されていた。金持ちと権力者は武器を取れという彼の呼びかけに熱烈に応じ、アメリカの政治情勢を一変させるために相当額の資産を使いはじめた。

彼らの取り組みはほとんど間髪入れずに成果を上げはじめた。パウエルのメモが流布してからわずか九年で、企業CEOが構成する「企業諮問委員会」から多額の支援を得て[28]、ロナルド・レーガンが大統領に選出された。

レーガンは自由市場経済の旗印を掲げて就任し、「リバティ」と「フリーダム」を求める多くの荒々しい声に後押しされていた。レーガンのアプローチは、巨大企業とその最高経営者を助けることを目指すものだったが、大企業に流れるそうした利益が働く人々にも「均霑する」と約束した。その経済計画は、約半世紀前の大恐慌時代にフランクリン・ローズヴェルトが実施したのと同じくらいシンプルで、徹底的なものだった。

第一段階は警官に発砲することだった――メインストリートつまり大通りの警官ではなく、ウォールストリートつまり金融街の警官に発砲するのだ。ウォール街に従属した議会は、[29] 大手金融機関の指示以上のことを行っていたが、レーガンの当選後、それらの銀行ははるかに大きな自由裁量を得た。巨大企業を抑制してきた反トラスト法の執行は減速した。[30]

金融規制と企業規制が防止しようとした不正行為ではなく、まるでそれらの規制こそがアメリカ人が直面している最大の問題かのように、レーガン政権は「規制緩和」という概念を誇らしげに受容した。レーガンの観点からすれば、顧客、投資家、小規模な競争相手を巨大企業の行動から保護することよりも、巨大企業を政府から守ることの方がはるかに重要だった。規制は新たな敵となった。自動車のガソリンタンクの爆発、水道施設の発ガン性化学物質汚染、先天性障害を引き起こす医薬品のことは忘れて、規制はアメリカにおける真の危険であると宣言された。一九八〇年代以降、「規制緩和」は保守派すべてにとって神聖なる教義となり、規制緩和というマントラは、企業国家アメリカが望む以上のことを行えるようにすることだと解釈された。

トリクルダウン・エコノミクスは、アメリカ経済に対する新たなアプローチをもたらした。すべてのアメリカ人に対して競争条件を平等にするために政府というツールを用いるのではなく、政府はトップの人々が自由に采配を振るえるように放任するようになった。レーガンの言葉で言えば、「目をみはるほど広範囲こ

ウィリアム・レンキスト最高裁判事が見つめる中、笑顔のニクソン大統領が新任の連邦最高裁判事ルイス・パウエルと握手をしている。

わたる経済進歩」を創出するために「市場の魔法」を信頼するのだ。[31]

ワーッ！　市場の魔法。規則や規制は必要ない。ただ巨大企業を信仰するだけでいい。

今でも、トランプ大統領は使い古された同じレシピを持ち出している。彼は、何よりも規制をなくすことでより多くの雇用を生み出すように企業を「解放する」と約束している。[32]公約通り、彼は、私たちの空気と水を守る規則に反対した人物を環境保護庁長官に選び、[33]私たちの労働者を守る規則に反対した人物を労働長官に選んだ。[34]

そう、ドナルド・トランプが規制緩和の効力に限界がないと考えていることは、彼の閣僚からはっきりと分かる。実際、トランプは、アメリカを再び偉大にするためにこのアプローチに全面的に従っている。「私たちは、減税をすると共に、規制を撤廃していく」。[35]

大企業には望むことは何でもさせよう。うまくいかないはずがないだろう？

熱烈な企業後援を受けた保守派の経済学は、内密のものだったはずだ。トリクルダウン・エコノミクスの受容は、金持ちがより金持ちに、権力者がより強力になるようこの国を運営する恥知らずの策略以外のなにものでもなかったはずだ。

トリクルダウン・エコノミクスという概念は悪すぎるものだ。だが、それは邪悪な双子、つまり、政府が敵だという考え方も持っていた。ローズヴェルトが何百万ものアメリカ人のために連邦政府を活用した後、強力な企業は、企業ではなく政府こそが敵だという考え方で反撃した。多くの有力者が政府を嘲笑し、アメリカの貧しい人々が犠牲となった。

どんな運動にも当てはまるように、裏づける何らかの真実がなければアイデアは成立しない。ちょっと見てみよう。政府の規則の一部は馬鹿げているし、いくつかの規則は馬鹿げた運用をされている。新しいビルを建てたり、新規事業を立ち上げたり、その過程で一連の法律や検査や下級官僚に煩わされたことのある人は、「小さな政府」を公約する政治家と手を結ぶ準備ができている。

だが、連邦レベルで「規制緩和」の合唱をしても、中小企業の問題は実際には解決されなかった。多くの場合、巨大企業だけが巧みに利用できる莫大な不正取引を作り出しただけだ。一九九九年のグラス＝スティーガル法撤廃は、一握りの巨大銀行がさらに巨大化するのを助けただけで、巨大銀行と競争しようとしたコミュニティ・バンクのためにならなかった。同じことが、リスクの高い新しい金融商品を規制しないとの決定にも言える。[36] 政府が危険を野放しにするというこの新たなアプローチは、巨大銀行の懐を肥やし、家族を破綻させた。規制の撤廃と大企業に対する税優遇措置は、大企業を助けるが、他の誰も助けない。

共和党は、小さな政府の政党だと吹聴してきたのと同じように、中小企業に上手い話を持ちかけてきた。だが、できもしないのに大言壮語した後、案の定ほとんど何ももたらさなかった。利益の大部分が巨大企業に取り上げられているためだろう。

多くの約束があったにもかかわらず、共和党は巨大企業と億万長者に対し、まるで自分たちだけのためのお菓子屋さんのようにアメリカ経済を扱える仕組まれたシステムを与えてきた。マサチューセッツ州サマービルで素敵な小さなレストランを経営している夫婦は、連邦政府が弱体化したことによって何を得ただろうか？　何も得なかった。ほとんどの家族と中小企業は何も得ていないのだ。

警官が悪党のために働くとき

トリクルダウンのイデオロギーは生々しい権力からはじまった。権力者はさらなる権力を行使する方法を考案した。ノーと言う規制当局が少なくなったので、巨大企業は、長い間閉ざされてきた領域に進出しはじめた。道を示したのはウォール街の企業だ。それらは長年、一九三〇年代に制定された規制の下で苛立ち、反撃してきた。だが今や、戦闘のたびに勝利するようになった。大手銀行は、自由にリスクを取れるようになった。そうしたリスクは収入と収益性を押し上げ、また驚くことではないが、経営者は自分たちの給料を増やし、ボーナスを積み上げ、あまり多くを語らなかった。

収益性の飛躍的上昇はコカインによるハイ状態のようなもので、持続している間は驚くべきものだが、命に関わる危険性がある。リスクはつねに誰かにしっぺ返しをする。ＣＥＯはそのことを知っていたが、金を掴んで脱出できると思い、ドラッグを使い続けた。それがすべて崩壊した場合、投資家、顧客、納税者など、他の誰かが貧乏くじを引く。

一九八〇年代後半に噴出した銀行スキャンダルによって、警鐘は鳴らされたはずだった。アメリカの貯蓄貸付組合（S&L）は、かつては住宅抵当融資に特化した眠くなるような小さな消費者向け銀行だったが、一九八二年に規制が大幅に緩和された。S&Lはすぐに成長しはじめ、どんどん大型化するローンと多くの新商品を提供するようになった。わずか三年後、S&Lの規模は五〇%拡大し[37]、あたかもどれか一つは金の卵を産むガチョウかのように、投機家はS&Lを買収しはじめた。だが、永遠に続くバブルはなく、株価が高騰し、規制が不十分なS&Lの多くはまもなく破綻した。バブルが破裂すると、わが国の三二〇〇のS&Lのうち一千以上が閉鎖された。そして、政府規制当局は責任を追及し、一千人以上のS&L経営者を刑事告訴した[38]。

S&Lは比較的小さく、その問題はある地域から別の地域に飛び火するのに時間がかかったため、経済全体を崩壊させることはなかった。だが、金融システムを機能させ続け、預金者が一ドルたりとも失わないようにするために、アメリカの納税者は約一三二〇億ドルを費やした。そう、一三二〇億ドル。ちょっと立ち止まってその金額について考えてみよう。最後のS&Lが閉鎖された一九九五年[39]、連邦政府は、教育、職業訓練、退役軍人給付、社会サービス、交通、これらの合計額よりも多くの資金をS&Lに投入したのだ[40]。

この時点で、耳障りなサイレン、鐘の金属音、警報があらゆる場所に鳴り響くはずだった。パターンは明白だ。つまり、(1)銀行の規制緩和、(2)銀行がリスクにさらされる、(3)危機が発生する、(4)救済措置が続く。S&Lスキャンダルで、注意を払い銀行規制を厳しくするように、規制当局や議会に向かって叫ぶべきだった。そうしていれば、のちに経済を崩壊させる銀行問題は、発生する前に阻止されていただろう。だが、政治家は聞く耳を持たなかった。（たぶん、耳にお金が詰まっていて聞こえにくかったのだと思う。）　銀行、とくに巨大銀行は、ますます監視を少なくしようとし、政治家はただ追随するだけだった。

危機の直後に冷静にならずに、巨大銀行は先を争った。次の標的はグラス＝スティーガル法だ。退屈な銀行業（及び当座勘定及び貯蓄勘定の全部の資金）をリスクの高い金融投機に結びつけるチャンスを舌なめずりして待ち構え、銀行は金融システムの支柱を破壊するロビー活動をした。銀行は予想外の結果を心配していなかった。うまくいかなかった場合、政府が乗り出し、確実に小口預金者すべてが保護され、その過程で政府が巨大銀行も保護するだろうと考えた。一九八〇年代から一九九〇年代にかけて、高額報酬のロビイストは、広範囲に及ぶ金融規制を果敢に攻撃した。やがてロビイストは、銀行とウォール街の投機を隔てる壁のレンガを一個ずつ壊し、規制当局は徐々に弱体化した。一九九九年、グラス＝スティーガル法の数少ない残りの規定が撤廃された。[41]

その結果はすぐに現れた。[42] 大手銀行は巨大銀行に成長し、巨大銀行はモンスターに変貌した。一九八〇年、アメリカの大手銀行一〇行は、市場の三分の一以下を支配していただけだった。それが二〇〇〇年には、大手銀行一〇行は市場の半分以上を占め、二〇〇五年にはその占有率は約六〇％に達した。二〇〇八年には、最上位五銀行だけで市場の四〇％を占めた。[43] それにより、銀行のＣＥＯは、中世の王子でさえ恥じ入る厚かましさを示すようになった。

一例を見てみよう。一九九八年、シティコープが巨大保険会社トラベラーズとの合併を決定すると、両者に小さな問題が生じた。その合併は違法になるということだ。そのような銀行とノンバンクの合併は、一九三〇年代以降施行されてきたグラス＝スティーガル法や他の銀行法の規定に抵触する。だが、金融界の王子たちは連邦法ごときのために思いとどまらなくてはならないのか？　法律は小さき男のためのもので、ＣＥＯたる者、最大を目指すものだ。両社が合併した場合、史上最大の合併になるだろう。二人の金融巨人はちょっとだけ思案した後、意図的に、非常に公然と、不法にも会社を合併させたが、言いなりの議会は事実を追認して法律を変更すると見透かされていた。[44]

うわー、彼らは正当化してしまった。従順な議会はただ言われたことをやっただけだ。一九九九年にグラス＝スティーガル法が撤廃されると、全くひどい金融業界はいっそう高いリスクを取るようになり、そしてしばらくの間は収益性が高まった(45)。

昔、一部の共和党議員が規制の強化に賛成したように、一部の民主党議員が規制緩和の流行に拍車をかけた。グラス＝スティーガル法撤廃に署名したとき(46)、ビル・クリントン大統領は軽口を叩いてから、「金融機関を運営する方法に根本的かつ画期的な変化をもたらす」動きを称賛した。クリントンはその撤廃のために戦い、今や勝利を宣言した。「私たちが暮らす経済にグラス＝スティーガル法がもはや適切でないことは事実だ」。彼が予測したように、それは「銀行の力を拡大する」助けになった。

* * *

大手銀行が有無を言わせず議会と銀行規制当局を従わせていた頃、私はマサチューセッツ州に住み、ハーバード大学で教え、アメリカ経済に見られた別の危険な兆候について研究していた。一九九〇年代に、アメリカの家族が債務を積み上げていたことだ。クレジットカード会社は商品をますます複雑にしていった。クレジットカードの規約は(47)、一九八一年には約一ページ半だったが、二〇〇〇年代初めには細かな活字で三〇ページに及ぶものへと姿を変えた。曖昧な法律用語、隠されたトリック、奇妙な会計方法で、規約は飾り立てられるようになった。結局、一部の議員が懸念を抱くようになった。ある公聴会では、クレジットカード会社の経営者が用語を説明するように求められたが、分からなかったために笑いが起こった(48)。

だが、働く人々の債務が螺旋状に増えていくことの影響については、全く笑えなかった。銀行とクレジットカード会社は家族を債務漬けにしようとし、略奪的契約によって人々を罠にかけ、何年もの間、驚くほどの手数料と天文学的金利を支払わせた。クレジットカードはキャンディのようにばらまかれ、まもなくカード発行会社に数百億ドルもの利益をもたらした[49]。新聞やラジオでは定期的に、事前承認されたカードが発行された赤ん坊や犬、猫についての呑気なストーリーが報じられた。

研究で出くわした数字に非常に驚いたので、広く情報を知らせる方法を探しはじめた。講演、論文、論説、インタビュー、思いつく限りなんでもやった。二〇〇五年のある日、驚くべき用件の電話があった。つまり、ワシントンに来て通貨監督庁（ＯＣＣ）の規制担当者たちに会ってほしいとの依頼だ。

やったー！　ＯＣＣは責任ある規制当局で、アメリカ最大級のクレジットカード発行会社に止めるように言う権限を持つ警官だ。本当に。ＯＣＣは、何百万ものクレジットカードのトリックや罠を排除できる政府機関だ。おーっ、これは楽しみだ。

私は、二月の曇った日にワシントンに飛んだ。私はＯＣＣの庁舎は初めてだったが、洗練されていてモダンだった。通貨監督官代理のジュリー・ウィリアムスがロビーで出迎えてくれて、保安検査に案内してくれた。上の階で、エレガントでモダンな家具が揃えられた彼女のオフィスに数分立ち寄った。標準支給品はこのオフィスには全くなかった。すべてがクールで見栄えがした。

「ジュリーと呼んで」と言ったウィリアムス通貨監督官代理は、背が高く細身で、おしゃれなショートカットの髪をしていて、エレガントなカシミアのジャケットを羽織っていた。彼女は背筋が伸びていて鋭い眼差しをしていた。彼女はつねに声量を抑えていたが、すべての言葉が慎重に秤量され最大限の効果を発揮するものだった。間違った音節で市場を混乱させることなど決してしない女性だ。

ジュリーは私をエレベーター、それから大会議室に案内してくれた。大会議室で、彼女は私を大勢のＯＣＣのエコノミストと銀行監督官に紹介した。パワーポイントを使っていなかった時代なので、スライドとオーバーヘッドプロジェクターを使ってプレゼンテーションを行った。一時間以上にわたって、慎重にデータを提示した。最初に、何百万ものアメリカの家族がますます不安定な立場になっていることを立証した。次に、お金を借り入れている多くの人々を欺いて銀行が利益を増加させていることについて、有り余る証拠を示した。学会発表のときでも、私は興奮してしまうことがある。清廉な政府職員でいっぱいの会議室でも、私は我慢できなかった。詐欺師は詐欺師だ。

エコノミストや監督官からたくさんの質問があった。彼らは熱心で思慮深く、私は質問がすべて終わるまでとどまった。ようやく私はスライドを片づけた。疲労困憊し、水が欲しかった。

ジュリーと私はバックパックを取りに彼女のオフィスに向かった。エレベーターに乗り込もうとしたとき、ジュリーは、クレジットカード債務が深刻な問題を引き起こしているという「なんとかしなければならない状況」を示してくれたと言った。

一瞬、私は目を閉じた。よしっ！　疲れは吹き飛んだ。これこそまさに私が望んだことだ。規制当局のトップが問題ありと認めたのだ！　ＯＣＣの数千の職員の誰かにこうした恥ずべき慣行を調査させ、略奪者を破滅させると彼女が確約してくれるのを待ちきれなかった。私はこれらのデータを懸命に作ったが、今やそのデータが影響力を持とうとしていた。私はダンスシューズを取り出す用意をしていた。

そのときジュリーが悲しげな笑みを少し浮かべた。彼女は、あまりにも悪すぎると言った。

彼女がそれ以上何も言わなかったので、数秒間待って私が言った。「ええ、とても悪いです。だけどあなたなら止められます」。

「止めるですって？」。まるでその考えが全くなかったかのように彼女ははねのけた。「どうして私たちが止めるのかしら？」。

えーっと、間違っているから？　何百万もの人たちが傷つけられているから？　それに人々を騙して利益を上げるのは銀行にとって危険だから？　最後に、これは銀行にとっても経済全体にとっても非常に悪い結果になる一種の金融投機だから？

彼女の政府機関、ＯＣＣにはこうした危険な慣行を終わらせる権限も責任もあると再び指摘した。

「いいえ、私たちにはできません」と、彼女がそっけなく言った。

ロビーに向かいながら、私は彼女に迫った。これが最後のチャンスかもしれないと思った。「もちろんあなたは止められます」と、私は言った。「あなたには権限があって、責任もあって、人々の生活を大きく変えることができるのです」。意見を言うと、私の声は上がりはじめた。

彼女は微笑んだ。「いいえ、私たちには止められません。銀行がそれを望みません」。

銀行がそれを望みません。

何なの？　からかっているの？　何が起こっているのかほとんど信じられなかった。これがブッシュ政権だとは分かっていたが、ちょっと待ってほしい。銀行が望むかどうかが関係あるのか？　あなたは銀行のために働いているのではない。あなたはアメリカの国民、欺かれている人々のために働いているのだ。怒りで手が震えていた。

ジュリーは決して大きな声を出したり笑顔を崩したりしなかった。彼女はロビーを通って私を送り、さようならと言った。私の知る限り、彼女も通貨監督庁の職員も、あの日私が言ったことを追跡調査しなかった。そして、私を二度と招待しなかった。

だが、やるべきことをやっていなかったのは、銀行規制当局だけではなかった。他の政府機関も、『臆病者のプロフィール』とでも名づけられる本に掲載されるのを競っていた。一九八〇年代、ＳＥＣは、果敢な規制担当官を派遣することから、大手金融機関に警察役を任せることへ方針転換していった。二〇〇五年に私がOCCでプレゼンを行ったときには、SECは実質的に去勢されていた。投資銀行がますますリスクを冒すようになったので、SECは自主規制を導入した。それからSEC委員長は、自主規制に従うのも自由だし、無視するのも自由だと述べた。

自主規制？　ひーっ、マフィアのボスのトニー・ソプラノが自主規制に従うとでも思っているのだろうか？　年月を経た今、SECに向かって叫びたい。「あなたたちにとって何が問題だったって言うの？　あなたたちは国民の側にいるべきだったのよ！」。だが、もちろん、それが問題の原因だった。SECは、規制当局の仕事は投資業界のために働くことだという規制緩和のメッセージを受けていたのだ。

そして、いったい彼らは投資業界の役に立てたのだろうか。SECの無能さは伝説的だ。元SEC委員長が言うには、[50]SECの執行部門は「手錠をかけられていた」。[51]職員は、分かりやすい昔ながらのポンジ・スキームさえ摘発できなかった――一九二〇年代頃からずっとあったような詐欺で、ウォール街担当の最も鈍い警官でさえも一マイル先から嗅ぎつけられるものだ。警告が繰り返されたにもかかわらず、アメリカ史上最大の金融詐欺事件、バーニー・マドフのスキャンダルをSECは完全に見逃した。何年も、おそらくは数十年も続いたポンジ・スキームが崩壊し、[52]彼を信頼して貯蓄を預けた人が一七〇億ドル以上も失った後に気づいたので、[53]SECはわざと目をつむっていたのではないかと疑われた。[54]また、ジャーナリストのマット・タイビが言うように、SECは、「腐敗しているならまだしも」、「適切な表現を見つけるのは難しいが、『積極的に無責任になっている』と言えるだろう」。[55]

同時に、反トラスト法の執行も減り、レーガン大統領とブッシュ大統領の時代には急減した。民主党政権期にはわずかに増えたが、多くの市場における合併と支配的企業の数の増加に追いつくほどではなかった。

かつてはトラスト取締官として知られた政府の警察は、大企業にはしたいことをやらせるというワシントンの新たなモットーを、他の者と同じくらい熱心に受け入れたようだ。

業界再編がはじまった。次から次へと、市場は一握りの会社に支配されるようになった。

- 二〇〇〇年代までに、アメリカの主要航空会社の数は九社から四社に減少した。[56]残った四社——アメリカン航空、デルタ航空、ユナイテッド航空、サウスウェスト航空——は、現在、アメリカのすべての国内線座席数の八〇%以上を占めている。[57]
- 二つのビール会社は、アメリカのすべてのビールの七〇%以上を販売している。[58]
- 五つの巨大医療保険会社は、現在、アメリカの医療保険市場の八三%以上を占めている。[59]
- 三つのドラッグストア・チェーン——CVS、ウォルグリーン、ライトエイド——は、現在、アメリカのすべての薬局の九九%を経営している。[60]
- モンサントは、毎年アメリカで栽培される大豆の約九三%、トウモロコシの八〇%の特許を保有している。[61]
- 四つの大企業が現在、アメリカの牛肉市場の約八五%を占めている。[62]
- 三つの大企業が現在、すべての鶏肉の約半分を生産している。[63]

リストは長々と続いていく。

巨大企業は現在、私たちの生活の大部分を支配している。なぜこれが問題なのか？　なぜなら、一握りの巨大企業が支配すると、市場はうまく機能しないからだ。完全自由企業体制は、市場が競争的なときには企業が商取引を奪い合うので価格低下、サービス向上、優れた新しいイノベーション、その他多くの利点があるという考え方に立脚している。反トラスト法は市場を強く維持する助けとなる。

再編の影響はどこにでもある。例えば、価格が上昇している。モンサントは種子生産を支配しているので、トウモロコシの種子価格は二〇〇一年以降一三五%上昇した。小規模な競合会社は苦戦を強いられている。例えば、小規模醸造所は、巨大ビール会社に立ち向かうのに厳しい環境下にある。同じことはドラッグストアにも当てはまる。食肉産業の独占はあらゆる面で打撃を与えている。つまり、消費者はより多く支払い、農業経営者は稼ぎが少なくなっているが、わが国最大の食肉生産会社のタイソンフーズの利益率は記録破りの高さだ。(64)

またケーブル業界について考えてみよう。巨大ケーブル会社は市場の大部分を支配しようとしている。市場支配によって、価格の引き上げ、劣悪な商品の提供、貧弱なサービスの提供、すべてのことを同時に行えて、利益を向上させる機会が与えられる。マサチューセッツ州では、だいたい三つの町のうち二つの町では一つしかケーブル会社がなく、残りの町のほとんどでは二つしかケーブル会社がない。(65)だからこそ私はコムキャストとタイム・ワーナー――第一位と第三位のケーブル会社――の合併に反対して戦った。(66)(私たちが勝利した戦いだ!)もしあなたが一握りの大企業の立場なら、市場を分け合い、顧客が勘弁してくれと言うほど高い料金を請求し、ずっと多くの利益を上げられるときに、お互いに競争する理由などあるだろうか?

私は同じ歌をまた歌いたい。つまり、規則のない市場は、顧客には価値あるものを提供せず、中小企業のためには機能しないが、大企業をとっても幸せにするのだ。

警官がいなければ崩壊が再来する

市場から規則と警官を減らすという福音を説かれた政治家が増えたので、政府の役割は急速に変化した。一九八〇年代以降、連邦政府の警官——市場を誠実で競争的に維持する役割を持っていた警官——は、後退しはじめた。とくに銀行業ではそうだった。臆病な規制当局、臆病な捜査官、臆病な検察官、臆病な議員のせいで、競争条件を平等にしたり、かつてわが国経済を破壊した過熱と破裂の経済から保護したりする上で、政府がほとんど役に立たないことが明らかになった。これらの政府職員が顔を背けてもじもじしている間に、企業は詐欺的な住宅ローンを販売し、小さな競合企業を押しつぶし、事業を海外に移転し、新たな税金偽装を考案し、最終的な収益をバラ色に見えるように帳簿を改変して、何十億ドルも手に入れた。他方、共和党指導部は、巨大企業ではなく政府こそがわが国経済に切迫した脅威を与えているとの主張を際限なく繰り返した。

一九三〇年代とその後の二、三〇年間に編まれてきた規制の糸は、一本、また一本と引き抜かれていった。残ったのは、国民をほとんど守れないような法律と規制というボロボロの布切れだった。

つまり、規制緩和はまさに私たちが予測した通りの結果をもたらした。

レーガンが大統領に就任するまでの約半世紀間、銀行と銀行規制当局のマントラは、「どのように返済するかを非常にはっきりと示せる人にだけお金を貸す」というものだった。これは、銀行業を非常に退屈にした重要要素だ——また経済を非常に安定させた重要要素でもあった。

だが、一九八〇年代に規制当局は顔を背けたので、大手銀行は、クレジットカードを詰め込んだ高リスク、高収益のポートフォリオを構築しはじめた。[67] 銀行は、細かい活字にたくさんの落とし穴を仕掛けて利益を高めたので、[68] 消費者がクレジットカードを入手したずっと後になってから、手数料と金利を引き上げる変更が公然と行われた。家族は破産で何もかも失い[69]、他方、銀行の利益は天井知らずだった。その間、銀行規制当局はさほど遠くないところから見ていたと、自分の犬はよその芝生でウンチをしていないと偽る飼い主と同じことを言っていた。

一〇年余りの間、クレジットカードで大きな利益を得た後、銀行はさらにうまいアイデアを思いついた。クレジットカードは初心者向けだ。大金を狙って、住宅抵当ローンに手を出さない理由があるだろうか？[70] 新しくはるかに大きなボトルだったが、同じワインだった。二〇〇〇年代、銀行は、返済額変動方式、トリガー条項、高額手数料、細かい活字でたくさんの驚くべき事項を書き込んだ住宅抵当ローンを積み上げ、それらを疑うことを知らない買い手に販売した。住宅購入者が支払えないときには、銀行はそのローンを借り換えさせて、新たな手数料ともっと巧妙な手口を加え、ゲームを最初からやり直した。再び、銀行の利益は爆発的に増加し、規制当局は顔を背けた。

ウォール街は一枚噛むことを望んだ。[71] 今度は、金融企業がこれらの住宅抵当ローンを束ねて、束ねたものを年金基金、地方自治体、その他の騙されやすい顧客に売却した。束を購入した者は、安全で安定した投資を購入したと思っていた。彼らには、リスクの高い住宅抵当ローンに埋め込まれた危険に気づく手がかりはなかった。銀行規制当局はどうだっただろうか？[72] もじもじしただけだ。

大手銀行がやった方法には数多くのバリエーションがあったが、要点は、人々を欺くことで大手銀行が大金を手に入れたことだ。銀行規制当局はその詐欺行為を知っていて止めることもできたが、何もしなかった。

住宅バブルが崩壊し、誰も借り換えができなくなると、計画全体が崩壊した。大恐慌を引き起こした破裂とまさに同じように、この崩壊は経済全体を覆った。二〇〇八年のがフルタイムの仕事に就けなくなった。九〇〇万以上の家族が住宅を失った。[illegible]新規事業をはじめる人が減ったために、起業家精神が急速に衰えた。[76] 大学生は就職の見込みが乏しいか全くないまま卒業することになったが、[77] 大学に進学しなかった人たちの将来はいっそう暗かった。[78] 退職貯蓄は急激に減少した。[79] 数千の自殺が金融危機に起因したものだった。[80]

二〇〇八年の崩壊により、アメリカ経済全体のコストは推計二二兆ドルに上り、[81] 人々の痛みはかつてないものになった。

その崩壊がわが国経済を石器時代まで吹き飛ばしそうになった後でも、共和党議員は規制緩和の歌を歌い続けた。二〇一〇年、銀行に好意的なある議員は、「ワシントンには銀行を規制すべきだとの意見があるが、私の意見では、ワシントンと規制当局が銀行に奉仕すべきなのだ」と主張した。[82] そう、その通り、銀行規制当局は銀行に奉仕していた――そして、その過程でアメリカ経済を破壊しつくすところだったのだ。

金融規制が重要だ

本当に言いたいのは、規制が重要だということだ。一七九〇年代から一九三〇年代にかけて、金融規制は多くなく、二〇年ほどの周期で、アメリカ経済は過熱と破裂を行ったり来たりした。銀行は過熱し、崩壊した。破裂は長く厳しかった。取締りの警官はいなかったので、不安な投資家はお金をしっかり抱えていたが、それは良い事業提案にウォール街が提供する資金となったかもしれないお金だ。反トラスト法がなかったため、企業はさらに大きく成長し、顧客にもより小さな競争相手にも多くの悪影響を及ぼした。

フランクリン・ローズヴェルトがもっとうまくやれると言ったとき、以前にはなかった方法で人手銀行

図３　重大な金融危機、1789～2016年

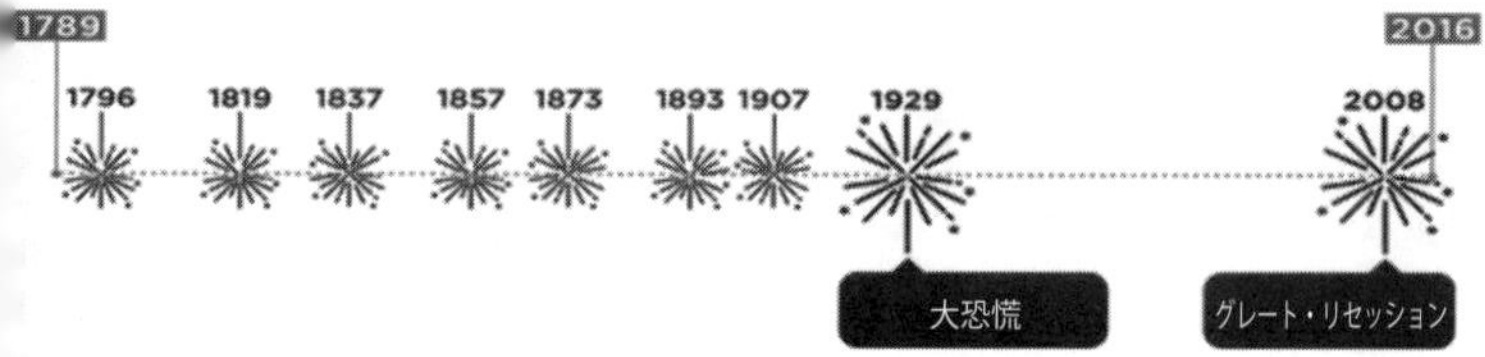

大恐慌後、規制は崩壊を阻止した。規制が取り消されると破裂が生じた。

と大企業を抑制した。政府は、市場を誠実に維持する上で積極的に行動した。そうやって私たちは経済安定と経済成長を築き上げた。彼は一九八〇年代に、ロナルド・レーガンはそれを方向転換させた。彼は政府こそ敵だと宣言し、規制の網をほどきはじめた。そして、大恐慌以来最悪の経済危機をもたらした道へとアメリカを導いた。

図３の年表がすべてを語っている。つまり、基本的な交通規則により数十年の金融安定がもたらされ、その規則が弱まると巨大な過熱といっそう大きな破裂への道に引き戻された。

確かに、パズルには他にもたくさんのピースがあるが、そのいくつかについては後で述べようと思う。だが、今こそ、次の事実と向き合う時だ。つまり、私たちはすでにレーガン時代の経済学のひどい誤りの代償を払っており、その大きな教訓をここで無視すれば、わが国は最終的にいっそう高い代償を支払うことになる。証拠があるにもかかわらず、多くの政治エリートは、同じ道を突き進む決断をしているようだ。共和党の大統領、共和党指導部、共和党議員は同じ歌を歌い続けている。この経済を前進させるために、規制当局の手綱を締めて、巨大企業には好きなようにやらせるということだ。

アメリカ上院議員になって四年、睡眠中に演説を言えるほど彼らの話を聞いてきた——結局のところ彼らの[illegible]

ガンが笑顔で手を振り、最初にホワイトハウスに入ったときから、ずっと馬鹿の一つ覚えを朗読している。それはまるで過去三五年間の規制緩和がまったくなかったかのような振る舞いで、二〇〇八年の崩壊は上品なシルクのハンカチで拭えるような悪い夢にすぎなかったかのようだ。

　オバマ大統領によって定められた金融規制を撤廃すると言うとき、ドナルド・トランプは、共和党が長年受け入れてきた古い規制緩和路線をなぞっているにすぎない。ドッド＝フランク法により、「銀行家が役割を果たせなくなった」とまで彼は言った[83]。ええ、かつてのような無謀なやり方で銀行家が役割を果たすのは間違いなく難しくなった――それが肝心だ！　ニュート・ギングリッジのような共和党政治家によれば、トランプ政権は、政府が「フランクリン・デラノ・ローズヴェルト・モデルから抜け出す壮大な取り組み」だという[84]。ニュートは次回のために銀行を救済する計画をしているのではないか。

　私はすべての規制を愛しているわけではない。そんな人はいるわけがない。だが、政府が規則を定めて執行するからこそ解決できる問題もある。そうしなければ不正、反トラスト問題、経済を壊滅させる力を持つ銀行業界にどうして対処できようか？　こうも言える。企業が人々を騙したり、競争相手を押しつぶしたりリスクを積み上げることができる場合、また、最高経営者が企業をそうした方向に導いて懐を肥やすことができる場合、遅かれ早かれ、その中の誰かがそうするだろう。そして、誰か一人が騙すと、他の者がすぐに追随する。詐欺師を追いかけるか、それとも取り残されるかだ。巨大銀行のＣＥＯすべてが必ずしも顧客を騙す住宅抵当ローン事業に参入したかったわけではないが、一度競争相手がその事業から数億ドルを手にしてしまえば、その手口の誘惑に抗するのは難しい。

　この非常にダイナミックで複雑な経済には、市場を確実に機能させるのに有効な基本的な規則が必要であり、大きな違いを生み出せるシンプルな規則を考え出すことは難しくない。

まず、現代版グラス＝スティーガル法を制定し、ウォール街の狂ったリスクテイクから隔離された、当座勘定や貯蓄勘定のようなシンプルな銀行業を実施すべきだ。これは党派的なものではない。二一世紀版グラス＝スティーガル法案の私の共同起草者は、二〇〇八年大統領選の共和党候補だったジョン・マケイン上院議員だ。[85] 二〇一六年、ドナルド・トランプはこのアイデアを唱え、彼の主張でグラス＝スティーガル法の採用が共和党の綱領に追加された。[86] だが、下院と上院の共和党指導部は立法化を拒否しており、現在トランプ大統領は反対の方向性を持つ経済チームを配置している。巨大銀行が政府保険とウォール街でのギャンブルの利益を同時に得るべき理由を説明できる者など誰一人いないが、銀行ロビイストはこの法案の審議をなんとか阻止してきた。

別のアイデアもある。すなわち、SECは、ウォール街ではなく国民の利益のために働く者を委員長にすべきだ――SECの予算を大幅に増額し、実際に調査し、法律を執行できるようにすべきだ。実際に勇気をいくらか示してくれた良いSEC委員長もいた。そして、これも党派的問題でないにもかかわらず、SECを率いるよう指名された者は、政府の規制当局からウォール街を果敢に守ることに人生を賭けてきた人物だ。* 彼が長年たっぷりと食べさせてもらった人に対して突然厳しく対応するようになると思うのは、仲の良いウォール街友愛会を知らないだけだ。

ああ、良いアイデアがある。CEOが法律を破ったときには、他の人と同じように刑務所に行かせよう。最高裁判所の正面入口の上に掘られた字句は、「法の下での平等な正義」だ。これに「企業経営者を除く」と続いているわけではない。

＊二〇一七年五月二日、上院はSEC委員長としてジェイ・クレイトンを賛成六一、反対三七で承認した。クレイトンはウォール街の投資銀行業務を手がける大物弁護士で、二〇〇八年崩壊時の銀行救済にも関わっていた。

検事の背筋をシャキッとさせて、再び反トラスト法を執行し[illegible]小規模[illegible]新興[illegible]それに医療保険に対する新たな革新的アプローチでも、アイデアを試すチャンスがなくてはならない。私は、業界の巨人ではなく国民の役に立つ政府というものを信じている——そして、政府はあらゆる機会において競争を促進すべきだ。企業集中は、消費者にとって悪いもので、イノベーターにとっても悪いものだ。最悪なのは、失敗した場合、企業集中はすべての者を危険にさらすことだ。

こうした提案のそれぞれについて、必ずしもすべての人が私に同意してくれるわけがないことは承知している。だが、明確にしよう。アメリカは警告を受けてきた。最初は一九八〇年代のS&L危機で、それから二〇〇八年の崩壊で警告を受けたのだ。私たちは生き残ったが、最後の金融爆弾はわが国経済にとって、そして何千万ものアメリカの家族にとって命取りになるところだった。もう一度打撃を受ける余裕はない。

そして、リスクは依然としてあるのだ。超一流の経済評論家が最近指摘したところによると、「二〇一〇年以降、違法行為、無能、自己満足といったあらゆる理由のために、ほぼすべての大陸の銀行で重大なスキャンダルが生じた」[87]。金融崩壊から八年後、以前より厳しい規制が敷かれているが、二〇一六年だけ見ても三つの大銀行が深刻な問題を抱えていた。ドイツ銀行は帳簿に非常に大きなリスクを隠していたので、国際通貨基金は、同行がグローバル金融システムに大きな脅威を与えていると言った[88]。ウェルズ・ファーゴ銀行は、二〇〇万以上の顧客を欺いて株価を吊り上げたとして摘発された[89]。シティグループは、取引で違法な利益を得た不正操作で、何億ドルもの罰金を支払うことに同意した[90]。

一方、銀行は依然として「大きすぎて潰せない」。実際、いくつかは以前よりも大きくなっていて、「大きすぎてつまずかせるわけにもいかない」。連邦準備制度理事会とFDICは最近、ウェルズ・ファーゴ銀行は非常に大きく、非常に経営がまずいため、同行が傾きはじめただけで、経済全体を下方に引きずり込む可能性があると発表した[91]――もちろん、ウェルズファーゴ銀行が救済されない場合のことだ。ローレンス・サマーズ元財務長官とある経済学者は、長い学術論文で、銀行に関する大量の金融データを分析した。彼らの結論によると、二〇一六年に、大手銀行は二〇〇八年の崩壊直前よりも有意に安全とは言えなかった[92]。実際、大手銀行のリスクは高まっているという。金融危機から時間が経っているが、それでも銀行セクターは依然として経済を吹き飛ばすほどの銀行を抱えているのだろうか？　やれやれ。私たちには規則を弱めることではなく、強めることが必要なようだ。

このことは深刻だ。心臓発作と同じように深刻だ。大手銀行は私たち全員をリスクにさらしていて、それは私の祖父母には馴染み深いリスクだ。それは、家を失わせ、仕事を失わせ、貯蓄全部を失わせるというリスクだ。価格を吊り上げたり、競争相手を買収したりする巨大企業はわが国経済を爆破しないだろうが、巨大企業は私たちを多くの点で圧迫するので、長期にわたってゆっくりと衰退させ、回復できなくする。

これらの巨大銀行と巨大企業が活動する世界が日々加速し、複雑になっているという事実によって、あらゆる問題が悪化している。ギリシャや香港の債務危機には、オハイオ州やアラスカ州の小さな町の生活に影響する波紋効果があるかもしれない。共和党は見て見ぬ振りをし、容赦なく小さな政府を求め、巨大企業救済がつねにアメリカの働く家族を救済することになると欺くかもしれない。だが、これは、もはや許容できないフィクションだ。

ローズヴェルトは正しかった。私たちはもっとうまくやれる。私たちに必要なのは、明敏な人々、私たちが大惨事に真っ直ぐ向かっていることを認識している人々だ。私たちに必要なのは、政府というツールを取り戻し、国民の利益を銀行の利益よりも優先し、破滅的状況のリスクを減らすためにできることを何でもする、恐れを知らない公職者だ。

一九九九年末、ビーおばさんが亡くなる少し前に電話をした。九八歳で、健康状態は少し悪くなっていたが、変わらず話好きだった。電話をしていると、しばしば亡くなってしまった人たちを思い出す。ビーおばさんの兄弟姉妹、私の祖父母、一二歳のときに白血病で亡くなったジミー。私たちの家族劇の一つのキャラクター、大恐慌も依然として残っていた。「当時は厳しい時代だったのよ、ベッツィ、でもなんとか乗り切った」と、電話で彼女は言った。

そう、大恐慌は大変な痛みだったが、以前よりも強いアメリカを作るチャンスでもあった。そして、それは私たちが成し遂げたことだ。私たちは当時、国を良くした。そして私たちは今、国を良くすることができる。私たちは賢くなくてはならない。状況が変化し、企業が人々を欺いたり小さな競争相手を押しつぶしたりする新たな方法を見つけたので、私たちは反撃できるように規制のツールを適応させなくてはならない。だが、そうしたツールを取り戻すことからはじめなくてはならない。

政府は私たちの敵ではない。人民のための政府は私たちの味方だ。企業国家アメリカではなく政府が基本的な規則を執行するから、あらゆる市場が機能するのだ。そして、ローズヴェルトが私たちに示したように、市場が金持ちと権力者だけに奉仕することが許されてはならない。市場は私たちすべてに役立たなくてはならないのだ。

第三章　アメリカは中間層を創出した——そして破壊した

子供たちがまだ小さかったとき、ほとんどの日曜日の朝、私は子供たちを教会に連れて行った。私たちの家は準郊外にあった。近くのメソジスト教会はあまり大きくなかった——子供が描くような教会と尖塔によく似ていた。秋になると牧師はいつも、大事な礼拝に集中してもらうため、みんなを安心させる案内をしてから説教をはじめた。「おはようございます。今日のキックオフは一二時五分です。安心してください。一一時五分にはここを出られます」。

私は、クリスマス野外劇の羊飼い役の子供たちが出て行かないようにするなど、時折教会でちょっとした手伝いをしていたが、ふだんは車で教会に行き礼拝に出て帰るだけだった。ある日曜日の朝に牧師に脇に連れ出され、五年生の日曜学校で教えてほしいと頼まれ、とても驚いた。私の子供はまだとても小さく、法学教授としてもスタートを切ったばかりで、五年生に教えた経験などなかった。そのうえ、仕事と育児の間で、私のバランスは崩れそうだった。

私は丁重にお断りをした。

牧師は私に強く頼んできて、ついには懇願するまでになった。どうかお願いします、と彼は言った。みんなが私にできないと言わせてくれなかった。緊急事態なんです。三カ月で四人、教師が交代しました。子供たちはとても活発です。どうか引き受けてください。実際は子供たちに何も教えなくていいんですよ。ただ怪我だけはさせないようにしてくださいね、と。

私はあまり気乗りしないままはじめ、最初の数週間は最低限のことさえクリアできなかった。男の子は窓から逃げ出した。美術クラスでは、ある女の子の三つ編みが切り落とされ、男の子のシャツに大きな穴が開いてしまった。ある日曜日、いく人かの子供は、手、腕、顔の一部を青く染めて授業から帰って行った（その話は長くなる）。

最終的に、四〇分間の美術クラスをやると無茶苦茶になること[illegible]ことが分かった。だから、私ができそうなことを試してみることにした。教えることだ。

法学部の学生の教え方を知っていれば、たぶん子供たちにも何か教えられると思った。そりでしょ？　法律を教えるとき、私の教え方はソクラテス式問答法を利用したものだ。ソクラテス式問答法とは、みんなが課題資料を読んできて、教授が講義をするのではなく質問をするものだ。それがうまくいけば、質問は学生に、資料をより詳しく調べ、もっと難しい資料を理解するためのツールを手に入れるように促すことができる。

次の日曜日、私は聖書のあるストーリーを配った。それを読むのに一〇分間あげるので、その後いくつか本当に難しい質問をしますよ、とみんなに言った。いくらかの子供がじゃれて足を蹴り合っていたが、みんなその話を読み通した。それから私ははじめた。

「さて、最初に神の声を聞いたときノアはどう感じましたか？」。

最初にちょっとヒントを出したが、いくつかのくだらない回答があった。「彼は頭がおかしくなったと思いました！」。「彼は火星人が話しかけてきたと思いました！」。「彼はお話をするミミズが耳の中にいると思いました！」。だが、子供たちは集中しはじめた。ほんの少しだけだけど。そして、授業が終わる頃には、誰一人として逃げ出したり、大きな怪我をしたりする者はいなくなった。

日曜日のたび、ストーリーを配り、たくさん質問することが繰り返された。私は美術クラスを中止し、クッキーを配り、洪水、ライオン、パン、魚について話をした。また、恐れ、勇気、慈悲、復讐についても話をした。

ある日、私たちは慈善と施しについて話をした。聖書の話よりも五年生がしたい話の方が重要だった。彼らはなぜ施しをするのかについて話をするのが好きだった。

それから私は質問を逆転させた。私たちはお互いに何をしなければならないのだろうか？　施しをする、しないを決めるものだけでなく、誰もが約束しなければならない基本的なことは何だろうか？　子供たちは飛びついた。真っ先に挙げられたのは、互いに傷つけないことだった。彼らは例を積み上げはじめた。押さない、ぶたない、悪口を言わない、弟の食べ物に鼻クソをつけない。（それは思いつかなかったルールだ。）でも、それで全部？　私たちは他の人に対してほかにしなければならないことはなかっただろうか？

子供たちの一人、ジェシーは一番大きな子供だった。がっしりしていて、身長はすでに私と同じくらいで、トラブルの首謀者だった。ジェシーは議論を一番躊躇していたので、彼が手を挙げるとすぐに指した。

「すべての人に順番が来る」と、ジェシーは言った。

アメリカの約束

ジェシーは、イライラした経験も含めて、遊び場のルールを思い浮かべたのかもしれないが、私は彼の答えを気に入った。チャンス、機会、きっかけ。すべての人に順番が来る。

はじまりからして、アメリカは機会の国と定義されるものだ。機会は元々、富を活かしたり、同じ信仰を持つ者のコミュニティを建設したり、西に向かって新たな土地に入植するために、新しい国に来るチャンスを意味していた。二〇世紀には、教育が新たな機会を創出した。わが国の公立学校制度は、移民家族の統合を助け、貧しい子供たちに新たな可能性を開いた。公立大学が全米に設立され、懸命に働く者は誰であれ教育を受け、将来を築くチャンスを与えられた。わが国は完璧ではなかったが、より多くの人々に機会を開いていき、より強く、より革新的な経済を育んでいった。

大恐慌期に、ローズヴェルトは、私たちの相互義務を増やすという賭けに打って出た。彼に、失業保険、高齢者への社会保障、寡婦や孤児への援助、盲人への援助など、市民同士の支援を求めた。多くの人はこうした動きを慈善行為と表現するが、それは違う。慈善とは、自由意志で与えたり、差し控えたりするものだ。慈善による助けは、あるかもしれないし、ないかもしれない。

一九三〇年代、社会保障、失業保険、困窮者への援助をアメリカが創設したとき、私たちは新たな社会契約を成立させた。[2] 私たちの政府を通じて、私たちは協力して巨大な保険プログラムを作り、それぞれが税金を通じて資金を拠出した。私たちの政府を通じて、手助けが必要なときには、互いを頼って乗り切ることができた。それは、私たちはすべて――金持ちも貧乏人も、働いている人も働いていない人も、老いも若さも――一つの大きなアメリカというボートに一緒に乗っているという力強い宣言だった。

この宣言の背後にある考え方は、不幸に遭った人を助けたいという願いからはじまったのかもしれないが、それ以上のことが含まれている。それはまた、人々がより多くの機会を手に入れるのを助けることにもなった。また、五年生のジェシーが言ったように、すべての人に順番が来るようにするものだ。

第二次世界大戦後、感謝の気持ちによって、戦争から帰還した兵士が大学や専門学校に通うのを支援する復員軍人援護法が成立した。一九五〇年代、一九六〇年代には、連邦政府はいっそう多くの資金を単科大学や総合大学に注ぎ込み、キャンパス内の研究を支援し、また、学費を払うことのできない人々に学生ローンや助成金を提供した。[3] 連邦政府はまた、数十億ドルを使って国中に新しい小学校と中学校、高校を建設した。[4] その効果はてきめんだった。[5] 小学校、中学校、高校、大学に通うアメリカ人の数が飛躍的に増加したのだ。

私たちすべてが協力し、政府は、二〇世紀には機会を増やすような投資を他にも行った。私たちは、道路、橋、ダム、電力といったインフラに多額の資金を投入した。その支出も機会を築くことになった。ローズヴェルトは、巨大プロジェクトを全米で推進することで、食料配給の行列に並んでいた人々に仕事を与えた。大恐慌は峠を越し、第二次世界大戦は労働力不足を生み出した。だが、そののちもずっと、連邦政府は大々的にインフラに投資をし続け、歩道橋や新築の郵便局など小規模なプロジェクトと並んで、州際高速道路網や巨大ダムのような大プロジェクトを手がけた。

インフラ支出は教育支出と似ている。未来の可能性への投資だ。誰が次の素晴らしい事業アイデアを夢見るのか、新しい発明がどこから起こるのかは誰にも分からないが、それを成功企業にするためにも、イノベーターにはインフラが不可欠だ。生産拠点に動力を供給する電気、商品を市場に運ぶための道路や橋、労働者が毎日職場に通勤するための公共交通機関などだ。それは、すべての人に利益をもたらす暗黙の合意だった。すべての人が道路や発電所の建設に貢献すれば、企業が成長したときには、投資家には利益が、労働者にはよりよい仕事がもたらされる。手がけた事業すべてが必ずしも成功したわけではない。だが、インフラへの投資はどれも、私たちすべての機会を拡大するのに役立った。

戦後に登場した公共投資のもう一つの形態は研究投資だ。医学、科学、工学、心理学、社会科学などあらゆる研究が称賛され、支持された。政府機関と大学は、意欲的なプロジェクトに携わる研究者チームを結集した。私たちは探検家のようだった。未知の領域の一番近くには私たちのＤＮＡ、一番遠くには月という目的地があった。

この研究投資の約束は、それ自体革新的だった。私たちは教育、道路、橋梁に長い間投資してきたが、今やより大胆になった。アメリカはアイデアに投資したのだ。その結果は目覚ましく、これまでで最大の技術的成果がいくつかあった。私たちは次々にチャンスを掴み、基礎研究に資金を提供し、それが最終的にはインターネット、ＧＰＳ、ヒトゲノムマップにつながった。(6)

ほとんどの場合、私たちは研究投資に起因する特定の成果や利益を提示できなかった。ただ、アメリカの楽観主義の中心をなすのは、賢明な人が懸命に問題を研究すれば、科学者、エンジニア、発明家がアイデアを次の世代につなぎ、私たちの子供や孫が本当に素晴らしいことを成し遂げるはずだという信念だった(7)。そして、冒険者の国にとって、それこそがまさしく機会の意味だった。

私にとって、これが基本的なアメリカの契約であり、握手と同じくらい単純なことだ。私たちはすべてが税金を支払い、今度は私たちがときにはすぐに、ときには将来いつか給付を受ける。そして私たちはまた将来の世代が機会を築くのを手助けする。上院議員選挙への出馬を考えていた二〇一一年に、初めてこのことを言葉にしようとした。「この国には、自分の力だけで金持ちになった人はいません――一人たりとも」。私の主張は、成功した人はすべて、私たち全員が行った投資からなんらかの助けをもらっているということだ。そして、次の世代もチャンスを得られるように、私たちはそうした投資を続けるのだ。

教育、インフラ、研究、二〇世紀に、この三つすべてに投資したことによって、わが国に輝かしい未来が築かれた。そして、私たちは一緒になってその未来を築いたのだ。

労働組合はアメリカの中間層の構築を手助けした

大恐慌がはじまったことで、何百万もの失業者が仕事を求めて競争し、その多くはどんな仕事でもした。ビーおばさんは、一緒に働いていた女性たちが家に帰らされるのを見た。人々は、一つの求人に数十人、場合によっては数百人列をなした。当時、ほとんどの観測筋は、高い失業率はアメリカの労働組合終焉の前兆だと考えていた。しばらくの間は彼らは正しいように思えた。一九三三年、組合員数は一九二〇年代に記録した高水準からほぼ半減した。[8]

だが、ローズヴェルトは、労働組合の強化によってアメリカの家族の回復を助けられると考えた。最初の任期中、彼は組合に団結権を保障し、労働者が選択したあらゆる組合と誠実に交渉することを企業に義務づける法律を成立させた。[9] 彼は、組織化しようとする労働者を保護した。雇用主はもう、組織化しようとした労働者を脅迫したり、解雇したりできなくなった。そして彼は強大な公権力を使い、よく知られているように、「私が工場労働者なら労働組合に加入する」と言った。[10] その法律は完璧ではなかったが、土台を作り、大統領が支持を表明したので、組合は即座に行動に移った。厳しい不況の真っ只中だったにもかかわらず、組合は果敢に組合員を勧誘し、労働条件の改善、賃金の引き上げ、雇用保障の改善を要求してストライキを決行した。

驚くべきことに、それは功を奏した。

労働組合は徐々に強くなり、組合加入の労働者が増加した。その影響力は何百万もの組合員の家族が感じられるものだった。組合が職場の経済論理を変え、全労働者を代表して強い影響力を行使したので、驚くことに、その影響力は何百万もの非組合員の家族にも感じられるものだった。

やがて労働組合は、児童労働禁止法、連邦最低賃金、週四〇時間労働、職場安全規則、労働災害補償を成立させるために他のグループと協力した。[11] 組合は、失業保険を求めて激しいロビー活動をした。組合員のためだけではなく、すべての労働者のためだった。組合は協力し、アメリカの労働者と企業との間の社会契約を書き直す手助けをした。

一九三〇年代に労働組合員数は劇的に増加し、戦後も増加し続けた。[12] 一九五〇年代半ばまでに、全労働者の三分の一以上が組合員証を持つようになった。ビーおばさんは、五〇代になってようやく結婚した。彼女の夫のスタンリーは、小綺麗な小さな家と良い年金を持つ寡夫だった。三〇年間精肉労働組合に加入していたおかげだ。長年、重い大包丁や鋭い刃物を使った長時間勤務で、スタンリーおじさんの手は傷つき、背中と膝にかなりのガタがきていた。だが、彼の不満を聞いたことは一度もない。寒さで手が痛むとき、手をさすって私にこう言った。「仕事があるのは良かった、ベッツィ、組合の良い仕事がね」と。

トラヴィスおじさんとルーシーおばさん。ビーおばさんとスタンリーおじさん（右側）。組合の良い仕事で購入した小綺麗な小さな家の前で。

大恐慌のどん底で組合員数が増加したことは、わが国がどのように成功するかのヴィジョンの変化を反映しただけでなく、そのヴィジョンに影響を及ぼした。組合加入は、経済戦略であり、道徳的な約束でもあった。組合は結束の上に繁栄した。結束すれば大きな力を持ち、繁栄を共有することによって個人的な不運からすべての人を守るのに役立った。

労働組合が力を増したので、労働者は影響力を増し、経済の拡大によって生み出された富の分け前を増やし交渉にその影響力を行使した。労働組合員が受け取る新規所得のシェアは上昇したが、非労働組合員が受け取るシェアも上昇した[13]。

もう一度聞いてほしい。より多くの人が労働組合に加入したので、全労働者が豊かになった。どのくらい豊かになったのか？　労働経済学者による詳しい研究によれば、組合は非組合員の賃金と給付を約二八％上昇させた。全労働者がとても豊かになったと言わざるをえない[14]。

労働組合員数が急増してから二、三〇年後、組合の力が何を意味するのか、そして追い詰められた一部の企業が組合を排除するために戦うのがいかに困難かについて、私は少し味わった。私の最初の夫のジムは、一九七〇年代にずっと数学オタクだった。真面目なエンジニアで、SF中毒で、コンピュータから離れなかった。彼は大学卒業直後にIBMに採用され、アポロ宇宙計画の仕事をした。数年後、彼は弾道ミサイル防衛システムの仕事に配属された。彼は何日も使ってスプレッドシートを精査し、バグを探していた。ある夕方急に、「管理職になるつもりだ」と言ったとき、ちょっと驚いたと言わざるをえない。彼は人付き合いがうまいほうではなかった。だが、他の数学オタクのプログラマーを管理するなら、きっとうまくやれると思った。

IBMはすぐに、彼を社内の特別な経営管理学校に放り込んだ。彼はノートや話題を持って帰ってきた。新任マネージャー全員が教え込まれた説明書の一番初めは、「一呼吸ルール」だった。

ええ、私は興味を持った。一呼吸ルールって何？　私は聞いた。

昼食中でもトイレでも、仕事の後にビールを飲んでいるときでも、従業員が「労働組合」という言葉を発したときにはいつでも、マネージャーは上司にその情報を伝える前に「一呼吸」することが許される、とジムは説明してくれた。言い換えると、直ちにこの人物を通報しなくてはならない、ということだ。

意味が分からなかった。なぜこれがそんなに大切なの？

まるで私が自明な点を忘れてしまったかのようにジムはため息をつき、はっきり説明してくれた IBMの彼の部門はユニオンショップ制ではないから、彼らが労働組合と関わりを持ちたくないから、また、管理職が組合の話題があるかどうか分かれば即座に止めることができるから、といった理由だった⒂

彼がまくしたてたので、私はちょっとショックを受けた。彼は、自分たちは労働組合を必要としていないのでこれは良いことなんだと説明した。そして、組合を締め出すにはこうする。つまり、組合加入者が同一労働でどのくらい報酬を得ているのか正確に把握し、二、三％増額する。誰もが勝利する。

たぶん私はちょっとイライラした声で言い返した。でも待って、他の誰かの労働組合が可能な限り最高の報酬を交渉する仕事を全部して、IBMでは誰も組合に入らないようにする。誰もが勝利するということは正確にはどういう意味かしら？

私の見解では、労働組合がIBMや他の会社の労働者から組合費を徴収したかどうかにかかわらず、組合は給料を稼いでいるすべての人のために、賃金を押し上げ、給付を向上させる手助けをしたのだ。

ほとんどのアメリカ人のために政府は機能した

一九三〇年代から一九七〇年代まで、アメリカは計画的に機会に投資した。政府は何百万もの人々のチャンスを拡大するために懸命に働いた。子供たちが良い教育を受けるチャンス、労働者が経済的保障を構築するチャンス、高齢者が尊厳を持って退職するチャンスのためだ。

最も良かったことは、このダイナミックな未来への投資が機能したことだ。私たちは未来への投資を、トップの人たちのためだけでなく、私たちすべてのためになるものにした。

図4　新規所得の分配、1935～1980年

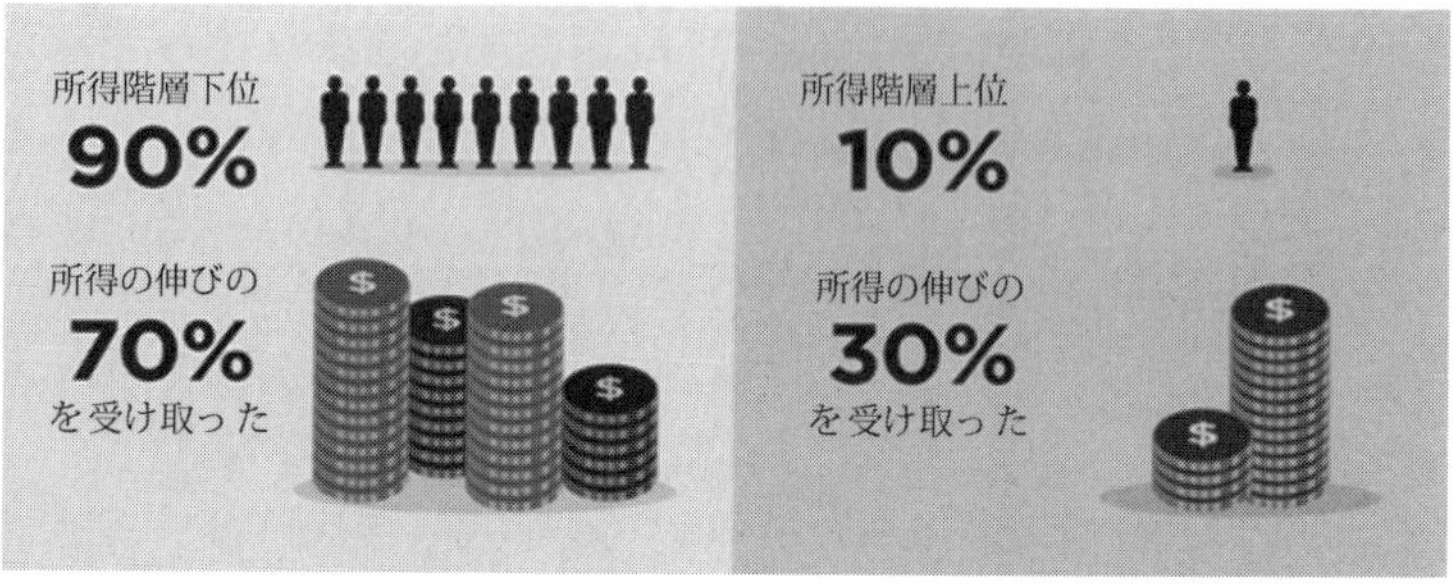

1935年から1980年まで、ほとんどのアメリカ人が生み出された新たな所得を分かち合った。

完璧ではなかったが、ほぼ半世紀にわたって、私たちの国の所得は全面的に増加した。中位労働者はどんどん豊かになっていった。賃金は、大恐慌の終わりから第二次世界大戦まで急速に上昇し、それから三〇年以上にわたって上昇し続けた。前に指摘したように、大恐慌期の賃金低下と第二次世界大戦の影響を調整した後でも、一九四七年から一九八〇年までに、ちょうど真ん中の男性はインフレ調整済みの稼ぎが六五％増加した[16]。

GDPは上昇を続け、アメリカが豊かになったので、その利益の大半を手にしたのは、普通の勤勉なアメリカ人だった。一九三五年から一九八〇年まで、アメリカ人の九〇％——上位一〇％以外のすべての人——が、所得の伸びの七〇％を手にした[17]。確かに、それは理想的とは言えなかったが、住宅補助または社会保障のような政府移転を除いても九〇％の人の稼ぎが実際に増えたのは、本当にすごいことだ。約五〇年にわたって、私たちが生み出したこの国の富は、ほぼすべての人がその分け前を手にした。

これは、一％とか〇・〇一％とか、最上位とか最下位についての話ではないことを強調しておこう。億万長者の話ではない。これは幅広く共有された繁栄だ。住宅と洗濯機を購入する人々、ちょっと貯蓄をして子供が大学を卒業するのを手助けする人々、住宅ローン

に働くという了解事項についての話だ。国全体として私たちが達成した驚異的なこととは、私たちが築いた
まさに普通のことだった。何百万、何千万、本当に多くの家族が堅実で安全な生活を送り、たくさんの人た
ちが、たとえまだ手にしてなくとも、自分たちの家、自身の安心への道筋を見ることができた。私たちは連
邦政府の政策によって中間層を築いた。中間層がまさにこの国のアイデンティティになった。

一九三五年から一九八〇年まで、あらゆる所得階層の人々――貧困層、労働者階級、中間層、上位中流階
級、富裕層――は、どんどん豊かになっていった。[18] 実際、所得階層最上位よりも、下位、中位の家族の方が、
所得の伸びが速かった。[19] 私たちは、アメリカの大多数の人に対して国が機能するように政策を設計し、政策
がまさにそういう結果を生んだ。本当に素晴らしいことだった。

これは私に希望を与えてくれる。私たちは座り込んで、「ちぇっ、アメリカのほとんどの人の所得を大き
く伸ばせるはずなんかない」と言わなくてもいいのだ。私たちは、反重力装置やSFっぽい驚異的な技術を
発明する必要はない。そのようなことが可能かどうかの議論もいらない。私たちはすでにやってのけたのだ
から、どうやればいいのか分かっている。

人種の影

どのようにしてアメリカが偉大な中間層を作り上げたのか――どのようにして私たちは中間層をより広い範囲の人々に拡大すればいいのか――については、これまで私が述べてきたほどは整然としていなかった。その道のりにはたくさんの深い穴や逆戻りがあった。

最もひどい失敗の一つは、わが国が一部の国民に平等な機会を提供しなかったことだ。成長は幅広く共有されたが、ニューディールはその利益を白人家庭と白人中間層の構築に使った。例えば、ほとんどが黒人だった農場労働者と家事労働者は、社会保障から当初除外されていた[20]。一世紀以上にわたる制度的な人種差別に足を引っ張られ、アフリカ系アメリカ人は経済的に白人家族に追いつくのが困難だった。黒人と白人の資産格差は、記録上ずっと存在してきたもので、所得階層の上位でも下位でも、その中間のどこでも、白人は一貫して黒人よりも稼いでいた[21]。それと同時に、女性とユダヤ人は特定の仕事や学校から徹底的に締め出され、ゲイとレズビアンはクローゼットの中にしっかりと閉じ込められた。

だが、機会というものはしぶとい観念で、アメリカはその夢を広げ続けてきた。公民権運動が一九六〇年代と一九七〇年代に活発になり、誰もが良い生活を求めるチャンスを持つべきだという信念が新たな方向に伸びていった。雇用、住宅、交通における差別を禁止する法律が成立し、最高裁は学校における人為的な人種分離を禁止した。執行は一時的なものだったが、アフリカ系アメリカ人が新たに得た自由を生かそうとして抵抗にあったときには、連邦政府がすべての人の平等な権利を積極的に守るようになった。投票権は、アフリカ系アメリカ人の政治的影響力も高めた。

その影響は測定できるものだ。やがて、黒人家族と白人家族の金銭上の格差は縮小しはじめた。一九六〇年代半ばから一九七〇年代までに、黒人と白人の資産格差は三〇%縮小した。これはスタートにすぎなかったが、実際に生じた大切な前進だった。

一九三五年から一九八〇年までの期間は、波乱に富み刺激的だった。過去において変化は容易ではなかったし、今でも決して容易ではない。だが、変化は実際に起こった。そして、かつて排除されていた人々を包摂していく機会を増やすという考え方を、私たちは国全体として徐々に広げていった。すべての人のための機会というものが、私たちの国民性にとって不可欠になっていったので、私たちはこれまで以上に広範囲の人々に経済的保障を与えるようになった。長年、私たちが一緒になって決定を行ってきた政府は、そうした変化を形作る中心だった。

あるアメリカ人のストーリー

私は大人になる過程で、中間層への投資から直接恩恵を受けてきた。

私は末っ子だった。ベビーベッドと乳幼児用の椅子を処分したずっと後になって生まれた子供で、(しばしば聞かされていたように)母が「そういうことは全部終わった」と思った後にやってきたサノライズだった。私は陽気で元気いっぱいの子供だった。子供時代にはバンドエイドを貼られ、赤チンを塗られて過ごした。七歳のときに初めて鼻を折り、十代になる前にもう一度鼻を折った。あくまで私の見方だが、十代にはもっと女性らしくなっていたはずだ。

私たちは、オクラホマ州ノーマンの第二次世界大戦直後に建築された小さな家に住んでいた。リビングルームが一つ、寝室が二つ、バスルームが一つの家で、バスルームはいつも六人家族の誰かが使っていた。三人の兄は改修したガレージで寝ていて、スラブ床は夏には涼しく、冬になるとつま先が凍るほど冷たかった。後年、住宅金融に関する大学の講義を準備していたとき、その小さな家を買うために連邦保証ローンを借りていたとパパから聞いた。

ウィルソン小学校までは一二ブロックだった。ウィルソン小学校は、最近拡張されたが、古い赤レンガ造りの建物で、裏手に新館があった。私は小学校がとても好きだった。今でも二年生の教室の細々したことまで鮮明に覚えている。読書グループの椅子の配置、壁には私たちが読んだ本を記録する大きな図、一〇セントで買ったオレンジ味の飲み物の甘すぎる味、といった具合だ。私たちのクラスは、明るく陽気で、まとまっていて落ち着いていた。そしてリー先生がクラスのすべてを包んでいた。彼女は、丈夫な靴を履いていて、胸が豊かで、驚くほどガラガラ声だった。柔らかくタバコの匂いのする抱擁を彼女にしてもらうために、私は頑張った。

一九五〇年代当時、それほど多くの女性が働いているわけではなかった。とくに結婚後に働く女性は少なかった。だが、教師は違っていた。もしかしたらリー先生がそう言ったのかもしれない。二年生の秋、彼女は私を脇に呼んで、何かやりたいと思うならなんでもやれると言った。その学年の半ばあたりにリー先生のところに行って、教師になると宣言した。彼女のような学校の先生になる！　彼女は少しだったが満足そうな笑顔を見せ、「よし、ベッツィ、あなたならやれる」と言った。

その後、彼女は私を「黄色い鳥」読書グループのリーダーにした。それは「青い鳥」や「赤い鳥」という人の読書グループほどうまく読めない子供たちのグループだ。私は先生の席に座り、その周りに馬蹄型に八人か九人の子供たちが座って朗読し、（たぶん）辛抱強く彼らが知らない言葉を教えた。三、四回教えて厚いメガネをかけた子供がついに「一緒に」という言葉を理解したとき、私の中で純粋な喜びが爆発した。確かに私はその読み方をすでに知っていたが、今はもう彼も分かるようになっているのだ！

私はヤバい人だった。教師の役がしたくて朗読をするように言って近所の子供を困らせ、相手を見つけられなかったときには、人形を並べて膝の上に本を立てかけた。

教師になるという私の考えそのものを、母は馬鹿げていると思っていた。家族で大学を卒業した者はいなかった。そのうえ、母は、家族を持ちながら働く女性のことをいかがわしく思っていた。働くのは、夫や子

この写真には私の読書グループの子供たちがところどころにいる。私が素敵に見えたらいいのだけど（私は後列の真ん中、背の高い子供たちの間）。

供を持つ幸運に恵まれなかった女性だといわれた。母は大きくなればそんな考えは諦めると思っていたようだが、私は違った。化粧をしたり、髪を巻いたりといった「普通の女の子がやること」をしなかったので、母はやきもきしていた。それに、母はよく読書用メガネをしないようにと言った。「男はメガネをかけた女の子を決して口説かない」と彼女は言ったものだ。

十代になる頃には、私が教師になるという夢について話しているのを耳にするたび、母は話を遮って、「だけどオールドミスの学校の先生になりたいんじゃないんですよ」と説明した。（裏で恐ろしい説教がもう少しではじまるところだ。）それから私の方を向いて、目を細めた。「そうでしょ、ベッツィ？」。

私は一七歳で奨学金をもらって大学に進学し、志望専攻を「教育」とした。二年後、前に触れた数学オタクのジム・ウォーレンがチーズバーガーを食べに行こうと誘ってくれて、プロポーズしてくれた。プロポーズから八週間も経たないうちに私たちは結婚した。

馬鹿げていると思われるのは分かっている。どうして私はプロポーズを受け入れたのだろうか？　私は全額支給奨学金をもらっていて、卒業と教員免許状まであと半分のところまできていた。だが、大学を中退し、ジムと結婚することになんのためらいもなかった。

一九年にわたって、すべての女の子にとって最善かつ最重要なことは「良い結婚をする」ことだという教訓を身につけてきた。言うなれば「まともな男の人を見つければ」、「お金の心配をしないで済む」ということだ。また一九年間、あまりかわいくないし、モーションをかけるわけでもないし、男の人に自分の方が賢いと感じさせてあげるのが大の苦手だったので、売れ残る可能性が高いというメッセージを受け取ってきた。心のどこかで、誰も結婚してほしいと言ってくれないんじゃないかと思っていた。だからジムから結婚を申し込まれたとき、あまりにもびっくりしてイエスの返事をするのに一ナノ秒もかかってしまったのだ。

私は結局主婦になり、おそらく母親にもなるだろう。私はウキウキしていた。大学に行って教師になるという構想は？　母が予測していたように消え失せてしまい、母が正しかったと思っていた。

ジムと結婚して一週間後、私はあるオフィスで臨時の仕事をはじめ、だいたいは電話応対をしたり、病気の人や休暇を取っている人の代わりを務めていた。私はまだ教師のことを考えていた。言ってはみたものの、実現しないのが分かっている希望という感じの口調だった。ある日、四〇分くらいのところに通学制大学があるのを知っているかと上司が聞いてきた。ヒューストン大学だった。行ったことはなかったが、電話をかけて質問をした。

その夜、私はジムが帰宅するなり、「学校に戻れるの。学位が取れるのよ」と言った。

私たちはそうでなくともお金が厳しかったので、ジムは即座にはっきりと反対した。「ウチにはそんな余裕なんてないよ」と。

でも私は反論の用意をしていた。「学費は一セメスターでたった五〇ドルなの。教科書代とガソリン代を入れても、パートタイムの仕事で払えるわ」

私は大学に戻った。ヒューストン大学の駐車場をいっぱいにした数千人と一緒に、授業に急ぎ、できるだけ早く家族の元か職場に戻り、大学の学位に向かって前進した。これは私にとってチャンスだったし、ほとんど諦めていたことだった。

一年半後、ジムはヒューストンからニュージャージー州に転勤になり、私たちは北東部に引っ越した。今度は、私は何も捨てなかった。私は二つの通信コースで学位を取得した。とうとう大学の卒業証書を手に入れて、主に特別支援学級で教える最初の教職に就いた。

山あり谷ありだった。一つのドアが開くと、その後ろには別のドアがあった。アメリアが生まれると、ジムは私がフルタイムで働くのを嫌がったが、数年後、学校に戻ってもいいと言ってくれた。私は教師としての仕事がとても好きだったが、ちょっと違う方向に向かった。テレビで法律について知り、弁護士として働いて、助けを求める人たちを守るのも良いと思った。

ちょっと調べて公立ロースクールのあるラトガース大学を見つけた。学費は一セメスター四八〇ドルだった[22]。大変だったのは通学だ。次から次に街が続き、信号とスクールゾーンが点在し、渋滞もある中、長時間運転しなくてはならなかった。その後、秋学期がはじまる数カ月前に、州際高速道路の新たな区間が開通し、ニュージャージー州ロックウェイの自宅からニューアークのロースクールまでわずか二〇分で着くようになった。もし高速道路を愛せるなら、私はその高速道路を愛したことだろう。

平日の朝はいつも、古いフォルクスワーゲン・ビートルに小さなアメリアを乗せて保育園で降ろし、州際高速道路を通ってラトガース大学まで行った。トム・ウルフのカウンターカルチャーに関するベストセラーにちなんで、学生はラトガース大学ロースクールを誇らしげに「人民がシビれる法学校」と呼んだ。人民学

大きな子供でも小さな子供でも、私は教えることが大好きだった。

校というのは、けだし正しかった。

私は妊娠九カ月と一〇〇%雇用に適さない状態を卒業した。私はしばらくしてリビングルームで弁護士を開業した。依頼人が来ると、おもちゃをソファーの下に蹴飛ばし、落ち着いた弁護士らしく振る舞った。その後、最も好きなことをする機会にまた恵まれた。教えることだ。電話が来て、今度は小さな子供ではなく二〇代の法学部の学生を教えることになったが、それも同じように大好きだった。彼らを新しい発見のすぐ手前まで導いて飛躍させるのは、これまで通りスリリングだった。今でも変わらず、私には教えるという夢がある。

私は懸命に、本当に一生懸命に努力した。だが、私が法学教授になる機会を持てたのはアメリカが私のような子供に投資してくれたからだ。そのことを決して忘れなかった。協力して、アメリカはきちんとした住宅、良い公立学校、最先端の交通システム、手に届く学費の州立大学を建設した。私たちの経済は、様々な背景事情を持つ人々に、たくさんの良い仕事を与えてきた。そしてたとえ軌道から外れてしまったとしても、立ち上がって別のチャンスが得られるという強い信念が織り込まれていた。今日まで、私は深く感謝をしている。

金持ち減税

のちに最高裁判事となるルイス・パウエルが一九七一年に機密メモを書いて、保守派と巨人企業経営者に企業優先のアジェンダのために戦うように訴えると、共和党は、規制緩和によって企業や個人に驚くほどの富がもたらされるという考えに飛びついた。だが、限定的な規制緩和では期待の半分しか得られない。企業は期待が丸ごと全部叶えられることを望んだ。支払う税金が減れば、企業にはより多くのお金が残るだろう――株主に分配するためのお金、経営者に報酬を支払うためのお金、他社を買収するためのお金、拡大するためのお金が増える。トリクルダウン・エコノミクスと呼ばれるようになったものの本質は、二本の柱からなるアプローチだった。一つは警官を解雇すること、もう一つは大企業と富裕層の減税だ。

減税は、魔法のトリクルダウン公式の重要要素だった。一九八一年、ロナルド・レーガン大統領が宣誓就任し、魔術師のトップに立った。映画俳優レーガンとたくさんの老人が魔法の杖を振ると、キラキラ光る粉が地上に降り注ぐ。魔法の杖を振るたび、企業（と百万長者と億万長者）のお金が増え、ここが魔法なのだが、他のすべての者も豊かになるというのだ！　国家債務も縮小する。金持ちがより多くのお金を持つと、政府もより多くのお金を持つようになるという理屈だ。実際、こうした慈悲深い魔法使いによれば、所得と政府歳入が非常に速く増えるからそれが減税の財源になるという。未来はバラ色で思いも寄らない巨万の富を得られる――本当に魔法のようだ！

確かに、魔法のパレードに雨を降らせるような悲観的な人もいくらかいた。レーガンの副大統領だったジョージ・H・W・ブッシュはかつてそれを「まじないの経済学」と呼んだ。[24] 懐に入るお金が増える金持ちを除けば、減税によって誰も豊かにならないのではないかと心配した。結局、政府の研究によっても、学界の研究によっても、慎重な研究の結果、レーガン減税は多くの人たちが予想していた通りだったことが分かった。[25] つまり、レーガン減税は政府歳入を減らし、国家債務を増やした。

確かに発想自体馬鹿げていた。まるでマリー・アントワネットが飢えているフランスの小作農に、自分がケーキを食べるたびに彼らの暮らしは良くなると言ったようなものだった。

フランスの飢えた小作農は手にすることはなかったが、レーガンと彼の経済顧問は不気味なアイデアを売り込み続け、最終的に減税は新たな宗教になった。最初に減税が行われると、その後次から次へと減税が行われた。レーガンが大統領だった間、所得階層上位を中心に包括減税が行われ、働く家族に対しては小さな減税、巨大企業や金持ちに対しては巨大な減税がもたらされた。[26]

やがてこの悪いアイデアはいっそう悪くなった。一律減税（図5に見られるようなもの）を求めるのではなく、企業は対象を絞った秘密の減税を要請しはじめた。ロビイストは法律の抜け穴を考案することを得意としているが、それを見つけては議会の言いなりになる友人に売り込んだ。税法が複雑になりすぎ、特別減税は、特定の一産業、さらには特定の一企業にしか適用されないこともあった。何より、少なくとも企業側からすれば、こうした複雑さによって税の抜け穴は一般の人に隠されるという利点があった。一般の人の監視がないので、税法を変更するのはますます容易になった。必然的に、企業とそのロビイストはどんどん強欲になっていった。

図５　最高連邦所得税率、1935〜2016年

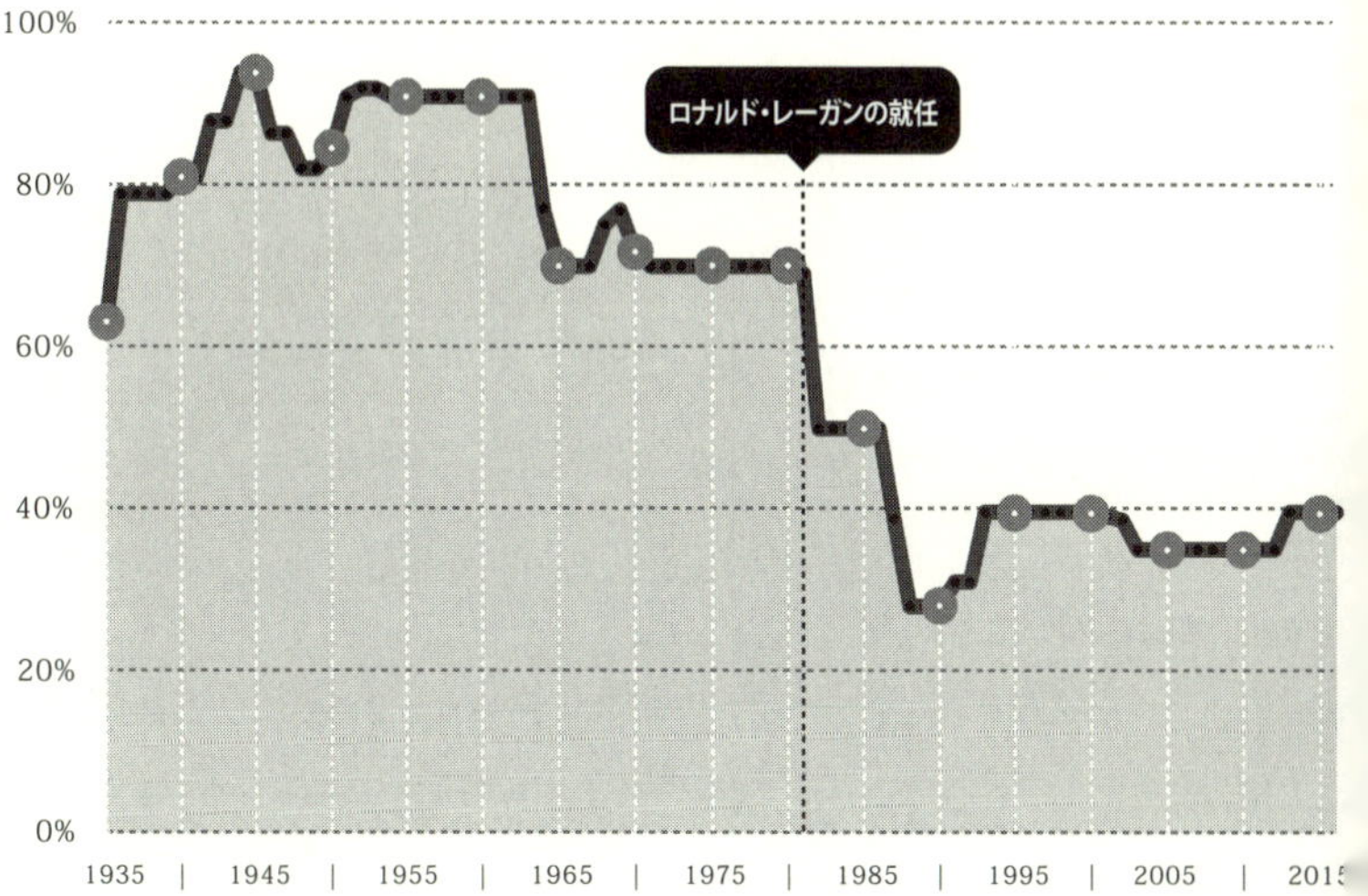

レーガンが大統領になると、最も豊かな人々はお金をより多く手元に残せるようになった。

これらの抜け穴の一部は、すでにやっていたことがそのまま減税となるものだ。例えば、ゴルフコースの所有者には、環境保全を目的とした抜け穴があった（その一人、ドナルド・トランプはこの税額控除を一度ならず使った）[27]。私は環境保護に全面的に賛成だが、豪華な民間ゴルフコースを対象にして開発業者に特別減税を与えるのは狂っていると思う。

いくつかの抜け穴は、企業が国内ではなく海外に投資するきっかけをもたらした[28]。ある抜け穴は、企業が違法行為をして懲罰的損害賠償を支払うときに税額控除を与えるものだ。二〇一五年、『ニューヨーク・タイムズ』紙が報じたところによると、「二〇一〇年に起こった石油掘削施設ディープウォーター・ホライズンの爆発事故で、一一人が死亡し、メキシコ湾に原油が流出したが、ＢＰ社が支払った四二〇億ドル超のうち少なくとも八〇％は税額控除の対象だった」[29]。ちょっ

と待って。ＢＰ社は人を殺し、メキシコ湾を危うく破壊しそうだったために罰金を科せられた——その罰金を慈善寄付や通常経費と同じように税額控除できるとはどういうことか。また、ＢＰ社だけがこのように報われた企業ではなかった。同紙によると、「二〇一三年、ＪＰモルガン・チェースが［刑事告発を免れるため］司法省と一三〇億ドルで和解したと発表したまさにその日、同行の最高財務責任者は総額一三〇億ドルのうち七〇億ドルは控除されることを強調した」。いやはや、アメリカ経済を危うく破壊するところだったために科せられた罰金の痛手をそうやって和らげるとは。

次に共和党がどの税率もビタ一文たりとも引き上げなかったことを誇るときには、ＢＰ社とＪＰモルガン・チェースの経営幹部が笑っている写真も掲げたらどうだろうか。税の抜け穴を埋めるのを拒否することは、メキシコ湾を破壊しそうになった会社や、経済を破綻させる一因となった会社にとって素晴らしいだけだ。しかし、他のすべての人にとっては良くないことだ。

高いレベルの「抜け穴探し」ゲームは別の結果ももたらした。これらの新たな減税は、高度な会計技術や複雑な事業などを考えられなかった人や、この国で最も報酬の高い税務弁護士やロビイストを雇えなかった人にはまったく効果がなかった。地元の企業、中小企業、ロビー活動に資金を使わない産業は、ただのおいてけぼりだ。これこそ経済システムを仕組まれたものにするもう一つの方法だ。

システムが一方に偏っていることは国際税務規則で丸見えだ。ほとんどの中小企業は資金を地元の銀行か信用組合に預けている。今日、アメリカの一握りの巨大企業はそうではなく、海外に合計二兆三〇〇〇億ドルを保有している。(30)（補足すると、それは二〇一三年におけるアメリカの企業利益全部よりも多い金額だ。）

それらの企業はどのくらい得をしているのだろうか？　まあ、租税回避地に資金を隠している企業のことを言えば、その平均連邦所得税率は約三％だ。(31)

長年、数え切れないほどの有能な経営評論家やCEOは、髪をきれいになでつけ特別仕立てのスーツを身にまとい、ビジネスニュース番組に出演し、アメリカの三九%という法人税率は世界で最高水準だとごちゃごちゃ愚痴をこぼしてきた[32]。ちょっと待って。そうした経営幹部と企業の太鼓持ちの誰もが触れないのは、すべての所得控除、税務上の特例、税額控除を入れれば、平均的企業の税率は約二〇%だということだ。

わが国の法人税率は他国と比較してどこに位置づけられるだろうか？　租税回避地ではなく他の先進国と比較してどうだろうか？　下位二五%だ。確かに、日本、カナダ、イギリスを含めて全先進国の四分の三は、アメリカよりも高い法人税率を課している[33]。だからJPモルガン・チェースのCEO、ジェイミー・ダイモンがドナルド・トランプへのアドバイスについてインタビューを受けて、「問題はアメリカの税率が外国よりも高すぎることだ」[34]と説明するとき、彼はひどく誤解しているか、企業国家アメリカにさらに減税するように大統領に進言するという、昔ながらの狡猾なロビー活動の陣頭に立っているだけだ。

だが、法人税を引き下げてくれという連中が本当に話したくないのは、単純な旧式の脱税のことだ[35]。実際、税法は現在、税務上の特例と税額控除で非常に複雑になっているため、一部の大企業の実効連邦所得税率はゼロだ。驚いたかもしれないが私は確かに言った。三九%でも二〇%でもない。〇%だ。

事例を出そうか？　ベライゾン、ボーイング、ゼネラルエレクトリックは、五年間、純連邦所得税を全然支払っていない[36]。フォーチュン五〇〇社のこの三社は、合計で約八〇〇億ドルの利益を上げながら、実際には連邦政府から税の還付を受けている。なんてずるいのだろうか？　巧妙にもすべての連邦所得税を避けた——そして政府はそうすることに対して実質的にボーナスを与えた。

社会保障庁を存続させるためのお金を誰が実際に支払うのだろうか？　国防総省の暖房費を誰が支払うのだろうか？　州際高速道路を舗装し、研究所を継続するために誰が支払うのだろうか？　軍隊の装備を整え、退役軍人が医療を受けるために誰が支払うのだろうか？　その負担は、家族や中小企業に重くのしかかるようになっている。一九五〇年代初め、政府を運営するためにかかる費用、三ドルにつき約一ドルは企業が支払っていた。今日、その割合は下落し、一〇ドルにつき約一ドルを企業が支払っているにすぎない。(37)

疑問の余地はない。狂った「トップの人たちのための減税」というマントラは支離滅裂だ。だが、そのマントラは、巨大企業、高額報酬のロビイスト、現代のマリー・アントワネットたちに対しては魔法のように作用した。それは金持ちがもっと金持ちになるのを助けただけだ。

爆弾を増やし、教科書を減らす

金持ちと特権階級により多くのケーキを与えることは無害に思えるかもしれないが、実はもっと不吉なゲームにはまり込んでいる。中心プレーヤーの一人は、全米商工会議所の元チーフ・エコノミスト、グローバー・ノーキストだ。彼の荒技で、減税ゲームの暗黒の秘密が解き放たれた。

一九八六年以降、ロナルド・レーガンから強く支持されて、共和党は、「増税はしない」という宣誓書への署名を議員に求める大々的なショーを行った。(38)ノーキストはその運動の死刑執行官になった。宣誓書に署名しなかった共和党議員を追放する権限を持つ執行官として、彼は減税が経済を成長させるとか、すべての家庭の食卓にキャビアを乗せるなどという約束はしなかった。彼の誓約には、無意味なトリクルダウンを取り繕うリップサービスもなかった。どうにかして道路建設や医学研究に資金を捻出するとも言わなかった。お人好しのグローバーではなかった。彼はただメリケンサックを装着し、減税の目的は、「浴槽で政府を溺れさせる」ことができるように政府を小さくすることだと説明した。(39)

そして、それが起こりはじめた——まあ、そのようなものが起こったのだ。実際には、軍は縮小したが、た。国防支出はレーガン政権期に三四％増加した。[40] 社会保障やメディケアのように、すでに法律で保証されている義務的経費は、共和党の手が及ばないままだった。だが、議会が毎年承認しなくてはならない裁量的経費すべてが俎上に乗せられた。[41] 教育、インフラ、研究に対する支出すべてだ。アメリカの家族が機会を築くのをかつて手助けした支出すべてだ。

何十年にもわたり、アメリカが機会を約束してきたという確かな証は、政府の一貫した取り組みで、教育へのアクセスを絶えず拡大させたことだ。オムツがようやく外れた子供のためのヘッドスタートにはじまり、ほぼすべての人が利用できる公立大学制度の拡充に至るまで、私たちの国は、良い教育がドアを開くという固い信念の力を借りて生きてきた。

だが、レーガン政権期のトリクルダウン政策は、アメリカの優先順位を変更した。軍事支出が顕著に増加したのと同時に、学校の資金は一五％削減された。[42] 爆弾を増やし、教科書を減らしたのだ。政治家は政治的な代償が何もないことを知ったので、ただただ削減が続く一方だった。オバマ政権期でさえ、連邦政府の教育支出は大打撃を受けた。二〇一一年、共和党は、債務上限を引き上げて世界中の金融市場の大混乱を未然に防ぐことと引き換えに、教育資金をまた一五％削減した。[43]（そんな善良な愛国者たちよ、ありがとう！）その間、各州はそれぞれトリクルダウンの音色を演奏した。二〇一四年までに、三一州が「幼稚園から高校卒業まで」の資金を二〇〇八年の危機以前の水準未満に引き下げた。[44]

機会が大きく損なわれたのは小さな子供だけではなかった。大学生の未来も猛攻撃を受けた。過去三〇年以上にわたり、現代経済はトリクルダウン・エコノミクスに真っ逆さまに激突し、学生に悲惨な結果をもたらした。三つのことが同時に起こった。

- 中間層を狙おうとする者は誰でも、高校以降の教育がますます必要になってきた[45]。
- 州は学生一人当たりの公立大学への援助を削減し、より多くのコストを学生が負担するようになってきた[46]。
- 連邦政府は、学生ローンの借り手の負担を削減するのではなく、子供への融資から利益を上げることを求めた[47]。

一セメスター五〇ドルの学費が私の人生を変えた。今日では、そうした選択肢は消え去ってしまった。私が一九七〇年代に通った通学制大学は、今は州内出身学生で年間一万三一二ドルの学費がかかる[48]――それでもほとんどの州立大学よりも安い（比較すると、私の一九七〇年の五〇ドルの学費は、二〇一六年価格では約三〇〇ドルになる）。例えば、現在、マサチューセッツ大学ローウェル校の学費は州内出身学生で年間一万四〇〇〇ドルに達しているが、もちろん教科書代、寮費、その他の生活費は含まれていない[49]。州外出身学生の学費はその金額の二倍以上だ。だから、二〇一五年、七〇%以上の大卒者がなんとか卒業するのに連邦政府からお金を借りなければならなかったことは、大きな驚きではない[50]。学生が合計で一兆四〇〇〇億ドルのローン負債を抱えていることも不思議ではない。

高度技術訓練を求める者には幸運がある。たくさんの会社が高度な訓練を受けた労働者を必死に求めている。製造業だけで、推計六〇万の未充足求人があり、高度技術訓練を受けた人には良い仕事だ[51]。だが、職業、技術、成人教育に費やされる連邦資金はわずかだ[52]。教育省の予算の三%未満しかこの種のプログラムに充当されていない。多くの場合、職業・技術訓練を提供するコミュニティ・カレッジや専門学校の収容定員は少なすぎ、需要が多すぎる。

その訓練の質もバラツキが大きすぎる。一部のコミュニティ・カレッジでは、一流の職業・技術訓練プログラムが提供されている。しかし、あまりに多くの場合において、これらの学校は技術訓練を他のプログラムより重要性が低いものとして扱っている。しかもその教育の成功の尺度は、どのくらい多くの学生が良い仕事に就いたかではなく、どのくらい多くの学生が四年制大学に進学したのかに置かれていることが多い。全国でたくさん見られたが、予算が削減されると、悪い状況がさらに悪くなった。多くの場合、職業・技術プログラムが最初に切り捨てられ、さらに多くの学生から入学のチャンスを奪うことになった。

近年、連邦政府は実習制度を支援してきたが、その資金は他の教育手段よりもはるかに少ない。連邦政府による資金は現在、実習制度では学生一人当たり一〇〇～四〇〇〇ドルであるのに対して、二年制公立大学では学生一人当たり一万一四〇〇ドルだ。一部のコミュニティ・カレッジは訓練プログラムを拡大してきたが、良いプログラムの収容定員の拡大はニーズに全く追いついていない。

一部の営利大学は、技術訓練を求める学生で儲けられることを発見した。たくさんの営利大学があり、約束ばかり大きくて、役立つ教育をしないことで収益を上げている。その学生は多くの債務を背負い込んでいるが、雇用の展望は開けないままだ。カイと、約束は良いが実績は悪いシアトルの芸術学校を覚えているだろうか？ これらの学生は残酷なダーウィン流の自然淘汰の敗者だ。今日、全学生の約一〇%が営利大学に通学している。[53] 営利大学の学生は、全学生ローン債務の約二〇%を抱えている。[54] 同じ学生たちは、受付では素晴らしい約束を聞いたが必要なトレーニングを受けられないことが多く、学生ローンの債務不履行全体の四〇%以上を占めている。[55]

教育投資をしないことは、最も醜いトリクルダウン・エコノミクスだ。トップの人々に減税して生じた連邦歳入の不足を、大学に通うのに学生ローンが必要な子供にどんどん借りるように強いて埋めるのだろうか？ それがアメリカを誇れるようにする計画の一部なのか。何百万もの若者の夢と機会を砕き、金持ちと大企業がさらに富を築けるようになる。

どのような国がそんなことをするというのか？

億万長者にべったりの政治家

事態は本当に差し迫っている。トリクルダウンの共和党は、金持ちをさらに金持ちにし、他のすべての人を置き去りにした政治的代償をまったく支払っていない。まあ、ただで済んだとしても、深刻な疑問が生じる。なぜわが国の公職者の誰もが、旅立つ子供たちにはより多く支払わせようとして、数十億ドル規模の企業には減税を推進したがるのだろうか？

一つの答えはお金だ。選挙献金、巧妙な財政援助、ロビイスト、私たちの民主主義の背景音楽のような党派的マーケティング活動だ。（次章でより詳しく説明する。）

この惨事にはもっと根深く醜い要因がある。実際に権力を持つ者の多くは、こうした学生のことを気にしていないのだ。

ロビイストを雇って大きな政治的影響力を持つ人々は、最高の私立幼稚園や最も特権的な私立進学校に子弟を通わせられる人々とほとんど一致している。六年生のクラスに四二人の子供がいて、トイレの壁からタイルが剥がれ落ちていても、自分の子供が通う学校のことではないので、彼らが本気で心配することはない。何百万もの子供の機会がどんどん少なくなっているとしても、自分の子供にはたくさんの機会が保障されると思っている――すべての機会はお金で買うことができると、政治的影響力を持つ人にとっては、個人の子供が直面している問題は対岸の火事にすぎない。

だから二〇一三年にアメリカ上院議員になったとき、私は旗を掲げる決心をした。いつでもどこでも最大限、わが国の教育機会を改善する上で直面する大きな課題に挑戦していく。明らかになったように、私の最初の標的は、連邦政府が学生ローンで稼いでいる腹立たしい大金だった。

私が上院議員に宣誓就任して間もなくのこと、スタッフの教育担当責任者が連邦予算文書を深く読み込んでいた。文書の奥深くに埋もれていたのはいくつかの複雑な言葉で、よく読むと、学生ローンがアメリカ政府に利益をもたらしていると言っているようだった。私たちはさらに深く追及し、たくさん質問をした。まもなく、連邦政府が学生ローン・ポートフォリオで約一七四〇億ドルの利益を上げている、と議会予算局が推計していることが分かった[56]。なんと一七四〇億ドル。大学に通うためにお金を借りなくてはならないたくさんの若者を搾取している。ああ、何たることだ。

私の見るところ、一七四〇億ドルは基本的に、親が学費を払うことができない子供に対する追徴課税だ。それはグローバー・ノーキストが注目した税金ではない。彼は長く苦しめられていたグローバル企業と金持ちに全関心を注いでいた。だが、一七四〇億ドルは本当の税金とまったく同じものだ。

一九六〇年代のことだが、富裕層の子供と大学で全く同じ環境を提供するため、政府は中間層と労働者階級の子供たちのために学生ローン・プログラムを創設した。学生はタダ乗りではなく、学生ローンの条件によりわずかな金利を支払うことが求められたが、彼らは少なくとも最低限の支出に充当するのに十分な金額を借りることができた。その当時、政府は受け取る金利で全コストをカバーできなかった。だが、アメリカの人々は教育機会の拡大を支持していたため、学生ローンは納税者による助成を受けられていた。想像してみよう。かつて政府は故意に学生ローンでお金を失っていたのだ。

繰り返しになるが、この政策に私は個人的に感謝している。一七歳で最初に大学に進学したとき、私の奨学金はローン・パッケージとセットとなっていた。わずかな金利を払わなくてはならなかったが、ローン・パッケージの残りのコストは、アメリカの納税者によって埋め合わされていた。そのようにして私はスタートを切った。今ではアメリカ合衆国上院議員で、私が間もなく投票する政府予算には、学生から得た利益が含まれている。世界は逆さまになった。

上院議員になって最初の数週間、企業経営者の一行が私のオフィスを席巻した。こうした経営者の一人、JPモルガン・チェースのジェイミー・ダイモンは、公教育から貿易政策に至るまであらゆることで私にアドバイスをしようとしていた。

ダイモンだけではなかった。米国抵当銀行協会の会長兼CEO、米国銀行協会の会長、大手ヘッジファンドのいく人かの代表らが、やってきてはドアをノックした——そして他の初当選の上院議員のほとんどのドアをノックした。銀行家とその高額報酬のロビイストは、新しい花を偵察するミツバチのように議会に群がった。

彼らは崩壊を乗り切った人たちで、再び波に乗っていた。多くの場合、政府は気前の良い救いの手を差し伸べた[57]。JPモルガン・チェースは銀行救済で二五〇億ドルを手にし、バンク・オブ・アメリカは四五〇億ドルを手に入れたが、それは巨大金融機関が恩赦に欲した紛れもない証だった。だが、高い注目を集めた決して忘れられない話は、JPモルガン・チェース、バンク・オブ・アメリカ、その他の大手銀行が受け取った裏口補助金のことだ。崩壊の最中、賢明な投資家が命からがら逃げ出し、銀行が明日まで生き残れるか誰も分からず、借りたものを返済するのが困難なとき、連邦準備制度理事会が進み出て静かに銀行に天文学的金額、一兆一〇〇〇億ドルを貸し出した。その金額に対して二〇〇九年のアメリカのGDPに比べちょっとだった[59]。巨大銀行を支払可能にしておくために、私たちは経済全体の八％相当を銀行に与えた。少なくとも銀行の立場からはさらに良いことに、政府は金利をバカバカしいほど低く設定していた。

納税者が大手銀行の飢えた口にお金を放り込んでいるまさにそのとき、それらの銀行は全国の中小企業ローンの貸しはがしをしていた[60]。連邦政府の財布の口を開ける人々にとって、それは重要ではないようだった。彼らはJPモルガン・チェースやバンク・オブ・アメリカなどにはせっせと貢いでいたので、巨大銀行の資金の使途について厳しい質問ができなかった。

周知のように、大手銀行は回復した。いやはや、それらは回復したのだ。実際、二〇一三年までにボロ儲けをするようになった。それらはお金に陶酔していた。お金の中で転げ回っていた。お金の中で素っ裸で泳いでいた。しかし、これらの豊かな巨大銀行はなお、納税者が汗水流して稼いだお金を望むだけ借りることができた。そして、その特権に対して支払う金利は一％未満だ。

銀行は一％にも満たない金利しか支払っていなかったのに[61]、学生は学生ローンに六％、八％、あるいはもっと高い金利を支払っていた。私は議事堂のてっぺんに登ってキングコングのようにぶら下がり、目一杯の声で叫びたい。不公正！　間違っている！　狂気の沙汰を今すぐに止めろ！

まあ、私は思いとどまった。だが、この奇妙な格差を見つけたとき、今こそ学生ローンの金利を引き下げる時だと私はすぐさま決心した。それから考えた。「さて、それはもうおしまいにしよう。なぜ私たちは大手銀行が払っているのと同じ低金利を学生には認めないのだろうか？」。

私は新人の上院議員だった。私にはオフィス（えーと、オフィスの予告編ね）と、いくつかの家具があり、最終的に雇うつもりのスタッフの約半数がいた。やろうとしていた演説ではなかったが、そのときまでに私は最初の演説を終えていた。それはボストン・マラソン爆破事件後の短い演説で、演説中、亡くなった方や負傷された方、恐ろしい日にボストンを救ってくれたヒーローに敬意を表するために最善を尽くした。

私は「結婚式のスピーチ」は経験していたが、まだ初心者で、たくさんの人たちがたくさんのアドバイスをしてくれて、上院で私が提案する最初の法案をいつ、何にするかについて有益なヒントをくれた。こうした賢明なカウンセラーの一人は、「無難なのを選べば恥ずかしくなることはないよ」と言った。また、「待ちなさい、焦ってはいけない」とか、「誰かを怒らせたらいけないよ」というものもあった。個人的に好きなのは、「最初に法案を読めば、誰かがそれについて質問してくれるよ」というものだ。うわー、確かにその通り！

だが、私は待ちたくなかった。私にはアイデアがあり、今、直ちに法案を提出したかった。上院の議席を使ってやりたかった最初のことは、大学に通うコストの削減だった。スタッフと私は法案を書き上げ、上院の議場に持ち込んだ。そして立ち上がり、それについて心を込めたがあまり面白くない演説を行った[62]。

次に何が起こるか分からなかったが、その法案は口火を切った。テレビ報道、新聞記事、オンラインの論説[63]。請願書が回りはじめた。全部で約一〇〇万の署名が集まった。団体が組織化をはじめた。マサチューセッツだけで二五大学が法案を支持した[64]。突如として、なぜ銀行が支払うのはそれほど少なく、なぜ学生が支払うのはそれほど多いのか、たくさんの人が知りたがるようになった。

このような立法は確かに多くの金持ちと強力な銀行家を苛立たせた。彼らと高額報酬のロビイストは、卑しい暴徒化した学生の群れではなかったので、銀行がそのような有利なローン金利を得るべき理由について、確実な証拠を示すことができた。彼らの言い訳が次々と出てきた。銀行は確かにローンを返済したが、学生ローンは返済されないかもしれない。（だから不良債権に充てるように手数料を課している。とにかく、そうした不良債権すべてが処理された後でも政府は利益を出していた。）銀行への融資は経済を助ける。（

デモ参加者は、ウィスコンシン大学マディソン校のキャンパスで明かりをつけたメッセージを掲げ、高コストの学生ローンに抗議した。

生への融資はそうではないのだ。」学生にもっと支払うことができる。（本当に？ JPモルガン・チェースよりも？）だが、言い訳マシーンは増えていく答えの要求についていけなかった。なぜ学生は罰金を支払っているのに銀行は補助金をもらっているのか？

学生はそのアイデアを握りしめ、抗議をするようになった。噂が広まったので、その法案はいくらか勢いを増した。私は他の上院議員から問い合わせを受けるようになった。多数党院内総務ハリー・リードは、民主党会派の指導部会合に出席するように言ってくれたので、私の目論見を説明できた。

だが、私の法案が深刻な問題に直面しているのを理解するのに時間はかからなかった。法案がどれほどの多くの注目を集めたとしても、どれほど多くの民主党議員が関心を持ったとしても、法案はとてもシンプルな理由で暗礁に乗り上げた。その法案によって連邦政府が学生ローンから得られる利益を諦めなければならないなら、共和党でも民主党でも議会の多くの人は、予算に新たに開いた穴を埋めるお金をどこかで見つけなければならないと主張するだろう。それは税の抜け穴を一つか二つ縫いつけることを意味し、グローバー・ノーキストと彼の信奉者は、それを増税と呼ぶだろう。共和党議員（と多くの民主党議員）にとって、増税じみたところがあるものは何でも法案の命取りだった。

だからスタッフと私はその法案の別バージョンを起草した。私たちは最終的に既存の学生ローンを借り換える場合の金利を確定した（三・九％）。その金利によって不良債権の損失、行政費用、資本コストすべてをカバーできた。最も重要なのは、できる限り多くの学生の金利を引き下げることだ。また、議会がちょうど一つの抜け穴を埋めることを提案すれば、政府が失う利益を相殺できることが分かった。その法案は、年間一〇〇万ドル以上を稼ぐすべての人に少なくとも三〇％の税率を払ってもらうというものだ。議会予算局の記録係によれば、税法の一つの小さな変更は学生ローン借り換えで失われるすべての利益を埋め合わせる以上になるという[65]。

苛立ちを覚えたのは、政府が銀行に与えていたのと同じ一％未満の金利を学生に認めるように法案を書く術が見つけられなかったからだ。だが、戦いでは味方を見つけることが重要だったので、他の上院議員が好む金利を選んだ。また、ウォーレン・バフェットの支持を受け、オバマ大統領が二〇一一年に提案した賢明なアイデアを、政府が失う利益を埋め合わせる方法に選んだ。書き上げる頃には、道理の分かる人ならその法案に反対するのがとても難しいと思うようになった。

もちろん、ワシントンは必ずしも「道理の分かる人」ばかりではない。民主党は二〇一四年六月に法案の最終版を提出し、共和党は法案を阻止するために即座に全力を挙げてフィリバスターを敢行した。

だが、そのとき戦線が形成されており、戦線が法案を成立させる可能性があった。人々は問題に直面しなくてはならない。そして今、法案が審議されていて、上院の民主党議員が支持していた——一〇〇%が支持していた。二人の無所属上院議員も支持していた。さらに共和党議員の三票も集めた。私は議会にすべての新規学生ローンについて金利を少し引き下げるように説得した。この時点で、もう少しだった。わずかもう二、三票あれば、私たちはあのバカバカしい高金利の学生ローンすべてを借り換えることができた。六月一一日、共和党のフィリバスターが行われ、法案は廃案となった[66]。

二〇一五年に共和党が上院を支配するようになり、今は学生ローン法案の投票は絶対に行われない状況だ。この戦いに敗れたという考えは受け入れがたいが、現時点では、味方が十分な議席を得るまでじっと耐えるしかないという苦い真実を認めなければならない。

どうしてこれがそれほど難しいのか？　政府は学生ローンで利益を上げるべきではない。それだけだ。私たちは新規ローンの金利を引き下げ、既存ローンの借り換え金利を引き下げるべきだ。それに私たちはそれ以上のことができる。大学に投資し、次世代の子供が債務を負うことなく学校に通うチャンスを持てるようにすることだ。カイが罠にかかったようなタチの悪い営利大学の監督機関を設置すべきだ。人々が最先端のスキルを維持できるように、技術訓練にもっと資金を投じるべきだ。恵まれない子供たちが入学し、そして卒業するのを助ける上で、真の成果を示している大学に特別な支援を追加すべきだ。より多くの人の機会を拡大するために私たちができることは非常に多いが、共和党はその方向に向かう小さな一歩でさえも一貫して阻止してきた。

学生ローンの金利引き下げは、お金を出すことは数字に関わるが、価値にも関わることを思い知らされる。私たちにとって重要なのはどちらだろうか。巨大企業と超金持ちを有利にする抜け穴のためのお金か、それとも教育のためのお金か？　すでにチャンスを得た人たちのためのお金か、それとも次世代の子供に成功するチャンスを与えるためのお金か？

学生ローンについての投票が行われた夜、暗闇でベッドに横たわり考えた。「この国に何が起こったのだろうか？」。何がそれほどまでひどく間違って、民主的に選出された公職者が金持ちと巨大企業にべったりとキスし、学生にはつばを吐き掛けるのか？　学生ローンに過払いさせて利益を上げ続けることに賛成した民主的に選出された公職者一人ひとりは、なぜ地元の怒れる群衆に向き合わないのだろうか？　ワシントンDCで売られている記念品にプリントされた「人民のための政府」という言葉は依然として素晴らしく見えるが、もはやうまく機能していないようだ。

私たちはここからどこに向かうのか？　二〇一四年と二〇一六年に、多くの民主党候補が借金を負わない大学進学を主張して議席を目指し、その争点によって民主党は上院でいくつか新たな議席を獲得することができた。だが、アメリカの新大統領にはわが国の大学生に公正な機会を与える意思があるのだろうか？　ここにドナルド・トランプの教育に対するアプローチの良い指標がある。宣誓就任する数週間前、彼は自分の所有する営利大学に対する訴訟で二五〇〇万ドルの和解金を支払った。[67]　残念ながら、現在ホワイトハウスにいる男が教育を求めている人々を欺くビジネスで金儲けをしているなら、私のような楽観主義者でも期待を寄せることは困難だ。

成長を妨げる

ロナルド・レーガンがホワイトハウスに入ると、共和党の正統派的信仰はますます強くなっていった。圧縮された未来への投資は教育だけではなかった。この国のインフラ——道路、橋梁、鉄道、送電網、水道施設、あまり注目を払わないが生活をする上で必要な他の多くのもの――もまた、次第に打撃を受けていった。年ごとに、一〇年ごとに、新規建設も既存構造物の保守も関心を持たれなくなった。[68] あるエコノミストの算出によれば、減価償却を調整すると、アメリカは現在インフラに全く支出していない。[69] ゼロだ。米国土木学会がアメリカのインフラの状態にＤ＋という低い評価をしていることは不思議ではない。[70]

インフラの保守がなされていないことを示す事例は、アメリカのほぼすべての都市や町で見られる。ミシガン州フリントの飲料水は鉛で汚染され、ミネソタ州の橋は崩落し、かつて誇りであったボストンの大量輸送システムは老朽化のため大雪で閉鎖される。

一五八ページの写真が分かるだろうか？　それは二〇〇七年に崩落したミネソタ州の高速道路の橋だ。他の州際高速道路を運転しているとき、時々その橋のことを考える。道路や橋を安全にし、更新し、正常な状態に保守できないほど、私たちの政府がひどく困窮する事態にどうして陥ってしまったのだろうか？

インフラに投資しないとあらゆる場所で損害が生じる。ミネソタ州のあの老朽化した橋は、毎日一四万台の自動車が通行していた。崩落で一三人が死亡し、一四五人が負傷した。橋が閉鎖されたので、ドライバーは一年以上迂回することになった。[71] 中小企業は打撃を受け、[72] 人々は仕事を失い、その郡は災害救済を申請した。崩落の経済的影響は何年も地域全体に及んだ――一つの橋だけではないのだ。

インフラは重要だ。インフラの建設と保守を怠ると、橋の崩落のような大災害や、道路のひどいくぼみのような日常的なイライラが生じる。クリーンエネルギーへの投資が不足すると、汚染を大気に放出するダーティーなエネルギー供給システムや、暴風雨や海面上昇の被害を受けやすい老朽化した送電網が残される。[73] 新たな通信への投資が不足すると、多くの小さな町と農村部はハイテク・ブームのチャンスに乗り遅れることになる。[74] わが国の八万四〇〇〇のダムと堤防の維持管理への投資が不足すると、[75] サクラメントなどの都市

ミネソタ州のこの橋が崩落し、13 人が死亡し、145 人が負傷した。

が大洪水によって脅かされ[76]、時折南フロリダの海岸に大量発生した悪臭を放つ藻類が迫ることになる。[77] 計画排水能力と運河プロジェクトへの投資が不足すると、二〇一六年にバトンルージュ周辺で数万件の家屋を襲い一三人が命を落としたように破滅的な洪水が起こる。[78] そして私たち誰もがハリケーン・カトリーナを覚えている。

私たちが実際にお金を節約しているわけではない。基本的なインターネット接続のようなシンプルな通信を見てみよう。安価で信頼できるインターネット接続がなければ、あらゆる企業の営業に支障が出て、家族もインターネット接続が非常に困難になる。ほとんどの都市や町は十分な税収がないため、光ファイバー・ケーブルの敷設とサービスの提供を民間セクターに任せている。それは私たちにとってどうなのだろうか？　アメリカの都市におけるインターネットの接続速度は、多くの場合他国よりも遅いが、私たちは他国よりも高い料金を支払っている。[79] 政府を欠乏させて基礎的サービスを民間会社に渡すような減税は、少数の人々にだけ実際に恩恵があるが、他のすべての人にとっては恩恵がない。

最悪なのは、インフラの構築と保守に失敗したことにより、わが国の活力が奪われたことだ。短期的には、インフラする。建設予定のプロジェクトのための実のない税優遇措置や選挙献金者への見返りではなく、実際のインフラ支出は、良質な給料の高い雇用を創出し、労働者に地元経済で使うお金を与える。長期的には、インフラ支出によって労働者はもっと重要なものを手にする。インフラ支出は、わが国の共同投資であり、企業がアメリカ国内で成長しやすくなる。道路、橋、安価で信頼できるエネルギー、高速通信、教育のある労働者、これらすべての投資がより望ましい企業環境を創出する。

未来の経済については多くのことが不確実だ。私たちが知っているのは、私たちがすでにグローバル規模で競争しており、情報が爆発的に増加し、技術革新が引き続き驚異的なスピードで出現するということだ。私たちは皆、未来の勝者が誰か分からない——だから未来の敗者になるかもしれないことを恐れている。だが、競争の価値を信じようと思うならば、私たちはわが国経済の基礎的構成要素に投資しなくてはならない。

私たちの競争相手を一つだけ取り上げよう。中国はインフラに対GDP比八・六％を支出している。[80]なぜ？なぜなら中国は、自国の企業と国民がグローバル経済で勝者となるチャンスを持てる国を、懸命に築こうとしているからだ。アメリカはどうだろうか？私たちのインフラ支出は対GDP比二・五％にとどまっている。[81]何年も何年もそうなのだ。対GDP比でインフラ支出を見ると、アメリカは現在、インド、アジア、中東、東欧のほとんどの国に遅れをとっている。実際、米国よりもインフラ支出が少ない世界で唯一の地域は南米だが、対GDP比二・四％でほんのわずかに少ないだけだ。

アメリカは世界の多くの国よりずっと早くにインフラを増やしてきたが、保守と更新をしてこなかった。アメリカにおけるインフラの全体的な質は、現在、台湾をわずかに上回っているが、ドイツ、スペイン、それからもちろん日本よりはるかに劣っている。[82]

未来への投資を怠ったことは、信じがたいほど近視眼的なものだ。それは、来るべき数十年にわたり、日隠しをし、手錠をはめ、左右の靴の紐を結んだハンデを負って雇用、資源、市場をめぐって私たちが競争することを意味する。この計画は財界優先的ではない。この計画は愚か者志向的だ。

基礎的インフラへの投資を増やすことにより、私たちの長期的見通しと共に、日常生活の多くが変わるだろう。そうした投資をやろうではないか？　クリーンで費用対効果が高い再生可能エネルギー（アメリカ経済は中東の一握りの大手石油会社に依存しなくて済むというおまけが伴うが、それは別の話だ）。最先端のインターネットと通信インフラ。最新の交通システム。それを使って従業員は職場に通え、顧客は市場につながり、商品はどこにでも届けられる。これは道路と橋梁への投資のことだが、空港、線路、鉄道、自転車レーン、ケーブル及び光ファイバーへの投資も同じだ。事実を素直に受け入れようではないか。私たちがずっとソファーに座っていたり、渋滞にはまっていたりすれば、未来の経済を構築することなどできない。私たちはまた、インターネットに接続できない計画停電に苦しみながら、成功を達成することなどできない。

農家は畑を耕す。彼らは土壌に肥料をやり、排水溝を掘る。彼らは岩石をどけて切り株を引き抜く。なぜ？　そうすれば彼らは将来豊かになれるからだ。大きく多様性に富んだ国にとって、インフラは同じことだ――そうやってより生産的な未来のために準備をするからだ。二一世紀の雇用をめぐる競争において、一流のインフラはアメリカに決定的な有利性を与えるだろう。だが、インフラの崩壊は、将来志向の会社による新規投資の足を引っ張り、新会社設立成功の障害となる。

私たちがインフラに投資しないと、まるでアメリカのすべての人が手をつなぎこう言っているようなものだ。「一緒に貧しくなろうよ！」。

私たちは科学的発見への投資を中止したのか？

減税は連邦政府の研究支出も圧迫する。皮肉なことを考えてみよう。科学は――ヒトゲノムの変化から宇宙空間のブラックホールの探究まで――至るところで新たなフロンティアを開いていくので、アメリカはあらゆる種類の科学への投資を削減することになる。連邦予算に占める割合で言うと、連邦政府の研究投資の半分以上が一九六〇年代以降切り捨てられてきた。[83]

認めよう。私は研究が大好きだ。私は研究論文を読んで楽しみ、緑や赤に光る珍しいウミガメなど、[84]科学者が発見した奇妙なものの動画に本当にシビれている。科学に対して誰もが私と同じような情熱を持っているわけではないのは分かっているが、賢明な財政投資であれば、古くさく頭の固い人でさえ政府が研究に投資するのは喜ばしいはずだ。ガンや標的療法の新たな試験など、すべてが大きな成果を上げている。[85]ここに一つの事例がある。医療研究に一ドル支出すると、アメリカ経済に直ちに二・二〇ドルが戻ってくる。長期的には、新たな研究は、新しい産業、新しいアプローチ、新しい治療法、新しいビジネスにつながる。

その一方でこういうこともある。インフラ支出とちょうど同じように、私たちがアメリカ国内で研究に投資しなくとも、他の国が研究を引き継ぎたくてウズウズしている。それらの国はこれらの発見、付随するすべての事業活動、特許、著作権、新興企業を、アメリカから自国に移したがっている。

少し前、私は午後の時間を使って、マサチューセッツ州のメディカルスクールの学部長と話をした。私が大好きな仲間だ。彼はあらゆる面において医学に熱心だ。医学の進歩により、わずか数年前には生存できなかった小さな乳児が長く生きられるようになり、人生を全うできるようになったことについて話していたとき、彼の顔は輝いていた。新しい繊細な眼科手術と最先端の平衡感覚障害治療法によって、高齢者が自分と配偶者の身の回りのことをできるようになり、再び世の中と関われるようになることについて、彼は喜んで話をする。彼は、自分の医学部生、医学研究者、そして医学の未来のために戦う困難に屈しない戦士だ。だが、この日の彼は陽気とは言えなかった。

心配が顔に影を落とし、不満が声に現れていた。彼は、一流の若手研究者の一人を引き留めるための人材確保合戦の最中で、競争相手にこの女性を奪われる寸前だった。世界中の何百万もの人々に影響をもたらす解決困難な問題に対し、この研究者がどのようにアプローチしているかを聞いた後で、彼女がどこに行こうとしているのか尋ねた。素晴らしいメディカルスクール？　大手製薬会社？　人気の新しい医療技術新興企業？

いいえ。外国へ。

痛いのはこういうことだ。この研究者はその国に家族がいるわけでもなく、その国の言葉も話せないし、なにしろアメリカを離れたくないのだ。だが、彼女の研究は本当に有望で、彼女に夢中になった外国政府の職員は、彼女への投資が報われた場合、その国に新たな産業が生まれる可能性があることを理解していた。だからその国はかなりの金額を提示し、彼女の研究のためにあらゆる種類の支援を申し出ていた。研究室、助手、設備、材料――彼女が必要なものは何でも。

学部長が私にこの話を終えると、元気なく、「私には競争できません」とつけ加えた。

現在、国立衛生研究所（ＮＩＨ）の研究助成金最終候補は、一一件の研究提案につきわずか二件しか資金を提供されない。[86] ＮＩＨは、慢性的な資金不足のため、優れた科学研究を採択できない。生化学研究者の五人に一人は、研究を継続できるようにアメリカを離れることを検討している。[87] 若手研究者全体が絶滅の危機に瀕していると言っても、あるいは、亡命しようとしていると言っても過言ではない。

研究の一部は別の国で行われるかもしれないが、どうしても必要な研究の多くがたんに行われないままになっている。上院議員となった直後、上院の保健・教育・労働・年金委員会（HELP）は、国立精神衛生研究所長を公聴会に呼んだ。私はもっと資金があれば何ができるか尋ねたところ、彼は「変革の最先端にいられる」と表現した。[85] 彼ら科学者は、脳に関する最重要のパズルを解くのに最も適任だと確信している。彼らは、精神疾患、アルツハイマー病、自閉症、パーキンソン病、ハンチントン病、精神病、精神分裂病の画期的な新治療法をもう一歩で開発できると考えている。だが、一つ難がある。政府の資金提供がないと、それらの発見は数年、もしくは数十年遅れてしまうだろう。

それにこれらの治療できない疾患は個人に影響を及ぼしている。

多くの人がワシントンの私たちのオフィスに立ち寄ってくれる。会議、出張や休暇で、マサチューセッツ州の町に暮らす人々の訪問がある。学校のグループや家族は春休みに来てくれる。なかには深く憂慮している特定の問題——海洋、人身売買、音楽教育——について話をする人もいる。なかにはたんに挨拶をしに来て、マサチューセッツ州の地図上の自分の町にピンを刺したいという人もいる。

できる限り、私はいつ来ていつ帰っても良いオープンハウスを開催している。訪問者は大まかな列を作る。私たちは握手をし、訪問者は自分の問題や自分自身について少し話をし、たいてい一緒に写真を撮る。（私たちはイケてる自撮りもやった。）

こうした集まりの一つで、素敵な夫婦が列の先頭に並び手を握っていた。男性はがっしりとしていて背は私と同じくらい、髪は短く刈り込まれ白髪混じりだった。私が手を差し出すと、彼の顔には笑顔がはじけた。彼はダークスーツに素敵な紫色のシャツを着てネクタイを締めていて、彼の目に引きつけられた——明るく集中していて、私の目をしっかり見据えていた。

「こんにちは、上院議員」と彼は切り出した。「私はマイク、マサチューセッツ州ダグラスから来ました。私はアルツハイマー病です。早期発症で、私は五五歳です。まもなく、私はこの会話を忘れてしまうでしょう。すべてのことを忘れてしまうでしょう。あなたのこと、子供のこと、妻のことまでも」。

一瞬沈黙し、言葉を探している間、マイクの妻は静かに立っていた。

最後に彼は、「私の知っていることすべてが奪われてしまうのです」と言った。

それがすべてだった。私の目は涙でいっぱいになり、息が止まった。そのような未来に対処できる者などいようか？　すぐに愛する人たちの顔が心に浮かんだ。私の孫。私の夫、ブルース。私の兄弟。すでに亡くなってしまった人たち。パパ。母。ビーおばさん。私たちの愛犬オーチス。彼らを忘れてしまったら私は私ではなくなってしまうだろう？

私が話せるようになる前に、マイクが続けた。「私は忘れてしまうでしょうから、今日ここに来ました。覚えていられるうちに。ここに来たのは、アルツハイマー病の研究資金増額のために戦ってほしいとお願いするためです。お願いします。私は忘れてしまうので、あなたには覚えていてもらわなくてはならないのです」。

私は厄介なペーパーワークのことを気にしながら部屋に入り、次の会議のことを考えていたが、マイクのことで体が固まった。彼の話は肋骨の間を貫いた槍のようなもので、私がワシントンでなすことすべてが現実にいる人々――決して助けを求めるつもりはないが、助けが今すぐ必要な人々――にとって重要だということを思い知らされた。

アルツハイマー病は研究投資の不足がいかに愚かであるか、余すことなく示す事例だ。アメリカでは、二〇一六年だけで、アルツハイマー病患者の介護に二三六〇億ドルが費やされた。[89] 介護だけのために二三六〇億ドルだ。そのお金は、病気の進行を一日たりとも遅らせるものではない。そして、私たちは毎年、

マイクとシェリルのベルビル夫妻。マサチューセッツ州ベリングハムの彼らの新居近くで。

この天文学的金額を支出し続けるだろう。実際、その金額は増え続けてあまりにも多額なために、二〇五〇年までにアルツハイマー病がメディケアを破綻させる可能性がある[90]。

この財政的な津波が来ているのは分かっているが、私たちには手を打つ時間がある。ＮＩＨはアルツハイマー病研究にいくら配分しているだろうか？[91] 二〇一六年、研究に使われた金額は、介護に使われた金額の一％の半分にも満たなかった。ＮＩＨは非情でも愚かでもない。ただ十分な資金がないだけだ。人口が高齢化し、アルツハイマー病患者数が増えても、議会は研究費を引き続き削減している。ＮＩＨの医学研究は現在、わずか一〇年前よりも資金が二〇％減っている[92]。

それにアルツハイマー病だけが差し迫った医療上の懸念ではない。糖尿病、心臓病、乳ガン、ＨＩＶなど、科学的ブレイクスルーの最前線にある他の病気について考えよう。生命を脅かすほどのアレルギーや自閉症の子供について考えよう。体が反応しなくなり窒息するALS患者について考えよう。オピオイド中毒の人々や慢性的な痛みを抱える人々について考えよう。たった一つの医学的ブレイクスルーが何十万もの人々に新しい人生を与えられることについて考えよう。

私はこのことに躍起になっている。だが、私に言わせれば、みんなが躍起になるべきだ。たんなる医学研究ではない。私たちの政府が一九六〇年代半ばと同じ割合を二〇一六年度予算で医学に支出していたとすれば、その年だけでさらに一六二〇億ドルを基礎研究に充当できただろう。[93] その金額は、国立衛生研究所と全米科学財団を合わせた予算の五倍以上だ。五倍の資金。追加された科学者や研究室が問題を解決するために懸命に働いたとしよう。クリーンエネルギー開発、病害に強い作物、海水を清潔な飲料水に変える安価な方法について、私たちがやってきたことをどれだけ進歩させられるか想像できるだろうか？　その三つの面だけでも進歩した場合、どれだけお金が節約でき、どれだけ人々と地球が良くなるか考えよう。

大多数のアメリカ人は、研究に支出する金額を増加させることに同意している。[94] もし私たちが国としてまとまれずにこれを実現できなければ——もし基礎研究に充てられる連邦予算のわずかな割合を最低限二倍にできなければ、私たちが信じる未来は存在しうるのだろうか？

* * *

数年前、私は、共和党とトリクルダウン・エコノミクスに固執するその決意が、研究資金に何をもたらしたのかについて詳しく見た。二〇一四年の中間選挙で民主党は大勢落選したので、共和党は上院でも下院でも多数派になった。これは、共和党議員が委員会の委員長を務めることを意味した。したがって共和党議員がどの立法を進め、どの立法が投票もせずに葬られるのか決定することを意味した。二〇一五年初めには、私の学生ローン法案がどうにもならないことが判明したが、依然として気を緩めずに共和党議員たちのようなアイデアを提案するのか、それをどうするのかについて成り行きを見守っていた。

上院共和党が立法案の概要を示すと、「医療イノベーション」がリストの上位にあった。それを見たとき、私は下手くそな「ヤンキー・ドゥードル・ボーイ」の演奏をはじめようかと思うほど嬉しかった。「今度は彼らが私の言葉を話している」と思った。確かに、彼らの法案は科学者がより多くの資金を得るチャンスを提供するものだった。それは、新しい研究室に資金を出し、今度はそれが刺激的な新たな発明をもたらす。だが、その法案は、脳をマッピングするブレイン・イニシアティブへの資金提供や、その年発表されたオバマ大統領の高精度医療イニシアティブの全面支援など、本当に意欲的なものになるかは分からなかった。詳細はともあれ、「医療イノベーション」なら研究資金を増額しなくてはならない。そうでしょ?

そうではなかった。共和党版の医療イノベーションは全く違うことを意味することが判明した。科学者、研究室、医師に与えられる新たな資金は全くなかった。共和党にとって、「イノベーション」は、「食品医薬品局（FDA）を弱体化」し、「巨大製薬会社を支援」することを意味していた。それがいわゆる二一世紀型治療法案、略して治療法案だ。結局のところ二一世紀の治療方法に反対できる者などいないから、そう名づけられた。だが、いざという段になれば規制緩和を求めるだけだ。

このような法案を通過させる審議は上院の議場からはじまるのではない。多くの作業が委員会を通じて行われるが、私はまさにその委員会、HELPに出席していた。何をしたがっているかについて共和党議員に話をさせる機会があった。私は、すべての公聴会と会議に出席し、あらゆる機会にこの問題を提起すると決心した。私は、委員会で最も人気があるわけではないが、それでも何かやれるかもしれない。

私はまた協力者を探していて、皮切りは、その委員会の先任民主党議員、ワシントン州選出のパティ・マレー上院議員だった。治療法案の研究資金増額を優先事項にしたらどうかとパティに打診した。彼女は長い間医学研究を支援してきており、彼女の答えはすぐだった。「ぜひやりましょう！」。

それから数週間にわたり、私は委員会のすべての民主党議員と話をし、NIHの資金増額に皆が本当に熱意があることがすぐに分かった。しかもたんなる増額ではなく、大幅な増額だ。ミネソタ州選出のアル・フランケン上院議員は、私のお気に入りのパートナーの一人で、彼もまた委員会に出席していた。私が数字を挙げるたび、彼は言った。「ほら、これは大きな案件だ。もっと大きな数字を求めたらどうかな？」。アルは私と似ている！

数カ月間、私は公聴会でも私的な会話でもその問題についてしつこく話し続けた。医学研究にはもっとお金が必要だと私は言った。何度も何度も繰り返した。

私はあらゆる方法で働きかけた。私は数人の共和党議員と良好な会話をし、NIHにはもっと資金が必要だということに、誰もが同意してくれた。二〇一五年四月、『ニューヨーク・タイムズ』紙が元共和党下院議長のニュート・ギングリッジの論説を掲載したとき、私はすぐさま彼に電話をかけた。彼は、アメリカがNIHの資金を倍増させるべきだと主張しており、私は「フレー！」と十通りの声援を送った。会話の中で、彼に資金増額のために一緒に働いてくれるように頼んだ。

私は情報公聴会を招集し、ギングリッジ議長にプレゼンを依頼した。彼はとても素晴らしかった。最高なのは次のところだ。「ワシントンが恐ろしく愚かでなければ、命を救えてお金を節約できる歴史的な機会に研究資金を枯渇させるような真似はしない」[95]。

二〇一五年一〇月、HELP委員長のラマー・アレクサンダー上院議員と面会の約束をした。

約束の日、私はスタッフの医療担当責任者と共に委員長のオフィスに向かった。私はそれまで彼のオフィスに行ったことがなかったので、正直言って驚いた。何とも素晴らしいスペースだった。壁には、の記念品や、私が見たことのないようなものが飾られていた。(96) 貼り紙によれば、そのすべてが委員長の地元テネシー州のものだった。マッチ棒で製作されたバイオリン、古い道具の展示、「テネシー・ワルツ」の楽譜の原板があった。委員長のデスクの横には、彼の大切な持ち物、サム・ヒューストン製のステッキがあった。

アレクサンダー委員長は誠意を持って迎えてくれて、私は儀式のような決まったやり方をした。彼は、重厚な布張りの椅子に座るように勧めてくれた。彼は社交辞令で会話を切り出した。彼はステッキを見せてくれ、私は賞賛の意を示した。

数分後、私は自分の上級医療専門家を紹介し、彼は彼の上級医療専門家を紹介した――昔ながらの決闘の瞬間のようなものだ。

治療法案のために書いたいくつかの条文を検討してもらったことに対し、私は委員長に謝意を示した。「審議に全面的に関与」したことについて、彼は私に謝意を示した。

嫌味を言うのが上院の決まりなのかと疑問に思ったが、その疑問は聞かないほうが良いだろうと思った。それまでにファーストネームで呼び合うようになっていた。「ありがとう、ラマー」と私は言った。「あなたに感謝します、エリザベス」と彼は言った。

そこから会話は少し厳しくなった。それぞれに譲れないことであった。本当の医療イノベーションは医学研究の資金を増額しなくては実現しないもので、今こそ増額すべき時だと私は信じていた。アレクサンダー委員長は、新規資金の必要性が法案を葬ってしまうことを懸念した。

アレクサンダー委員長は優雅で丁寧だが、彼の仕事は自分の法案を守ることだった。私は、研究資金の増額のために戦うことを自分の仕事にしていた。実際、私はすでにＮＩＨの資金を増額する法案を提出していた。私は、アメリカ最大手の製薬会社が法律に違反したときに、特別な罰金の支払いを義務づけ、ＮＩＨ資金の援助に使えるようにすべきだと考えた。いくらのお金が提供されるだろうか？　この法案が過去五年間に実施されていたと仮定すると、ＮＩＨには毎年六〇億ドル以上の資金が追加され、全米の科学者、大学、研究センターに数千件もの助成金を与えられただろう。

アレクサンダー委員長と私ではらちがあかなかった。

だが、彼は本当に治療法案を可決したがっていた。だからＮＩＨの資金増額を盛り込まずに、法案を前進させる別の方法を見つけようとした。二〇一六年春、彼は法案をたくさんの小さな部分に分割した。彼は、多くの民主党議員によって支持された控えめな提案を盛り込んだ。こうした見返りによって、医学研究の資金増額を追加しなくとも、法案を委員会で可決できるだけの民主党上院議員の賛成票を一票ずつ集められるという理屈だ。

公平のために言うと、彼が追加した項目に私は満足していた。彼は、私が起案した遺伝的プライバシーに関する条文と、希少疾患を持つ子供を助ける分子標的治療に関する条項を盛り込んでくれた。彼はまた、より多くの女性とマイノリティを臨床試験に採用すること、すでに資金が提供されている研究からより多くの情報を得ることに関し、私が手伝った条項を挿入してくれた。

それらの条文一つひとつがとても大切だったが、研究資金増額のため、私は戦いを諦めていなかった。だから私は反対行動に出た。私は、今後一〇年にわたってＮＩＨ予算に年間五〇億ドルを追加した。[97] 生物医学イノベーション基金を創設する修正案に民主党議員の全面的支持を得た。共和党議員は賛成しなかったが、五〇億ドルの追加に民主党議員全員が賛成した――そしてアル・フランケン上院議員は自分自身のお金を投じると約束した。最終的に、ＮＩＨの資金増額がなければ治療法案は審議しない、という

束した。

まもなく、アレクサンダー委員長は法案成立を阻止されていることに気づいた。民主党議員が彼の側に引き込まれることはなかった。治療法案の最終審議で彼は譲歩し、法案が上院を通過する唯一の方法は医学研究のための新たな資金を含めることだと理解したと述べた[98]。

しかし、共和党上院議員はそれでも資金増額に同意しなかった。彼らは法案を通過させる別の方法を探した。六月二二日、私の誕生日、あまり嬉しくないプレゼントを受け取った。キャピトルヒルの新聞の一紙が「共和党は『治療法案』の遅れでウォーレンを非難」という見出しで話題を報じた[99]。ある共和党上院議員は、治療法案がもたらす「医療改善への大きな貢献」について語り、私がこのような大きな貢献を妨げていると非難した。別の議員は、「超党派の委員会を台無しにする党派問題を見つけることに必死だ」と私を責めた。

彼らはちょっとした非難によって私が軟化し、審議が進むと思ったかもしれない。そうはいかなかった。

民主党は二〇一六年選挙まで断固として譲らなかった。トランプが選出され、共和党が下院と上院の両方を支配すると、突然治療法案が目にも留まらぬスピードで動いた——少なくとも議会の基準からすると。感謝祭休暇中、ほとんどの人が休暇をとって七面鳥を食べている間に、下院は治療法案を修正し、見返りをたくさん詰め込んだ[100]。製薬会社は医師へのリベートを隠すことができるようになった。ミッチ・マコーネルの献金者は、販売したい再生医療製品についてFDAの承認を促進する条文を得た。大手タバコ会社はたくさんの喫煙防止策の資金打ち切りを得た。私はびっくりした。リベート？　献金者？　大手タバコ会社？　下院は無料のギフトラッピングも与えたのではないだろうか。

良い部分にさえ隠された罠があった。あるかないか分からないたくさんの「将来の資金」という約束があったが、保証された資金はごく限られていた。例えば、将来いつかオピオイド中毒治療のために四億ドルを出すという約束があった。そのお金はどうしても必要だ。実際はその一〇倍がどうしても必要だ。私は、中毒で子供を亡くした母親、母親を亡くした子供、マサチューセッツ州のあらゆるところで打撃を受けた家族に会った。私は、目の前でいなくなってしまい、別人に変わってしまう愛する人について語る人々と話をしてきた。中毒を克服した人、薬物を摂取しないように毎日戦っている人や、他の人を手助けしている人と手を携えてきた。おばあさんもティーンエイジャーも、彼らすべてがいかに治療センターが足りないか、ベッドが足りないか、支援が足りないかについて訴えた。

オピオイド危機はとどまることを知らなかった。高齢者と若者、金持ちと貧しい人、あらゆる人々が大打撃を受けた。資金の必要性は差し迫っていた。法案がたんなる約束ではなく実際に資金を提供するものだと聞いたとき、マサチューセッツ州の私の知る人々に与える影響に期待した。だが、すぐさま分かったのだが、細かな活字を読む必要があった。治療法案は、次期トランプ政権が政治的立場を利用できるものだった。どの州がその資金を受け取るか、どの州が完全に締め出されるか、政権が決定できるのだ。彼らは、したいように分配を決定できる完全な権限を持っている。

私は目を疑った。修正法案を読み、マサチューセッツ州とヒラリー・クリントンに投票したすべての州の無事を願った。この人たちはどれだけ不公平になれるのだろうか？　私たちは皆、致命的な中毒で苦しんでいる人々、死にゆく人々、家族が引き裂かれている人々に対する援助が必要だった。この人たちはそれを政治で汚そうとしていた。

またジョー・バイデン副大統領の「ガン治療の壮大な挑戦」には一億ドルが用意された。私はガン研究のためなら追加資金一ペンスごとに喜ぶが、一億ドルは、ＮＩＨがガン研究のために一年間に費やしている金額の約二％にすぎない[101]。この研究は非常にお金がかかり、一億ドルあってもあまり進歩しない。

さらに悪いことに、この法案の下では、共和党は基本予算をまた削減できることになっており、実際予にはもっと少ない金額になるだろう。

この種の巧妙なトリックを使った資金には深く落胆させられたが、私がカンカンに怒ったのは、修正法案が一般医療研究に大打撃を与えたことだった。治療法案の草案で何十億ドルもの新規資金を盛り込みながら、共和党はその資金をバッサリ切り捨て、総額三億ドルの新規NIH資金の中に入れてしまった。それは、民主党が修正案で求めた金額一ドル当たりわずか約〇・五セントだ。アルツハイマー病、ALS、自閉症の研究推進の追加資金拠出が〇・五セント——そのリストによって私の胸は張り裂けた。

治療法案には確かにいくつか良い部分があり、オバマ大統領も多くの民主党議員も賛成した。私の友人の何人かは、ドナルド・トランプが大統領に就任したら悪化する一方なのだから、賛成したほうがいいと言った。だが、私は賛成しなかった。賛成できなかった。私は大声で反対した。私は演説をし、電話をかけ、報道機関に話をした——できることは何でもした。たくさんのやりとりがあったが、共和党は最終的に折れて医師へのリベートの条文を削除した。よし！　そもそもそんな条文があることが信じられなかったが、その条文が削除されてとても嬉しかった。善人に一点献上！

また、もっと大切なところに良い影響をもたらした別の変更もあった。ここでもおしくらまんじゅうがあったが、オピオイド資金が一定の算式に基づいて分配されるようになり、マサチューセッツ州も含めてすべての州に公平に分配されるようになった。この危機に苦闘している一部の家族が援助を得られることになる。それでも資金は少なすぎ、五〇州に展開するととても少なくなるが、少なくとも地元の人たちに顔向けができ、一部を獲得したと言うことができる。

これは私にとって教訓となった。誰もが断念したほうがいいと言っているときでさえ、反撃が報われることがあるということだ。まだ法案に賛成票を投じるのは堪え難かったが、少なくとも戦いによって良くなった。わが国を席巻しているオピオイド蔓延と戦うのにいくらか援助を得られた。一二月、治療法案は可決、成立した。

研究にどうしても必要な金額を確保できなかったが、私はそれを求めて戦い続ける。私は、国立衛生研究所の資金、全米科学財団の資金のために戦う。疾病管理予防センター、食品医薬品局、アメリカ航空宇宙局（NASA）、国防総省の研究資金のために戦う。

私にとって、この戦いは未来を築くものだ。この戦いはマサチューセッツ州ダグラスのマイクを記憶にとどめるものでもある。マイクは妻と子供のことを思い出すのが困難になりはじめたから。

労働者の力を弱める

このトリクルダウンの時代、減税、教育とインフラと基礎研究切り捨ての時代に、労働者には何が起こったのだろうか？　労働組合はどこに行ったのだろうか？

一九七〇年代、ルイス・パウエルが企業に「反撃せよ」と促したとき、労働組合は経済でも政治でも本当に力を持っていた。だが、それは変わろうとしていた。

ロナルド・レーガンが宣誓就任してから八カ月後、彼は企業国家アメリカに大チャンスを与えた。航空管制官がストライキを起こした。彼らは公務員だったため、ストライキは違法だったが、短時間の違法なストライキは何十年にもわたり割と頻繁に行われてきた。さらに、大統領候補者としてレーガンは、劣悪な労働条件を改善すると約束して、航空管制官労働組合に推薦を求めた（そして推薦を得た）。大統領になった今、レーガンは約束を違えた。彼は組合に稲妻のようなパンチを食らわせた。組合の問題に交渉も妥協もしなかった。代わりに、労働者に四〇時間の猶予内に職場復帰するように言い、大部分がそうしなかったので、レーガンは彼らを即刻解雇し、生涯政府の仕事に就くことを禁じた。その打撃は壊滅的だった。組合は破産し、航空管制官の多くも自己破産をした。

労働組合が砕け散ると、組合員であろうと非組合員であろうと、アメリカの労働者の環境は以前と全く違ったものになった[102]。ローズヴェルトが労働者に向けて組合に加入するように力強いメッセージを発したのとちょうど同じように、レーガンは企業国家アメリカに向けて、組合を叩くのは今だという紛れもないメッセージを送った。企業国家アメリカはレーガンの言葉をはっきりと聞いた。

続く数年間、労働組合は強い圧力を受けた。オートメーション化が進展して雇用が海外に移転したので、組合員数は徐々に減少した。スタンリーおじさんが組合員証を持っていたとき、組合には労働者の約三分の一が加入していた。今日、組合には労働者の約一一％しか加入していない[103]。トリクルダウン・エコノミクスを推進する政党が長年にわたって労働組合を容赦なく攻撃してきたことは、驚くことではない。組合員数が減少したので、共和党は攻撃をいっそう強めた。例えば、共和党はオバマ政権二人目の労働長官の承認を数カ月遅らせ、全国労働関係委員会の欠員補充を引き延ばしたが、政府による厄介な労働者保護を中断させたかったからだ。今、トランプ大統領は、低賃金労働者を圧迫して財を築き、組合を罵った者を労働長官に指名した――組合は、彼のファストフード・ショップの労働者に昇給や病気休暇について交渉するチャンスを与えるものだ。共和党は引き続き、組合弱体化のためにあらん限りの手段を尽くしている。

この問題に対して戦線が張られているけれども、変化をもたらすことは難しい。だが、この戦いで重要なことは前面に出すべきだ。すなわち、共和党が労働組合を攻撃するとき、彼らは賃金を受け取って働くすべての者を攻撃しているということだ。引き潮のようなものだ。人々がそのことに気づくのに時間がかかるかもしれないが、やがてこれらの攻撃の影響は人々を引きずり込むだろう。疑う余地なくそれが共和党の計画だ。組合員も非組合員もなく、より多くの労働者を沈めるのだ。

私はそれを昨年秋の誕生日パーティーで再び見た。ろうそくが吹き消されプレゼントが開封されると、会話は地方政治の話題になった。チャータースクールの素晴らしい若い教師が、教員組合は賃上げのために戦ってほしい、場合によってはストライキをして戦ってほしいと言った。私は困惑した。あなたの学校には組合があるのかと尋ねた。

彼女は笑った。いいえと彼女は言った。実際、彼女の市のチャータースクールは組合潰しで有名だった[104]。「だけどウチの学校は、学校区の組合加入の教員が受け取るのと同じ金額を払ってくれるわ。それに一万ドル上乗せされているの。そうやって良い教員を採用できるから、組合は持たないのよ」。

ケーキを渡した。

その教員労働組合は攻撃を受けていた。一部の者は組合を弱体化させたいと思っており、一部の者は組合を完全に排除したいと思っていた。この快活な若い女性は教員労働組合がダメになった日には一万ドルのボーナスも、当たり前のようにもらっているたくさんの給付もなくなることが分かっているのだろうか。

労働組合の弱体化は、私たちの経済に捉えにくい変化をもたらした。組合員数が減少すれば、すべての労働者が結局負けてしまう。組合が非組合員の労働者に二八%の賃金上乗せと給付を与えたことは事実であって、組合員数の減少は中間層の資産の減少を追いかけてきた。

アメリカの労働組合はアメリカの中間層の創出を助けた。今、共和党は組合も中間層も破壊しようとしている。

アメリカの中間層を破壊する

一九三〇年代から一九七〇年代にかけて、政府は、競争条件を平等にする上で積極的な役割を果たし、巨大企業と巨大銀行を制御した。一九八〇年、ロナルド・レーガンが政治力学をシフトさせ、政府は最も恐るべき敵だと宣言した。

その二つの期間にわたり、アメリカは二つの大きく異なる政治的方向に向かったが、経済は成長を続けた。そしてわが国は金持ちになり続けた。最初の四〇年間は規制の強化を通じて金持ちになり、のちの三五年間は規制緩和を通じて金持ちになった。増税と減税を通じて金持ちになった。世界大戦と冷戦、インフレと停滞、国際競争の激化と技術革新を通じて金持ちになった。人種暴動、フェミニスト革命、結婚の平等をめぐる激しい論争の期間を通じて金持ちになった。二〇〇八年の崩壊とその後の回復の期間を通じて金持ちになった。それらすべての期間を通じて、GDPは比較的安定した右肩上がりを維持した。言い換えると、あらゆる論争や違いがあったとしても、アメリカ経済は機能し続けたのだ。

経済は機能し続けている。変わってしまったのは、経済はいったい誰の*ため*に機能するのかということだ。

一九三五年から一九八〇年まで、経済が成長したとき、繁栄は幅広く共有された。前に指摘したことを覚えているだろうか。アメリカの九〇%の人々——トップ一〇%以外のすべての人々——が、所得の伸び全体のうち七〇%を手にしていた。一三〇ページの図4をもう一度見てほしい。図の中のコインが九〇%の人々のためだったことを見てほしい。約半世紀にわたり、私たちがこの国で資産を築いたときには、ほとんどす

図6　新規所得の分配、1980～2015年

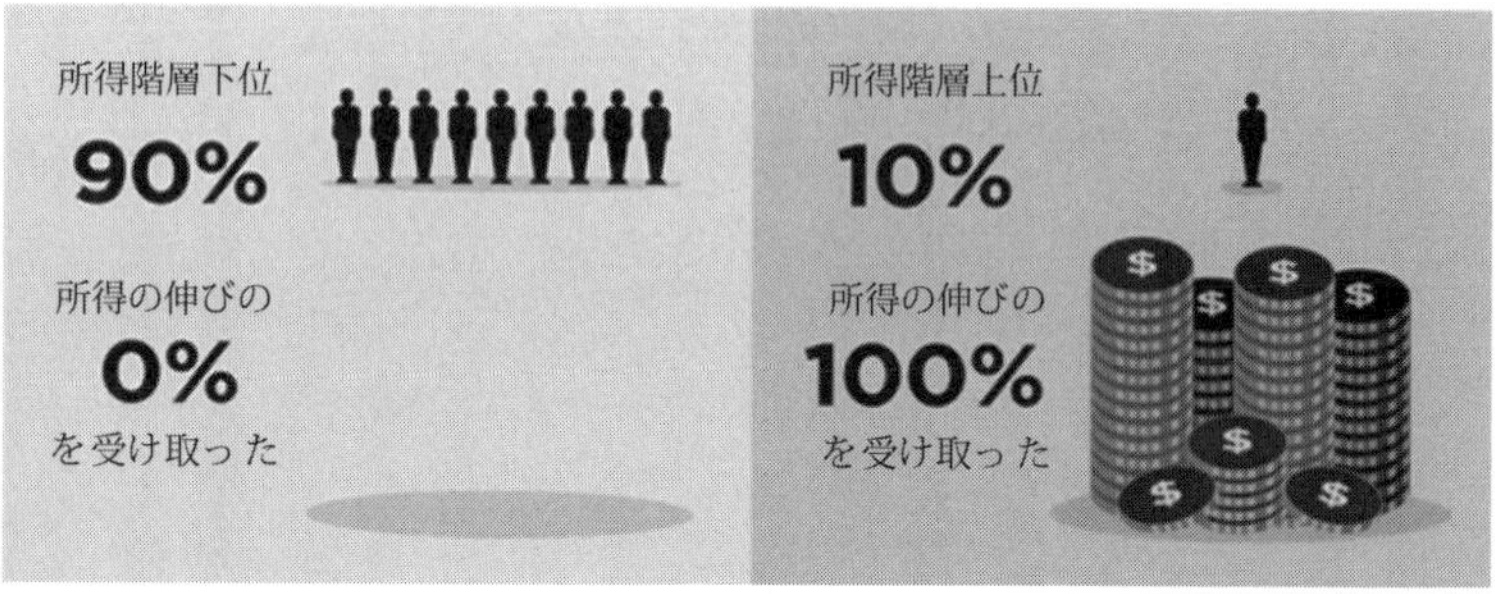

1980年以降、アメリカで生み出された新規所得のほぼすべてはトップの人々の手に渡ってきた。

べての人がその一部を手にしたのだ。

トリクルダウン・エコノミクスはその分け方を根底から覆した。私たちの子供の機会を築くため、巨大企業と大富豪から税金を得ていたが、今では金持ちと権力者はより多くのお金を手元に留められるようになった。そして、時が経つにつれて、他のすべての人々の機会が縮小しはじめたのだ。

一九八〇年から二〇一五年まで、アメリカの九〇%の人々――トップ一〇%以外の人々――は、ほとんど何も得られなかった。一%すら得られなかった。一九八〇年以降、市場所得の伸びのほぼ一〇〇%がトップ一〇%の人たちに吸い尽くされてきた[105]。市場所得とは、税引き前、社会保障などの再分配前に人々が稼いだ所得のことだ。もっと簡単に言えば、一〇%の人がほぼすべてを手にし、九〇%の人はほぼ何も得ていないのだ。

確かに、より多くのアメリカ人がフードスタンプの資格を持つようになり、実際に受け取るようになったので、政府の援助は打撃を少し和らげた。人口高齢化が続いたので、より多くの高齢者が社会保障を受け取るようになった。だが、根本的な問題は依然として解決されていない。アメリカの九〇%の人々は、過去三五年間に生み出された新規所得のわずか一%すら受け取れなかっ

た！

この点をはっきりさせよう。ジーナのような人は政府からの援助を求めているわけではない。マイケルに関して言えば、彼は、家族の生計を立てるために二つのシフトで働いて残業をし、見つけられた仕事は何でもやった。そしてカイはただスタートを切るチャンスを望んでいるだけだ。三人すべてが九〇％の人々の一人で、一世代にわたる共和党主導のトリクルダウン政策から全く何も得られなかった。痛み以外には何も。

アフリカ系アメリカ人にとって、トリクルダウンは二重の災難だった。一九六〇年代、一九七〇年代、黒人と白人の所得格差がいかにして縮小したか覚えているだろうか？　レーガン政権期以降、黒人家族は再び遅れをとりはじめた――ずーっと遅れている。一九八四年から二〇一三年までに、黒人家族と白人家族の資産格差は三倍になった。[106] インフレを調整すると、一九八四年に、中位白人家族は中位黒人家族よりも約八万三四〇〇ドル純資産が多かった。だが、二〇一三年には、その資産格差は二四万五〇〇〇ドルまで広がった。[107] 歴史の描く弧を平等に向けるには、あまりにも資産格差が大きすぎる。

トリクルダウンのまやかし

トリクルダウン・エコノミクスは、金持ちがより金持ちになり、マリー・アントワネットがより多くのケーキを食べれば、他のすべての者も利益を得られると約束した。だが、続々と現れた研究が明らかにしたのは、減税は経済を押し上げなかったということだ。[108] 国際通貨基金、ローズヴェルト研究所、無党派の租税政策センターによる慎重で堅実な研究も同じ結論に達した。[109] トリクルダウンは雇用を増やさなかった。減税は子供たちの機会を構築しなかった。これはたんに約束が破られたということではなかった――約束は砕かれ、粉々にされ、塵となったのだ。

トリクルダウンはまやかしだ。ロナルド・レーガンの大統領選勝利から三七年経った今、それは死に絶えることのないまやかしとなった。ドナルド・トランプがレーガンのまじないの経済学を受け入れていることは明白だ。二〇一六年九月に表明した法人減税は、「我々がロナルド・レーガン以来見ることのなかった雇用創出要因となる」とトランプは言う。[110] トランプは、トリクルダウン・エコノミクスがただの夢物語だということを示したデータと分析すべてを無視できると信じている。なぜか？ なぜならトランプ・ワールドでは、事実はどうでもいいからだ。カネになると算段し、腹の中では、減税がひとたび効果を発揮すれば、経済が非常に速く成長し、得られた税収は減税で失われた以上の金額になると考えている。そんな次第で、古くからのトリクルダウンのまやかしと同じだ。

トランプだけがトリクルダウン・エコノミクスを頑なに信じきっているのではない。上院多数党院内総務のミッチ・マコーネル上院議員もよく似たことを言った。[111] ポール・ライアン下院議長も同調し、金持ち減税を、貧困家庭と中間層家庭を助ける「秘伝のソース」と呼んだ。[112] 明らかに、現共和党指導部は同じ穴のムジナだ。

言い換えれば、ロナルド・レーガンが大統領選挙戦に出馬し、危険な夢物語である経済アプローチを明らかにしてから約四〇年間、トリクルダウンは一貫して共和党指導部が提供する最善策だった。現在でさえ、彼らは、魔法の杖を振り、アメリカ中にキラキラ光る粉を振りまいている。

これが致命的でなければ笑っていたところだ。私たちがこの愚かさに立ち向かわなければ、トリクルダウン・エコノミクスは最終的には中間層を一掃してしまうだろう。トップのごくわずかな経済的王室のために機能する国へとアメリカを変質させ、小作人は晩餐会のテーブルから無造作に払われたパンくずで生きていくのだ。

大恐慌期にローズヴェルトがやったことに立ち戻るべきだろうか？　一九五〇年代のように州際高速道路網に投資すべきだろうか？　一九六〇年代の月面着陸に？　一九七〇年代のコンピュータ技術に？

答えは、ノーでもあるし、イエスでもある。

ノー、全く同じプロジェクトではない。時代が変わり、ニーズが変わった。私たちは、コンクリートのハイウェイだけでなくデジタル・ハイウェイにも投資しなくてはならない。月よりも脳の方が新たなフロンティアである可能性が高い。地球温暖化と世界的な絶滅危惧は、どの投資が理にかない、どの投資が理にかなっていないのか判断する上で改めて考えるべきものだ。雇用を創出するような貿易協定をどのように締結するか、単発の仕事ばかりのギグ・エコノミーで雇用主と従業員の交渉をどのように再考するかなど、潜在的投資のリストにうまく合わない問題がたくさんある。

だからノーだ。同じ古いことを同じように古いやり方でやるわけではない。

だが、イエスでもある。すでに成功を収めた人々に課税し、他のすべての人もチャンスを得られるようにするというアイデアに立ち戻るべきだ。そう、今こそ、金持ち減税が誰にとっても明るい未来への道を開くというアイデアを葬る時だ。私たちがそのまやかしを葬り、二流の教育しか受けなくとも子供たちには良い将来があるという有害な考えも葬らなくてはならない。朽ちつつあるインフラのまま、企業がアメリカ国内で繁栄できるなどという愚かな考えを葬る時だ。基礎研究投資を止めても、イノベーションがわが国経済を推進し続けるなどという驚くほど近視眼的な考えを葬る時だ。私たちはトリクルダウン・エコノミクスの理論を深く葬り去り、この行き詰まったアイデアを再び売り込もうとする人が出るたびにやっつけなくてはならない。

政府は私たちが協力して機会を創出する方法を与えてくれるもので、機会はこれまで、教育、インフラ、研究に関わるものだった。そして未来でもそれは変わらない。私たちはその原則をしっかりと両手で支え、必死に支えなくてはならない。なぜなら、アメリカの中間層の再建をはじめるには、いくつか本当に難しい仕事と本当に賢明なアイデアが必要になるからだ。未来はすぐそこにあり、これ以上働く人々を弱体化させる政策を行う猶予はない。

共和党と、それを支持する企業と億万長者の献金者は、自由市場の価値を信じていると言う。「リバティ」と「フリーダム」についてごちゃごちゃ言う者もいる。本当に皮肉っぽいのか、鵜呑みにしてしまっているのか分からないが、取締りの警官がいない市場は私たちの望む自由市場ではない。警官は、誰もが確実に規則に従うようにするもので、そうした規則は自由市場の機能にとって決定的に重要だ。

この事実はどこにでも当てはまるが、私はそれを金融市場について間近で詳しく目撃してきた。巨大銀行がいくつかの基本的な規則と説明責任を遵守しないときには、人々はぼったくられ、リスクテイクが爆発的に増え、市場が吹き飛ぶ。そして一生懸命働いている人々が手酷く傷つく。それが事実にほかならない。一九二九年に明白になり、二〇〇八年に再び明白になった事実だ。

私は完全に市場賛成派だ。私は、競争がアメリカの消費者に多大な価値をもたらすと信じている。だからそうした市場を誠実にするため、十分な規制が敷かれることの価値も信じている。アスピリンを買うとき、その会社が重要成分の代わりにベーキングソーダを使って利益を膨らましているのではないか、などと考えたくはない。設備を蒸気洗浄しなかったり、床をモップがけしなかったりして責任者がコストを削減しているのではないか、などと考えたくはない。あらゆる競争を排除するいかがわしい方法を考えて企業経営者が価格を吊り上げているのではないか、などと考えたくはない。私は競争市場の価値を信じているが、いくつかの基本的な規則に従うことが市場を競争的に維持する上で大切だと考えている。

同じことが私たちの未来を築くことにも当てはまる。私たちが誠実な市場を創出し、教育、インフラ、研究に投資し、すでに成功した人々から十分な税収を得られれば、学校、道路、橋を持つことができて、それらが次世代の子供たちに成功するためのチャンスを与える。

これは魔法の杖やキラキラ光る粉や愚かな経済理論のことではない。これは、私たちの価値観に沿って生きることであり、法律と規則を私たちが信じるものにぴったり合うようにすることだ。ずっと昔、日曜学校の私の生徒、ジェシーはそのことを正しく理解していた。すべての人に順番が来る、と。そうなるようにすることが私たちの責任なのだ。

第四章　金持ちと権力者が支配権を掌握する

火曜日と木曜日の午後一時、上院議員は昼食会に集まる。二つの大きな部屋は、ドアが大きく開けられていて、上院議場からつながっている幅広い廊下を挟んで向かい合っている。部屋は二つとも飾り立てられている。金で縁取られたの漆喰の壁、かつて上院を率いた人物の巨大な絵画、深い赤と青のカーペット模様、高い天井といった具合だ。二つの部屋には円卓が置かれてしっかりしたテーブルクロスがかけられている。前方にはマイクと演台が置かれている。一つの部屋には民主党議員が集まり、もう一つの部屋には共和党議員が集まる。

こうした昼食会は、審議中の法案や最新の手続き上の戦略について指導部が説明する機会となる。また、指導部以外の議員にとっては、他党については声高に、仲間の議員については穏やかに不満を訴える機会となる。

昼食はビュッフェ・スタイルで提供される。少なくとも民主党について言えば、料理はごく普通だが、一つだけ目立ったものがある。つねに赤色のジェロが山積みされているのだ。不思議な小学校に入れられて、白髪の子供たちが自分の役柄を演じているようにいつも感じる。

二〇一四年秋まで、民主党議員の昼食会では、次年度の連邦支出に関する交渉の進捗状況が報告されていた。この巨大な法案は「クロムニバス」という名をつけられた。現行予算の延長（「継続予算決議（CR）」）と、広範囲に及ぶ完全な予算の書き換え（「包括予算（オムニバス）」）の中間を表す造語だ。民主党の交渉チームはバーバラ・ミカルスキ上院議員が率いていた。彼女は、最も在任期間の長い女性議員で、小柄だが、議事堂のホールを歩く誰にも引けを取らないほどタフだった。三〇センチ背が高く、五〇キロ体重の重い男性たちもあからさまに彼女を恐れていた。

連邦支出をめぐる交渉は密室で行われ、クロムニバスは全一六〇〇ページ細は伏せられていた。支出額の決定は二つの政党間に大きな摩擦を生んだ。私たちの側は、銀貸入者の上方調査と食品安全検査の資金を増額すべきだと考えていたが、[1]相手側は、内国歳入庁（ＩＲＳ）と環境保護庁の運営予算をさらに減額したがっていた。[2]闘争が繰り広げられた。共和党が行政措置を阻止しようとして歳出承認手続きを用いたことも事態を悪化させたが、共和党には否決する票数はなかった。例えば、共和党は、移民に関する大統領令を実質的に停止させるために歳出承認手続きを使った。[3]ワシントンＤＣのマリファナ合法化を妨害する試みなど、[4]連邦支出とは全く関係のない他の法案も交渉に転がり込んできた。

二〇一四年一二月九日火曜日、時間が尽きようとしていたとき、ミカルスキ上院議員が立ち上がり、私たち全員が聞きたがっていた知らせを伝えた。合意が成立し、かなり良い合意だということだった。政府の運営資金を確保できるように、最終文書を印刷している間に短時間で決議を可決しなくてはならないが、交渉はゴール・テープを切っていた。下院は新たな支出法案を可決し、上院に送付されて採決され、続いてオバマ大統領に送られて署名される。重要な優先事項は守られていた。政府機関が閉鎖されることもない。万事順調だった。

拍手喝采のうちに、当時の民主党上院院内総務でネバダ州選出のハリー・リード上院議員は、ミカルスキ上院議員と交渉チームを称賛した。いく人かの上院議員が起立して、審議中の医療費負担適正化法の医療保険取引所の設立や、[5]西部の干ばつへの対処など、自らの立法上の優先事項で彼女が協力してくれたと感謝の面持ちで話をした。発言者が同じ話を繰り返しはじめると、聞き手の注意は散漫になり、テーブルで私語が起こった。数人はジェロを取りにビュッフェ・テーブルに戻って行った。

スピーチが下火になると、オハイオ州選出の有力な進歩派上院議員、シェロッド・ブラウンが挙手をした。彼は口を開くときにはいつも興味深いことを言うので、シェロッドが話をするときにはみんな耳を傾ける。彼は他の上院議員と同じような称賛から話をはじめたが、すぐに方向転換した。「すべてが素晴らしいようですが、私たちが諦めなくてはならなかったことは何でしょうか?」と言った。部屋は静まり返った。シェロッドは共和党のいくつかの優先事項を列挙し、それらはどうなったのか尋ねた。それから彼はつけ加えた。「それにドッド=フランク法はどうでしょうか? 何か変更はありませんでしたか?」。

私はビクッとした。ドッド=フランク法? 二〇〇八年の崩壊後に可決された銀行規制? 消費者金融保護局(CFPB)を創設した法律? スタッフと私は鷹のような目で歳出承認手続きを見ており、金融規制法へのあらゆる攻撃を跳ね返せると思っていた。だが、シェロッドが心配していたので、私も心配になった。

ミカルスキ上院議員は、いつものようにあまり好ましくないものを受け入れなくてはならなかったが、主に各委員会の委員長の民主党議員に詳細を説明し、それぞれについて承諾をもらっていると言った。彼女が話している間に、私の鼓動は高くなっていき心臓がバクバクしはじめた。私に相談せずに消費者金融保護局について合意を結ぶわけがないと思ったが、ドッド=フランク法には複雑な部分が数多くあり、同法に深刻なダメージを与えるチャンスもあった――共和党議員とその友人の銀行家たちが群がっていた。

非常事態となり、私は昼食会が終わる前に退出した。短い地下鉄が議事堂と上院議員会館の間を結んでおり、上院議員やスタッフを運ぶ。その地下鉄を待ちきれなかったので、私は上院議員会館に歩いて向かった。いつも歩くのが速いが、そのときは本当に速かった。ドッド=フランク法は、より多くの警官に取締りをさせて、大手銀行が再び経済を壊滅させないようにするため、二〇一〇年に可決された。法案を議会で可決するために容赦ない戦いがあった。金融サービス業界は、同法案に反対するロビー活動に一日当たり一〇〇万ドル以上を費やした。当時、私はまだ大学で教えていた。また、銀行救済と引き換えに何らかの責任を負わせようとする議会のために働いており、多くの善良な人々と一緒に草の根連合を結成し、法案を可決するとに（少なくとも比喩的には）命を捧げた。その最終法案は、とくに消費者金融保護局を設置する条項など良い部分があったが、本来あるべきものほど厳しくならなかった。法案が規定した保護を後退させることは、腹立たしいのみならず危険でもあった。

二〇一三年に議員になってから、私は上院銀行委員会に出席しており、ロビイストがつねにドッド＝フランク法を撤廃する機会をうかがっていることを理解していた。だが、二年近く上院議員を務めている間、上院民主党はドッド＝フランク法の周りに防御線を敷いていた。共和党は声高に非難したが、私たちは強固で、金融規制を打ち消す法案が審議されることはなかった。共和党は法案に何を潜り込ませたのだろうか？　最悪の事態を恐れたので、私は駆け足になりそうだった。

オフィスのドアを開けると、立法担当スタッフのジョン・ドネンバーグが待っていた。ジョンは若く、賢く、職務に全力を尽くしていた。また別の強みもあった。スタッフの情報源は上院議員の情報源よりもはるかに良いものだ。ジョンはすでに法案のコピーを入手しており、それを深く分析していた。

ジョンが私に伝えた情報は良くないものだった。一六〇〇ページ以上の予算案に埋め込まれていたのは、ドッド＝フランク法に大きな穴を穿つ数行だった。それらは全面的な廃止を義務づけるものではなかった。そうではなく、それらは一つの規則を外すための精確な狙撃であり、その規則がなくなれば、他のどの銀行でもなく、わが国最大手の四銀行に相当の利益がもたらされる。

それからジョンは私に追い討ちをかけた。「誰がドッド＝フランク法の修正案を起草したと思いますか」。

「誰？」

「シティグループのロビイストです」

私は歯ぎしりをした。

攻撃を受けている条項は銀行制度の安全性に関わるだけでなく、わが国経済全体の安全性に関わるものだった。その規定は、「スワップ従事企業の連邦政府による救済禁止」と呼ばれていた。つまり、ドッド＝フランク法のこの条項は、FDIC被保険銀行が高リスクのスワップ取引に従事するのを禁止していた。その種の取引は、金融システムを再び吹き飛ばし、政府による救済を余儀なくさせることになる。『ニューヨーク・タイムズ』紙が説明したように、この種の取引は、「二〇〇八年金融危機の主犯」だった。[6]

そして今、シティグループのロビイストは、この基本的な保護を廃棄するように、交渉担当の議員を説得し、他の議員に同調するように働きかけていた。

もしもし？　誰か金融崩壊を覚えていませんか？　何百万もの仕事が失われたことは？　何百万もの住宅が手放されたことは？　とてつもない二二兆ドルという金額がトイレに流されてしまったことは？[7]

銀行は、思い出したくなかったので覚えていなかった。これは利益に関わることだ。スワップ取引は複雑だが、その基本原理は非常にシンプルだ。スワップ取引は非常にリスクが高いために、潜在的には収益性が非常に高い。予想が当たっている限りスワップ取引は大金を稼げるものだが、ドッド＝フランク法により巨大銀行はスワップ取引を禁じられた。

コミュニティ・バンク、信用組合、さらには数十億ドル規模のリージョナル・バンクでさえも、こうしたリスクの高い形態のスワップ取引に従事していなかったため、その規則があっても支障はなかった。くわえて、コミュニティ・バンクと信用組合は「大きすぎて潰せない」ほど大きくなったこともなかった。しかし巨大銀行は、崩壊前に持っていたものをそっくり取り戻したがっていた。つまり、リスクの高い取引から得られる利益と、通常の退屈な銀行業に対する政府保証の両方を取り戻したかったのだ。一年以上、私たちはスワップ取引の禁止を無効化しようとする絶えざる試みを撃退してきて、銀行は成功に近づくことができなかった。だが今、シティグループは、ＪＰモルガン・チェース、ゴールドマン・サックス、バンク・オブ・アメリカと共に、約一〇兆ドルの高リスクのスワップを帳簿に加えられるように、こっそり規定を書き加えた[8]。リスクは納税者に転嫁されることになる。

より大きな利益を上げたいという熱情は、何百万もの納税者の利益、何千もの小規模な取引相手の利益、何千もの小さな銀行の利益に勝ると、四大銀行は信じてやまなかった。巨大銀行は議会に対し、リスクを警告する規制当局やエコノミストを再び無視させようとした。巨大銀行はアメリカの人々に、わずか六年前、この国が大恐慌以来最悪の崩壊を経験したことを忘れてほしいと思っていた。ええ、これらの貪欲な四大銀行はもっと多くのことを望んでいた——それまでに、より多くのものを手に入れる方法を見つけたかのようだった。

そのスワップ規定は、上院銀行委員会を通過して議会を通過したことは一度たりともない。それが公になれば、非常に多くの人々が激怒し、そのクロムニバスは審議を止められていただろう。上院議員になって二年間、下院がドッド＝フランク法を骨抜きにしようとして法案を可決したのを目にしたが、私の同僚の多くは非常に危険なものだと理解していたので、その法案が上院の議題にのぼることすらほとんどなかった。だからロビイストは完璧な策を考え出した。巨大な予算法案の中にスワップ規定を埋め込み、すべての投票が終わるまで、誰にもその言葉が分からないよう、目に触れないよう願うというわけだ。

私はとても怒っていて座っていられなかった。私はデスクの後ろに立って、矢継ぎ早にジョンに質問をした。理性では矛先が違うことは分かっていた。ジョンは私のチームの人間だ。だが、ドッド＝フランク法をめぐる戦いの間、耐え忍んだ戦闘の記憶はまだまだ新鮮だった。

ようやく私は落ち着いて数回深呼吸をした。それから何ができるのか尋ねた。ジョンは、攻撃を開始し、規定の削除を試みることはできるが、情勢はあまり楽観的ではないと述べた。両党の指導部はすでに合意を結んでおり、何かを変更するのは成功の見込みがほとんどない賭けで、背後にこれほど大きなロビー活動の影響力があればなおさら見込みがなかった。それに法案の最初の投票は上院ではなく下院で行われるので、私たち上院側が反対の先頭に立つのも奇妙だった。唯一の選択肢は死んだふりをすることだが、誰かのせいで死んだふりをするのは気が進まなかった。

だからジョンと私はリストを作り電話をかけた。私たちは下院の民主党議員に電話をし、スワップ規定が削除されなければ予算合意に反対するように頼んだ。元下院議長で民主党院内総務のナンシー・ペロシに電話し、助けを求めた。これは厳しい要求だった。資金を確保して政府機関が閉鎖されないように、民主党はどうしても法案を可決したかったが、それでも私はその審議を遅らせるように頼んだ。だが、ナンシーは頼もしく、その規定の削除にすぐ協力を約束してくれた。翌日の水曜日の朝、私は上院議場に行き、下院——とくに民主党下院議員——にその条項を削除するように正式にお願いをした[9]。私はインタビューを受け[10]、支援者に電子メールを送り[11]、多くの人に電話をかけ、フェイスブックやツイッターで警鐘を鳴らした[12]。

これは本当に複雑な規定で、本当に複雑な法案に埋め込まれていた。このときまでに、金融崩壊から六年が経過していた。シティグループのロビイストは誰も心配していないのだと思った。彼らは間違っていた——本当に間違っていた。

請願書とユーチューブの動画がインターネットを駆け巡り、政府機関閉鎖までのデッドラインが近づいたので、数十人の民主党下院議員は今のままの支出法案は支持できないと公表した。報道陣が廊下に陣取り、議員にマイクを向けて投票をどうするか尋ねた。今やほとんどの民主党下院議員が同調しており、私は木曜日に上院に戻って再び演説を行い、今度は共和党下院議員に向けてその規定を削除するように要請した[13]。

数時間の間、私たちは実際に勢いを増していたので下院を説得して法案を変更できるように思えた。しかし、銀行はゴール・テープ目前で賞金を逃すつもりは毛頭なかった。JPモルガン・チェースのCEO、ジェイミー・ダイモンは電話をとって議会の友人たちに助けを求めた。[14]銀行のロビイストたちはキャピトルヒルに大挙して押しかけメディアに声明を出し、熱狂的にその規定を擁護した。[15]木曜日の夜遅く、下院はクロムニバス法案の議決を行い、二一九対二〇六の賛成多数だった。ドッド＝フランク法に弾痕を残した支出法案が可決されたのだ。

それから共和党下院議員は次の行動に移った。一二月の休暇のために休会としたのだ。非常に巧妙だ。彼らは支出法案を可決して店じまいをして自宅に帰った。地元の州に戻ったり、休暇を取ったりした。

巧妙だったのは、すでに支出法案を上院に送付していたことだ。私たちは、下院から送られてきた支出法案の欠点、弾痕、すべてを残したままの形で承認し、大統領に送付して署名してもらうこともできた。さもなければ、それを修正し、国民を政府機関閉鎖の渦に巻き込むことになる。

私たちは政府機関閉鎖の意味を理解していた。一年前、共和党上院議員のテッド・クルーズがオバマケアをめぐって一六日間の政府機関閉鎖を主導し、政府職員への給料支払いを止め、国立公園を閉鎖し、ヘッドスタートのクラスを閉鎖した。政府機関閉鎖の影響は、強大な国防請負業者にも小さなサンドウィッチ・ショップにも同様に及んだ。その閉鎖の最終コストは、二四〇億ドル、二五万の雇用喪失に上った。[16]

だが、私たちは政府機関閉鎖を回避することができる。上院がその法案を修正すれば、下院は審議を再開する。そうなれば、ひょっとしたら上院版のクロムニバスを可決するように説得できるかもしれない。

だが、下院の審議が一日でも遅れれば、コストは膨大なものになるだろう。結局、民主党にはその戦いの覚悟がなかった。票読みでも可能性がなかった。クロムニバス法案を止めるには上院で四一票必要だが、その票数がなかった。法案は通過し、スワップ取引制限は撤廃され、大統領が署名することになる。

私は今一度演説を行うために上院議場に戻った。私はすでに敗北していた。それは分かっていた。悔しいが、ニュースを見ている人なら誰でも知っていた。

私は恥辱を覚えるか落ち込むところだっただろう。だが、演説を用意してあったので、そうした感情にはならなかった。私は怒り、激怒していた。最大手四銀行が法律の変更を指示し、アメリカ議会は指示された通りおとなしく従ったのだ。

私は上院の議場に立った。深呼吸をし、発言の許可を待ち、それから次のように言った。


ドッド＝フランク法成立から五年、私たちはここ議会で、中間層のためにならず、コミュニティ・バンクのためにならず、納税者が再び最大手の銀行の救済をしなくてはならなくなるリスクを浮上させる以外、何のためにもならない規定を強行通過させようとしています。

最近、いかにドッド＝フランク法が不完全かという話がたくさんありました。シティグループから、いかにドッド＝フランク法が不完全かという話がたくさんありました。

だからシティグループの人々にこう言わせてください。あなたがたに完全に同意します。ドッド＝フランク法は完全ではありません。それはあなた方をバラバラにするものにすべきだったのです。


それは本当だ。二〇〇八年の大崩壊後、シティグループ、JPモルガン・チェース、ゴールドマン・サックス、バンク・オブ・アメリカを含め、納税者によって救済された最大手の銀行は、解体されるべきだった。

それらの銀行はあまりにも多くのリスクを抱えていたので、どれか一つでも再び破綻すれば、再び救済が必要になるか、経済全体を破壊するリスクをもたらすだろう。こうした銀行がバランスシートに一〇兆ドルのリスクを追加することでより大きくなるのを許し、納税者にリスクを肩代わりさせるのは、無謀というしかなかった。だが、この新しい規定がもたらしたのはまさにそういうことだ。

ドッド＝フランク法の弾痕は破壊的なものだが、結局それは四つの巨大銀行だけのことではなかった。実際、それは経済原理と救済だけのことではなかった。現行法に対するこの種の攻撃には、剥き出しの権力が関わっている。考えてみよう。深刻な崩壊のわずか数年後、銀行のロビイストは、決定的に重要な金融規制に風穴をあける規定を書いた。それから銀行はそれを議会で成立させるようにゴリ押しした。

一握りの巨大銀行が音楽をかけ、議員が踊った。今や、納税者を保護し、銀行のリスクを管理下に置く規定は粉々に吹き飛ばされた。最大手の銀行は再び利益を押し上げる方法を見つけ、アメリカの人々は再び敗者となった。

それに、これら少数の銀行だけがこのゲームのプレーヤーではない。再三再四、巨大企業もしくは超富裕層は、有利な計らい、税優遇措置、例外規定、特別措置、付帯条項、助成金、抜け穴、政府からありとあらゆる手助けを得てきた。いろいろな業界で、巨大企業と超富裕層は、システムが自分たちに有利になるように働きかけてきた。最終的にそうした計らいのすべてが積み重なった。民主的政府を捻じ曲げる権力は今、私たちの国家全体を脅かしている。

昔、アメリカで独占を取り締まるトラスト・バスターが最初に動きはじめたとき、市場を支配する巨大企業の権力よりも、政府を支配する権力に焦点が合わせられた。一九三〇年代にルイス・ブランダイス最高裁判事は次のように警告した。「私たちはこの国で民主主義を築くこともできるし、少数の者の手に莫大な富を集中させることもできるが、両方を実現することはできない」[18]。そうした強大なトラストを解体するための戦いは激しかったが、民主主義が最終的に勝利し、大手企業は抑制され、企業自身で規則を決める権力を奪われた。

二〇一四年、四つの巨大銀行は、ワシントンで最大の影響力を持つことを再び証明した。三年後、それはいっそう悪化しそうな気配だ。組閣のとき、トランプ大統領は公務に献身する人々を指名するという見せかけすら放棄した。ワシントンに来るまでに特別な計らいを受けた億万長者（そう、レックス・ティラーソン国務長官、あなたのことですよ）と、利益相反の解決を拒否した人（ベッツィ・デヴォス教育長官は最新のイメージ・キャラクターだ）を呼び込んだ。今、彼らは内部にいて、支配権を手にしている。大手企業がワシントンで采配を振るい、システムを有利になるように仕組んでいる。こうした企業は今、非常に大きな政治力を行使しているので、私たちはもはや醜い真実を否定できなくなっている。巨大企業は力を手にし、望むことを政府が叶えるまで私たちの国を人質に取るのだ。

金銭強奪

再選に向けた戦闘に欠かせない構成要素、つまり金を政治家に提供できるので、大企業と金持ちは、他の人々よりもワシントンで影響力を持つ。近年、選挙運動は本当に、本当にお金がかかるようになっている。テレビ広告、ラジオ版スポット広告、草の根組織活動、郵便、選挙事務所、移動、スタッフ、ヤード・サイン、コーヒー、ピザ、すべてが積み重なる。二〇一六年、当選した上院議員は選挙運動で平均一〇〇〇万ドル以上を使い、また、その選挙運動を援助する外部団体がさらに一〇〇〇万ドルを使った[19]。二〇一六年大統領選で、トランプ陣営では九億三二〇〇万ドルの資金が使われ、クリントン陣営では一四億ドルの資金が使われた。裕福な献金者と企業がその負担を肩代わりし、彼らは今や競争条件を自分に有利にするようにその影響力を行使できる立場にある。

このひどい不正は、選挙運動に自己資金を出すと公約し、トランプが回避しようとした問題だ。だが、それも空手形にすぎなかった。彼は喜んで金を受け取り、億万長者から巨額の献金を受け取り、匿名献金者団体の支出の恩恵を受けた。[21]

お金はヘビのように政界を這いずり回る。そしてヘビのように、お金は思いも寄らないときに噛みつく。私は間近でこれを見た。二〇一六年二月、アントニン・スカリア最高裁判事が亡くなったとき、オバマ大統領は、後任に非常に尊敬されている判事のメリック・ガーランドを指名した。ガーランドという選択は問題ないように見えた。二〇一〇年、上院で議員を最も長く務め最も尊敬されている共和党議員、オリン・ハッチは、ガーランドのことを「合意された指名」と表現し、[22] 共和党も民主党も賛成できる人物だった。だが、六年後、共和党指導部は次期大統領が就任するまで最高裁判事を空席にしておくことを望み、多数党院内総務のミッチ・マコーネルは、オバマ大統領が指名した者はいかなる者でも、資格があるかどうかにかかわらず上院で審議しないと即座に宣言した。

多くの共和党上院議員を含めてほとんどの人は、最初はスカリアが亡くなったことに、続いていかなる指名についても公聴会を開催しないとの迅速な発表に本当に驚いた。アメリカ史上、どちらの政党の指導者も、任期を一年残した大統領が最高裁判事の空席を埋めるのを阻止しようとしたことは一度もなかった。[23] また、合衆国憲法によって「助言と同意」をすることになっている上院が、行動を全面拒否すると示唆したことは一度もなかった。それは、ひどく常軌を逸した動きで、多くの人がまるで足元の地面が消えたかのように感じた——崖から落ちているのに全く気づいていないアニメ・キャラクター、ワイリー・コヨーテと彼のまだ回転している足を思い起こさせるものだ。

確かな根拠を見つけようとした一人は、共和党上院議員のジェリー・モランだった。地元カンザス州の小さな集会で、共和党がガーランド判事の審議を拒否したことについて尋ねられた。モランは新米などではなく、下院で一四年議員を務めてから上院の議席を大差で勝ち取った議員だ。今や彼は共和党指導部の地位にあったが、自分独自の立場も大切にしていた。「私はワシントンの圧力よりもカンザス州をつねに優先するだろう」と、彼はよく言っている。[24]選挙運動ウェブサイトは、大切な信念を強調しており、そのなかには「信じていることは決して譲らない」というものがある。[25]

私が上院に加わってから、医療その他の資金増額の重要性について何度かモランと話をしたが、彼はいつも真っ正直で、本当に良識ある人物のように思えた。だから、最高裁判事指名を棚上げするのは間違っており、ガーランド判事の公聴会と投票を行うべきだと彼が発表したとき、私は驚かなかった。

モラン上院議員はオバマ大統領の友人ではなかったが、彼はフェアプレーを大切にしていた。「大統領が私の基準を満たす人物をこれまで指名してきたか、これから指名するかは分からないが、私にはやるべき仕事がある」。[26]そして「手続きを進めなくてはならないと思う」と、彼は声明を出した。

その声明が公表されてまもなく、億万長者の兄弟が目をつけた。この超金持ち兄弟、チャールズとデイビッドのコーク兄弟も超保守的だ。彼らは果敢に政治的目標を目指しており、彼らのツールは金だ。たくさんの金があるから政治は彼らのために機能する。化学、石炭、石油産業における彼らの利権は、毎年約一〇〇〇億ドルに上る。[27]

コーク兄弟はモランの声明を聞くと、すぐさまたくさんの金を握りしめた拳を振り下ろした。モランがすぐに立場を変えない場合、コーク兄弟は次の予備選でモランに敵対する共和党候補を立て、右派から総攻撃

デイビッド・コーク。コーク兄弟が出資している保守派団体の会合で。

を仕掛ける。コークが資金提供した諸団体は、モランのオフィスに何万通もの電子メールを送りつけ、彼の地元の対話集会の一つでビラをばら撒いた(29)。

モランは脅迫を受け、カンザス州選出の議席さえ危ういことに気づいた。彼は振り向きざまに立場を変えた(30)。

事実、二人の男――失礼、二人の億万長者――は、大金を使うと脅しただけでアメリカ合衆国上院議員を一八〇度転換させた。二人の億万長者がずうずうしくもそうしたことで、モラン上院議員は彼らの要求を満たすために公衆の面前で恥辱に甘んじなくてはならなかった。たぶんコーク兄弟は、モラン上院議員が教訓を学んだのか、ただ確かめるためだけに跪かせたのだろう。

次の民主党上院議員の昼食会で、上院民主党院内総務のチャック・シューマーが立ち上がってその話をし、「あの男を気の毒だと思ってしまいそうだ」と言って締めくくった。

数秒の沈黙の後、部屋の後方から私は「気の毒だとは思わない！」と叫んだ。

実際、気の毒だとは思わなかった。この種の圧力に屈する者に対して私は全く同情できない。私の仕事が少数の億万長者の機嫌次第だとすれば、私は辞めるだろう。

＊　＊　＊

政治資金は多くの導管を通じて流れる。選挙運動または政治行動委員会（ＰＡＣ）への直接的な献金。ＰＡＣとは資金を集め選挙運動に提供する組織のことだ。スーパーＰＡＣへの献金。スーパーＰＡＣとは、候補者が当選するように、もしくは他の候補者が落選するように、候補者とは別に独自の援護射撃をする組織のことだ。献金者を公表しなくても資金を集められる団体への献金。公の献金。秘密裏の献金。個人献金。企業献金。見かけを変えた献金。与え、与え、与えまくる。もっと肝心なことを言えば、もらって、もらって、もらいまくるのだ。

小口献金は選挙運動で買収という悪臭を放つことがない。だが、大口献金の流入、とくに仲間に引き入れようとする金持ちと企業からの大口献金は、偽装もされてない贈収賄と言える。

例えば、下院金融サービス委員会に任命されるのは役得だと見なされている。銀行業界のたくさんの企業経営者やロビイストが惜しみなく選挙献金を与えてくれるからだ。もちろん、それを声高に言うほど鈍くはないが、金融サービス業界は政治献金に年間約五億ドルを費やしており、すべてとは言わないがほとんどのお金には、銀行業界の利害はお金を受け取った人によってしっかり保護されるとの暗黙の了解がある。銀行業界支援の最前線にいるのは誰か？　下院金融サービス委員会にいる議員以外に誰がいようか。

金融サービス業界に影響を及ぼす立法が委員会の議題に何もないとしても、そうした献金はアクセスを意味している。銀行や金融企業からの大口献金は、何か特定のものを買っているわけではなく、企業のロビイストが面会を求めればいつでも、二回でも三回でも四回でも、面会できる可能性がはるかに高くなることを意味する。それはまた、企業経営者が下院金融サービス委員会の委員に私用の電話をかけて業界の懸念についてただ話をするときに、委員の誰もが歓迎することを意味する。それは、公職を持つ者と大金を持つ者との間に、グリーティングカード、誕生日の電話、立ち寄りといった結びつきを構築することになる。

コーク兄弟は、幼少期から政治思想を育んできたのだろう。彼らの裕福な父親は、超保守的なジョン・バーチ協会の創立メンバーで、政府全体を共産主義者の陰謀と見なし、一九六〇年代の公民権運動に敵対した。コーク兄弟はまた、刑事司法改革や結婚平等法など、ビジネス上の利害に関連しない多くの争点にも援助をしてきた。

金の動きを追え、さすれば真相に辿り着く。コーク兄弟の資金は、石油、ガス、石炭によるもので、兄弟の事業は化学、鉱業、金融にまで広がっている。パリ気候変動枠組条約、ＥＰＡの大気汚染防止規則、採掘規制、労働安全基準、海底油田掘削の規則について言えば、ビジネス上の利害のため、コーク兄弟はそのような問題に直接影響を受ける。他方、低い税率と小さな政府という二つのマントラと、政府の規制枠組を弱体化させようとする一貫した取り組みはすべて、より多くのお金を懐に入れようとする執拗な衝動によるものだ。至るところで、彼らは、自分自身のような億万長者を助ける運動に多額の財政支援を提供している[31]。

公職者は資金調達に膨大な時間を費やさなくてはならない。議会の議席を勝ち取り死守する戦闘は、際限のない軍拡競争だ。現職議員はつねに潜在的なライバルよりも多くの資金を集めようとするので、議員の多くが毎日数時間資金集めの電話をしているとしても不思議ではない。推計は様々だが、立候補者と議員は一般的に三〇％から七〇％の時間を資金集めに費やしている[32]。それについて考えてみよう。こうした公職者が週六日働く場合、毎週二日から四日は、人々にお金を求めること以外何もしていないことになる。そうした電話や面会の招待を誰がもらうのだろうか？　献金できるほどたくさんの金を持つ人々だ。

二〇一六年、スティーブ・イスラエル下院議員は再選を目指さないと発表した[33]。ニューヨーク州選出のイスラエル下院議員は、「金の無心の電話をかける電話部屋にこれ以上いられない」と説明した。イスラエルは、民主党下院議員選挙運動の資金調達責任者の職務を、自ら望んで勝ち取った人物だということを肝に銘じなくてはならない。コメディアンのジョン・オリバーとのインタビューでイスラエルが語ったところによると、資金集めとは、「私の見るところ、一種の拷問だ」。資金を求めて電話するのは、何の変哲もない電話部屋に座り、献金者に何時間も何時間も資金を求めるようなものだとイスラエルが説明すると、びっくりしたオリバーは、「かわいそうに、それは滅入るね」とつぶやいた。イスラエルは、「建国者には思いも寄らなかったことだ」と応じた[34]。確かにそうだ。だが今日、絶えず資金集めが必要なことは、ほとんどの議員の心に重くのしかかっている。

数千ドル（または数百万ドル）も政治献金につぎ込めるほどの金持ちと、何時間も、何週間も、何カ月もの時間を話すことに費やす結果、献金をした人々のビジネス上の利益や個人的な信念に公職者が票を投じるかどうか以上の問題が生じる。実際、超金持ちやCEOと共有した時間によって、議員の世界観は変わってしまうと考えられる。この点を考えてみよう。議員候補者は、製薬会社が一七年連続増収になるかどうか心配している人と、一〇万ドルの肝炎治療費を病院に支払えない人々[35]、どちらと多くの時間を過ごすだろうか？　上院議員は、ウォルマートの投資家と従業員のどちらと多くの時間話すだろうか？　政治的な優先事項は、どのような問題が対処さるべきかという認識によって形作られ、その認識は金によって形作られる。

お金がなければ、選挙運動は不利になり敗北してしまうが、そのような資金集めのコストは何だろうか？　私は資金調達と選挙献金集めが仕事に干渉しないように最大限努力しており、私の同僚の多くも同じようにしているが、これは公職を目指す個々の候補者の意向だけの問題ではない。それは、歪んだインセンティブと大きな構造上の問題でもある。

小口献金は大口献金の影響力を弱めるのに役立つ。二〇一六年大統領選挙で、バーニー・サンダースは何億ドルもの資金を調達したが、平均献金額はわずか二七ドル強にすぎなかった。[36][37]二〇一二年、マサチューセッツ州選出の上院議員選挙で、私は何百万ドルも五ドルや一〇ドルの献金で集め、選挙献金の八〇%以上が五〇ドル以下だった。[38][39]幸運なことに、小口献金者は少なくともいくつかの大きな選挙運動でも生命力を吹き込むものだ。誰が支援してくれたかによらず、すべての小口献金者に感謝している。小口献金者は私たちの選挙運動と政治制度を誠実に保つのに役立つ。だが、現行制度では、必ずしもすべての人が選挙運動にそのように力を与えることはできない。

もっと多く金、もっと多く、もっと多くという要求は執拗だ。その不健全な影響は至るところで感じられ、有利な計らいの販売所へとワシントンを変えている。私たちがこの危険な流れを止めるために戦わなければ、私たちの民主主義は政治版ショッピングモールになってしまうだろう。

政治から金の影響を根絶しなくてはならないと、すでに多くの書籍で述べられている。多くの賢明な提案がなされている。こうしたものに私がちょっとつけ加えられるのは、これが緊急事態だとできるだけ声を大にして言うことだ。私たちは今すぐ、この金狂いを終わらせる包括的戦略を開始しなくてはならない。私たちには、憲法修正や、お金が政治にドッと押し寄せることを許したシチズンズ・ユナイテッド判決の撤回、政治資金の情報公開改善、政府請負業者による献金の制限が必要だが、それはおぞましいものを一掃する手始めにすぎない。一掃するまでは、政治献金の隠れた動機を最もよく知る政治家がワシントンで最も力を持ち、そうした政治家に投票した人々の競争条件はますます不利になっていくだろう。

ロビイストの群れ

この節をジョークではじめようと思ったが、あいにく思いついたのは次のことだけだった。ドナルド・トランプは大統領候補として、当選した暁には、「ヘドロを掻き出し」、ワシントンのロビイストを駆逐すると公約した。お分かりのように、いざ当選すると、トランプはなんとロビイストで構成された政権移行チームを設置したのだ。

これは面白くもなんともないが、この話には続きがある。

トランプが政権移行チームに任命した人物を見て、私は彼に手紙を書いた。「ねえ、見返りは何？　ロビイストは入れないと言ったはずよ！」。[40]

他の人も同じ質問をしたので、彼はロビイストをすべて解任し、元ロビイストと交代させた。[41] 元ロビイストとは、ロビー活動公認資格を返上したばかりの人物だ。

つまらなかった？　これはどうだろうか。

トランプの元選挙対策本部長のコーリー・レヴァンドフスキは、選挙運動中にロビイスト批判の急先鋒だったが、大統領選直後、ホワイトハウスからわずか一ブロックのところに自らのロビー活動拠点を置いた。[42] この行動と選挙運動中の発言との整合性を問われて、トランプが「ヘドロを掻き出す」と言いワシントンのロビイストすべてを激しく非難したときには、実際のロビイストのことではなく、「暴走した官僚主義」を指していたのだとレヴァンドフスキは説明した。

この話は全然笑えないかもしれない。だが、ワシントンがどのようなものであるか垣間見ることができる。

ロビー活動は大きなビジネスだ。ロビイストは一年間に約二六億ドルを受け取って顧客の意向を受けて議員を説得している[43]。現在、企業が上下両院の議員へのロビー活動に使っている金額は、納税者が上下両院の運営に支払っている金額よりも多い[44]。選挙で選ばれた議員が道を外れないように、金持ちと権力者が雇った影の政府があるかのようだ。

全米商工会議所を覚えているだろうか？　ルイス・パウエルに機密メモ執筆を依頼した組織だ。機密メモにより、悲しくも虐げられてきた企業経営者は結束し、自分たちのパイの分け前を増やすように要求した。数十年経っても、全米商工会議所はいまだにパウエルの助言に従っている。実際、ロビイストの世界では、全米商工会議所は群れのリーダーとして特別な地位を占めている。名前から、月一度の昼食会のために地元のレストランに集う中小企業経営者の組織だと思うかもしれないが、侮ってはならない。全国組織の商工会議所は資金力豊かな巨大組織で[45]、ワシントンで重い杖を振り回し、非常に豊かな企業をいっそう豊かにするためにフルタイムで働いている。

全米商工会議所は、ホワイトハウスからラファイエット広場を通り抜けた向かいの大きな建物にある。旅行者なら政府機関と見間違えてしまうだろう。商工会議所は、「全米一とは言わないまでも、わが国の首都で最も歴史的で価値のある土地の一つ」を所有していることを誇っている[46]。その建物は、元々ダニエル・ウェブスターの邸宅があった場所に立っている。ウェブスターは、著名な演説家で、一八二七年から一八四一年、一八四五年から一八五〇年と、二度にわたってマサチューセッツ州選出の上院議員を務めた人物だ[47]。一九二〇年代、全米商工会議所はその邸宅を取り壊し、荘厳な合衆国最高裁判所ビルを設計したばかりの建築家を雇い入れた。商工会議所は、「組織の名誉ある使命を反映させるために」[48]、はるかに大きく豪華な建物を望んだ。

全米商工会議所ビル。ホワイトハウスのすぐ向かいに位置している。

使命だって？　そんなものはない。全米商工会議所が行っているのはロビー活動ビジネスだ。商工会議所は、会費と、会員との特殊な金融取引で収入を得ている。商工会議所が売るサービスは、政府に対する影響力だ。

二〇一一年四月、消費者金融保護局の設立準備をしていたとき、私は全米商工会議所のＣＥＯに会った。ビルに入っていくと、それが強力なもう一つの政府を運営していることを示唆する装飾品に、このロビー活動ビジネスが嫌というほど現れていることに衝撃を受けた。巨大なコリント式の柱、壮観な入り口、商工会議所のＣＥＯが公園のすぐ向こうの小さなオフィスに座る合衆国大統領を見下ろせる上層階のオフィス。商工会議所には旗の殿堂もあり、ふざけているわけではなく本当に、それによって主権国家だとの印象が強められている。

当時、私は新任の政府職員にすぎず、とあるオフィスビルの賃貸スペースで一機関を運営して、た。頭を下げることを求められているのだろうか。いや、私は頭を下げないと決めた。だが、壮大なオフィスを訪問した多くの人は同じ疑問を抱いただろう。

全米商工会議所は、どの法律を成立させるべきでどの法律を成立させるべきでないか、連邦政府に説明するのに時間を費やしている。従業員に時間を使わせるには多大なお金がかかる。二〇一三年、商工会議所と会員企業は、大企業の利益を促進するために二億六〇〇〇万ドルを調達した。[49] それは一年間に必要な費用であり、大勢のロビイストを揃えておくために、商工会議所は毎年繰り返しその金額の調達を行う。白髪のCEO、トム・ドナヒューは、「ここを運営するために毎週五〇〇万ドル調達しなければならないのです」[50] と穏やかに説明した。

このハイレベルのロビー活動は、非常に報酬が良い。その一人、CEOのドナヒューは最高ランクだ。数年前のプロファイルによれば、「彼はお抱え運転手付きのリンカーンで街中を移動して回り、専用のプライベートジェット機で世界中を飛び回っている」。[51] 彼の給料は二〇一四年に六〇〇万ドルと報告されている。最も高額な報酬を得た業界団体トップで、[52] アメリカ合衆国大統領の一五倍の給与をもらっている計算だ。つまるところ、ワシントン中に影響力を行使するという大きな責務を負っている。

全米商工会議所は全会員企業から年会費を徴収する。多くの中小企業が名簿に含まれているが、大口の金は大企業からのものだ。商工会議所はまた、最大規模の資金提供者に非常に特別なサービス、秘密のロビー活動を提供している。商工会議所は企業から資金を受け取り、政府に対してロビー活動を行う。その金額が非常に高額な場合、特定の立法に影響を及ぼすために当該企業や当該業界がいくら使っているかという厄介な報告をしなくて済むようにしている。[53]

タバコ産業はこの巧妙な手口を最大限活用している。今やアメリカではタバコが人を殺すことが知られている。しかもこの事実をずっと前から知っていたのに世間に隠していたのが露呈したので、タバコ会社は目立たないようにしている。対価と引き換えに、全米商工会議所が介入し、汚れ仕事をする。例えば、外国が喫煙防止法を成立させようとするときには、商工会議所がそうした措置を阻止するために外国で積極的にロビー活動を行う。[54]また、アメリカ国内で子供たちが喫煙をはじめるのを抑制するために、食品医薬品局が警告ラベルを作成しようとしていたときには、商工会議所がそうした規制に反対して戦った。[55]巨大タバコ会社のフィリップモリス社の内部メモには、どのようにゲームをプレーするかが書かれている。フィリップモリス社は「表に出ないまま」、商工会議所に仕事を指示している。[56]

タバコ、医療保険、巨大銀行――全米商工会議所の顧客リストは長いが、全容は明白だ。ドナヒューは、臆面もなく商工会議所の価値を高めようとしており、かつて『ワシントン・マンスリー』誌に商工会議所の会員企業に「隠れ蓑」を与えたいと語っていた。[57]

ドナヒューはウォール街の大手銀行のためにも働いてきた。二〇〇八年の崩壊後、国民が救済に激怒し、議会が大手銀行を規制せよという圧倒的世論にさらされていたとき、商工会議所は「連携を構築して大手銀行を助けに向かった」と、彼は誇らしげに説明した。

どういうことかって？　全米商工会議所の仕事は、大手企業が子供にタバコを吸わせるようにしたり、利己的なストーリーを売り込んで金融規制を修正したりするのを手助けすることだ。そして、顧客企業は静かに背後に隠れたまま、商工会議所が必要なだけ騒ぎ立てて不愉快にもすべてをやり遂げる。商工会議所が大金を稼げるのも不思議ではない。そのようなサービスはお金に換え難い。

全米商工会議所は、ワシントンというジャングルをのし歩く体重三六〇キロのゴリラだが、いくらか小さいが同じようにひどい動物がたくさんいる。多くの企業は自前でロビイストを雇ったり、業界ロビイストの

ジャック・エイブラモフが贈賄で刑務所に送られる前、エイブラモフ（中央）とグローバー・ノーキストと面会するレーガン大統領。

ために寄付金を出した

を得ている。企業がロビー活動に毎年何十億ドルも使うという集団的選択はたいてい、結局のところシンプルな経営判断によるものだ。自社に有利なように連邦政府を動かせば、企業はその投資からどのくらいのリターンを得られるだろうか？研究によると、一ドルをロビー活動に支出することで会社は二二〇ドル稼ぐ――二万二〇〇〇％のリターンだ[58]。ある投資調査会社は、対資産比率でロビー活動費が最も多い企業の金融指数を作成した。試算してみると、この金融指数はＳ＆Ｐ五〇〇の実績を年一一％上回っていることが判明した[59]。

だが、この問題に光を当てるために研究者に頼る必要はない。なぜならロビイストはその影響力行使を全く恥じていないからだ。それどころか、ロビイストは「払った金に見合うだけの価値」の提供をセールスポイントにしている。史上最も悪名高いロビイストの一人、ジャック・エイブラモフは、顧客からの手数料で数千万ドルを稼いだ。[60] 二〇〇六年、彼は仕事に熱中したあまり、脱税、詐欺、公職者への贈賄を謀ったとして刑務所送りになった。彼と関係のあった他の二〇人（共和党下院議員一名を含む）も有罪判決を受けた。出所後、エイブラモフは二万二〇〇〇％の投資収益率について質問を受けた。彼はどう答えただろうか？「あまりにも少なすぎて驚いた」と答えた。[61] 彼は、自分だったらもっとうまくやれたと確信していた。

詳細は省くが、ロビー活動は世界史上最も収益性の高い投資戦略の一つだ。繁盛するのも不思議ではない。かつてロビイストは必ずしもワシントンを支配していなかった。三人の政治学者による一九六三年の受賞研究によれば、一九五〇年代のロビー活動は「財政的に不十分で、経営が稚拙で、議会と接触しておらず、あったとしてもほんのわずかな効果しかなかった」。[62] その研究の著者は、ロビー活動による「工作の機会は厳しく制限されており、スタッフは二流で、その大きな問題は議員の投票に影響を与えられないことではなく、ロビー活動が生き残れるように顧客と資金提供者を見つけることである」とつけ加えた。多くの企業は、ワシントンで代理人を雇用すべきという考え方に抵抗した。[63]

やがて態度が変わった。企業は、自社に有利なように政府を説得することで多くの利益があること、説得にはロビイストがうってつけだということを認識しはじめた。例えば、製薬会社は、連邦政府がコスト引下げのために医薬品を一括購入することを恐れ、メディケアの処方薬に保険適用するという考え方に長い間反対してきた。だが、ロビー活動専門家のリー・ドラットマンが説明しているように、「二〇〇〇年頃、製薬業界のロビイストがのちにメディケア・パートDとなるものを提案、支持するという大胆なアイデアを思いついた」。[64] メディケア・パートDにより、連邦政府はいかなる価格交渉もせずに処方薬の支払いをすることを求められた。その条項は製薬会社に莫大な利益をもたらした。そしてアメリカの納税者に

図7　ロビー活動への支出

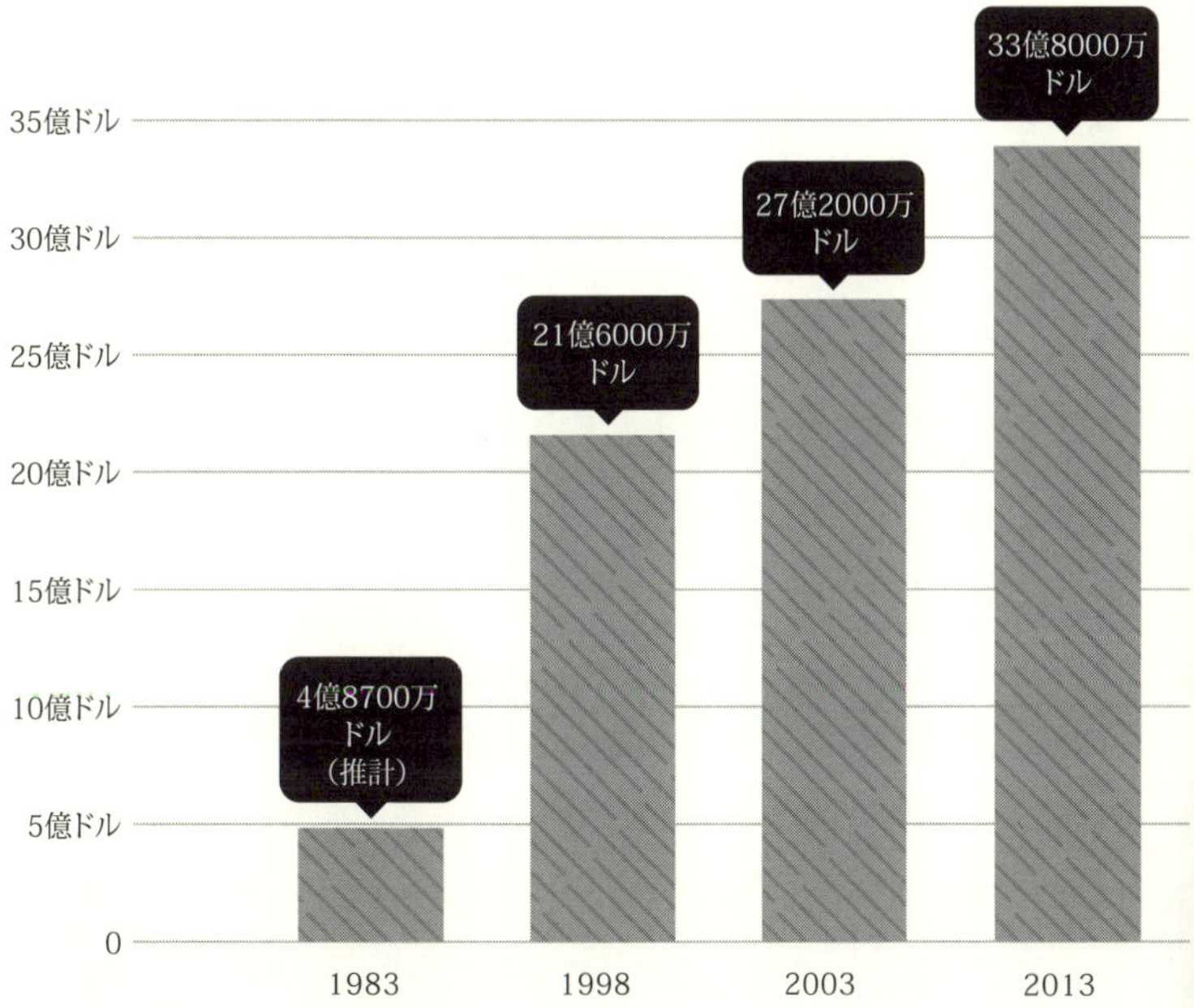

ロビー活動の成長は圧倒的なものだ。

二五〇億ドルの負担をもたらした。

　実に思い切ったロビー活動だ！

　私の見るところ、製薬業界をバックアップする計画は、アメリカ政府に財務省の輪転機を一台譲渡するように言って、製薬業界が自分でお金を印刷できるようにするものだ。

　議会の規模は変化しなかったが、ロビー活動ビジネスの規模拡大は驚異的だ。図7を見てほしい。それはインフレ調整済みのデータだ。

　ロビー活動はゴールドラッシュのようなものだ。少数の山師が議会に影響を与えようとして金を探し当てた後、次々と山師が現れて財をなした。今やワシントンはにわか景気にわく町と化しており、新興の金持ちロビイストと、彼らの新たな友人になろうと待ち構えている人々でごった返している。

企業が政府に要請するメリットを発見してロビー活動を強化したので、ロビイストの間のバランスも変化した。ほとんどの専門家の意見が一致しているのは、一九五〇年代、一九六〇年代には、キャピトルヒルでは業界団体よりも労働組合や公益団体の方がはるかに影響力を持っていたことだ。[66] 今日でも、財界から歓迎されないロビイストがいくらかいる。例えば、自然保護団体のシエラクラブにはロビイストがいて、多くの労働組合にもロビイストがいる。だが、きわめて大きな変化は、政府に影響を及ぼそうとして企業が費やす金額だ。ある専門家はその変化を次のように算出した。「労働組合と公益団体が合わせてロビー活動に一ドル使ったとすると、大企業とそれらの団体は現在三四ドル使っていることになる。ロビー活動に最も多くの金額を費やしている一〇〇組織のうち、九五組織が財界を代表している」。[67] まるで企業ロビイストは道路脇に派手な看板を設置し、他方、他の団体は手作りポスターを貼りつけているかのようだ。ええ、両者とも通りがかったドライバーを説得しようとしているが、メッセージを伝えるのにどちらに勝ち目があるかは明らかだ。

企業が望んでいるのは、ほとんどの場合、なんらかの形の税優遇措置か規制緩和、もしくは両方だ。言い換えれば、企業はトリクルダウンの措置を望んでいるが、自社のためだけに作られた特注品にしたがっている。主張の実現に費やしたお金——より正確に言えば投資したお金——を持ってして、これらのロビイストは競争条件を毎日少しずつ有利にしていく。

複雑な規制について考えよう。一〇〇〇ページの文書を丹念に調べ、一行ずつ読み、利益の上がるやり方を解禁するように一文を微調整するリソースとスキルを、政府以外の誰が持っているのだろうか？　わずかに変更するだけで巨大な抜け穴が生まれるかもしれない段落を、誰が見つけられるのだろうか？　ロビー活動のために大企業から支払いを受けた大手法律事務所、それが答えだ。主要産業は大勢のロビイストを雇いことができ、それらのロビイストは、政府が公布したすべての法律、規制、意見書の精査に莫大なリソースを注ぎ込むことができるので、ロビー活動は効果を発揮する。こうした作業によって、業界の望むような形に規則を変更させる攻撃材料が提供される。

ロビー活動はワシントンの立法過程をひどく歪めているため、連邦議員はワシントンDCに自分を送ってくれた人々とのつながりが希薄になっている。数年前、風刺報道紙『ジ・オニオン』は、「アメリカ国民はワシントンで自らの利益を促進するために強力なロビイストを雇った」という架空の見出しの記事を掲載した[68]。その下には、「立法過程に意見」が反映されていないため、自身の利害を代表するように国民により雇われた有力な事務所パットン・ボグズのロビイストの記事が続いた。

だが、事実はコメディを追い越した。ロビイストのためのロビー活動団体、対政府関係専門家協会の副会長は、ロビイストはふつうの人々を締め出さないと断言した。彼は、「ふつうの人々は、『組織化した場合』または『主張を手助けする専門家を雇った場合』」、言い換えれば国民がロビイストを雇った場合には、「はるかに大きな影響力を発揮できる」と宣言した[69]。

面白いジョークに出くわしたと思ったら、すぐにロビイストに奪い取られてしまった。

政府と企業の回転ドア

二〇一四年一一月一三日木曜日、ワシントンからボストンに帰る五時三〇分の飛行機に乗るため、レーガン・ナショナル空港を急いでいた。ジャック・ルー財務長官から電話がかかってきた。彼は、「アントニオ・

ワイスのことで電話しました」と切り出した。

前日、ホワイトハウスは次期財務次官にワイスを指名した。私は、これは大きな問題だとオバマ政権に最初から伝えていた。

ルー財務長官が電話口で猛烈に売り込みをかけてきた。「ワイスを好きになると思います」と彼は快活に言った。エスカレーターを上りきったところでピタリと止まったので、後ろの人が私にぶつかってしまった。遮ってしまった男性に謝罪の言葉をボソボソ言ってその場を離れ、私的な場所にいるわけではないことを痛感した。

アントニオ・ワイス。彼は、ウォール街の投資銀行ラザードでずっと働いてきた。おっと、修正しよう。ラザードはウォール街の投資銀行ではなかった。なぜなら、アメリカに税金を払わなくて済むように一〇年前にバミューダに正式に移転したからだ。[70] 実際、ワイスの最新の自慢の種は、バーガーキングがカナダ企業になる一一〇億ドルの「課税逆転」案件で重要な役割を果たしたことだ。その結果、バーガーキングはアメリカに多額の税金を払わずに済むようになった。ワイスは、二〇年間の職歴の中で官公庁に勤めた経験がなく、バラク・オバマがミット・ロムニーを糾弾したような雇用削減をし、[71] 国内経済政策よりも国際的合併に造詣の深い人物だ。[72] また、財務省の国内経済政策にはドッド＝フランク金融改革法を守ることが含まれるが、ルー財務長官はその責任者に彼を充てようとしていた。

ルー長官が上院議員になれなれしい電話をよこしたのは、長官が電話してくれたことに感謝し、行儀よく座って両手を膝の上に重ねておとなしくしていてほしいからだ。私は懸念を説明できるようにできるだけ冷静になろうとした。だが、やりとりをするごとに、私の声はちょっとずつ大きくなった。私はエスカレーターから離れて、立ち聞きされないような場所を探した。

ルー長官は自分の主張を言い続けた。最後にはなだめるように言った。「よしてくれよ。彼に迷惑だ。彼は『パリ・レヴュー』の発行者でもあるんだぞ」と。

何？

彼は文学雑誌のことを言った。

私は大声で笑った。ルー長官は、たんに詩が好きだから停滞する中間層の所得についての懸念や、ウォール街の巨大銀行を抑制する重要性を共有できると考えるほど、私がバカだと本気で思ったのだろうか？これはコメディ番組のようなものだったし、分刻みで狂っていった。

このとき、空港の片隅のめったに使われない女性用化粧室の近くまで来ていた。そして、大声で電話をしていた。化粧室から出てきた女性がこちらを見て、壁に向かって激しい口論をしている私に驚いていた。

私はルー長官に、ワイスは財務省の高官に全くふさわしくないと言った。メインストリートの意見を増やし、ウォールストリートの意見を減らすことが必要だとできる限り強く言った。

ルー長官は最終的に私がその人事に賛成しないと悟り、ワイスのことが「他の人に知られるまで」黙っていてほしいと言った。つまり、ルー長官は、私が待ったをかける前に、彼の指名に賛成票を固める猶予をくれと言ったのだ。

「嫌です」

「なんですって？」

長年、次から次にウォール街から政府に来て、政府からウォール街に戻っていく人たちを見てきた。資格が十分な人もいたし、怪しい人もいた。私が上院議員になる前からすでに多くの者がいたので、彼らとできるだけうまくやるように努めてきた。そうしてこの人物が浮上した。彼がこれまでウォール街で働いてきて、回転ドアの両側で友人を作ること以外に適切な経験がないという事実を、私が本当に無視するとでも思ったのだろうか？

もうたくさんだ。

もう一度嫌だと言った。

ルー長官は不機嫌になった。私もだ。

ワイスが指名された後、ブルームバーグ・ドット・コムが報じたところによると、ラザードは過去二年間に彼に一五四〇万ドル支払った。だが、それだけではなかった。ラザードは、ドアから出て行く際にさらに二一二〇万ドルの「未確定報酬」を支払うことに寛大にも合意したことが判明した。[73] 私の知る限り、競合他社に行く場合にはそのような報酬はない。だが、少しの間政府高官として働くことを望んだ幹部従業員には断固として二一二〇万ドルの小切手を振り出した。政府高官として彼は、ラザードとその多くの顧客に直接響く政策に影響力を行使するのだ。

何が起こっているのか理解したのは私だけではなかった。経営幹部報酬の専門家、デイビッド・シュミットはブルームバーグの記者に、会社を離れる従業員に何百万ドルもの贈り物をする理由を説明した。[74] 記事によると、そうした会社は、「政策に影響を及ぼすために元従業員に好意を持っていてほしい思う」。シュミットは次のように言っている。「政府での任期を終えて戻ってきたら、非常に興味深い履歴書を携えて戻ってくるので会社に役立つのだ」。わあ、すごーい。

ごく簡単に言えばそれが回転ドアだ。経営幹部が政府の仕事に移って前の雇用主を助け、政府での仕事を終えるとすぐに、雇用主に役立つような政府内のコネを持って企業に戻る。

私たちは疑問に思うことだろう。いったいこの男は誰のために働いているのか？ 納税者のためか、企業のため？　それとも秘伝のソースのように二つを混ぜ合わせているのか？　ルー長官には、私の反応にショックを受ける理由がたくさんあった。結局のところ、ワイスは、政府とウォール街の回転ドアを通る旅行者の行列に最後に加わっただけだ。ルー長官自身、その回転ドアを通ってきたので、その通り道で莫大なボーナスをもらっていた。二〇〇六年から二〇〇八年まで、彼はシティグループで働いた。シティは、合計すると、二〇〇八年の崩壊で約五〇〇〇億ドルの救済資金を受け取った。次に多くの資金を受け取った銀行よりも約一四〇〇億ドルも多い。(75)　シティはまた、ロビイストにドッド＝フランク法に抜け穴を開けた修正条項を書かせた銀行だ。

シティはどうやってそのような甘い汁を吸ったのだろうか？　説明しよう。民主党政権下の過去四人の財務長官のうち三人が、シティグループと密接な関係があった。*　四人目はシティグループのCEOを提示されたが断った。連邦準備制度理事会副議長**と財務省国際担当副長官***は、シティグループの元経営幹部だった。米通商代表と、その代表代理に指名された人物はともにシティグループ出身だった。

待って、もっとある。最近のホワイトハウスの国家経済会議議長はシティグループの経営幹部で、最近まで行政管理予算局長を務めていた人物は、ホワイトハウスを離れてすぐにシティグループに行った。これらは、トップ中のトップのポジションだけを取り上げただけだ。

共和党は共和党で銀行チームを抱えている。ヘンリー・ポールソンは、ジョージ・W・ブッシュ政権の財

*ロバート・ルービン、ローレンス・サマーズ、ジャック・ルーの三人がシティグループと密接な関係があったとされ、CEOを断ったのはティモシー・ガイトナーである。
**スタンレー・フィッシャーのこと。フィッシャーは、二〇一七年九月六日に辞意を表明した。
***D・ネイサン・シーツのこと。

務長官に指名されたとき、ゴールドマン・サックスの会長兼CEOだった。政権入りしたときにはゴールドマンの経営幹部から成るチームを帯同した。実際、そのチームは非常に大きかったので、他の銀行はゴールドマン・サックスにガバメント・サックスという新たなニックネームをつけた[76]。あははっ。

結構面白いでしょ？　それ以外に、二〇〇八年に景気が急落したとき、原因を作った連中が警備の任務に就き、この崩壊を防ぐ役目を負っていた。彼らは、回れ右をして議会に対し七〇〇〇億ドルの救済措置を講じなくてはならないと言い、銀行があまりに大きいので議会がその資金提供に同意しなければ、銀行は崩壊して経済全体を破壊すると訴えた。ガバメント・サックス、あははっ。

最初に回転ドアを通るのがウォール街からワシントンへという人もいるが、ワシントンからウォール街へという人もいる。ヴァージニア州の共和党議員、エリック・カンターは、州議会で九年間、その後連邦下院で約一四年間議員を務めた。最終的に、彼はナンバー・ツーの下院多数党院内総務にまで上り詰めた。二〇一四年に落選したとき、そのショックは非常に大きかったに違いない。だが衝撃は新たな仕事によって和らいだはずだ。落選から二週間もしないうちに、彼はある投資銀行に副会長として採用され、総額三四〇万ドルの報酬を手にすることになった[77]。カンターは銀行業界で経験が全くなかったにもかかわらず、「顧客開拓で主導的役割を果たし、戦略的問題について顧客に助言する」ので高額報酬に値するそうだ[78]。うわー、バレバレだ。新人の給与が三四〇万ドルなのは、ドアの反対側に残した影響力のためだ。

回転ドアは野心的なスタッフにも機能する。二〇一五年、共和党下院議員のジェブ・ヘンザーリングは、影響力のある下院金融サービス委員会の委員長になった。それは政治献金を調達したいと思う者すべてにとっておいしい役職だ。ヘンザーリングの就任から数週間のうちに、彼の首席補佐官は急いで出口に向かい、ウォール街トップの業界団体、米国銀行協会のロビイストになった。彼の新たな雇用主は、元首席補佐官まヘンザーリングが「頼りにする人物」だとウェブサイトで誇っている。言い換えると、金融セクターを統治する法律を起草する上できわめて大きな役割を持つ下院議員は、長年働いていた元部下で、今はウォール街から給料をもらっている者を引き続き頼りにするのだ。

それらは無数にある中のたった二つの話だ。下院がドッド＝フランク法を審議したので、一二五人を下らない元議員や元議会職員が、金融企業のロビイストとして働くようになった。[80] 規則及び規制を銀行の望む形にするために、一人ひとりが政府内に持つコネを使って働きかけている。

もちろん、よく油を挿してある回転ドアを最大限活用している企業は、大手銀行だけではない。例えば、学生ローン大手サリー・メイが設立したナビエント社は、二〇一五年に一五人の「回転ドア経験者」を雇用していた。[81] ナビエント社は、三人の元下院議員、二人の元官公庁職員、一〇人の元議会職員を雇用していた。教育省の運営に関する内部情報と、まだ教育省で働いている人たちとの豊富なコネを、すべての者が雇用主に提供するのだ。

もちろん、名門企業には大物ロビイストが必要だ。二〇一四年、エクソンモービルには三人の元上院議員――一人が民主党、二人が共和党――がおり、同社のためだけに議会でロビー活動を行った。石油・ガス産業のロビイスト団には、元議員二六人、元ホワイトハウス職員五四人、元エネルギー省職員二一人、元内務省職員一〇人がいた。[82] それは、野球チーム一つ、ホッケーチーム四つ、バスケットボールチーム八つ、フットボールチーム三つを作れて、何人かの相撲取りが残るほどの数だ。

*　*　*

新しい大統領がやってくると、回転ドアは速度を増す。共和党が二〇一六年にホワイトハウスを奪還し、ドナルド・トランプが要職の指名をはじめるや否や、案の定、ゴールドマン・サックスが返り咲いた。大統領選勝利から数日のうちに、トランプは元ゴールドマン・サックスのスティーヴン・バノンを首席戦略官に任命した。経済に関するトップのポジション三つ――財務長官、国家経済会議議長、経済問題担当首席補佐官――に、ゴールドマン・サックスの経営幹部が就いた。

　これらの経営幹部が政府で一時的に働くとき、ゴールドマン・サックスや投資銀行のために一般的に期待されることは明白だ。指名が公表されて間もなく、『ブルームバーグ・ビジネスウィーク』は、ゴールドマンの経営幹部が「他のトップ銀行にも増してゴールドマンを脅かしている金融規制の撤廃を進める構えだ」という記事を掲載した[83]。トランプの当選後、ゴールドマンの株価は三一％上昇し、時価総額は五億ドル上昇した。さらに、ある物書きがディズニーランドと書いたように、ゴールドマン・サックスは今や「地上で最も幸せな場所」として知られている[84]。

　ゴールドマンでは、回転ドアは非常に重要だ。『ニューヨーク・タイムズ』紙は次のように報じた。「たとえどれだけ多くお金を稼いでも、政治の分野で足跡を残すまでは真のゴールドマンのスターではないとの見解が、銀行内で幅広く共有されている」[85]。

　ゴールドマンの「万物の支配者」は明らかに輝かしい履歴書を持っているが、果たして新たな仕事にどれだけ特別な専門的知識をもたらすのだろうか？　ちょっと見てみよう。ヘンリー・ポールソンが二〇〇八年に巨額の不良資産救済プログラム（ＴＡＲＰ）を管理する人材を必要としたとき、彼はどこを頼っただろうか？　住宅金融に長年の経験を持つ人材だっただろうか？　この経済を立て直すには、家族に活力を取り戻し、消費を加速させる方法に焦点を合わせることが必要だと理解している人材だっただろうか？　危険な住宅ローンが経済を崩壊させると警鐘を鳴らすような、私たちの経済システムについて高度な理解を持つ人物だったろうか？　そうではなかった。『ニューヨーク・タイムズ』紙はポールソン財務長官の人選についで歯切れよく説明している。(86)

ポールソン氏は、政府が提案した七〇〇〇億ドルの救済基金を監視する人材を必要としたとき、またもやゴールドマンの血統を持つ人材を募集し、財務省に来る前には住宅金融の経験をほとんど持たなかった三五歳の元投資銀行家にそのポストを与えた。

現在、ホワイトハウスにはトランプがいて、新たなゴールドマン・チームが私たちの政府を乗っ取っている。大統領選直後、トランプは、ヘッジファンド・マネジャーのスティーヴン・ムニューシンを財務長官に指名した。(87)昔、ムニューシンは父親に続いてゴールドマン・サックスの上級幹部となり、二〇〇八年のグレート・リセッションで経済を破壊することになった高リスクの金融商品を販売して、早くに財産を築いた。それから、彼は三二〇億ドルの銀行を経営し、「差し押さえの王様」というニックネームを得た。ムニューシンはウォール街のインサイダーというだけでなく、陣頭指揮をとった経営幹部で、恥知らずにも他人の不幸から財産を築いたのだ。(88)

金融システムがどのように機能しているかについて特別な知識を持つという理由で、ウォール街の経営幹部と幹部候補生が政府の内外を行ったり来たりするという主張は、金融危機によって正体を暴露された。ポールソンやムニューシンのようなゴールドマン・サックスの経営幹部は、二〇〇八年の崩壊を引き起こしたような住宅ローン商品を売っているときに同社で働いていた。これらの経営幹部は、かつては有能な経営者とか精通した専門家と評されていたが、のちには悪事については本当に全く知らないと主張した。だったらいったい何が彼らの専門的知識なのか？　人を欺いて利益を上げることなのか？　納税者にリスクを転嫁することなのか？　銀行口座を水増しすることなのか？

吐き気がしてくる。

誤解しないでほしい。ウォール街での職歴があるからといって政府の公職には不適格ということではない。財務省によるＴＡＲＰの管理を点検する議会監視委員会を立ち上げたとき、私は、金融業界の職歴を持つ人物を連れてきた。消費者金融保護局の設置に際して、私のチームにはウォール街の専門家がいた。彼らは善良な人たちで、彼らがやった仕事を高く評価している。だが彼らは、ウォール街以外の経験も持っており、ウォール街の文化に毒されたことのない同僚に囲まれ、不正行為に基づくビジネス・モデルに非常に懐疑的だった。

ウォール街での職歴があるからといって不適格にすべきではないが、ウォール街での職歴しかないのにどうして政府の仕事に適任だということになるのだろうか？　ウォール街の古くからの仲間とは違うことを示すために、スティーヴン・ムニューシンは何かしただろうか？　ウォール街の巨大金融機関に立ち向かう気骨を持っているという証拠はどこにあるのだろうか？　全米の住宅所有者、小口貯蓄者、学生、投資家の利益になるように、米財務省を運営する経験と判断力を彼が持っていることを、履歴書のどの部分が保証してくれるのだろうか？

これらの質問に良い答えがないのに、どうしてわが国トップの経済担当者の仕事を彼に任せられると言えようか？　さらに重要なことに、経済システム全体を完全に破壊して一〇年も経たないうちに、破壊したのと全く同じ人物に経済システム全体を任せるべきだとどうして言えるのだろうか？　その考え方は愚かだ。

ほとんどもっぱら利益追求を最優先する文化を吸収してきた人々に、これらの決定的に重要な仕事を委ねることは、全く筋が通らない。最高レベルの公務員の少なくとも一部は、所得の停滞、市場の透明性、国内の雇用の伸びを掘り崩す貿易協定などの問題に取り組んだ経験を持つ人物でなくてはならない。言い換えれば、それらの問題こそ、政府高官が考えるべきものだ。回転ドアは、担当者にすべきでない者を担当者にし、取り残された人々のために力強い経済を構築できる者を締め出してしまう。

ウォール街の経営幹部がワシントンになだれ込んで政府を支配し、他方、選挙で選ばれた公職者と若い政府スタッフは、政府での仕事の後のことを考えはじめた。ロビー活動分野の企業及び業界で議会が「二軍」と呼ばれることには理由がある。やさしく言えば、わが国の首都で働いている「チーム」のほとんどは、忠誠心が業界に向けられていて、政府への忠誠心はあってもわずかだ。大多数の人は、それが「世の常だ」として改革を諦めている。

いいえ、そうではない。私は、共和党でも民主党でも、どれだけ多くの人々がこれが現実だと言っても気にしない。私はこの腐敗を見て、清廉だと言うつもりはない。アメリカ人には、金を手にする計画をしている人々の訓練所としての政府ではなく、もっと良い政府がふさわしい。

経営幹部がすべてを仕切る

企業CEOは、政府で采配を振るうようになっても、快適な役員室や役員専用化粧室を失わずに済むことがある。

上院議員になって数カ月後、私はマイケル・フロマンと出会った。彼はすでに、政府・ウォール街の回転ドアを何度も行き来していた。二〇〇八年の危機時に、フロマンはシティグループの高級幹部だった。シティグループがTARPから巨額の政府救済措置を受けたのと時を同じくして、シティグループのオフィスの自分の椅子に座って、オバマの経済チームの人選を個人的に手助けしていた[89]。二〇一三年六月、彼はシティを再び離れ、ホワイトハウスの上級職員として政府に戻った。彼は米通商代表に間もなく就任し、あらゆる貿易協定を含めてアメリカの交渉を主導するところだった。フロマンは、「顧問」団による支援を受けるだろう。したがって、顧問たちは公式の交渉担当者である彼の耳元で囁き、彼は貿易協定の詳細をどのようにするかについて顧問に相談する。

貿易はすべてのアメリカ人に影響を及ぼす。確かに、多国籍企業は直接影響を受けるが、大手企業に物資やサービスを販売しようとする中小企業も同様だ。多国籍企業との競争を望む新興企業も貿易協定に影響される。ベトナムの栽培農家やアルゼンチンの牧畜業者と競争する農業経営者も影響されるだろう。児童労働や刑務所労働によりアメリカの賃金が引き下げられる場合、労働者も影響される。貿易協定によって企業が環境規制のない国に移転しそこで生産を拡大することが容易になり、それによって利益が上がる場合、あらゆる者が影響を感じるだろう。まだ続けられるが、要点は、アメリカに住むほぼすべての人にとって貿易はとても重要だということだ。

アメリカの貿易協定で采配を振るうのを誰が手助けするのかは重要なので、私がフロマンに尋ねた最初の質問は、誰が貿易問題顧問団にいるのか、というものだった。

就任を控えたフロマンは私の懸念を理解していた。だから約半分が企業の代表で、半分が労働者と非営利団体の代表だとすぐに言って、私を安心させようとした。

本当に？　半々ですか？

はい、確かにそうです。

彼がいなくなってから、誰が実際に顧問団にいるのか、本当の属性は何かを調べるのかどのくらい難しいか、スタッフに尋ねた。若干手間はかかるが、氏名は公表されているとの答えだった。だから私たちは精査し、私たちの計算はフロマンのものと合わないことが分かった。全く合わなかった。

事実、フロマンが指名承認を受けてから八カ月後に『ワシントン・ポスト』紙が発表した分析によると、企業経営幹部と財界ロビイストが顧問の八五%を占めていた。(90) 他のすべての者——労働者、環境保護運動家、人権運動家、小規模農業経営者——が、残りの一五%を分け合っていた。二八の作業部会の半数以上には、貿易交渉から利益を得る可能性がある企業で働いていない顧問は一人もいなかった。一人もだ。

貿易協定は密室で交渉される。だから誰が席に着くかが重要だ。私が見たのは、仕組まれた過程、仕組まれた結果だ。

住宅を失ったシカゴ郊外の男性、マイケル・スミスを覚えているだろうか？　彼は貿易政策に影響されるとは思ってもなかった。なぜ貿易政策が彼と関係しているのだろうか？　ＤＨＬで職を失い、銀行に住宅を差し押さえられた後、彼は安定した仕事を探し続けた。マイケルは良い推薦状を持っており、覚悟を決めていた。彼は娘のアシュリーに高校を卒業させる決心をし、別の住宅を買う決心をし、中間層への足がかりを取り戻す決心をしていた。

彼の好機は二〇一一年末、ナビスコの工場から良い仕事の採用通知をもらったときに訪れた。そのとき五〇歳だったが、午後一一時から午前七時までの深夜勤で、一晩中オレオの真ん中にクリームを詰め、健康志向のクッキー、ベルビータを包装する仕事をはじめた。彼はマネージャーに感謝し、懸命に働いた。

最終的にマイケルは昼間勤務となった。彼はその仕事を本当に楽しんだ。「妻はベルビータが本当に大好きで、それを作っていることを誇りに思っていました。実際、どれを作ったのか、私には分かっていたので

マイケルとジャネットのスミス夫妻

す」。彼は商品の試食が好きだったのだろうか？

「もちろん大好きでした！」。

彼はできる限り勤務シフトに入り、残業をした。二〇一四年、差し押さえからだいぶ経ち、新しい仕事に就いて三年、マイケルはついに再び住宅ローンの資格を得ることができた。アシュリーは大学生で、マイケルは家を買う新たな道の途上にいて、再びアメリカの中間層の一員のように感じていた。

ナビスコの工場は収益性が高く、二〇一五年、ナビスコの親会社のモンデリーズ・インターナショナル社は、三〇〇億ドルの収入を記録していた[91]。マイケルは、人々がどこでもベルビータを愛していることが分かってとても幸せだった。そして、彼はオレオを作っていることを誇りに思っていた。彼は、オレオを「アメリカ文化に欠かせないもの」と呼んでいた。

実際、ナビスコ製品の需要が高まったので、生産拡大への投資が重要性を増した。ナビスコとその親会社は、大きな機会を見て、あらゆる角度から検討した。一九九〇年代、同社はシカゴにとどまるインセンティブとして九〇〇〇万ドルを与えられた。それは収益を押し上げ、また、二〇一三年から二〇一五年まで、モンデリーズ社は税の還付と抜け穴で甘い汁を吸い、平均連邦税率を引き下げた。二〇一五年、同社の税率は収益の七・五％だった[93]——マイケルが支払った税率よりもずっと低いものだ。

だが、ナビスコとモンデリーズ社は、すべてのコストを精査した結果、メキシコに工場を建設することで年間四六〇〇万ドル節約できると推計した。[94] アメリカが結んだ貿易協定のせいで、メキシコでオレオを生産し、それをアメリカに出荷する方がはるかに安上がりになった。シカゴへ投資するメリットなどないだろう？

二〇一六年三月、ナビスコは、マイケルと約六〇〇人のシカゴ工場の労働者に解雇通知を渡した。

際限なく続く政府高官、専門家、学識経験者、詭弁を弄する評論家は、アメリカ市場の開放が国内総生産（GDP）を押し上げると指摘し、売り手は利益が増えて株主はより豊かになると言う。確かに、リベラル派は、マイケルや解雇された彼の同僚たちのため、職業再訓練費にいくらか注ぎ込むことにやぶさかではない。だが、基本的な前提は、巨大多国籍企業にとって良いことは、全能の神のごとくのGDPにとっても良いというものだ。

一万フィート上空から私たちの経済を見ている多くの経済学者は、間違いなく同意するだろう。人々を「頭数」に、工場を「施設」に変換するスプレッドシートをじっくり目にしている経営幹部も同意するだろう。だが、マイケルはGDPで住宅ローンを払えるわけではない。彼はGDPで医療保険を買えるわけではない。彼はGDPを食べることもできない。マイケルは良い仕事を必要としているが、ナビスコもアメリカの貿易問題チームも、マイケルのこと、彼の家族のこと、彼の住宅のことを気にしやしない。

本当に激怒する理由は、貿易協定に反対するあらゆる人が、ベリー類を踏み潰し、自分で生地を仕立て、生のリスを食べているような原始人だと貿易のプロが見下すことにある。だが、悪い貿易協定の代案は貿易をすべて止めることではない。悪い貿易協定の代案は、一握りの企業経営幹部と大投資家のためだけでなく、すべての人のためになるような貿易協定だ。

驚くことではないが、貿易協定は複雑だ。貿易協定は、非常に細かい活字が続く非常に長い契約書のようなものだ。それには、当事国がすることとしないことについてのあらゆる約束が含まれる。これまた驚くことではないが、必ずしもすべての国がそうした約束一つひとつを履行するわけではない。私たちの貿易協定の細かい活字の奥にある規定によると、貿易協定の下で当事国が約束を果たしていないと多国籍企業が判断した場合、その企業は企業弁護士で構成される仲裁パネルに訴えて迅速な裁定を得て、企業が勝った場合には相手国政府に即時賠償を要求することができる。控訴も何もなく、ただ賠償するだけだ。だが、例えば、刑務所労働の使用や有害廃棄物の河川への投棄を禁じる条項など、その国が貿易協定の他の条件を侵害した場合はどうなるのだろうか？ 労働者や環境保護団体はそのような迅速な仲裁パネルに訴えることができるのだろうか？ いいえ、できない。彼らは自国政府に訴え、国際裁判所に提訴するように説得しなければならない。果たしてそれが機能しているのか、鉄鋼労働者に尋ねてみればいい。たった一つの製品について、鉄鋼労働組合は貿易法違反を何度も訴えたにもかかわらず、わが国政府が重い腰を上げないうちに、七〇〇〇以上の労働者が職を失い、生産施設は閉鎖され、地元企業は破産の淵に追い込まれてしまった。そう、労働組合は粘り強く最終的には勝利したが、鉄鋼労働組合委員長のレオ・ジェラルドが証言したように、「業界のかなりの部分は二度と戻ってくることはない」[95]。

だから米通商代表に誰が助言を与えるかが重要だ。現在、巨大企業が協定を起案しているので、貿易協定は巨大企業に有利だ。だが、財界が交渉テーブルの席の例えば二五％しか持たず、労働組合、中小企業所有者、非組合労働者団体、環境保護運動家が残りの七五％を持つ場合、どうなるだろうか？　それでもわた国労働者は、他国で非常に頻繁に使われている刑務所労働や児童労働により賃金を引き下げられることになるだろうか？　とんでもない。労働者の代表が数多く交渉テーブルにつく場合、その貿易協定は全く違うものになり、結ばれた約束は彼らの後ろ盾になるだろう。

より多くのアメリカ人にとって経済がうまく機能するような貿易政策を実際に行おうとする場合、私たちにできることは数多くある。国内投資をする企業が海外投資をする企業よりもアメリカ市場にアクセスしやすくすれば、企業が国内に投資する可能性が高まり、アメリカの労働者の仕事は増えるだろう。海外に雇用を流出させた企業の海外収益に対する税率を引き上げれば、また、そうした税収をアメリカ国内に再投資すれば、それらの貿易協定の利益はより多くのわが国中間層に共有されるだろう。これは、企業にたんに増税しようということではない。貿易から生じた利益の一部をアメリカ国内の産業に利用し、低コストの再生可能エネルギーや最先端のインフラ、教育の改善などに相当額を使おうということだ。それらは、アメリカ国内に、より多くの、より対応力があり、より高度なスキルをもった労働力を構築する投資だ。

すべてのアメリカ人にとって貿易をよりうまく機能させる方法は多いが、米通商代表の顧問の八五％が企業利益と自身の役員賞与以外何も気にしない限り、それは実現しない。海外の労働者に低賃金を支払うのではなくアメリカの労働者に投資するインセンティブを企業に与えない限り、それは実現しない。巨大企業にとって素晴らしい貿易協定が、アメリカの中間層家族にとって素晴らしいということはありえない。

ナビスコの話に戻ると、貿易がマイケルや他のアメリカ人労働者に利益を生むようにすることに、ナビスコは全く関心を示さなかった。アメリカ人がより多くのオレオやベルビータなどの自社製品を食べるようになったので、ナビスコはピッツバーグ、フィラデルフィア、ヒューストンの工場を閉鎖した。[96]同社は、イリノイ州ナイルズ、セント・エルモ、カリフォルニア州ブエナパークの工場を閉鎖した。同社は、アメリカの工場を閉鎖し、メキシコ人労働者を日給一二ドルで雇用し、そうして驚異的な利益を生んでいることに疑いの余地はない。

だが、GDPは上昇し続けているので、いったい誰が心配するのだろうか?

マイケルは心配している。彼はひどく裏切られた気持ちでいる。いまだに言っているように、彼は「ナビスコ・ファミリー」の一員だった。自分の仕事がメキシコに流出した現在、彼はナビスコによるレイオフとの戦いに全身全霊を傾けている。

彼の労働組合は、メキシコ製のナビスコ製品をボイコットする運動を開始した。[97]「ラベルを確認する」ことが、運動のトップ・メッセージになった。「もしナビスコのパッケージに『メキシコ製』とあったら購入しないでください」というものだ。マイケルは記者と話をし、ビデオに出演し、ボイコットの主張を広めようと全米を飛び回っている。運動を普及させ、企業の動きと戦うために人事を尽くしている。マイケルはただ自分の仕事がしたかった。彼はナビスコの雇用がシカゴに戻ってくることを望んでいた。彼は再び、どこでも働けるところを探していて、住宅ローンの返済を滞納しないか心配している。

他方、モンデリーズ社のCEOは好調だ。彼女はコスト削減に重点を置いて目覚しい働きをしてきた。[98]そのおかげで、彼女は年間約二〇〇〇万ドル稼いでいる。[99]

マイケルとモンデリーズ社のCEO――平均すれば、彼らの状況は素晴らしい。

石鹸やキャットフードを売るのと同じテクニックを使って本当に悪い政策を売ることもできる。ただ石鹸やキャットフードでは、少なくとも支払いをすることが分かっているので、財布を開かないように注意することができる。巨大企業に有利なように政治的な競技場を傾けようとする広告では、そうはいかない。よし、率直に認めよう。私はこうした広告に登場したことがある。突拍子もないものだった。裏話をしよう。二〇〇八年の金融崩壊を切り抜けたとき、前に述べた消費者機関、消費者金融保護局を設立するように提案し、ドッド＝フランク法が成立して同局が創設された。その使命は、住宅抵当ローンやクレジットカードのような金融契約で人々が欺かれないようにする、というシンプルなものだ。これまでに、ＣＦＰＢは百万件以上の苦情を処理し、大手銀行が詐取した約一二〇億ドルを返還させた。[100] 二〇一六年、ウェルズファーゴ銀行が数百万の偽造口座開設で利益をかさ増しして摘発されたとき、同行に一億八五〇〇万ドルの罰金を科したのがＣＦＰＢだ。[101]

大手銀行にとって、ＣＦＰＢが機能するのは厄介だ。人々は少しばかり良くなった――一二〇億ドルばかり良くなった。そして金融機関は少しばかり悪くなった――一二〇億ドルばかり悪くなった。実際のところ、ＣＦＰＢの本当のインパクトはそれよりも大きい。なぜなら、少なくとも金融機関は取締りの警官がいることに気づいたので、人々を欺くことで収益を上げることから手を引いたからだ。

銀行の中にはＣＦＰＢを許容するものもあるが、ウォール街の多くの金融機関は目の敵にしているので、反対のロビー活動をするために大枚をはたいた。アメリカン・アクション・ネットワーク（ＡＮＮ）を検索してほしい。

ＡＮＮは、数年前、民主党が性犯罪者にバイアグラを与えようとしているという突拍子もない告発を行った団体だ。[102] 今回、ＡＮＮはさらに力を入れてテレビＣＭに数百万ドルを使い、[103] ＣＦＰＢが共産主義の陰謀の

CFPBに反対する広告から。毛沢東国家主席の待遇をするのなら、もっと良い写真を使ってくれればよかったのに。

ようなものだと示唆した。そこに私が登場した。そのコマーシャルは、旗に描かれた毛沢東国家主席のような私の写真をメインにしたもので、その旗はロボットのように働く労働者でいっぱいのホールに吊るされていた。「毛沢東と私」の瞬間だった。

ちなみに、もう一つの旗の顔はテレビドラマ『ジ・オフィス』の登場人物ではない。それはリチャード・コードレイで、ＣＦＰＢを仕切っている人物だ。そして、私が知る限り最も有能で誠実な公務員の一人だ。ＣＦＰＢの運営を続けられなくなったときには胸が張り裂けそうだったが、リッチの素晴らしい仕事ぶりを見るたび、私は微笑んでいる。

いったいこのアメリカン・アクション・ネットワークとは何者だろうか？　リッチと私の奇妙な写真を使って共産主義の脅威をアメリカの国民に警告するコマーシャルを流し、彼らはいったい何を売り込もうとしていたのか？

ＡＮＮの理事会には、ヘッジファンドの経営幹部が一人、ベンチャーキャピタルの経営幹部が一人、コマーシャルが放映されていたときにＣＦＰＢが調査中だった学生ローン会社の登録ロビイストが二人いた。[104]当然、誰のことも広告では触れられていない。

銀行や学生ローン会社がＣＦＰＢを目の敵にしているなら、確かにそう言う権利がある。また、調査中だからといってその旨を口にしているとしても、そう言う権利がある。さあ、どうぞ。だが、その情報を誰もが目にできるように公にするのはどうだろうか？

この事実が本当に憂慮されるのは、アメリカン・アクション・ネットワークが「社会福利の向上」に資金を使う限り免税団体と見なされるからだ――そして反ＣＦＰＢ広告は「社会福利」だと見なされている[105]。つまり、ＣＦＰＢの調査を受けている法人は、秘密資金を非営利団体に入れ[106]、自身のロビイストを理事会に据えて、その非営利団体がＣＦＰＢを攻撃する広告を流すことができる。その間、その組織が非営利団体だという理由で、納税者はその組織に優遇措置を与えることになる。

それについて考えてほしい。私たちの税法はあまりにも不適切で、欺かれた消費者や、金融を取り締まる警官を望む消費者が、消費者機関を攻撃する馬鹿げた広告を打つ団体に助成を強いられている。コミュニティ・バンクの所有者や信用組合の組合員――ビジネスで人々を欺くことのない人々――が、そうした広告に助成をしている。学生ローン会社に不正行為を受けた学生がそうした広告に助成をしている。悔しいことに、リッチ・コードレイと私がそうした広告に助成をしている。馬鹿げているように思えるのは承知だが、ワシントンにはそのように狂ったことがある。

だが、ＡＮＮの背後にいる人々にとって、生クリームの上にはもう一つチェリーがある。そうした企業献金や裏話が秘密にされることだ。私は言論の自由を全面的に支持するが、言論の自由とは公の意見交換のことだ。秘密裏に資金を与えられた言論は、評価するのが非常に難しい。大手企業によって資金を提供されているような、秘密裏に資金を与えられた言論は、建国父祖が想定したような意見交換の場を作り出すようなものではない。

ＡＮＮのような団体とその理事会メンバー――その一部は、ＣＦＰＢによる調査を受けている企業で働いている――は、攻撃をする法的権利を持っている。だが、それが公平な競争条件であるかのように装うべきではない。私たちにとって公平な競争条件ではなく、あらゆる人が公平ではないと思うだろう。住宅抵当ローンや学生ローンで欺かれたすべての人は、強力な消費者機関を持つことがいかに重要かについて広告を流したいと思うかもしれないが、ほとんどの人は政治広告ゲームに乗り込むお金がない。必然的に、彼らの主張が同じように競うことはできない。

企業は、そのキャンペーンが草の根の実社会の人々のものだと思わせようとするので、隠れ蓑として非営利組織を設立する。その実態、企業支援の非営利事業も詐欺だ。大手企業は、消費者側に立っていたり草の根運動によって組織されたりしているように見える団体を設立するが、その団体は企業の視点から主張する。[107] 偽の草の根運動はあまりにも一般化しているので、「人工芝運動」と呼ばれるまでになった。その広告の製作費は高く、家族経営の農家を演じたり、甘い飲料水、殺虫剤、医療過誤訴訟制限の利点を説明する医師を演じる俳優が出演している。ある記者が言うには、「有権者は数百万ドルの広告費の提供者を特定するのは容易でないかもしれないが、企業国家アメリカの紳士録に載っている誰かだ――ソーダ王コカ・コーラ社、農業大手モンサント社、医療過誤保険会社ドクターズ・カンパニーなどだ」。[108]

一部の企業は異なるアプローチを取っている。国防予算が議会の二つの委員会で審議されているとき、兵器製造企業はワシントンの至る所、キャピトルヒルの新聞、地下鉄、ローカルラジオで広告を打つために数千万ドルを費やした。[109]『ワシントン・ポスト』紙は次のように言う。「広告は多くの人が目にするが一握りの人に向けられたものだ。史上最大の国防契約が決定されようとしているので、狙いは、数十億ドルの連邦国防費がどのように使われるかを決める数百人、場合によっては数十人だ」。キーストーンXLパイプラインが検討されていたとき、アメリカ石油協会は二〇一二年に八五五〇万ドルを広告に費やした。[110] 数十億ドルの

この漫画によってリック・フライデーは解雇された。

企業利益があるとき、そうした政策に影響を及ぼす可能性のある一握りの人々に数千万ドルの広告を打つことは、良い投資のように見える。アメリカの一般国民が同じように広告を打てないのはとても不公平だ。

こうした企業の資金は別の影響も与える。大手広告主企業は、ニュース報道に取り上げられやすくなる。最近の学術論文では、アメリカの新聞において広告主についての報道が広告費に影響を受けているかどうか検証された。[11] その研究者らは、一九九九年から二〇一二年に発行された新聞をサンプルにし、広告費と新聞報道を分析した。彼らは、広告費によって広告主企業の新聞報道が良くなるとの結論に達した。違法行為についての報道を軽くしたり、新たな市条例への反対キャンペーンをよりうまく促進したいと思うだろうか？　地元の報道機関に太っ腹な小切手を切ることからはじめるといい。

『ファーム・ニュース』は、三三の郡に二万四〇〇〇世帯の購読者を持つアイオワ州の新聞だが、二〇一六年に深刻な形でこの点を示した。リック・フライデーは農業経営者で、二一年間、『ファーム・ニュース』の時事漫画を描いてきた。だが、大手農業企業を鋭く風刺したとき、彼の漫画家としてのキャリアは突然終わった。私は彼の漫画はそれほど批判的ではないと思ったが、種子会社が広告を引き上げて抗議すると、『ファーム・ニュース』は漫画家を解雇した。[112]リック・フライデーの話題はニュースになった。タフで公正で誠実であるべきだが、有料広告主を怒らせてはいけないという残忍な教訓を、どれほど多くの漫画家、コラムニスト、記者、編集者が学んだかは誰にも分からない。

金がものを言う。他の者は沈黙する。

雇われ専門家

あまりに多くの政治家が買収されていて、ロビイストが金で請け負う殺し屋ならば、ワシントンには信頼に足る人物が残されているだろうか？

専門家を連れて来ればいい。

私は専門家が好きだ。研究を行い、新しいアイデアを思いつき、理論を試行し、世間一般の通念に反する主張をする人々が好きだ。えーと、ちょっとばかり変わり者だったとしても、データの世界に暮らす人々が好きだ。さらに保守派の専門家のほとんども好きだ。多くの時間を大学で過ごしてきたので、当然のことだろう。

学界は長い間専門家に居場所を提供してきたが、最近では、ワシントンも彼らを引きつける場所いる。わが国の首都にはシンクタンクが溢れていて、アメリカの政策アジェンダを形成するため、報告、研究、証言を行う多くの専門家を雇っている。

こうしたシンクタンクの中で最も古く最も高名なのは、ブルッキングス研究所だ。一世紀以上前に設立されたブルッキングス研究所の使命は、「質の高い無党派の研究を行い、その研究に基づいて、革新的で実践的な勧告を提供する」ことだ。素晴らしいことだ。私も確かにそう思っていたので、二〇一五年七月、高名なブルッキングス研究所のロバート・ライタンが、投資顧問に関する上院公聴会の証言者となることを嬉しく思っていた。

争点はキックバックだった。そう、キックバックを受け取る人たちは別の呼び方をするが、ゲームの仕組みはこうだ。投資顧問業は巨大で、長年、(すべてではないが)一部の投資顧問は、退職者に高価格の年金保険投資やその他の投資を推奨するのと引き換えに「報奨」を受け取ってきた。[113] こうした報奨には、豪華なリゾートでの休暇、高級車、「スーパーボウル・スタイルのリング」、現金を得られるポイントなどがある。労働省は、これらの報奨によってアメリカの消費者に年間約一七〇億ドルのコストがかかっていることを最終的に見出した。[114] 長い間、その慣行を禁止する規則を成立させようとしてきたが、投資顧問業界が返り討ちにしてきた。

二〇一五年、労働省は投資顧問業界を浄化するために厳しい新規制を策定したが、投資顧問とその業界は再び反撃した。もちろん、彼らには反撃するたくさんの理由があった――実際、約一七〇億の理由だ。驚くことではないが、共和党議員が業界に味方した。労働省に手を引くように圧力をかけるため、彼らは提案された規則についての公聴会を要請した。

議会公聴会のほとんどの証言者と同じく、ライタン博士は事前に書面による証言を提出した。彼は、実施

バート・ライタン博士が証言したとき、彼は、高名なブルッキングス研究所の非常勤シニア・ェローとして紹介された。

した研究について、かなり衝撃的な結論に至ったと説明した。キックバックの禁止は、実際には消費者に八〇〇億ドルも負担させることになるというのだ。[115] うひゃー！　この十分な資格を持つ専門家は、投資顧問が人々を悪質な商品に導くことができなくなれば、顧客は損失を被ると主張していた。

でも待って。ライタンの主張は、ホワイトハウスの大統領経済諮問委員会や労働省による研究の結果と正反対で、無党派の査読付き学術研究の結果とも正反対だ。[116] そのうえ、彼の結論は意味をなしていなかった。キックバックがどうして消費者に良いものになりえるのだろうか？　何か心に引っかかるものがあった。

のちに判明したように、実際に非常にうさんくさいことがあった。ライタンの準備した証言を読んでいるとき、「この研究の資金は、世界規模で投資サービスを提供するキャピタル・グループによって提供された」という月並みな記述に気づいた。キャピタル・グループは新規制に公に反対していたが、ライタンは無党派の専門家として証言することを要請されていた。彼は金で雇われているとは言わなかった。彼は公聴会でブルッキングス研究所の「非常勤シニア・フェロー」と紹介され、公聴公聴会が終わると、私はいくつかの疑問を追跡調査し、キャピタル・グループがライタンの報告書に八万五〇〇〇ドルを支払ったことが分かった。さらに、この投資会社の経営幹部は、報告書が公開される前に「フィードバック」と「編集上の意見」を提供することで、ライタンが報告書を準備するのを「助けた」。

さあ、口を割らせるのは今だと考えた。私はブルッキングス研究所の理事長に手紙を出し、評判の高いシンクタンクと、政治課題を推進するために買収された研究の関係について尋ねた。[117]（えーと、私はこうしたことをもっと丁寧な言葉で言ったが、要点を理解できなかったとは思わない。）

『ワシントン・ポスト』紙が私の苦情を取り上げ、他紙が続いた。[118] ある評論家の指摘によると、ライタンの研究は「見事に説得力を持たない雇われ仕事」だ。[119] 専門家による査読は評価に足る研究かどうかの基準だが、彼の報告書は査読を受けていなかった。[120] ブルッキングス研究所も黙っていなかった。ライタンを名指ししなかったが、ブルッキングス研究所の別の卓越した研究者は、投資顧問業がいかにして議会に影響力を及ぼそうとしているのかを説明し、特定利益集団が「提案された規則の信頼性を傷つけようとして研究に資金を提供した」と主張した。[121]

ライタンの研究は根拠薄弱のように見えたが、それについて質問するだけで、たくさんの短剣が飛んできた。私は、「マーカーシズム」[122]、「脅迫」、自分とは「異なる見解を封じている」[123] と非難された。うわー、確かに神経が参った。投資顧問業界に好都合な研究に誰が資金を提供したか尋ねただけで、私はたくさんの人々を憤慨させた。事前審査され非常に好都合な報告書、証言、解説を提供する専門家を探している企業スポンサーと、スポンサー契約を結びたい専門家との間には、非常に居心地が良く、両者両得の関係がある。おそらく私はそれを邪魔しようとしていた。そうだとすれば、その関係の両当事者は、私が詮索したような疑問を不快に思っても驚くことではなかった。なぜ彼らは不快に思うようになったのか？　ワシントンに出回ったそうした「専門家の報告書」に上院議員がもう少し懐疑的になると、たくさんの雇われ専門家が資金を失い、たくさんの企業が影響力を失うからだ。

投資顧問業界の騒ぎは本当に不快だったが、結局、ロバート・ライタンはブルッキングス研究所を離れ、ブルッキングス研究所は利益相反に関する規則を改定した。(124)

＊　＊　＊

私と一専門家とのいざこざは、氷山の一角などと言えない。かき氷の欠片ですらない。この似非専門家を見破れたのは、証言書に記載されたちょっとした情報開示をたまたま見つけ、資金と編集上の影響が分かるまで質問を続けたからだ。だが、提示された研究に誰が資金を提供したのか、その内容に資金提供者がどのような影響を及ぼしたのか、議会で証言する者に明示を求める一般的要件はない。全くない。こうした専門家は、公聴会室まで金をいっぱい積んだ手押し車でやってきても、冷静な証言を傾聴する上院議員には分からないし、まったく気に留めない者もいる。

だが、誇大宣伝された専門家の見解や偏った研究は、議会の公聴会で使われるだけではない。企業はこの種のタチの悪い研究を、立法、規制当局による規則作成、訴訟に影響を及ぼそうとするときにいつも持ち出す。ロバート・ライタンの研究には一つの狙いがあった。投資顧問への報奨に関する受託者規則を労働省に撤回させ、投資顧問業界がキックバックを引き続き受けられるようにすることだ。だが、それは幅広く行われている慣行の一例にすぎなかった。

多くの場合、この種の受託研究はプレスリリースに塩漬けされている。でっち上げの研究の要約は、広報担当者から報道陣に手渡され、鵜呑みにされてあたかも福音であるかのように報道される。農業経営者ら、医師を演じた俳優を思い出してほしいのだが、それは広告に使われ、論説やロビイストが流す「事実」の報告書に使われる。やがて、その「研究」は正しいものとして受け入れられ、その著者は、対価と引き換えになんでも証明しようと待ち構えている人たちにバトンを渡すことができる。

一部の雇われ専門家は、高等教育界の出身だ。高い名声を持つ大学の堅苦しい雰囲気の中では、出版された論文が業績の大きな証だ。だが、これらの論文は、新聞や人気の雑誌に掲載されるわけではない。本当に重視される論文は学術雑誌に掲載される。それは高度に専門的な出版物なので、大学教授、大学院生、他の研究者（そしてときには著者の母親）以外実際には読まない。こうした学術雑誌に掲載されることがキャリアを積む上で決定的に重要なので、学界ではそのことを「研究業績を出せ、さもなければ消えよ」と呼んでいる。

こうした学術雑誌の論文は、専門用語、多数の引用、数多くの数字といった科学的客観性の特徴を備えている。論文そのものが小さな実験用白衣をまとっていると言える。学術雑誌の中には研究資金の出所を完全に開示することを求めるものもあるが、その多くで秘匿されているのは、学術雑誌とそれに掲載される研究に影響を及ぼそうと、企業が多くの後援金を使っていることだ。一度好都合な研究が掲載されると、その研究を支援した企業は、議会にロビー活動をしたり裁判をしたりするたびにその研究を売り込む。

一例を挙げよう。二〇〇六年、『ニューイングランド・ジャーナル・オブ・メディシン』に掲載されたある論文で、三つの糖尿病治療薬が比較された。その論文は、グラクソ・スミスクラインが製造した糖尿病治療薬、アバンディアが最も優れていると報告した。わーい！　グラクソ・スミスクラインはこの調査結果を全面的に宣伝したが、その論文の著者一一人全員が同社から給与を得ていることは明かされなかった。さらに悪いことに、この報酬を受けた著者全員が、何年かのちに不運にも明らかになった事実を見逃していた。

アバンディアは心臓発作のリスクを著しく高めるのだ。その医薬品は、市場から回収されるまでに、推計八万三〇〇〇件の心臓発作と死亡を引き起こした[125]。

また次のような嫌な話もある。ある日の昼食で、シェルドン・ホワイトハウス上院議員は、含鉛塗料産業を訴えたときのことを教えてくれた。彼は当時ロードアイランド州司法長官で、鉛の粉塵が子供に害を及ぼすことが分かってからも、長い間いくつかの塗料会社が含鉛塗料を販売し続けていた証拠を見つけた。陪審員はホワイトハウスを支持し、塗料会社は住宅から含鉛塗料を除去するために支払いを命じられた。

だが、塗料会社は諦めなかった。州の最高裁に控訴し、最高裁は学術雑誌に掲載された論文を根拠として、陪審員団の評決を覆した。そういったことは異例ではなかった。有罪の評決が覆されることや、複雑な法律問題を扱うときに裁判所が法学雑誌論文を引用することはよくある。だが、のちに、州最高裁が依拠した「無党派の専門家の論文」が、実際にはホワイトハウスが言うように、「含鉛塗料会社から報酬を受けた顧問によって公判中に捏造された代物」だったことが判明した[126]。すべては、陪審員団が子供を害していると考えた企業を秘密裏に救済するためだ。

裁判所の判決により、塗料会社は問題解決のために多額の資金を投入しなくて済んだ。小さな赤ちゃんは、母親が窓を開閉するたびに舞い上がる鉛の粉塵を吸い込み、幼児は、幅木からはがれ落ちた明るい色の塗料をちょっとずつ口にすることになる。そして塗料会社のCEOは、次の四半期の利益が一%の一〇分の一増えるのを知って、心地よく眠ることができる。

偽の専門家はあらゆる者を危険にさらす。気候変動否定論者を考えてみよう。気候変動否定論者が私たちに嘘をつくと、周知のように地球は生活が不可能なまでに変化していくから、私たちは深刻な危険にさらされる。この問題は非常に複雑で、科学者は膨大なデータを解釈するという難題と日々格闘している。だが、基本的な事実は揺るがない。九七％の気候科学者は、気候変動の存在を肯定している。すでに米国小児科学会は、地球温暖化が子供たちの健康を危険にさらすと警告しており、[128]また、米国肺協会は、「気候変動のために数百万の人々が健康リスクの増大に直面する」と結論づけている。[129]

それから第二の打撃が来る。人間は気候変動に影響を及ぼす。[130]ダーティーな発電所や自動車からの排出ガス、森林の伐採は気候変動を加速させ、地球に破滅的な帰結をもたらす可能性がある。そのことについても圧倒的多数の科学的コンセンサスがある。

この巨大な問題の解決策は、幸いなことにいくつかあるが、多くの人々にとって非常に不快なもので、多くの場合、深刻な混乱を引き起こすだろう。だが、こうした解決策の多くは金を払いさえすればよいものなので、巨大汚染源にとってその痛みは金銭的なものだ。だからこうした会社は難しい課題に直面する。電源を移行し、ビジネス・モデルを変更し、環境負荷を削減するあらん限りの取り組みをしなくてはならない。さもなければ、もっとシンプルではるかに安上がりのアプローチがある。数人の「専門家」を見つけ、金を払って問題はないと言わせればいい。

億万長者のコーク兄弟はどのような選択をしたのか？[131]ヒントがある。彼らのコングロマリットは、わが国最大級の大気汚染源及び水質汚染源で、最大の温室効果ガス発生源でもある。だから驚くことではないが、他の誰にも増して彼らは、数多くの雇われ専門家を買い上げ、スポークスマンの役割をするようにPRのトレーニングを施した。彼らは捏造論説に資金を提供し、[132]捏造学術論文の費用を負担し、[133]さらに多くの偽専門家を援助するのに好都合なシンクタンクに大金を投じた。

コーク兄弟とその組織は、気候変動の存在を否定する団体に八億八〇〇〇万ドル以上を投じた。[134]誰がどう数えても八億八〇〇〇万ドルだ。二〇〇六年頃から、コーク兄弟は、気候変動に否定的な組織に対して公に追跡可能な献金をほとんど止めた。しかしそれ以降、不透明な非営利組織を通じた秘密裏の献金が急増した。ある調査によると、二〇〇三年から二〇一〇年における気候変動に否定的な団体への秘密裏の献金は、五億五八〇〇万ドルに上った。[135] ひねった見方をすれば、それは完全に筋が通っている。手を汚したなら、世の中に汚れた手を見せるだろうか？

あるとき、気候変動否定論者は、人類は気候変動を引き起こしていないとの請願書を組織化し、約三万一〇〇〇人の科学者の署名を集めた。おー、三万一〇〇〇人の科学者というのは本当に多い。ここに問題がある。実は署名者の九九・九％は気候科学者ではなかった。[136] その請願書に署名したのは、コンピュータ科学者、機械工学者、医師などで、厳密な科学を知る気候科学者はほとんどいなかった。気候変動否定論者には本当に恐れ入る。こうした連中が偽の専門家をまったく新しいレベルに持っていった。

それは、九七％の気候科学者が気候変動の存在を信じているという事実を忘れさせる。資金が潤沢な気候変動否定論者は、コンセンサスなどないというフィクションを繰り返すので、必然的に疑念が生じる。しかもその疑念は小さくない。アメリカ人の三三％しか、気候変動が本当に深刻な問題だと捉えていない。[137]

なぜコーク兄弟らは世論形成にそれほどまでに懸命なのだろうか？　なぜなら、一般市民が措置を求める必要性を感じなければ、措置が取られることはないからだ。気候変動はおそらく人類史上最も困難な問題で、解決にはわが国でも外国でも政府のとてつもない努力が必要だ。だが、一般市民が気候変動は現実のものだと確信しない限り、そして実際に私たちの生存を脅かすとの考えを完全に受け入れない限り、政府の措置を切実に求めることはないだろう。最悪の汚染源の閉鎖や石油会社への税優遇措置の削減、また代替エネルギー源の促進を拒む政治家が、何度も何度も選出される可能性がある。また、環境基準や安全基準を執行しない規制当局もフリー・パスを手に入れる。二億ガロン以上の石油がメキシコ湾に流出した事故を覚えているだろうか？

要点は、気候が変化しているので私たちも変化する必要がある、ということだ。この問題を解決するには、新しい技術、新しい法律、経済の大きな変化が必要だ。だが、大気や水質、土地を汚染することで利益を得ている企業は変化を望まない。そうした企業は、ビジネス・モデルを損なうような変化をもたらす取り組みから自身を防御し、それを撃退するだけだ。気候変動否定論者の目標は、全く変わらないことだ。現状維持に万歳三唱！　同じ状態が続けば続くほど、それだけ長く掘削、投棄、流出で大金を稼ぎ続けられるから、未来のことなど考えもしない。

この問題の解決は困難だということに向き合おう。この課題に最善を尽くす必要がある。最高の良心、最高のハードワーク、最高の決意が必要だ。また世界的な行動が必要だが、それは、いかなるときでも合意形成が難しい国々が協力し、困難な選択をしなくてはならないことを意味するので、最高の環境においても非常に骨の折れる外交的課題だ。二〇一六年の気候変動対策に関するパリ条約が示すように、私たちはいくらか前進したが、問題は加速し続け、まだ思いも寄らない解決策が必要となるだろう。

気候変動によってもたらされる困難な質問に対する答えは分からないが、今すぐ気候問題にもっと懸命に取り組まなくてはならない。この信じがたいほど困難な問題に取り組むあらゆる方法を模索しなくてはならない。「とにもかくにも企業利益を守ろう」と歌うことはそれには含まれない。偽の専門家を雇うことも含まれない。トランプ大統領が言うように、気候変動を中国が作り出した「でっち上げ」と呼ぶことは答えではない[139]。私たちは、ニュース番組に出演して「バランスのとれた見解」を提示するふりをする偽の科学者ではなく、真の科学者から学ぶ必要がある。

私は科学を信じている。どのような問題であっても、直面している問題をどのように解決するかについて、最高の証拠と見解を示す最高の科学者が必要だ。だが、気候変動の場合、お金の腐食作用が科学と科学研究への信頼を損ない、私たち自身を傷つけ、人類が決して取り戻せない事態をもたらしている。

あまり中立的ではない裁判所

私たちの司法制度は、金持ちと権力者の影響を受けないものとされている。多くの裁判所で、裁判官は、訴訟当事者から遠く、柵の後ろの一段高い裁判官席に座る。裁判官は、職務の厳粛さを示し、自分たちに有利な判決を求めて裁判所に来る者すべてと一線を画すために法服を着用する。そして正義の女神のほとんどの描写では、客観的に天秤の釣り合いを取ることを示すために彼女は目隠しをしている。アメリカ人にとって、正義の女神のイメージこそが正義の本質だ。

したがって、私たちの多くが裁判所で大金がつけいる隙などないと信じているのは、不思議なことではない。私たちの裁判官と裁判所は、クリーンな政府の最後の拠り所だ。そうでしょう?

えーと、どちらかと言えばね。

裁判官は公職選挙に立候補しない。少なくとも連邦判事はそうではない。だが、いくつかの州の裁判官は、数年ごとに再選を目指さなくてはならず、彼らは選挙献金を募集しはじめるとすぐに、献金してくれる大企業に擦り寄っていく。危険な坂道へようこそ。だが、裁判官が公職選挙に立候補しない場合でも、金持ちと権力者は隙を狙い、法的紛争結果に影響を及ぼす方法を探している。

その理由はとても単純だ。望んだように法律を制定する戦いにある業界が敗れたとしても――信じようと信じまいと時々起こる――、その業界は新しい法律や規制を裁判所で覆すことができる。たくさんのお金がある人に対して、裁判所は二度目のチャンスを与える。あなたの業界を監視する規制当局が発した新規則が気に入らない？　法廷に持ち込めば、裁判官がノックアウトしてくれるかもしれない。判決が気に入らない？　判決を覆すために戦えば、上級裁判所が最初の判決を却下するだろう。

裁判所は、訴訟を起こしたり弁護したりする弁護士に耳を傾けるが、文字通り「裁判所の友人」の文書である法廷助言書で意見を述べる第三者にも耳を傾ける。ここでも、大企業の古くからの友人たる全米商工会議所が主役を演じる。数十年にわたり、商工会議所は、大企業を助けるために裁判に影響を及ぼしてきた。商工会議所は法廷助言書を提出し、法人顧客が勝つべき根拠を並べ立てて説得をしている。

やれやれ、商工会議所は成功してきた。法廷助言書を最高裁に提出したとき、商工会議所の勝率は確実に上昇した。

財界にこうした勝利をもたらした最高裁判事は誰だろうか？　保守派の連邦判事、経済学者、データ分析を専門とする政治学者がその疑問に興味を持ち、数十年間の最高裁判決を分析した。彼らが明らかにしたところによると、二〇一二年末時点で、五人の保守派の判事（サミュエル・アリート、アンソニー・ケネディ、ジョン・ロバーツ、アントニン・スカリア、クラレンス・トーマス）が、過去半世紀において最も財界寄りの判事一〇人に含まれている。[140]アリート判事とロバーツ最高裁長官が、それぞれ第一位と第二位だ。[141]

最近、最高裁によって下されたある判決は、わずか一つか二つの企業や産業を助けただけはなかった。その五人の判事がシチズンズ・ユナイテッド判決を下したのだが、その判決によって企業による選挙献金の上限規制が外された。[142]その五人の判事により、従業員が人種または性別を理由に差別されたときに雇用主を訴えることができる範囲が制限された。[143]その五人の判事により、巨大で十分な資金を持つ企業により欺かれたり損害を受けたりした人々が事案を法廷に持ち込むのを、それらの企業は妨げやすくなった。[144]その五人の判事により、新興企業、従業員、消費者の訴訟を退けて大企業を助ける判決が、次から次へと下されてきた。[145]リストはもっと続くが、要点はかなり明確だ。わが国の最高裁が財界寄りの判決を積み重ねた結果は深刻で、最終的には私たちの民主主義の基盤そのものを揺るがす可能性がある。

　裁判所を有利なものにしようとする財界寄りの組織は、全米商工会議所だけではない。いくつかの組織は、判例の検索、訴訟当事者になる可能性のある者への接触、一流の前金制法的支援の手配を専門としている。[146]肝心なのは、勝つ可能性の最も高い訴訟を判事の目の前に持っていくことだ。そのように訴訟を都合良く選ぶことで、これらの組織は、高額な請求書を秘密裏に支払う法人顧客のために有利な判決を勝ち取っている。

　しかし、企業国家アメリカが私たちの司法制度に影響を及ぼそうとする試みは、法廷内に限定されない。素晴らしいリトリートに招待し、当然のことながら判事には料金を請求しないなど、説得の方法は数多くある。[147]リトリートでは、贅沢なワインと食事、ゴルフ、釣り、マッサージなども無償で提供される。唯一彼らがしなくてはならないのは、財界寄りの見解を提示するセミナーに一つか二つ出席することだけだ。ある四年間に、チャールズ・G・コーク慈善基金や全米商工会議所のような団体、また石油大手エクソンモービルや製薬大手ファイザーなどの多国籍企業は、約一八五人の連邦判事による一〇〇回以上の無料旅行の代金を支払った。一部の企業は、のちに業界に影響を及ぼす判決を下す裁判官向けにセミナーの後援までした。

　コーク兄弟は、長年にわたってこの種の影響力の基盤を築いてきた。二〇〇八年、彼らはパームスプリングスでの政治絡みのリトリートの資金を出したが、それは最高裁判事のスカリアとトーマスを狙ったものだった。[148]スカリア判事とトーマス判事は、のちに悪名高いシチズンズ・ユナイテッド事件の審問を行った。コーク兄弟から資金提供を受けたいくつかの団体は、シチズンズ・ユナイテッド判決を支持し、透明性に反対する上院議員と下院議員の当選を手助けするために、数億ドルを献金した。一部の権利擁護団体は非難の声を

図8　最高裁における商工会議所の勝訴率

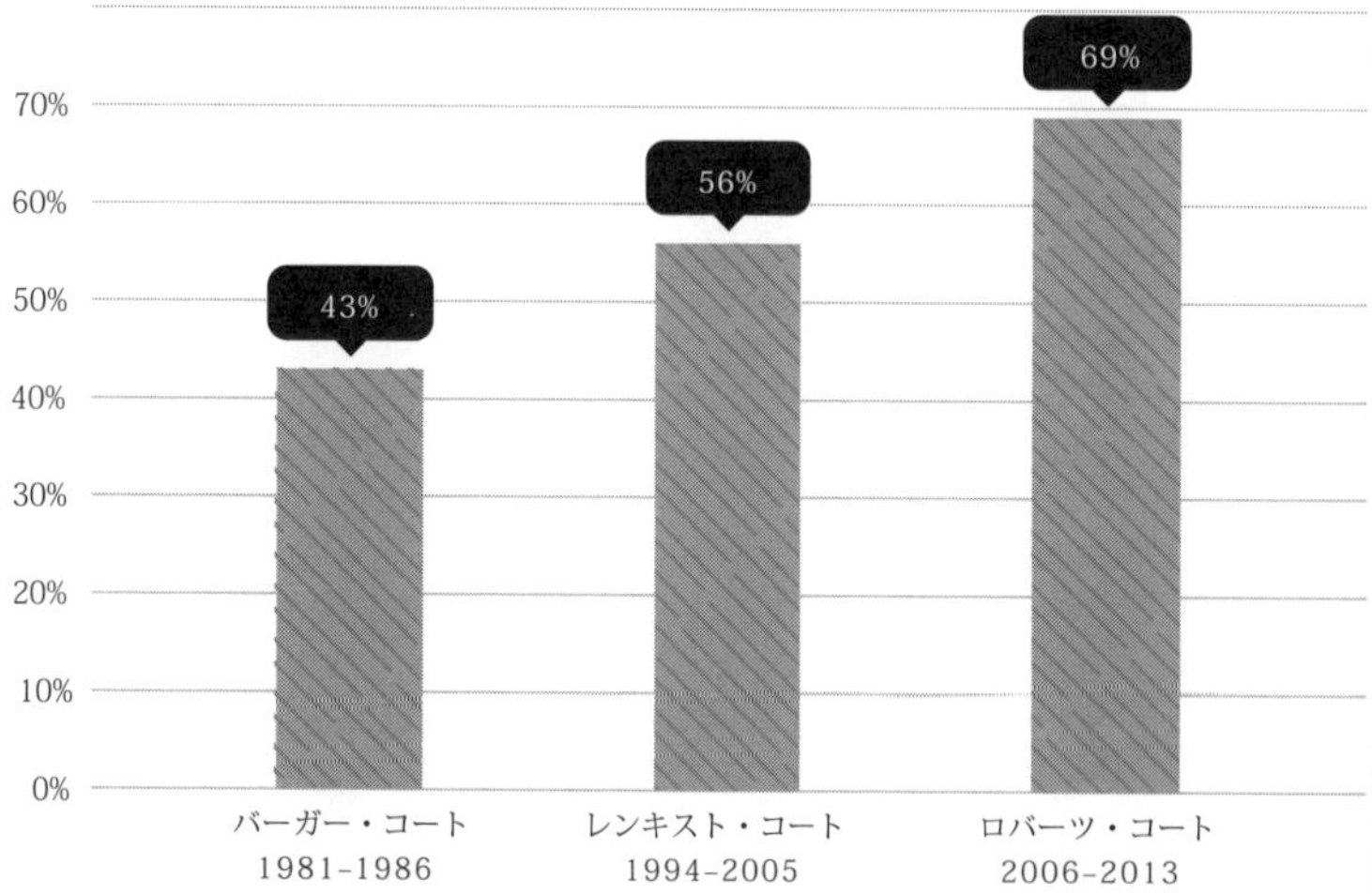

全米商工会議所は、最高裁でますます多く勝訴するようになっている。

あげ、両判事はそのようなリトリートに行ったのだから政治における金をめぐる裁判に関与すべきでないと言ったが、そうした訴えには耳を貸さなかった。スカリアとトーマスが賛同しなければ、シチズンズ・ユナイテッド判決は違ったものになっていたが、両判事は訴えを退けた。現在シチズンズ・ユナイテッド判決は拘束力を持った法律となっている。

無料のリトリートが判事の見解にどれほど影響を与えるかは分からないが、そのパターンは明白だ。例えば、スカリア判事は、一団体が資金を提供したものだけでおそらく二一回も旅行に行った。[149] 二〇一四年だけで、スカリアは、ハワイ、スイス、アイルランドといった場所にほぼ隔週、少なくとも二三回の旅行に行ったが、支払いはすべて、富裕層か彼らが後援した組織だった。[150] スカリア判事は、とくに狩猟旅行や、獲物をこっそり追跡していくのが好きだった。七面鳥を追跡した経験についてインタビュアーに語っている。「一発だけ撃つとしよう。外したら丸一日が台無しだ」[151]。

事実、亡くなった夜、スカリアは、テキサス州の高級な牧場に宿泊していた。その所有者は、わずか一年前に最高裁で争った事業を所有する一〇億ドル規模の会社だった[152]。その日の早いうちに、判事は、いくつかの映画が撮影された風光明媚な場所にウズラ狩りに出かけていた[153]。

スカリア判事は二〇一六年初めに亡くなり、多数党院内総務のミッチ・マコーネルは、共和党主導の上院はオバマ大統領による最高裁判事指名の審議を一切拒絶すると即座に発表した。前に述べたように、コーク兄弟はマコーネルを援護してジェリー・モラン共和党上院議員を脅し、立場を変えさせ、マコーネルの指示を守らせた。だが、コーク兄弟はそれで終わらなかった。中小企業を代表すると謳っているが、コーク兄弟から数百万ドルをもらった組織が介入し[154]、オバマ大統領が指名したメリック・ガーランドを積極的に攻撃した[155]。コーク兄弟から支援を受けた別の団体は、二〇〇万ドルを費やし、最高裁判事の空席を埋めようとする民主党上院議員を攻撃する広告をテレビ放送した[156]。それは前例がなくリスクの高い策略だったが、マコーネルとコーク兄弟にとって、そのギャンブルはやる価値のあるものだった。スカリアが選挙の年に亡くなったので、彼らは共和党大統領が後任を指名する可能性を残しておきたかったのだ。

数カ月後、ドナルド・トランプが共和党大統領候補になった。秋の選挙運動中に彼は、最高裁判事の空席を「スカリア判事のような」人物で埋めると約束した[157]。それから、トランプは大統領選に勝利した。大きなギャンブルに大きな報酬があったのだろう？

裁判所は、巨大企業と億万長者の影響から私たちを救ってくれるだろうか？　いつでもそう希望することは可能だ。だが、はっきり言おう。希望では、金持ちや権力者との一か八かの戦いに勝利することはできない。こうした連中によって、正義の女神が目隠しを外し、法衣をたくし上げ、財界の利益こそセクシーなウィンクをしているときには勝ち目はない。

億万長者の世界

お金の影響は政治のあらゆるところにある。どこにでもあるので、お金があらゆる認識を変えたという痛烈な真実に目を向け、受け入れることはほとんど不可能だ。

この見落としの最近の例には、本当にイライラさせられた。二〇一六年春、億万長者のマイケル・ブルームバーグは、ミシガン大学の演台に上がり、声援を送る数万の学生や家族に向けて卒業式の訓示を行った。その日は晴れていて、ステージには花や旗が飾られていた。そのとき、大統領選が激化していた。黒のベルベットと金編みの紐で飾られた優雅な黒の式服をまとい、華やかな装いのブルームバーグは、「党派心の炎を煽る」人を非難し、共和党と民主党両方をデマゴーグだと非難した。

私は式典に出席していなかったが、翌朝、彼のスピーチについて読んで思った。「すごい！　その通り両党が間違っている。やっちまえ、ブルームバーグ！」。

彼が引き合いに出した事例は非常に特殊だった。[158] 彼は、私たちの問題を「メキシコ不法移民とイスラム教徒」のせいにする共和党を叱り、私たちの問題を「富裕層とウォール街」のせいにする民主党を叱った。

ちょ、ちょっと待って。ふざけてるの？　マイケル・ブルームバーグは本当に、これら二つのグループをほとんど同等だと思っているのだろうか？「メキシコ不法移民とイスラム教徒」と「富裕層とウォール街」は、メディアに同じようなアクセスを持ち自分たちに対する攻撃に反撃できると、彼は考えているのだろうか？　その二つのグループは、政治献金とロビイストで政治家に影響力を及ぼそうとして同じような金額を費やしていると、彼は考えているのだろうか？　その二つのグループは、記者や編集者が注意を払うような有料メディア広告をだいたい同じ数流していると、彼は考えているのだろうか？　その二つのグループは、自分たちの考え方に都合の良い友好的な「専門家」を確保する長期的戦略を採用してきたと、彼は考えているのだろうか？　その二つのグループは、自分の仲間の誰かを政府高官に就ける同程度のチャンスを持ち、公務に就いている間に数百万ドルを支払って誰が友人か思い出させることができると、彼は考えているのだろうか？　ついでに言えば、その二つのグループは、経済を崩壊させてアメリカの家族に合計二二兆ドルの負担をかけたことに等しく責任があると、彼は考えているのだろうか？　「マイケル・ブルームバーグの億万長者の別世界」ではすべて妥当なのかもしれないが、地球上では妥当ではない。

　ブルームバーグのスピーチは若干の論争を巻き起こしたが、大学キャンパスが社会から切り離された安全な空間を持つべきかどうかに関することだった。（「ひどいアイデアだ。」）　彼のスピーチで、わが国の問題をウォール街と億万長者のせいにするのと、メキシコ人とイスラム教徒のせいにするのはほとんど同じだという部分については、全く関心を持たれなかった。全然関心がなかった。マイケル・ブルームバーグの見解では、彼とビクビクしている金持ち仲間は、イスラム教徒や不法移民と同じく非難される。彼は、それが責任転嫁であることには違いがないと結論づけ、罰を逃れた。自分のことを棚に上げるべきではない。

　この話は無害に思えるかもしれないが、私は骨の髄まで恐ろしく思った。マイケル・ブルームバーグが悪い人だからではない。実際のところ、会ったことはないが読んだものから推測すると、彼はまともな人間でたくさん良いことをしようとしてきた。その話を恐れるのは、次の二つの根本的な真実を思い起こすからだ。すなわち、競争条件が平等ではないことと、トップにいる人々はしばしばそのことに気づかないことだ。

　視点が重要だ。大富豪は、「私は貧しい人たちにお金を恵んでいて、金持ちが実際に列を並ぶ、「自分

ミシガン大学の卒業式でスピーチを行うマイケル・ブルームバーグ。

は目の前に並んでいる人を押し退けたいしたい良い奴だ」と心の中で考えるから、視点が問題なのだ。

その中に危険がある。自分は良い奴だという基準は機能しない。

確かに、自らの金銭的利益を求めずに、正当な理由のためにお金を使う金持ちもいる。だが、金持ちがより多くのお金を稼ぐために自分のお金を使うとき、彼らは邪悪ではなく、たんに合理的に行動しているだけだ。そして、彼らはまた、政府の有利な計らいを買うのに自分のお金を使うとき、言葉の最も狭い意味において、合理的に行動している。だが、金持ちが政府から有利な計らいを買うとき、彼らは残された私たちのものを奪っている。多くの金持ち（または金持ち企業）が多くの有利な計らいを買うとき、経済的、政治的なシステム全体が彼らに有利なように傾く。こうしたことが続くことを長い間許せば、金持ちと権力者があまりにも多くの金を使い、私たちの政府に対する大きな影響力を買い、民主主義の大前提が崩壊するだろう。私たちに平等な発言権を与える一人一票でこの国が運営されるのではなく、力を持つ少数者の利益になるように政府が運営される寡頭政治国家なってしまう。

本章では、これらの注目すべき出来事における回転ドアと選挙献金、ロビー活動と雇われ専門家の全体像を描いたわけでも、思いつく限りの事例を並べ立てたわけでもない。広大な暗闇の空間で小さな懐中電灯を振り回したにすぎない。だが、金持ちと権力者が民主主義の支配権を握るのに十分な兵器庫を持っていて、彼らはすでに非常に効果的に使っていることを示すため、私は最善を尽くした。

億万長者の大統領を見てみよう。

ドナルド・トランプは、自分はあらゆる事柄をどのように機能させるかを知っていると言う。政府を機能させる方法を知っていると彼は言う。実際、何度もそうしてきたと彼は言う。

彼は真実を語っている。二〇一三年、トランプは、フロリダ州司法長官の再選運動に二万五〇〇〇ドル献金した。二日後、現地で告発があったにもかかわらず、その司法長官はトランプ大学の詐欺についての捜査を拒否した。続きがある。トランプは、「司法長官に二万五〇〇〇ドルの「献金」を行うのに、自分やトランプ大学、また彼の別の事業の財布さえ使わなかった。[159] ゼロ。全くゼロだ。彼は違法にも自分の慈善財団のお金を司法長官に送ったのだ。

あらゆる事柄を機能させる？　それを全面的に信用してみよう。彼は、大金をばらまく者のために何でもうまく機能させる達人だ。彼は、人々を欺いて利益を得る方法を見つける王様で、政府高官から特別な取引を得る皇帝で、失敗のツケを誰かに払わせる王子様だ。そして今、彼は連邦政府を仕切っている。

トランプは、同じ考えを持った仲間から成るチームを作った。この同じ方法を使い、あらゆる事柄を機能させる方法を知っていて、少なくとも自身のために機能させる方法を知っている人々だ。ウォール街から来た財務長官は、ゴールドマン・サックスが経済を吹き飛ばす兵器を作るのを助け[illegible]、崩壊の[illegible]

向けられた住宅所有者に対して（ときには違法に）差し押さえをすることでさらに財をなした。ウォール街から来た商務長官は、* 長年危険な状態だった鉱山の爆発事故で一二人の炭鉱労働者が亡くなったとき、一ドルでも多く手にしようと会社を搾り取った伝説的な過去がある。[160] 労働長官は、ファストフードのＣＥＯとして、最低賃金の労働者を搾取し、彼らが実際に勤務した時間よりもはるかに少ない時間分しか賃金を支払わないことで大金を稼いだ。[161] 教育長官は、公教育を私物化するために数百万ドルを献金し、彼女と家族がお金を献金したとき、「私たちは投資のリターンを期待している」と露骨に言った。[162] 大手石油会社という独立国からやってきた国務長官は、ウラジミール・プーチンに擦り寄ることで企業利益を向上させた（そして、自分のボーナスを引き上げた）。[163]

トランプとそのチームは、総額で数十億ドルの資産を所有している。今や、彼らが政府を運営しているので、政権にいる間なのか回転ドアから出た後かはともかく、数十億ドルの資産を数百億ドル、数千億ドル、いやそれ以上にする可能性がある。

トランプ自身について言えば、現金化を待たねばならない理由などあろうか？ 彼はすでに、「大統領には利益相反はありえない」と言っているので、[164] 公務員として彼が行う仕事と、より多くの金を懐に入れるために行う仕事に区別を設ける必要がないと考えている。だから例えば、当選後彼は納税記録を公開することを拒んだ。[165] そうなると、国民は彼の金銭的利益について真実を決して知ることができず、ロシアにたっぷりと借りがあるかどうか、中東で大金を稼いでいるかどうか、決して知ることができない。それは、大統領として行う決断に重大な影響を及ぼす可能性がある事柄だ。彼は事業の所有権を放棄することも拒んだ。トラン

＊二〇一七年二月二七日、上院は商務長官にウィルバー・ロスを充てる人事を七二対二七の賛成多数で承認した。ロスは企業再生で実績を残した人物で、知日派でもある。

プは、ホワイトハウスにいる間は息子二人が事業を切り盛りすると言った——暗黙の了解だ。アメリカを再び偉大にする？　もちろん、トランプ・オーガナイゼーションにとって良いことはアメリカにとって良いことなのだから！

　政府のレバーは、法を執行し、規則を作成し、契約を発注し、他国に揺さぶりをかけたり侵攻したりし、友人を助けられる。そうしたレバーすべてが現在、政府をたった一人、自分のためだけに機能させることに全人生を費やしてきた男の手にある。政府——私たちの政府、私たちが所有する政府——に対するお金の影響力は、極限まで試されようとしている。

第五章　大変動の時代

二〇一六年一〇月二四日は、ニューイングランドが脚光を浴びた栄光の一日だった。ニューハンプシャー州マンチェスターにある大学キャンパスは、まさに絵葉書のような美しさだった。レンガ造りの古い建物がなだらかな丘の上に立っていた。空は青く、木々は赤や金に輝き、肌寒かったので明るい赤色のジャケットを着た。

セント・アンセルム大学のガイゼル図書館の中で、私はクリントン国務長官の到着を待っていた。ほんのわずかな人しかその建物に入ることが許されなかった。セント・アンセルム大学の学長、民主党の知事候補、下院議員候補の二人の女性、州の民主党委員長、一年以上にわたって働いてきた数人のボランティアだ。

ニューハンプシャー州知事のマギー・ハッサンは、共和党の現職上院議員に挑むという非常に厳しい任務を負っていた。彼女と私は、リビングルームのように整えられた大きな部屋にいた。彼女は電話で話していたが、内容は明らかに政治的な争いだった。知事として職務をすべてこなし、そのうえ、上院議員選挙に立候補するのは非常に厳しいに違いない。

私は座ったが、すぐに再び立ち上がり部屋の周りを歩いていた。私は窓の外を見た。すぐそばの野外ステージの前に群衆が集まっているのが見えた。それはサッカーの観客のようにも見えた——高い士気と楽観主義で満ちていて、チームを応援する準備ができていた。それは素晴らしかったが、ヒラリーとマギーが選挙戦を制するのに十分なのだろうか？　接戦の他の州ではどうなのだろうか？

私は神経質になっていた。過去数カ月間で八ポンドくらい体重が減った。二〇一二年に上院議員選挙に立候補したときと同じくらい減った。私は、クリントンと民主党上院議員候補を応援するために、いろいろな州を旅した。そしていくつか本当に思い出深い出来事があった。バーニー・サンダースは、デンバーでのヒラリーの大決起集会に一緒に行こうと誘ってくれた。（ほかに言いようがない。バーニーは本当に素晴らしかった。情熱的で賢明で、全身全霊を傾けていた。なぜ私たちが長年友人なのかを思い知った。）私はバスケットボール・コート、裏庭、ピックアップ・トラックの後部に立った。私は、抱きしめられ、もみくちゃになり、キスや握手をし、持ち上げられたこともあった。選挙遊説を行いながら上院の公聴会と審議に出続けることは、二四時間、週七日間働き詰めのように感じ、あまり眠れなかった。だが、それは問題ではなかった。民主党候補が大勝利でゴール・テープを切ることができるならば、テープを切るまで続けるつもりだった。この選挙がいかに大きな意味を持つか、そしていかに多くの選挙戦が接戦なのか、私は理解していた。

ヒラリーは早く到着した。彼女は元気で、穏やかで落ち着いているようだった。一般投票までわずか一五日、世論調査で彼女のリードは確固たるものだった。[1] 国務長官時代の私用メールサーバー使用問題は収束したようだった。最後のテレビ討論会がうまくいったことを率直に喜んでいた。選挙スタッフは私に、ドナルド・トランプがヒラリーを「なんてイヤな女だ」と言ったことについて、集会で何か言ってほしいと頼んできた。私は言うと約束した。

ヒラリーは図書館で写真を撮り、地元の候補者と話をした。それから彼女と私は、二人だけで話をするために小さな部屋に移った。

政策、政治。政策が多くなれば、政治的駆け引きも多くなる。彼女は微笑んで、数字は良いようだと言った。ああ主よ、そうありますように。私たちが一緒に実現できることについて、国民の支持を得る方法について、議会に圧力をかける方法について、議会が膠着したとしても政府機関を通じて働きかけることで効果を発揮する方法について、私にはたくさんのアイデアがあった。

私は多くの時間を費やしてそうしたアイデアを考え、どのように進めるか考えた。ヒラリーのチームには、私と同じ方向に進みたいと思う者もいれば、そうでない者もいることは分かっていたが、夜遅くまで眠れなかったのはそのせいではない。心の底から心配していた。もしドナルド・トランプが勝ったらどうなるのか？　彼が大統領になったらどうなるのか？　世論調査が未来の投票結果をはっきり映しているから心配していたわけではなかった。多くが当落線上にあったから心配していたのだ。

長年、共和党と民主党の違いは大きかったが、このようなものではなかった。フランクリン・デラノ・ローズヴェルト（ＦＤＲ）以降、共和党の三人の大統領――アイゼンハワー、ニクソン、フォード――の基本的アプローチは、トルーマン、ケネディ、ジョンソンといった民主党政権と同じだった。彼らの見解では、政府は幅広い繁栄を築く力となるもので、産業を規制し、未来のために機会を拡大するものだった。昔は、たとえ所属政党が異なっていたとしても、各大統領は前任の大統領がはじめた政策を実行した。例えば、アイゼンハワーは、ローズヴェルトとトルーマンの足跡を踏襲し、社会保障を拡大し、ニューディールのプログラムを支持した。

一九八〇年代にレーガンがトリクルダウン・エコノミクスの先駆けとなると、一部の民主党議員は抵抗したが、他の多くの者は減税と規制緩和の推進を手助けした。例えば、ビル・クリントンはグラス＝スティーガル法撤廃の指揮をとった。最終的に両党は合意に至らなかったが、オバマ大統領は、社会保障給付を削減する「包括的財政健全化案」に手を出した。[2]

だが、この選挙は異なっていた。トランプのヴィジョンは、ステロイドを摂取した保守派哲学だった。つまり、トリクルダウン・エコノミクス、規制を撤廃し、減税を行うが、全部が極端で、全部が不快極まる敵対感情が入り混じっていた。彼は大企業や億万長者が求める様々なものを提供した――環境保護庁の弱体化[3]、重要な銀行規制の骨抜き[4]、職場安全検査の削減[5]、医療費負担適正化法の撤廃[6]、トップの人々に対するいっそう大幅な減税の導入だ。[7] 彼は、わが国の中間層を容赦なく食いつぶすことについてはすべてを隠し、小さき男のために懸命に働くという約束で、嘘をきらびやかなパッケージに包んだ。

確かに、トランプは共和党の伝統的見解の一部を打ち破った。彼は、今ある貿易協定や提案中のものを批判し、ウォール街に課税すると主張し、新バージョンのグラス＝スティーガル法で銀行を解体すると言った。だが、詳細はなく、矛盾が多かった。(8) どうにか理解するとしたら、この男は、レーガンとトリクルダウンのすべての司祭が推進したアイデアを採用し、それらを「巨大なもの」にしたかったのだ。

しかし三五年にわたってトリクルダウンの馬鹿騒ぎが続いたので、アメリカの中間層はすでに崩壊寸前で、何百万もの人々の機会はすでに枯渇してしまっている。トランプは、すべての人の輝きを奪い、この国を永遠に変えてしまうパンチになる可能性がある。

ドナルド・トランプと極右の副大統領候補が共和党の指名を受けたとき、私は戦う準備ができていた――全力を尽くし、たじろぐことはない。ヒラリー・クリントンには、競争条件をもう少し平等化し、より多くの子供のために機会を再構築するチャンスがあった。トランプは一縷の希望を叩き潰す決意をしたようだった。

図書館から集会に向かいながら、私たちはこの選挙に勝利しなくてはならないと考えていた。どうか、どうか、どうかやらなくてはならない仕事をするチャンスを与えてください。

太陽が眩しかった。ヒラリー、マギー、私は、集会の盛り上がりを期待して明るい色を着ていた。木の葉が風に舞い、その小さな影によってすべてが刺激的で生き生きとしていた。大勢の人たちに挨拶をしに行くとき、私たちはレンガ造りの古い建物の横を通りがかったが、学生たちが窓際に殺到し、私たちに声援を送っていた。

私は仮設ステージへの階段を駆け上がり、手を振り叫んだ。ステージは大きな広場に面していて、数千の支持者でいっぱいだった。人々の顔が見えた。上院議員選でボランティアをしてくれて、今はここニューハンプシャーで手伝っている人もたくさんいた。選挙集会は、このような場所ではとくに、一九世紀を舞台にしているように感じるものだ。

だが、カメラの放列、スポットライト（そう、明るい太陽の中でも巨大なライトがステージに向けられている）、音響設備があるので、このイベントは確かに二一世紀のものになっていた。そのうえ、一九世紀には、大統領候補、上院議員候補、応援に駆けつけた近隣州選出の上院議員という三人の女性がステージ上にいることはなかっただろう。世界は変わり、私たち三人が聴衆の中にいる小さな女の子、少女、中年女性、高齢女性を見て、私たちの進歩を祝い、互いを応援する栄えある機会だと感じた。

ヒラリーを紹介したとき、私は彼女のこれまでの業績について語り、なぜ彼女が大統領に選出されるべきか説明した。それから彼女の対立候補を激しく非難した。トランプ大学の学生を欺いたこと、ラティーノを強姦魔と呼びアフリカ系アメリカ人をゴロツキと呼んだこと、イスラム教徒を中傷したことについて語った。聴衆は盛り上がり、私も気勢をあげた。

この晴れやかな日に、数千もの女性や女の子、そして彼女たちの夫、父親、友人に語りかけ、彼ら一人ひとりの立場に立つことを全力で示した。マイクを通じてこう言った。

ドナルド・トランプは、この国の半分以上の人たちにわずかな敬意も払うことができないのです。
金にものを言わせ、彼は女性を雌ブタだとかふしだらな女と呼ぶことができると考えているのです。
有名人だから、彼は女性の肉体を一から一〇で評価できると考えているのです。
ラムネ菓子で口がいっぱいだから、彼は女性をどうとでもできると考えているのです。

2016年の選挙直前、このニューハンプシャーの集会で士気が高まった。

大きなブーイングと不満が聞こえたが、収まるまで待てずに続けた。

ドナルド・トランプ、言いたいことがあります。女性はあなたのような人間に言いたいことがあります。イヤな女はあなたのような人間に本当に言いたいことがあるのです。

ドナルド、よく聞いて。イヤな女はタフです。イヤな女は聡明です。イヤな女は投票します。そして一一月八日、私たちイヤな女は、あなたを私たちの人生から永遠に追い出すために、列をなして私たちのイヤな票を投じるでしょう。

反応は爆発的だった。笑い、叫び、拍手、口笛。タフさと連帯の素晴らしい現れだった。多くの手が天に突き上げられた。私たちはトランプの侮辱を受け止め、それを彼に投げ返した。私たちには力があった！

ステージ上の三人の女性、聴衆の中のすべての少女と女性がその日を支配し、今そこに、アメリカの未来を語るチャンスがあった。私は、上院議員になるずっと前から話してきたのと同じ主張をした。ヒラリーや私のような女性にチャンスを与えてくれたアメリカについて話をした。ヒラリーは工場労働者の孫娘で、私は清掃員の娘だった。それこそ機会の国アメリカだ。

私たちは機会の国アメリカを信じています。そのアメリカのために私たちは戦うのです。私たちは信じていますが、心配しています。そうした機会が失われていっていることを心配しているのです。実際、アメリカのたくさんの人々が心配しています。心配して怒っているのです。ワシントンがトップの人たちのために機能し、他の人たちを置き去りにすることがあまりにも多すぎるので怒っているのです。

私はできる限り明確に述べた。これは私たちの価値観、私たちの信じるもの、私たちが毎日起きて一生懸命働く理由についてのことだ。借金を負わない大学進学と社会保障の拡大についてのことだ。科学と気候変動についてのことだ。何かよりよいものを生み出すために私たちが共に投資できるかどうかについてのことだ。歓声が最も大きかったのは結論を述べたときだ。

百万長者や億万長者、巨大企業が、私たちの選挙と政治家を買収できるようにしてはいけないのです。企業は人民ではありません。私たちはシチズンズ・ユナイテッド判決を覆し、民主主義を人民の手に取り戻します！

そのスピーチによってすべての聴衆とつながっているように感じた。この美しい秋の日に、そのメッセージは絶対的に正しいと感じられた。

ヒラリーが話をし、とてつもない声援を受けると、私たちはステージから降りて聴衆の中に入っていった。たくさんの写真が撮られ、笑顔があふれ、抱擁を交わした。さらに多くの自撮りが行われて、多くの人は、「私たちが歴史を作る！」と叫んでいた。

二五分後、明るいブルーのSUVに乗っていた。私たちはそのSUVを「青い爆撃機」と愛着を込めて呼んでいた。期日前投票を呼びかけるため、その車で州境を越えてマサチューセッツ州ローレンスに戻っていった。クラウド・サーフィングのある大集会はちょっとした短距離走のようなものだ――ゴール・ラインを越えるまで身を任せなくてはならない。私は車に乗っていたが、まだ息が苦しく、ニューハンプシャーの聴衆のものすごい熱狂を感じていた。そうした歓声にもかかわらず、私はまだ、十分な大きさの警鐘を鳴らすことができなかったのではないかと心配していた。

まだ心の底から心配していた。

不出馬

私にとって二〇一六年の選挙は、二〇一三年初頭にはじまっていた[9]。大統領選に出馬する予定を尋ねられるようになったのだ。

ハァッ？

上院議員になって数週間しか経っていなかった。それ以前は、連邦政府機関設立のために一年を費やしていた。私の考えでは、その質問にはとても簡単な答えで十分だ。アメリカ合衆国大統領になろうとする者は、もっと経験を積んでなくてはならない[10]。

そのうえ、上院での新しい仕事を気に入っていた。学生ローン、医学研究の資金、銀行規制、社会保障を改善する機会を見つけようとして、私は毎日一心に励んだ。私はマサチューセッツ州の人々――給付に問題を抱えている退役軍人、住宅ローン会社にその場限りの言い逃れをされている住宅所有者――を助ける方法を日々考えていた。私は仕事のコツを掴み、あちこちでいくらか光を見出していた。ゆっくりだが、少なくともいくらかの成功を収めたと考えはじめていた。私は、人々を欺いている営利大学を取り締まるために懸命に働いていた。私は、巨大銀行が法律に違反したときに、より大きな説明責任を求めようとしていた。私は、退職貯蓄を守るためにできる限りのことをしていた。ええ、こうしたことがちょっと間抜けっぽく、魅力的な見出しにならないことは分かっていた。だが、私は気にしなかった。こうした問題で前進するために戦うことで、ジーナやマイケル、カイのような人々の暮らしを改善できるのだ。

それが私の仕事のように感じていたし、少しでも改善することができれば、それこそ私が深く愛する仕事だった。医学研究の資金を増額し、地方の病院を守るためにメディケア診療報酬規則を改善するよう共和党に迫る機会があることは、私にとって幸せだった。学生ローンの金利を引き下げ、基本的なインフラ投資を加速させることに熱心に取り組んだ。こうした公共投資を信じていたので、そのために果敢に戦うことが嬉しかった。そしてマサチューセッツ州の人々のための戦いに私を選んでくれたことに感謝していた。

たとえそうでも、メディアでは、私が大統領選に出馬するとの憶測が飛び交っていた。世論調査では、私といろいろな人たちとの対決が示されていた。「彼女の考えを知っている」と称する匿名の人々が、私の将来について推測していた。（うーん、本当に知っているの？）私は、他州での夕食会、フェスティバル、パレード、ピクニック、それにパイ早食いコンテストに至るまで、招待状をもらうようになった。それらはすべて楽しそうだったが、それらがパイ早食いコンテスト以上の内容になるのではと心配した。

二〇一五年一月までに、複数の「ウォーレン擁立」運動が立ち上げられた。それらは本当に善良な人たちによって支援されており、その意図は最善のものだと分かっていたが、私の意思が反映されたものではなかった。私は上院議員の職務を学びたいと思っていた。消防車のための資金を見つけることから、詐欺目的の営利大学を閉鎖することに至るまで、私はこの仕事を気に入っていた。実際、私はこの仕事を本当に、本当に愛していた。今も変わらず愛している。

ある日の夜遅く、私はブルースに、大統領選に出馬すべきか尋ねた。私たちはケンブリッジの自宅の二階、寝室の小さなソファーに座っていた。そしてテレビを見ていた。彼がスイッチを消した後、疲れていたし、快適だったので立ち上がれずに、ほとんど真っ暗な中数分間座っていた。寝室は涼しいというより肌寒かった。私は大きな赤色の起毛毛布に包まり、ブルースにもたれかかっていた。

私が尋ねて沈黙を破ると、彼は腕を私の肩に回した。彼が最初に言うことは分かっていた。「君にはしたいことを何でもしてほしい。いつでも一緒にいるから」。

ええ、そうしてくれることは分かっていると私は言った。けれども、私が知りたいのはそのことではなかった。私が出馬すべきかどうか考えを聞かせてほしかった。

ブルースは長い時間黙っていた。彼は深呼吸をし、私を強く抱きしめた。「君が出馬すべきかどうかは分からない。君が本当に心配していることがたくさんあることも知っているし、君が戦わなくてはならない時があることも分かっている。それが君だから。だけど、このような選挙戦は本当に酷いものになる。上院議員選挙だって酷すぎたのだから、大統領選に出馬すればもっと悪く、いやもっと酷いものになる」。

誰かを愛することについて奇妙なのは、自分よりも相手が傷つくことの方がつらいことだ。二〇一二年の上院議員選挙で最もつらかったことを、私はほとんど忘れていた。それは赤ちゃんを産むときのようなものだ。出産時にはひどく苦しむが、出産して赤ちゃんを抱き締めると、つらかった記憶は脳のどこか別の場所に封じられてしまう。しかし、ブルースは私がつらい思いをしたことを覚えていてくれた。

それに、上院議員選挙はブルースにとってもつらかったことを、私は忘れてしまっていた。私が嘲笑され、中傷されることは彼にとってつらく、私たちの子供が政治的攻撃に巻き込まれることも、彼や私の兄弟姉妹を心配させるのもつらいことだった。

「出馬してもいいかしら?」と私は尋ねた。

彼はいいよと言ってくれ、暗闇の中微笑んだ。信じられなかったけれども、そう答えてくれた。

私も何が正しい答えなのか分かった。ブルースと話をし、口に出して尋ねることで分かったのだ。私は全精力を傾けて役立てるように、自分の職務、つまり上院議員の職務に専念し続けることを望んでいた。

だから私は出馬しないことにした。

危険

毎週火曜日、上院の民主党指導部は朝九時に会合を持つ。昼には昼食会が行われる素晴らしい部屋に集まるが、少数の上院議員しかいないので部屋はいつも寂しい。この会合は、今後の法案、新たな戦略、その週に起こる重要問題について話し合う機会だ。だが、選挙期間には、こうした会合はつねに大統領選挙のゴシップに終始する。

予備選の時期には、私はこうした会話の蚊帳の外だった。上院の民主党指導部の他の者はすべてヒラリー支持を公表していたが、私は中立を保っていた。二〇一五年一一月、上院民主党の全女性議員がサンダースではなくクリントンを支持する公開イベントのために集まったが、私は加わらなかった。その後の数カ月間、民主党議員がヒラリー支持を明らかにしていったときも、私は距離を置いていた。多くの人が支持を明らかにするように圧力をかけてきた。実際、大きな圧力だった。だが、私は自分の道を進み、自分の仕事に専念し続けた。

予備選を通じ、ヒラリーとバーニーは、銀行規制、医療、大学の学費負担適正化など、重要争点について論争した。それは思慮深い論争で、わが民主党にエネルギーを与え、民主党が今後四年間の政権で達成しようとする事柄について、厳しい質問を明るみにすることになった。それはまた、二人の聡明で有能な人物の間の論争で、それぞれ、共和党候補の誰よりもはるかに優れていた。ヒラリーもバーニーも傷つけたくなかったし、その論争のどれも避けたくなかったので、私は支持を表明しなかった。

他方、共和党予備選は現実離れしていた。候補者が乱立していた。討論を見るたび、テレビ番組『サバイバー』のように、ひょっとすると誰かが投票で追放されるのではないかと思った。討論は、奇妙な誓約と馬鹿げた主張ばかりだった。誰が税率を最も引き下げるのか、誰がレーガンに最も似ているか、誰が隠れ家で一緒に過ごすには一番いいか。日々、偏見が訴え続けられた。そして毎日、他に何が起ころうとも、国民的なお祝い事や地方の大災害があろうとも、ほぼすべてのニュース報道は、ドナルド・トランプの話題を一つは取り上げた。

トランプの異例の選挙運動は、ある州から別の州へと次々に火をつけた。彼のふざけた態度は増長した。あからさまな喧嘩、下品なジョーク、巨大集会、すべてが注目を集め続けた。共和党指導部でさえトランプへの敵意を隠さず、記者は無料で彼のことをたくさん報じたが、報道は非常に批判的だった。この光景を見て、多くの民主党議員はニヤニヤ笑っていた。三度結婚した男は落ち着くことを知らず、政策的立場をコロコロ変えた。そのトランプが次期アメリカ大統領になると考えるのは、妄想でしかなかった。

冬から春にかけて、民主党指導部の朝食会では、いわゆる「錯乱したバカ」を対立候補にするのは、民主党にとって幸運なのかという疑問が聞かれた。私たちは、彼のことをどう言えばいいのか考えるのに苦労し、共和党議員の多くが口ごもっていることについて話をした。私たちの側の多くが大笑いしないように我慢した。

だが、それは民主党だけではなかった。あらゆる人々がそうだった。真剣な人々、事情通の人々、賢明な人々。彼らの多くは、トランプはジョークだと笑った。

しかしながら、二〇一六年初めには、警戒すべき多くの理由が生じた。偏見と経済に関する嘘、トランプのワンツーパンチが人気を博した。彼は、国民が本当に心配していることについて語り、大胆な約束をした。彼は、ジーナのような人々が感じた怒りを訴え、その問題の解決策について嘘をついた。彼は魅力のないロナルド・レーガンだった。レーガンは、中間層がもっと多くのものを欲していることを理解していたので、金持ちへの贈り物をトリクルダウンで辻褄合わせした。トランプは辻褄合わせすらしなかった――彼はただ手を振って、「アメリカを再び偉大にする!」と言っただけだ。それからわが国の過ちすべてをメキシコ人、イスラム教徒、オバマのせいにした。

そして彼は連勝した。

彼が共和党大統領候補になることがはっきりすると、ツイッター上で彼を追いかけた。(格好悪いけど――ソーシャル・メディア上の一四〇字の中で人種攻撃をする怪物を追いかけた。)

共和党内の対立候補は彼を倒そうと試みたが、小さな虫のように叩き潰された。共和党予備選で最初リードしていた者を「生気のないジェブ*」と呼び、島の最後のサバイバーに「チビ・マルコ**」というあだ名をつけて、トランプは立ち塞がる者を破壊する邪悪な力を証明した。

❶

Elizabeth Warren
@elizabethforma
Follow

はっきり言おう。@realDonaldTrumpは敗者だ。失敗した事業を全て数えてみるがいい。トランプ大学のような詐欺でどのように人々を欺いたか見てみればいい。

12:19 PM - 21 Mar 2016

9,345　14,092

だから私は自分のツイッター・アカウントに勢いをつけ、彼の注意を引いた❶。

トランプと接点がないまま投稿していた。トランプのホテルやゴルフコースを建設した勤勉な人々を、彼がどのように欺いたのかツイートした。いじめ、女性への攻撃、人種差別主義、ナルシシズムについて言及した。最初のツイート攻撃中、私は警鐘を鳴らすために最善を尽くした。この男は危険で、アメリカ大統領になる可能性があると❷❸。

私は彼をつねに同じテーマで追及し続けた。彼は人種差別的ないじめっ子で、経済政策や外交政策の問題で信用できない❹❺。

トランプが気づいた。

ある日、孫息子のアティカスと映画『カーズ』のライトニング・マックイーンのパズルをしていると、電話が鳴った。トランプが反応したとのことだ。彼は私の名前を思いついた――「間抜け」だ。のちに「ポカホンタス」をつけ加えた。正気なのか？　私たちの家族が兄弟や私に先住民の血を引いていると言ったことを攻撃し

*ジェブ・ブッシュのこと。元フロリダ州知事で、父は第四一代大統領のジョージH・W・ブッシュ、兄は第四三代大統領のジョージ・W・ブッシュ。

**マルコ・ルビオのこと。キューバ系でフロリダ州選出の上院議員。

❷

Elizabeth Warren @elizabethforma　Follow

だけど@realDonaldTrumpが他のあらゆる場所で敗者だからといって、彼がこの選挙に負けるということにはならない。

12:21 PM - 21 Mar 2016

3,419　5,860

❸

Elizabeth Warren @elizabethforma　Follow

歴史上最悪の独裁者の多くは敗者としてスタートした。そして@realDonaldTrumpは深刻な脅威だ。

12:22 PM - 21 Mar 2016

5,820　9,579

❹

Elizabeth Warren @elizabethforma　Follow

今支配している政党のリーダーよりもKKKのリーダーの間で、@realDonaldTrumpに熱烈な支持がある。

10:47 PM - 3 May 2016

15,408　21,243

❺

Elizabeth Warren @elizabethforma　Follow

@realDonaldTrumpは、支持者を暴力に導き、プーチンを賞賛し、「独裁者と呼ばれることを気に入っている。」

10:48 PM - 3 May 2016

3,668　6,538

[11]て、私を沈黙させようと考えたのか？　惜しいけどそうはいかない。彼は怒鳴り散らすことはできるが、トランプ大学、自分の破産、プーチン、クー・クラックス・クラン（KKK）といったことについては何も反応しなかった。

この時点で、もっと賢明な人なら攻撃を受けない位置に移動したかもしれない。私は、今こそリスクを冒してでも攻撃する時だと考えた❻❼❽。

私は、フェイスブックの投稿、スティーヴン・コルベアのインタビュー、『ボストン・グローブ』紙の論説、動画、なんでもやった。トランプが元ミス・ユニバースを罵倒したとき、彼が本当に気にしていることについて、大統領のあり方について、より本質的な点を突こうとして割り込んだ❾❿⓫⓬⓭。

トランプは何度も反撃してきて、何度も何度も私を間抜けというニックネームで攻撃した。だが、彼はそれ以上のことは何も思いつかなかったようだ。（かわいそうに！）

ツイート攻撃はメディア

❻

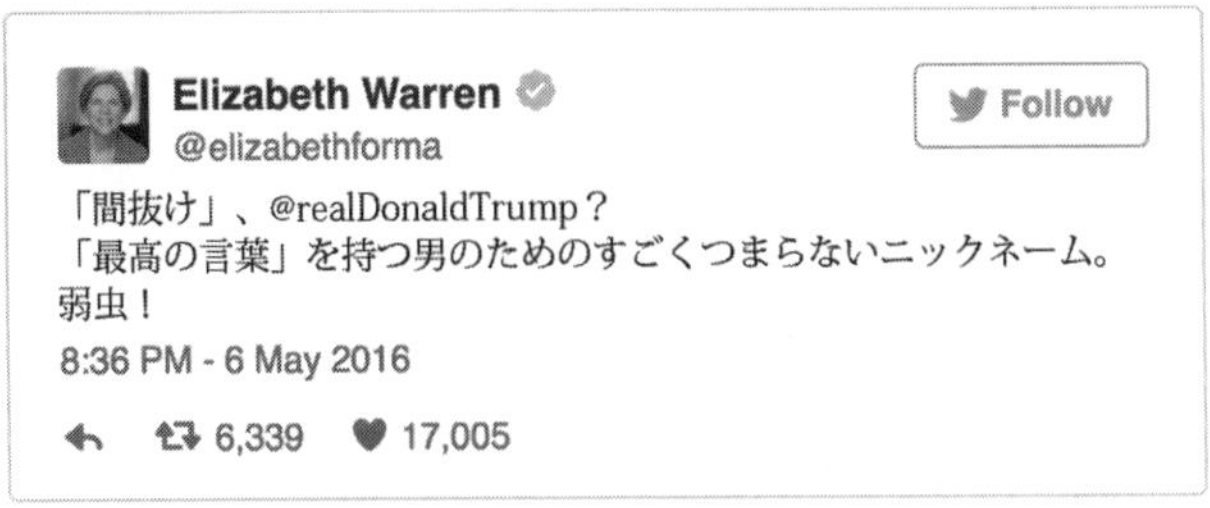
Elizabeth Warren
@elizabethforma
Follow

「間抜け」、@realDonaldTrump？
「最高の言葉」を持つ男のためのすごくつまらないニックネーム。
弱虫！

8:36 PM - 6 May 2016

6,339　17,005

❼

Elizabeth Warren
@elizabethforma
Follow

@realDonaldTrumpは侮辱と嘘を撒き散らす。
なぜなら、彼はアメリカに対する危険なビジョンについて
正直に話すことができないからだ。

8:41 PM - 6 May 2016

7,520　17,285

❽

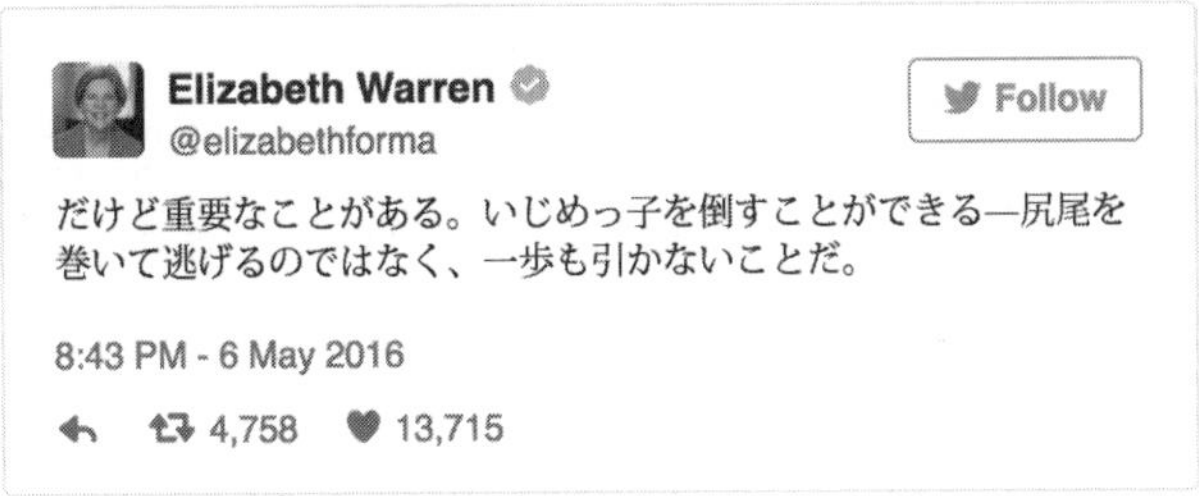
Elizabeth Warren
@elizabethforma
Follow

だけど重要なことがある。いじめっ子を倒すことができる—尻尾を巻いて逃げるのではなく、一歩も引かないことだ。

8:43 PM - 6 May 2016

4,758　13,715

❾

Elizabeth Warren @elizabethforma

これで夜遅くまで眠れないのですね、@realDonaldTrump？
太っていたり、醜かったり、ふしだらな女性の新しく面白い呼び方は思いついたのかしら？

5:04 PM - 30 Sep 2016

5,890 13,084

❿

Elizabeth Warren @elizabethforma

債務に押しつぶされている学生や社会保障で苦労している高齢者を助ける方法については、午前3時にツイートすることなど絶対にないのね、@realDonaldTrump。

5:05 PM - 30 Sep 2016

10,322 25,576

⓫

Elizabeth Warren @elizabethforma

労働者のために新しい仕事を創出することや、ウォール街に責任を持たせる方法については、午前3時にツイートすることなど絶対にないのね、@realDonaldTrump。

5:07 PM - 30 Sep 2016

6,525 15,640

⓬

Elizabeth Warren @elizabethforma

ないわよね、@realDonaldTrump。あなたが夜中に考える唯一のことは、次の人種差別主義的、性差別的なツイートと、不快な嘘のことだけよ。

5:09 PM - 30 Sep 2016

4,795 13,148

の注目を引くようになった。それを好んだ人もいたし、不快に思った人もいた。ある友人は、友人の女性からの電子メールを転送してくれた。「ドナルド・トランプと一緒に泥の中を転げまわって、私たちの上院議員はどういうつもりなのか？」。

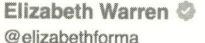

おふざけではない。彼女がどのように感じたかは分かっていた。だが、トランプは大統領になる可能性があったので、そうしたツイート攻撃やフェイスブックの投稿によって大勢の人たちの注目を集めた——約四六〇〇万もの人がこうしたやりとりをフォローしていた。もしツイートや投稿、攻撃の応酬によって大勢の人々に伝えるチャンスがあるなら、私は実行すべきだと思った。そうした人々の一部は、ドナルド・トランプが従業員を騙し、学生を欺いたことを知らなかったかもしれない。彼らの一部は、ドナルド・トランプが彼らのために戦うつもりなどないと思わなかったかもしれない。

⑬

Elizabeth Warren
@elizabethforma
Follow
午前3時に女性を侮辱するのが大統領にふさわしいと思っている怒りっぽいいじめっ子は、アメリカのことを分かっていないし、アメリカをリードするのにふさわしくない。
5:10 PM - 30 Sep 2016
12,368
28,492

ひょっとしたらだが、私は、トランプが言葉での戦争で無敵だという認識を変える一助になったかもしれない。トランプは早い段階で、過激なツイートはどれもニュースになることを理解していた。今度は、トランプの化けの皮を剥ぎ、反撃するという新たな展開が生まれた。

ツイッター上でドナルド・トランプという熱気球を狙い撃ちするとき、自分が数発被弾するという犠牲を払うことくらいなら、そうなってもいいだろう。私は攻撃を続けようと計画していた[12]。

スケープゴート

ヒラリーは民主党大統領候補に指名されると、私に七月の党大会で話をしてくれないかと言った。私は快諾し、すぐに演説原稿を書きはじめた。私は、勤勉な人々がいかに打ちのめされているのか話をするチャンスを欲していたが、今回はその主張を、トランプの選挙運動における人種差別という暗黒面と結びつけることにした。

選挙シーズンがピークを迎えようとしていたとき、上院の友人の一人は食堂で食べることを止めると言った。料理を食べ終わってコーヒーが注がれてから、ウェイトレスがその上院議員に、誰だか分からない人だけれど、民主党上院議員だと知っていて少し政治の話をしたがっていると伝えた。そちらに行ってもいいだろうか?

その上院議員は快諾した。

一人の男がやってきて握手をし、自己紹介をした。彼は微笑んで、トランプ支持者だと説明した。少し話をしてから、その男は問題の核心に切り込んだ。もしヒラリーが勝利したら、「日焼けサロンに行ってできるだけ黒く焼いてと言わなくちゃ。今日うまくやれているのは肌の黒い人たちだけだから」。だから彼はトランプを支持しているという。

何気ない人種差別が大っぴらにされた。その男は罵ったり唾を吐いたりしたのではないが、彼の言葉には憤りと憎しみが満ちていた。その言葉は、親しい仲間内でビールを飲んでいるときではなく、上院議員とのかしこまった会話の中で出てきたものだ。そして自分がうまくいかないのは彼らが良い機会をすべて得てしまっているせいだという頑固な思い込みに、一言一句が基づいていた。

人種差別はアメリカにおいて新しいものではない。

人種差別は新しいものではない――私から講義を受ける必要はないだろう。ほとんどの人がこの問題について善悪をわきまえており、ほとんどの人が正しい判断を下している。もちろん私もそうだ。

アメリカの政治経済史は偏見に満ちている――アイルランド系、黒人、アジア系、スロバキア系、先住民、ラテン系、ドイツ系、プエルトリコ系、女性、ゲイ、レズビアン、トランスジェンダーの人々に対する偏見だ。偏見のリストは長い。時間軸と空間軸のあらゆるところに偏見がある。それはとても古い物語だ。

世代を経る中で、偏見の中には消え去ったものもあるが、そうでないものもある。そしてその憎しみにつけこもうとする政治家がつねにいた。一九五八年、ジョージ・ウォレスはアラバマ州知事選に穏健派として立候補し、KKKを批判し、全米黒人地位向上協会（NAACP）の支持を得た。彼は敗北した。

のちに彼は補佐官に、対立候補から「黒人の味方」だとレッテルを貼られたが、[13] 二度とそのようなことが起こらないようにすると語った。数年後に知事に選出されたとき、彼は就任演説で、「今日も人種隔離を、明日も人種隔離を、永久に人種隔離を」と宣言した。[14] 彼の声明は最重要の票田、すなわち白人投票集団への直接的なアピールだった。

数年後にリチャード・ニクソンは、南部で共和党の票を固めるため、人種差別主義につけ込んだ「南部戦略」を採った。その後、共和党は柔らかい言葉を使い、「州権」といったような婉曲表現を使い、「福祉国家」への攻撃を開始した。

共和党は、人種差別主義をあからさまに悪用した選挙戦略に突っ走ってしまったので、二〇〇五年には、全国委員長が黒人との関係修復を狙ったお詫び行脚をはじめた。二〇一二年に共和党が大敗を喫すると、共和党指導部は厳しい分析を行い、移民、ラテン系、アフリカ系アメリカ人、LGBTQコミュニティを包摂するように主張を変更しなければ、また、女性を包摂する成果を上げなければ、破滅することになるとの結論を出した。

その報告書は非常に具体的なものだった。[15]「私たちは包括的移民改革を歓迎し支持しなくてはならない。そうしなければ、わが党は、主要支持層だけしか引きつけられなくなってしまうだろう」。そしてその警告は明白だった。「私たちはすべての有権者を歓迎し、包摂する政党にならなくてはならない」。

だが、ドナルド・トランプはそうは考えなかった。共和党の報告書が公表された二〇一三年三月[16]、「共和党全国委員会は自殺願望でもあるのだろうか？」と彼はツイートした[17]。

評論家は、彼の見解をセレブの億万長者の戯言として片づけた。だが、二〇一五年には、トランプは、あらゆる種類の偏見を積極的に煽ることで[18]、混迷した共和党予備選に注目を集めた。メキシコ系アメリカ人を強姦魔や犯罪者と見なし、アフリカ系アメリカ人を凶悪犯と呼び、全イスラム教徒をテロリストとして片づけ、女性を蔑視するなどして、彼は他の候補者と差別化をはかった。彼は長年先住民を侮辱、攻撃し、選挙期間中、先住民は彼に果敢に反対した。私をポカホンタスと呼んだとき、尊敬の念を表したつもりはなかったはずだ[19]。

トランプは、経済的不安を煽ることでフォロワーを惹きつけ、引き続きあらゆる種類の偏見を撒き散らした。彼は、集会、オンライン、そして行動でも、熱烈な支持を威圧的な力へと変えた。彼を擁護した多くの者は人種差別主義を笑い飛ばし、誰もが密かに考えていることを口に出したのだと主張した。

二〇一六年二月、有名なクー・クラックス・クランの元総司令官、デイビッド・デュークがトランプを推薦した[20]。選挙運動が終わるまで、トランプはクランの主要新聞の表紙を飾っていた[21]。

私は叫びたい。これはKKKだ！　白人至上主義、リンチ、燃えさかる十字架――分かってる？　KKKはトランプを推薦し、トランプはお返しに遠慮がちに微笑んで表紙を飾る。私はアメリカが本当に危機にあると思い、「非常ボタン」を探した。

心臓が止まるほど恐ろしいことがある。「私たち対彼ら」の選挙運動戦略はすでに根深いものだったので、KKKによるトランプ支持がこの国の激しい政治的潮流にほとんど波紋をもたらさなかったことだ。

トランプの所属する共和党でさえ、越えてはいけない一線を越えたと考えていた。元共和党全国委員長のマイケル・スティールが言うには、トランプは「国民の日常における人種差別主義的な暗部、鬱憤、怒りという急所を突き、それを口に出した」[22]。

ジョン・マケインは、トランプの振る舞い、「女性の品位を傷つける発言、性的暴力についての自慢は、候補者として条件付きでも支援できかねるものだ」と述べた[23]。

共和党の選挙参謀、カール・ローブはトランプを「とんでもない愚か者」で、「不快で軋轢を招く」と言った[24]。(おやっ、いいぞカール、と私が言いたくなると誰が想像できただろうか。)穏やかなミット・ロムニーでさえ、トランプは「ペテン師、いかさま師」だと言った[25]。うわーっ。

彼らはみんな共和党員だ。

トランプを非難する声は大きくなり、彼の中心的な支持者はいっそう躍起になって擁護した。この選挙は本当に恐ろしいものになっていった。

過去にも、うまくいかない原因をすべて弱い集団のせいにすることが、まさに今回のように勢いを増したこともあった。そのようなとき、国民は怒りと自分たちの将来についての不安を抱えていた。人種憎悪、宗教的偏見、移民、女性、同性愛者に対する攻撃。「他者」への恐怖を煽ることは、ありとあらゆるトリックの中でも最古のものだ。何を恐れているにしろ、解決策は他の集団をスケープゴートにすることだ。それは、私たちの問題を実際に解決するような変革を決して求めないことを意味する。

それこそ私が民主党全国大会で話をした分割統治戦略だ。

オハイオ州の白人労働者が、ノースカロライナ州の黒人労働者やフロリダ州のラテン系労働者に腹を立てて、いったい誰が得をするのでしょうか？

誰が得をするのでしょうか？　本当は誰が得をするのか言いましょう。

私たちが互いに攻撃し合うと、銀行家はウォール街を利するように私たちの経済を動かせるようになるのです。私たちが移民を攻撃するのにエネルギーを使うと、石油会社がクリーンエネルギーに反撃できるようになるのです。誰がより多くのフードスタンプを手にするか私たちが言い争うと、巨大企業は残された良い仕事を海外に移転できるようになるのです。

私たちが互いに攻撃し合うと、金持ちが自身を利するように税優遇措置を講じられるようになるので、学校を支援したり、高速道路を再建したり、子供たちの未来のために投資したりするのに十分なお金を、私たちは決して得られなくなってしまうのです。

いったい誰が得をするのだろうか？　システムを仕組んだ人たちだ。アメリカ人が分裂すると、ウォール街、多国籍企業、人種憎悪のペテン師は、ワシントンで抵抗に遭うことがずっと少なくなるのだ。

説明責任、ウェルズファーゴ銀行の手口

大統領選挙が進んでいったが、初秋には、非常に大きなスキャンダルが明らかになったので、皆が一瞬止まってハッと息を飲んだ。私もそうだった。

それは二〇一六年九月八日のことだった。党大会の結果が出たが、大統領候補討論会がはじまる前だった。議会では審議が再開され、私は再びワシントンに戻った。その日の気温は華氏九〇度台で、ワシントンの湿

地帯では、すべての空気が重苦しくなったように感じられた。自分の席に座りエアコンを強めたとき、ニュース速報を見た。消費者金融保護局と他の規制当局によると、アメリカ最大手のウェルズファーゴ銀行が、顧客を欺いた罰金として一億八五〇〇万ドルを支払うことに合意したという。[26] その捜査によれば、ウェルズファーゴ銀行の従業員は、顧客の名義を使って偽造銀行口座を開設し、長年にわたってそれらの口座に料金を課してきた。

周知のことだが、二〇〇八年の崩壊後、ウェルズファーゴは違法差し押さえをしたために多額の制裁金を支払った。[27] そして現在、同行は再び、顧客を欺いて利益を絞り出していた。

「こうした連中は何も変わっていない」としか思えなかった。

その詐欺行為は『不正大百科』というべき本の一ページのようだった。ウェルズファーゴの行員は、払う必要のない手数料をあちこちで課してきた。行員は誰も求めていない新規口座を開設した。ウェルズファーゴのクレジットカード顧客は、一切知らないまま複数の当座預金口座(と当座預金口座手数料)を持つことになった。収入と利益を高めるため、銀行員たちは文書を偽造し、手数料を請求し、顧客の資金を口座間で振り替えた。一度や二度のことではなかった。それは長年にわたって何千回、何万回も行われた。

確かにクビになった者はいたが、責任者がクビになったわけではなかった。本当に**そうなのか**?

がっかりした。今回はクビになる者が出そうだ。本当? 本当にそうなのか? ウェルズファーゴは五〇〇〇人以上の一般行員を解雇したが、その大部分は時給一二ドルだ。[28]

だが、ウェルズファーゴは経営幹部を一人も解雇しなかった。一人たりともだ。

きちんと整理しよう。ウェルズファーゴの見解では、数千もの行員が自発的に顧客を欺き、利益を得て、その過程で多くの法律違反を犯した——経営者は誰一人としてそのことを知らなかったので、まったく責任がない。ない？　ほんのわずかでも？

その話が余計に信じられない理由は、実際にはＣＥＯが偽造口座について多くのことを知っていたことにある。

ウェルズファーゴにとって投資家や株式アナリストへの大きなウリは、顧客に関連商品を複数売り込む「クロスセリング」が独創的なことだ。すべての顧客がウェルズファーゴをものすごーく愛しているので、当座預金口座、貯蓄預金口座を開設し、クレジットカードを持ち、また別の貯蓄預金口座を開くというのだ。投資家はこの種の話を好む。なぜならそれは、⑴ウェルズファーゴは顧客に対して素晴らしい仕事をしているに違いないこと、⑵同行の将来の収益性が保証されていること、を意味するからだ。やったね！

まるで時計のように正確に三カ月ごとに、ウェルズファーゴのＣＥＯ、ジョン・スタンフはウォール街の投資家に電話をかけて、驚異的な新規口座開設数について話をし、独創的なクロスセリングについて控えめに語った。電話をかけると、ウェルズファーゴの株価は上昇に上昇を重ね、スタンフのボーナスもストック・オプションも一緒に値上がりした。

ウェルズファーゴは「偉大なアメリカの成功物語」だった――それは嘘にすぎなかった。

この嘘と詐欺は何年も続いていた。このときまでに、顧客を欺く企業風土、何が何でも利益を上げるというやり方は、ウェルズファーゴのすみずみにまで深く浸透していた。

二〇〇八年の崩壊と救済の後、ウェルズファーゴは回復した。二〇一六年には二五〇〇億ドルの企業価値を持つまでになった。[29]同行はお金のなかで泳いでいただけではない。お金の大海の中で背泳ぎ、平泳ぎ、クロールをしていたのだ。

法を遵守するという考え――書類上で顧客の氏名を改竄しないとか、利益をかさ増しするために偽造口座を作らないといったとても基本的な事柄――は、アメリカ最大手の銀行にとっては従わなくてはならないものではなかった。CFPBと連邦銀行規制当局が捜査を開始するまでは、すべてがうまくいっていた。

次はどうなったのだろうか？　ウェルズファーゴの経営陣は、消費者機関が発表する何カ月も前に、その日が来ることを知っていた[30]。ウェルズファーゴの経営幹部はすでに、同行がいくら支払わなければならないのか、顧客に弁済するのにどのような手順を踏むのかについて、規制当局との交渉に約半年を費やしていた。とうとうそのニュースが出たときには、彼らはPRチームを用意していて、報道発表を予定通りに行った。

CEOのジョン・スタンフは、数日、またはせいぜい数週間ほどの比較的小さな嵐だと考えていたかもしれない。結局のところ、アメリカは大注目を集めた激しい大統領選挙の最中だったので、銀行スキャンダルはもはやセンセーショナルな大見出しとはならなかった。話が表沙汰になった後、ウェルズファーゴの株価は下落したが胃が痛くなるほどではなかったので[31]、スタンフは間違いなくホッとしたはずだ。

スタンフにはあまり心配しなくてもよい理由がいくつかあった。第一の理由は先例だ。大手銀行は二〇〇八年の崩壊を引き起こした後、何の制約もないまま納税者によって救済された。だから生ぬるい処置が続かないはずがあるだろうか？　またウェルズファーゴは崩壊前にも「大きすぎて潰せない」銀行だったのに、今ではもっと巨大になっている。今回は生ぬるい処置がもっと生ぬるいものになることだろう。

そのうえ、ウェルズファーゴにとって、CEOは最後の切り札だった。ジョン・スタンフは、俳優学校出身のように見えた。彼は魅力的な笑顔をしていて、白髪が生え、高価なオーダーメイド・スーツを着ていた。スキャンダルが生じたとき、腕に包帯をしていて、どんな不幸に見舞われたのか質問を受けた。（銀行によれば、孫と遊んでいて手を怪我したという[32]。）そして今、彼は戦闘準備万端だった。徹底的に指導を受け、軽く化粧をし、あらゆるニュース番組やビジネス情報のインタビューに出演できる状態だった。

スタンフは、メディアに話をするときには落ち着きを払い、同じ要点を繰り返した。すべてのお金が返金されたこと、偽造口座を作った者は解雇されたこと、何よりウェルズファーゴが自社の高い基準に従っていなかったのを遺憾に思っていることを繰り返した。彼の得意技は、インタビュアーの目を見据えて、暗い声で「責任は私にある」と言うことだった[33]。

スタンフの振る舞いはかなり心温まるものだった。だいたいのところは。

そしておそらく、その話題はすぐさま完全に忘れ去られてしまうところだった。だが、上院銀行委員会は、スキャンダルが報じられるとすぐに公聴会を予定した。

金融危機のときには上院議員ではなかったが、ウェルズファーゴの詐欺を見て本当に頭を抱えたくなった。強欲さと無謀さのために二〇〇八年に巨大銀行が経済を沈没させたが、ウェルズファーゴのCEOは原因を作った連中の一人だった。そして今、彼らは元の木阿弥になり、アメリカの国民を再び欺いたが、今回は古くからあるような嘘とごまかしによるものだった。同じ曲だが、ダンスが異なるというわけだ。最悪なのは、「CEO専用無料」列車にまた乗ろうとしていたことだ。おっと、無料と言ったかな？　言おうとしたのは、「CEOに大金を与えるが責任を求めない」列車ということだ。

いまだに癪に障るのはそのことだ。二〇〇八年の崩壊に至るまで、こうした連中は投資家のお金、顧客の信頼、納税者の保証を持ってギャンブルに手を染めていた。彼らはギャンブルをし、うまくいくたびに懐に金を詰め込んだ。それから失敗して、投資家が大金を失い、顧客が欺かれたときにも、CEOと上層部は懐を肥やし続け、ずっと笑っていられた。そして今、私たちは同じことをしようとしていた――スタンフはその地位にとどまり、ボーナスを貰い、給料を得て、ずっと笑っていられる。

そうなる限り、何も本当の意味で変わることはないだろう。すべてのCEOは、人々を欺いてでも、銀行の株価を吊り上げるためには手段を選ばないという強力なインセンティブを持つだろう。

私は上院銀行委員会に所属しており、公聴会でスタンフに尋ねたい質問が山ほどあった。だが、上院議員の持ち時間は普通、そのような公聴会では各自五分に制限されていた。少なくともそれが公式ルールなので、すぐに本題に入ることが重要だ。

公聴会で、説明責任に関するスタンフの発言を繰り返すことから質問をはじめた。本当に責任を取ったことを示すために何をしたか、彼に迫った。二分ちょっと、私は話をした。

あなたは辞職していない。個人的な収入をビタ一文返還していない。上級経営幹部を誰一人解雇していない。「責任がある」という言葉は、あなたの定義では、自分たちを弁護するために素晴らしいPR会社に支払うお金を持たない下っ端銀行員に責任を押しつけることだ。それは実質のないリーダーシップだ。

私は痛烈に批判したが、委員会のいく人かの上院議員も同じだった。行き場を失っていた話題が突然広がった。すべてが終わるまでに、ウェルズファーゴのCEOへの詰問はオンラインで六〇〇〇万回以上視聴され、ウェルズファーゴの「実質のないリーダーシップ」の話は数え切れないほどのニュース記事で報じられた。一部の保守系報道機関でさえも論争に理解を示した。ニュースの見出しは多かれ少なかれ似ていた。「ショック――エリザベス・ウォーレンは私たちすべてが同意できることを主張した」[34]。

今にしてみると、その公聴会は少なくとも少しは重要なものだった。スタンフは結局辞任した。彼はボーナスを諦めた。そして、彼が何を知っていたのか、それをいつ知ったのかについて、規制当局と司法省に捜査を開始するように要請があった[35]。

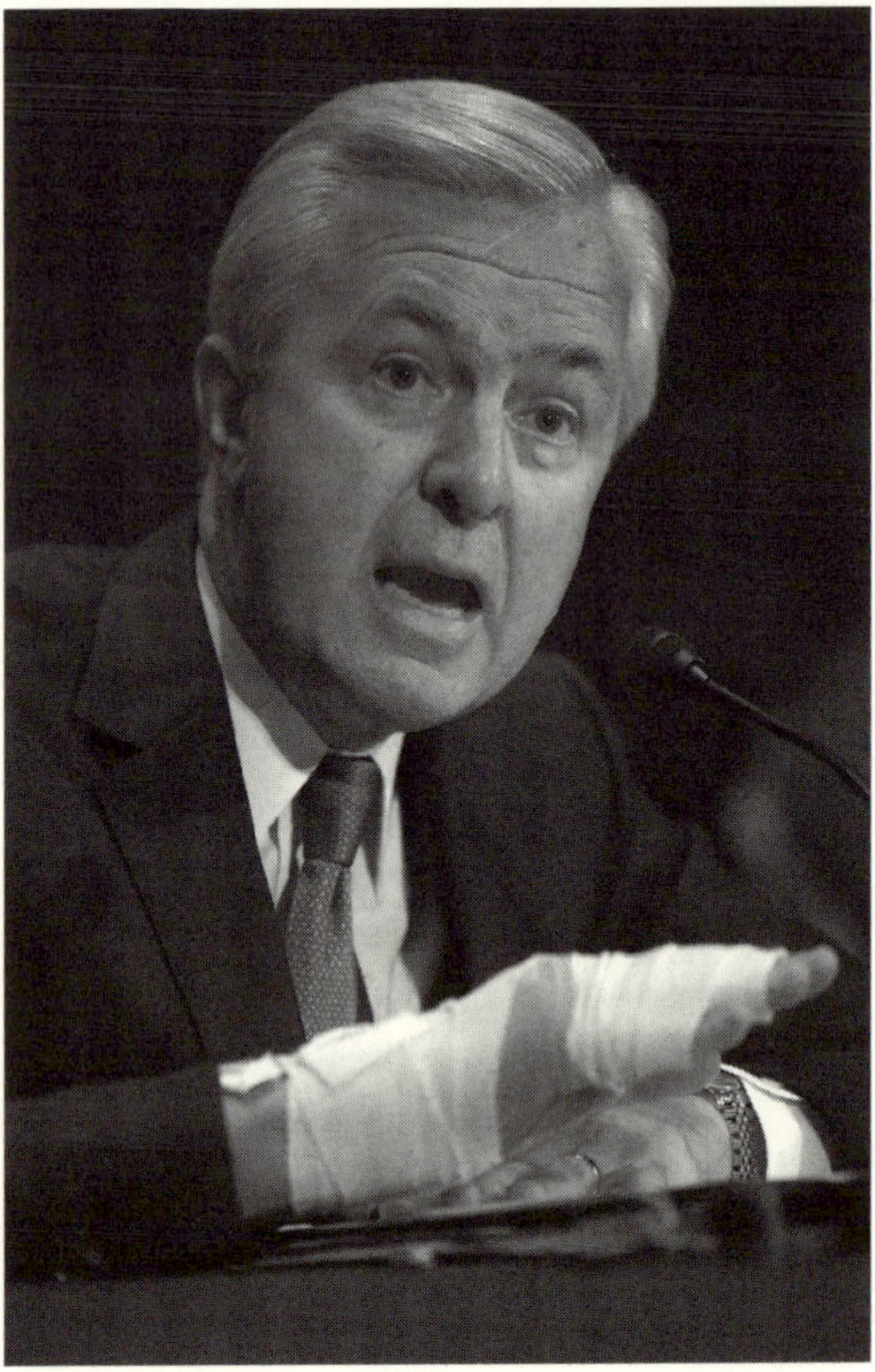
GETTY IMAGES
議会で証言をするウェルズファーゴ銀行のＣＥＯ、ジョン・スタンフ[36]。責任を取ったが、その地位とボーナスを手放していないと説明した。

公聴会は銀行にとっても少なくとも少しは重要だった[37]。労働省は、ウェルズファーゴが行員をどのように扱ったかについて調査を開始した。同行が強制したことを実行したにもかかわらず解雇された行員に、調査の重点が置かれた。ブローカーを規制する民間組織の金融取引業規制機構（ＦＩＮＲＡ）も調査を開始した。司法省、ＳＥＣ、複数の州の司法長官も捜査を開始した。それははじまりだった。

このことから私が引き出す教訓は何だろうか？　政府が大切だということだ。

上院での日々は、レンガの壁に何度も何度も体当たりし、何度も何度も打ちつけられて頭が痛むように感じるものだが、時々自分のデスクに座り、深呼吸をして、自分に問いかける。「いいかい、自分がここにいることで何か改善できるのだろうか？」

私がウェルズファーゴのＣＥＯにいくつか厳しい質問をぶつけたときには、その答えは明確だ。イエス、それが改善をもたらすのだ。

銀行を再び野放しに

ウェルズファーゴ銀行のスキャンダルで、同行を狙い撃ちにするために多くの共和党議員が列をなした。彼らは銀行が顧客を欺いているのを知ってショックを受け、強く批判した。ええ、その通り。カメラに向かって声高に批判しているまさにそのとき、共和党議員は金融規制を撤廃し、消費者金融保護局の監視からの救出計画を描いていた。[38] 選挙戦は大詰めを迎え、ドナルド・トランプは、ウォール街の共和党支持者と同じく、こうしたひどく恐ろしい金融規制を終結させるよう求めた。

これが現実とは思えなかった。二〇〇八年には、銀行規制当局は居眠り運転をしていた。（もっと悪いことに、事が順調に運ぶように銀行が求めているものすべてを与えた。）だが、二〇一六年には、CFPBが取締りの警官になっていた。彼らは調査し、罰金を科し、公聴会を開いた。二〇一〇年に私が立ち上げを手伝った幼い政府機関は、もはや赤ん坊ではなかった。その消費者機関は、大きな父親のような銀行規制当局である通貨監督庁と共に、ウェルズファーゴの責任を問い、多額の制裁金を科した。[39]

言い換えると、銀行規制当局は自分たちの仕事をしていた。完璧ではなく、容易でもなかったが、自分たちの仕事をしたのだ。そして今、ウェルズファーゴは片手に泥棒道具を持ち、もう片方の手に盗難物を持った状態で世間の注目を浴びていたが、共和党議員は警官を解雇しようとしていた。数カ月前、有力な下院金融サービス委員会の委員長、ジェブ・ヘンザーリングは、CFPBを骨抜きにしようとした。[40] ウェルズファーゴのスキャンダルが明るみになっても決してブレなかった。彼はCFPBを批判し、[41] リッチ・コードレイが公聴会で不正行為について証言するのを拒んだ。そのメッセージは明らかだ。つまり、悪い奴は巨大銀行ではなく政府の規制当局だということだ。

この話でとくに落胆するのは、こうした詐欺を摘発するのが非常に困難なことだ。それは毎日起こることではないが、魔法のように突如起こることでもない。銀行や企業にはたくさん使えるお金があり、より多くの給料を支払い、素敵なオフィスを与え、つねに最新技術を持つことができる。巨大銀行が何か不誠実なことを行ったときには痕跡を隠すが、それは非常に巧妙に行われる。大勢の弁護士と会計士を雇って帳簿を複雑にし、見破るのをほとんど不可能にする。確かに、ウェルズファーゴの目論見はかなり単純な構造だったが、大掛かりなものだった。

警官を解雇すべきだとの共和党の主張は、古典的なトリクルダウン・イデオロギーだ。またそれは、政府は巨大銀行が騙そうとした人々のためではなく、巨大銀行の側に立つべきだとの最も声高で明快な宣言だ。さらに、規制は重要で、基礎的な説明責任も重要だが、企業が法律に違反しても、それを指揮したCEOや経営幹部に共和党が説明責任を求めることはない。

ここに一例がある。二〇一六年まで、議会は長年にわたって刑事司法改革の超党派法案を審議してきた。その法案は刑事司法の全問題を修正するものではなかったが、軽微な薬物犯罪の判決を軽減するために少しばかり大きな裁量を裁判官に与えるなど、いくらか改善をもたらすものだった。法案の審議がほぼ終わろうとしていたとき、共和党は、会社が犯した犯罪を事由に企業経営幹部を処罰することを著しく困難にする修正案を滑り込ませてきた[42]。それは取引だった。非暴力薬物犯罪で何年も投獄されている者の一部を助けることと引き換えに、共和党は企業経営幹部に幅広い免責を与える規定を求めた。民主党は嫌悪感を募らせ拒否したが、最終的に法案全体が頓挫してしまった。

正気だろうか？　顧客を騙した経営幹部の説明責任に関する問題は、説明責任が重すぎることだったのだろうか。時折、私は地上で最も狂った場所で働いているのかと思う。

銀行経営者の個人的責任は復讐の問題ではないが、嘘や偽造書類のために住宅を失った人の中には、責任のある経営幹部に少し苦痛を与えたいと思う者もいるだろう。いや、なんらかの説明責任を要求するのは、そうしたことが再び起こらないようにするためだ。不正行為で自身や自社の儲けを増やせるとすれば、責任のある連中の一部は不正行為を働くだろう。不正行為を働いているのに見逃されるとしたら、ますます多くの者が不正行為を働くようになるだろう。銀行家は他の者と同様にインセンティブにしたがっており、規則とそれを執行する警官が必要なのだ。

間違えないでほしいのだが、これは巨大銀行のことだけではない。それは、規則を逃れられるとリーダーが考えているすべての会社、他の者が非難を受けているのに自分は自由に振る舞えると考えるCEOに当てはまる。ときには不正行為が経済システム全体を崩壊させることもあり、二〇〇八年に起こったのはそうしたことだ。そして生計を立てていくらかの経済的保障を築こうとしている何百万もの家族の力と活力を奪い続けていく。もし不正行為がまかり通るならば、仕組まれたシステムは仕組まれたままになってしまう。

ウェルズファーゴの公聴会まで、銀行の「説明責任」は、管理職が設定した数値を達成しようとした五〇〇〇人以上の時間給制の労働者を解雇することを意味していた。公聴会後に、ウェルズファーゴのCEOが辞職してボーナスを諦めたので、説明責任の意味を変える足がかりが得られた。後任のCEOは、JPモルガン・チェースに数十億ドルの罰金を支払わせたにもかかわらず、数百万ドルのボーナスを手にしたジェイミー・ダイモンCEOを思い浮かべることはなかっただろう。後任のCEOは、職を失い、実質のないリーダーとしてユーチューブで一躍有名になったジョン・スタンフを思い浮かべたはずだ。

ウェルズファーゴの公聴会の副産物だが、警官の解雇に反撃するのに良い立場にいることが分かった。悪くないと思った。光と真実の力の勝利だ。

だが、それは九月のことだった。一〇月、私はまだかなり良いと感じていた。とくに、ヒラリー・クリントン、マギー・ハッサンと私が、ニューハンプシャー州の美しい大学キャンパスで大聴衆を熱狂させた美しい午後にはそう感じられた。その日に感じていた不安は決してなくならなかったが、新大統領を選出する一一月には、公正と説明責任、働く人々のために戦う人物が選出されると、慎重ながらも楽観的な見方をしていた。

その後、ドナルド・トランプがホワイトハウスを目指す選挙戦で勝利した。

選挙の後

選挙の翌朝、私は早起きした。まあ、起きたとは思うけれども、眠れなかったのかもしれない。それは悲惨な夜だった。

電子メールをチェックしながら、まばたきをして目をこすった。たくさんのメールがあり、スタッフからのメモもあった。『ニューヨーク・タイムズ』紙から電話があった。ここ二、三日、私は同紙に掲載する論説を執筆しており、編集者は木曜版に紙面を確保していた。しかしこういう事態になったので、編集者は、前日に受け取った原稿はいくらか修正が必要だと考えていた。

修正？　自分で恐ろしいと感じたほど、私は大声で笑った。執筆した原稿からヒラリー・クリントンが勝利したという想定を削除した。原稿の結論では、選挙戦を偏見の拒絶、レーガン流の警官の解雇と金持ち減税政策の終焉と捉えていた。私はまた、クリントン次期大統領に強く迫り、アメリカ国民、つまりトップの人々だけでなくすべての人々のために政府を機能させるように求めた。

修正？　ええ、この原稿にはいくらか修正が必要だった。たぶん原稿は単語二つにまとめられる。ああーくそったれ。

明らかなのは、クリントンこそ国民のために戦うことに最も献身的な候補者だと信じた有権者が十分にいなかったことだ。彼女に投票した人々の数はトランプよりも数百万も多かったが、選挙人団をひっくり返すほどではなかった。失業と機会の喪失がとくに厳しかった場所では、わが党は十分な票を獲得できなかった。

自分たちを恥じなくてはならない。

朝食を作りながら、過去数カ月間に出会った人々のことについて考えはじめた。まるで堰を切ったようだった。記憶が次々に蘇った。人々の顔が頭に浮かんだ。巨額の負債を負って苦しんでいる学生。解雇された労働者。子供たちが学校から無事に歩いて帰ってこられるか心配している黒人の十代の二人の母親。ガソリンスタンドを管理し、週六日一二時間働いて残業手当のない家族持ちの男性――それでも彼は家族を貧困から救うことが難しかった。母国では看護師だったが、移民許可証を持たないためにオフィスビルの清掃をしている南米から来た女性。学校に予算がないために、自腹で教室の備品を購入していた教師。障害給付では十分なケアをカバーできないために、勤務時間外に働いていた看護師。私はキッチン・カウンターにもたれかかった。

そうしてある顔が頭から離れなかった。ニューハンプシャー州の老人のことだ。それは一般投票直前の週末だった。ヒラリー・クリントンはおらず、上院議員候補もいなかった。外は曇り空でひどく寒く、雨がぱらついていた。私の仕事はボランティアを集め、彼らに戸別訪問と電話をしてもらうことだった。私は最善を尽くした。

演説が終わって歓声が収まり、多くの人々がクリップボードを手にし、グループに分かれて出かけようと

天気は荒れていたが、選挙直前の週末にニューハンプシャー州で開催された集会の動員は好調だった。

していたとき、私は彼を端の方で見つけた。彼はやせ衰えていると言えるほど細かった。手は節くれ立っていて、ほとんどの歯を失っていた。だが、私の腕を掴む力は強かった。彼は私の耳のそばで低い声で言った。「社会保障の一一二二ドルで暮らしていくのは本当に大変です。本当に大変なのです」。

彼は言葉を切ったが、握る手を緩めなかった。

「あなたを頼りにしています」。

選挙翌日、私はこの話を友人に伝えたが、それで終わりには絶対にしない。選挙日の次の朝、キッチン・カウンターにもたれながら、あの老人が今どう感じているのだろうか考えざるをえなかった。私は彼の期待に応えられなかった。私たちは彼を救うことができなかった。

戦いの準備はできている

選挙日の翌日、アメリカ労働総同盟・産業別組合会議（ＡＦＬ—ＣＩＯ）を構成する多くの組合のリーダーを前に演説を行う予定があった。ええ、その演説原稿はもうゴミになっていた。世界はガラッと変わってしまったが、それでも私は出席する予定だった。

会合はＡＦＬ—ＣＩＯの全国本部で開催されることになっていた——労働組合が建設した建物だ。ＡＦＬ—ＣＩＯのビルは洒落ていてモダンであり、きれいな輪郭、高い天井、多くの照明を備えていた。地上階の二つの巨大な壁画は、壮大な表現で労働者を称えている。北ロビーには、色つきの大理石と金のタイルで造られたモザイク画があり、ラテン語で「ハードワークはすべてを制する」というフレーズが刻まれていた。いや、訳せるほど高校時代に学んだラテン語を覚えていたわけではなく、以前訪問した後に辞書で引いたのだ。ああ主よ、どうかそのフレーズが正しからんことを、と祈った。

私は建物のことを考えるのは止めた。フランクリン・ローズヴェルトが経済を大恐慌から引き上げようと全力を尽くしていたとき、アメリカ労働総同盟と産業別組合会議は、多くの個別組合から構成されるライバル団体だった。両組合の合併と壮大な壁画を備えたこのビルの建設は、それから二、三〇年経ってからのことだ。ローズヴェルトが宣誓就任したとき、経済崩壊が組合を消滅させると多くの者は考えていた。だが、組合は土台を取り戻し、加入者数を増やし、働く者すべての賃金を引き上げた。組合はアメリカの中間層構築に貢献したが、今では多方面からの攻撃にさらされていて、組合員数は減少している。

部屋に入ると大きな声が聞こえた。全米の組合指導者が巨大な会議テーブルの周りに座っていたが、喜んでいる者など誰一人いなかった。一部の組合は、選挙シーズンの初めにはバーニー・サンダース支持で、他の組合は最初からヒラリー・クリントン支持だったが、最終的にはすべての組合指導者がトランプではなくヒラリーを選んでいた。傘下の組合員たちは、それほど結束していたわけではなかった。

私はこの痛みがどれほど大きいかについて話すために出向いたわけではなかった。彼らは重々承知していた。組合指導者の多くは、数千の組合員と同じく、夜も週末もなく、食事はコーヒーとピザで、ヒラリー・クリントンがゴール・テープを切るのを助けようと、雨の中、風の中、雪の中、演説をし、戸別訪問を行った。彼ら一人ひとりが、この敗北の意味を知っていた。最高裁の政治的バランス、両院とホワイトハウスを共和党が支配していることを考えると、労働条件の改善に向けて長年にわたって確立された団結権と団体交渉権が、今や絶体絶命の窮地に追い込まれていた。すでに弱体化している組合は、さらに打撃を受けるだろう。その部屋の人々は、事態がどれほど悪くなるかについてひそひそ話をしていた。

私は「労働者の殿堂」で、組合員、非組合員を問わずすべての労働者について考えていた。頭の中で数字を考えていたが、それは、組合加入者数が増えたときにはすべての労働者の暮らしが向上し、その数が減ったときには暮らし向きが悪化したことを示していた。いかにして労働組合がすべての労働者の給付を拡大したか、すべての働く人々に改善をもたらすように生活の糧に関わる争点で戦うため、いかにして組合がワシントンや州都で力を発揮したかについて考えていた。

何十年にもわたり、共和党は働く人々に関わるほぼすべての問題、つまり最低賃金、有給育児・介護休暇、公正勤務予定法、医療費負担適正化、メディケア、メディケイドなどで、労働組合と戦ってきた[43]。共和党はまた、労働法違反の会社に対処する全国労働関係委員会を廃止しようとして、また、組合を守ろうとする労働省の取り組みを攻撃することで、労働組合を正面から攻撃した。

新しい共和党大統領が誕生することを恐れて、労働組合は何カ月もヒラリー・クリントンを全面的に支援してきたが、今や彼らは敗北してしまった。これからの数カ月、数年、トランプに投票した者もクリントンに投票した者も同様に、あらゆるところで働く人々は恐ろしい代償を支払うだろう。

私はこの部屋を見渡した。炭鉱や溶接の仕事で下り坂にいる人々のことを考えた。二つのシフトに入って働いた後、労働者の組織化を手伝うために戸別訪問に向かう女性。教師、消防士、電気技術者。看護師、レンガ職人、パイロット。私は、職業訓練施設に投資して、次世代の労働者も良い仕事に就くチャンスが持てるようにしている人々に会った。また、兄弟姉妹が互いに助け合おうとして、困窮時に組合員家族を養う資金を借りている人々に会った。

アメリカでこうした労働組合がいかに大切か、国中の労働者にとって労働組合が最前線に立つことがいかに大切か考えていた。トリクルダウン・エコノミクスを考案し、他の人々を踏み台にしてトップの人々を勢いづかせた政党が主導権を握っている今、とりわけ大切だ。

その日の午後、労働組合の指導者を前にして演説をし、私は次のように言った。

野党として、私たちはより激しく戦い、よりしぶとく戦います。そして、この国のすべての人々の権利が敬意と尊厳を持って扱われるように、これまで以上に熱く戦います。私たちは、わずかな子供のためだけでなく、すべての子供たちのために、経済的機会を広げるように戦います。私たちは政府というツールを支配していませんが、間違いなく、私たちは何のために戦うのかを理解しています。太陽は昇り続け、私たちは戦い続けます——来る日も来る日も、私たちはこの国の人々のために戦うのです。

その日、私は言ったのだが、もう一度言おう。「労働組合に加入してようがしてまいが、この戦いは私たちすべてに関わるのです。だから私たちすべてがこの戦いに加わらなくてはならないのです」。

チーム・トランプ

選挙後の数日間、「私の大統領ではない」と唱えてデモをした人もいた。また、トランプの醜い人種差別的中傷は本気ではないと言う人もいた。そのうえ、彼は、「ヘドロを掻き出し」、ロビイストと政界の顔役を追放し、「アメリカを再び偉大にする」と公約した。トランプにチャンスをあげてみよう、そうでしょ？

ドナルド・トランプにはチャンスがあった。[*] その選択はすごいものだった。でも彼は偏見を利用した。選挙の五日後、チーム・トランプに加わる前、極右ウェブサイトのブライトバート・ニュースの代表を務めていたが、在任中、白人至上主義者を称え、「あなたの子供はフェミニズムになるほうがいいですか、それとも癌になるほうがいいですか？」といった質問を報じた。バノンの就任は十分にショッキングだったが、数日後、トランプは、ジェフ・セッションズを司法長官に指名して偏見を増幅した。[44] 人種差別発言が相次ぎ、一貫して投票権の行使を妨害し、移民に長年不満を撒き散らしてきた人物だ。[**]

新政権の中で最も早く採用された二人として、彼らは間違いようのないシグナルを発した。そして国民は反応した。[45] トランプ支持の過激派は公共の場に憎悪に満ちた落書きをした。空港でも、ファストフード店で

＊二〇一七年八月一八日、スティーヴン・バノンは首席戦略官・上級顧問を解任された。同月二五日、バノンに近いとされるバスチャン・ゴルカ大統領副補佐官が解任された。また、二月にマイケル・フリン国家安全保障担当大統領補佐官、七月にショーン・スパイサー大統領報道官、ラインス・プリーバス大統領首席補佐官が辞任、アンソニー・スカラムチ広報部長が解任されていた。

＊＊ウォーレンは、一九八六年にセッションズが連邦判事指名を受けた際、キング牧師の妻、コレッタ・スコット・キングが彼を批判した書簡を読み上げた。マコーネル共和党上院院内総務がウォーレンの議論参加を禁じる議案を出し、可決された。議場の外でウォーレンはそれに対する抗議を配信した。

も通りでも、行く先々で人々は私のところにやってきて、受け取ったメッセージははっきりとしたものだと語った。黒人、女性、ラテン系、イスラム教徒——トランプの集会で歓迎されなかったような多くの人——は、トランプのアメリカで歓迎されていないと感じていた。

トランプが憎しみや偏見を煽っても本気ではないという主張は全く当てはまらない。

それからトランプは、経済面で行動を取りはじめた。第一に、彼は大勢のロビイストを招き入れ、政権移行を手伝ってもらった。そうして彼は重大な仕事に取り掛かり、閣僚を指名していった。閣僚には、次から次へと昔ながらの輩が指名されていった。企業関係者とトリクルダウンを信じる政治家だ。

トランプは、財務長官にスティーヴン・ムニューシンを指名した。彼は、二〇〇八年の金融崩壊後、銀行を買収して差し押さえマシーンに転用し、積極的に、ときには違法に人々の住宅を手にしていった。次はゴールドマン・サックスの社長、ゲイリー・コーンで、国家経済会議議長に指名された。彼の自慢の種は、トランプが反対してきた貿易協定の強力な支持者だということだ。

トリクルダウン・エコノミクスという基本理念の遵守は、経済チームに限られたことではなかった。そのほかの企業関係者には、国務長官になったエクソンモービルのCEO、レックス・ティラーソンがいた。ティラーソンは、ロシアの指導者ウラジミール・プーチンと密接な関係にあることが知られており[46]、また、外交上アメリカの国益よりもエクソンの利益を優先しようとしていることが知られている。ティラーソンの下でエクソンモービルは、環境規制に反対している気候変動否定論者やその団体に資金を提供した[47]。一貫して環境保護庁に激しく反対してきた彼の立場は、市民を汚染源から保護するためには、警官に取り締まりをさせるのではなく、ただエクソンを信じればいいと考えていることを示している。

環境保護庁自体について言えば、トランプの長官指名には本当に驚かされた。トランプは、気候変動否定論者のスコット・プルーイットを選んだのだ。プルーイットはオクラホマ州の司法長官時代、環境保護執行部門を文字通り閉鎖した。彼は、オクラホマ州にはいかなる環境規制にも違反する者などいないと信じていたようなので、警官に取り締まりを止めさせない理由などなかったのだろう。州司法長官として環境訴訟に関わったときには、彼はほとんどの場合に州民ではなく汚染源の側についた。[48] 一例を挙げよう。大規模商業家禽業の鶏糞でオクラホマ州北東部の河川が汚染され、環境保護庁が当該企業に浄化させようとしていたとき、プルーイットは家禽業界の側に立って訴訟に介入した。[49] ええ、その結果、河川にはより多くの鶏糞が流れ込んだ！

トランプによるベッツィ・デヴォスの教育長官指名も同じ規制監督アプローチだ。出身州のミシガンで公立学校を崩壊させる試みを支援するため、数十億ドルの資産を使ったというおまけが彼女にはついていた。ベッツィ・デヴォスは、公立学校の水準を向上させる超党派の取り組みを撃退しながら、営利学校が税金を吸い上げられるようにするイニシアティブを長年支持してきた。彼女とその家族は、デトロイトの公立学校を崩壊させようとする団体に、その資産のごく一部、一四七万ドルを寄付した。[50] 億万長者のデヴォスも彼女の子供たちも公立学校に通ったことがなかった。[51] だが、そのことにより、公教育の民営化がすべての人々にとってうまく機能するという考えが揺らぐことはなかった。

それからトランプは、メディケア、メディケイド、全国的な医療保険制度を監視する保健福祉省の長官に、トム・プライスを選んだ。下院議員としてプライスは、メディケアとメディケイドの民営化と、医療費負担適正化法の即時撤廃を繰り返し提案した。彼が最優先に考えていることについて、それだけでは分からないなら、下院議員時代、監督対象業界の会社の株式を積極的に売買していたことをつけ加えるといいだろう。倫理調査がちょうどはじまったばかりだ。*

まだあるのだが、トランプは労働長官にアンドリュー・パズダーを選んだ。労働長官は、労働者と労働組合のために立ち上がることを期待されているが、パズダーは労働者を守るのにふさわしい経歴を持っていない。逆にパズダーは、ハンバーガー・ショップのハーディーズとカールス・ジュニアで、最低賃金で働く労働者を搾取して財を成したのだ。それに彼は残業代と最低賃金のいかなる引き上げにも反対している。会社を買収した後、最初に出したメモは滑稽なもので、「歯がある」と言えない限り注文カウンターに立つべきではないと書かれていた。すごいユーモア・センスの持ち主であることは明らかだ。彼が指名されると、従業員や元従業員がワシントンに来て、彼の下で働くのはどういうことか説明した。ローラ・マクドナルドが私に語ったところによれば、長年彼女はカールス・ジュニアで月に五〇時間から六〇時間は確実に働いてきたが、四〇時間分しか給料をもらっていなかった。[53] 彼女は、かつてのカールス・ジュニアがいかに働きやすかったか説明してくれたが、パズダーが買収すると悪夢になったという。ロベルト・ラミレスによれば、上司が彼の給料を盗んだので不服を申し立てると、会社の上層部は、自分たちの扱うべき問題ではないから解決のために弁護士を雇うといいと言った。[54] カールス・ジュニアで最低賃金よりもわずかに多くしか稼いでいない別の女性従業員は、パズダーの会社で働く経験を泣きながら語った。いくつかの理由で、彼女にはパズダーが労働者の偉大な擁護者だとは思えなかった。

選挙後、ドナルド・トランプの「正体」や大統領になって「本当にすること」について、たくさんの憶測

＊トム・プライスは、国内出張にチャーター機を使い多額の公費を使ったこともあり、二〇一七年九月二九日に保健福祉省長官を辞任した。

が流れた。その答えは、わが国を統治するために集められたチームにある。教育、医療、経済、刑事司法、賃金、私たちが吸う空気や飲む水、これらすべては、企業のこうした側面を担当する政府機関を運営する人々により、直接大きな影響を受けることになる。彼らは、この国のすべての人の生活に関わる政策を遂行するのだ。

選挙戦中、トランプは強化版トリクルダウン・エコノミクスを提示したが、現在彼が行っているのはまさにそれだ。短期間に彼は、メディケアやメディケイド、公教育を支援する政策など、アメリカの中間層に欠かせない支援を提供するプログラムの最後の痕跡までも消したくてウズウズしているグループを結集した。これは、政府は敵で――経済を破壊すること、水質を汚染すること、ロシアと緊密な私的契約を結ぶこと、働いた時間の給料支払いを拒絶することなど――望むことは何でもできるように追い詰められた巨大企業を解放すべきだと、心の底から信じている人々のグループだ。

トランプと彼のチームは、アメリカの中間層に残されたものを破壊できる力を持っている。彼らは、私たちの子供――私たちのすべての子供――には、成長して両親よりも良い暮らしをするチャンスがあるという希望を消し去る力を持っている。

私たちの直面している危険についての認識が、私の間違いであればいいと願っている。あー、私の間違いであってほしい。だが、トランプが宣誓就任する前でさえ、トランプと共和党支配の議会は、ジーナ、マイケル、カイ、そして大勢の働くアメリカ人のために機能する国を再建することに、全く関心を持っていなかった。

そしてトランプ自身、自分の最大の目標から決してブレていない。つまり、カメラに向かって身づくろいをしてもっと多くのお金を手にできる限り、国民が分断されて目を覆うばかりの状態になっても構わないだ。彼の一挙手一投足、あらゆることすべてがドナルド・トランプのためで、アメリカ国民のためではない。

だから私たち次第だ。この戦いはわたしたちの戦いだ。そう、時間の経過と共に様々な戦場が現れ、私たちの戦術は進化するだろう。事前にあらゆる衝突を想定し、計画に厳密にしたがうことはできない。それは失敗に一直線につながる道だ。賢明なファイターは強さを高め、厳しい訓練をし、決意を固めるものだ。ファイターは新たな武器を開発し、古い武器を更新する。ファイターは規律を強化していく。ファイターは適応する。ファイターはつねにほんのわずかな優位性をも見抜く。そうして戦うときには、明日のことなど考えずに戦う。それこそまさに私たちがやらなくてはならないことだ。なぜなら、ドナルド・トランプがホワイトハウスにいれば、明日はないからだ。

私たちはまた、ときには敗北することにも備えなくてはならない。議会やホワイトハウスを支配していなければ、私たちの力が及ばないことが多いだろう。私たちには、つねに勝利を収めるほどのツールや武器がない。だがそれは、私たちが無力だということではない。私たちが反撃すべきではないということではない。私たちには味方に何千万もの人々がいるが、偉大な国家の魂が危機に瀕している。私たちはとにかく、この戦いの中にいるし、戦いに身を投じなくてはならない。

ここからはじめよう。すべての人のために機能する経済を再建し、その戦いをリードする民主党を再建するために、私たちの価値観を明確にしなくてはならない。私たちは立場を明確にしなくてはならないが、もっと重要なのは何のために戦うのかを明確にすることだ。私たちは妥協することと妥協しないことを明確にしなくてはならない。つまり、私たちは基本原則を明確にしなくてはならない。

私の考えでは、基本原則には三つの要素がある。

偏見と戦う

私たちの戦いの第一の基本原則は、いつでも、どこでも、何であれ、偏見と闘うことだ。これは妥協できない原則だ。それは最も大事で、根本的で、私たちのアイデンティティであるから、必要なときにはいつでも偏見に立ち向かわなくてはならない。

ドナルド・トランプはアメリカの醜さを煽ってきた。彼が発明したことではない。たくさんの醜いことは昔からあったもので、利用されるのを待つばかりだった。大統領選で約六三〇〇万人がドナルド・トランプに投票したが、約七三〇〇万人がヒラリー・クリントンなど別の人物に投票した。[55] しかもトランプに投票した六三〇〇万人の中には、彼の選挙運動を嫌ったにもかかわらず、彼に投票した人が大勢いた。事実、トランプに投票した人の四分の一近くは彼には大統領の資質がないと言い、二九%は彼が誠実ではなく信頼できないと言った。[56] 信頼できない男にどうしてそれほど多くの人々が投票したのかについて、説得力のある説明を提示できる者はいないが、大多数のアメリカ人が互いを攻撃することで分断されるのを望んでいないことを頼りにしたい。

だが、憎悪が大っぴらにされている今、私たちはそれを無視できない。偏見が力を増しているので、私たちは力をつけなくてはならない。

すべての人に尊厳を約束したアメリカを信じ、違いがあるからより強くなれるという考え方を全面的に受け入れる国を信じると、私たちが声を揃えて言うのは可能で、その意志もある。その過程で障害や厳しい時代があることは間違いないが、私たちの国は最終的には歴史の定めに従い、個人一人ひとりを大切にする開かれたコミュニティを建設すると、私は信じている。多様性が私たちをより強くすると私は信じており、この原則のために戦う価値があることに疑問の余地はない。

私たちがやるべきなのは、立ち上がり、訴え、反撃することだ。地域集会やアウトリーチ・プログラムで。オンライン、公園、コミュニティ・センター、教会、寺院、モスクで。私たちすべてが結束し、反撃しなくてはならない。

その敵は憎悪と偏見であり、私たちは皆戦いに飛び込まなくてはならない。マーティン・ルーサー・キング・ジュニア博士は、「どこかに不公正があればあらゆるところで正義が脅かされる」と述べたが、[57]それを私たちのスローガンにしなくてはならない。イスラム教徒が宗教を理由に差別的扱いを受けるなら、その攻撃は私たちすべてに関わるので、キリスト教徒、ユダヤ教徒、無信仰者は戦いに加わらなくてはならない。人種に基づく差別は、黒人だけが提起すべき不公正ではない。公正な社会を構築するという課題に取り組むことは、私たち一人ひとりの道徳的義務だ。家族をバラバラにする移民制度改革は、私たちが愛するアメリカにとって直接的な脅威であり、私たちすべてが隣人を守らなくてはならない。女性は二級市民の地位に引き戻されるべきではない。必要な医療を受けられなかったり賃金が低かったりすることが許され、永続的な状態になってはならない。傍観者として、自分の集団の順番が来るまで座して死を待つ者がいてはならない。

アメリカには複雑な歴史があるが、根底には異なる人々が集まって一つの国家を建設するという考えがある。多様性は弱みではないという考え方を私たちは持っている。多様性は私たちの強みだ。私たちは寛容を目指しているだけではない。私たちは、自分が自分であるための違いを歓迎することを目指している。それは、建国時から私たちの国の非公式なモットーであり、「アメリカ合衆国の国璽」に刻まれている。エ・プルリブス・ウヌム。多数から成る一つ、というものだ。

それは、選挙以降はっきり声に出してきた人、デモで抗議した人、医療のために集まり、[58]移民、[59]公正な賃金[60]、その他の争点に関する会合を開催した人にとって良いものだ。そして今、企業国家アメリカも含め、すべての人々から意見を聞くべきだと考えている。私たちは、この国の政治以外の分野のリーダーから、産業界の大立者や「万物の支配者」から、巨大組織を率い世論に影響を及ぼす人々から話を聞かなくてはならない。偏見について彼らがいったいどのような立場なのか、それについて何をするつもりなのか？

選挙の六日後、『ウォールストリート・ジャーナル』紙は、例年のＣＥＯカウンシルを開催した。スポンサーによると、ＣＥＯカウンシルは、「未来を形作る争点について議論するために、世界で最も意欲的で影響力のあるビジネス・リーダーを結びつける」。言い換えると、ＣＥＯカウンシルは、金持ちと権力者が金持ちと権力者に出会う機会を提供するものだ。

出席者と講演者のほとんどはＣＥＯだった。金融犯罪の主任検察官の一人と共に、連邦準備制度理事会理事のダニエル・タルーロがいた。私も招待された。虎の穴に招かれたようなものなのか？

私は指定された時間に行った。会合は予想通りのものだった。白人男性が多く、他の人たちは少なかった。彼らは皆暗い部屋に着席していて、メインディッシュの私が低いステージに据えられ、切り分けられるのを待っていた。

選挙からわずか六日後のこの会合で、企業国家アメリカのリーダーたちに話したいことがあった。はじまるとすぐに、私は本題に切り込んだ。トランプが偏見によって選挙運動を行ったこと、当選しても彼は偏見を何から何まで丸ごと受け入れていることを指摘した。それからＣＥＯの方を向き、私の主張を伝えた。

「偏見はビジネスにとってマイナスです」[61]。

彼らの会社が幅広い層のアメリカ人にとって働きやすい職場を作る最前線にいると述べた。これらの会社の多くは、すべての人種、宗教、性的指向を持つ顧客にサービスを提供したいと明言していた。多くの会社はまた、ＬＧＢＴＱを差別する人々を鼓舞するだけのインディアナ州とノースカロライナ州の法律に反対していた。彼らにとって良いことだ。だが、これらの会社の中には、ドナルド・トランプや共和党議員を助けるために政治献金を行っているものもある。一部は直接献金を行った。一部は業界団体の背後に隠れていた。また一部はダーク・マネーの政治団体を通じて献金した。

そう、これらの会社にはそうした献金を行う法的権利がある。献金は、最高裁によるシチズンズ・ユナイテッド判決で完全に認められている。そう、これらの会社の多くが憎悪を抱いた候補者と政党を支援することには、ほぼ確実に憎悪以外の理由がある。だが、彼らが支援の理由について何を言おうが、彼らは偏見を助長、扇動しているのであり、自分の手は汚れていないとは言えない。

人々は、偏見から利益を得るために自分自身が偏見を持たなくてもよい。銀行家は人種差別主義者と一緒にベッドに入り、人種差別主義者と関係を持つ唯一の理由は金融規制を撤廃する取引をするためだと言うことができる。石油王はＫＫＫの会員と仲良くし、より多くの掘削権を確保することにしか関心がないと言うことができる。通信大手のＣＥＯは、全イスラム教徒を一斉検挙したがっている人々を助け、最新の合併が承認されるように努力しているだけだと言い張ることができる。

これらの経営幹部は、イスラム教徒、ラテン系、女性、ＬＧＢＴＱの人々、憎悪の対象のその他の集団について、個人的には偏見がないと自分自身に言い聞かせるかもしれない。彼らは、雇用において公正で、あらゆる消費者を歓迎すると宣言するかもしれない。彼らは、あらゆる形で偏見は自分には関係ないと言い張るが、偏見を広める人々を支援し、偏見を持った候補者が選出され権力を持ち続けられるようにする。そのときには、あたかも偏見の持ち主のように無理強いし、スローガンを唱え、敵意を見せて、憎しみに満ちた行為一つひとつから利益を得ている。

自分自身の心が善良だと密かに宣言するだけでは不十分だ。私たちは攻撃を受けた人々のために公然と立ち上がり、他の人にも立ち上がるように求める。そのようにして私たちが何者であるか確かめるのだ。そのようにして私たちがどのような立場なのか世界に知らしめるのだ。

私はCEOカウンシルでビジネス・リーダーに、どちらの側に立つか選ばなくてはならないと言った。トランプがこの国の亀裂を広げて憎しみを煽ろうとしているので、「傍観者のまま沈黙していることは許されないと思う」と私は言った。

偏見の問題に関するリーダーシップは、草の根から生まれるだろう。聖職者から生まれるだろう。選挙された公職者から生まれるだろう。そのリーダーシップは、スポーツ選手や映画スター、トークショーのホスト、新聞のコラムニスト、また発言の場を持つすべての人々から生まれるだろう。そしてこの最も根本的な問題について、企業国家アメリカが看過することは許されない。

私たちは皆立ち上がり、誰が立ち上がっていないのか見渡す。そして私たちは立ち上がっていない者に呼びかけるのだ。

機会を創出する

私たちの戦いの第二の基本原則は、トップ一〇％のためだけではなく、すべての人々のために経済を機能させると明確に宣言することだ。

これは「メッセージング」ではない。それは正しいスローガンを見つけたり、人口統計を分析したりすることではない。それは、多くのアメリカ人の日々の暮らしを深く理解することだ。政府は彼らのために機能していない。政府は金持ちと権力者のためには機能するが、他の者を置き去りにしている。

そう、良い経済ニュースがいくつかある。株式市場、失業統計、GDPについて話すたび、私たちは経済について正確な見取り図を描いていると思い込んでいる。だが、これらの統計には大きな盲点がある。たんに株価が上昇したからといって、ジーナは食べ物を食卓にならべられない。マイケルはGDPで住宅抵当ローンを返済できない。労働省がカイは完全雇用状態にあると言ったとしても、彼女は学生ローンを完済できない。それがジーナ、マイケル、カイ、そしてそれぞれ事情を抱えている何千万もの人たちの実際の経験であり、わが国の将来を決定づけるものだ。ワシントンがこだわっている経済指標は、年月を経るごとに、ジーナ、マイケル、カイなど、多くの人々の生活を映し出すものではなくなってきた。

質問はシンプルだ。私たちすべてのために機能するアメリカをどのように作り上げるのだろうか？

答えは目の前にある。私たちはかつてそれを作り上げたので、私たちはもう一度作り上げることができる。

私たちが築き上げたアメリカはとても完璧とは言えなかったが、時間の経過と共に、より多くの人々に対してよりうまく機能するようになっていった。それは、所得が全面的に上昇したアメリカ、九〇％の人々がこの国で生み出された新規所得の大部分を得たアメリカであり、国民一人ひとりの生活が正しい行き先に向かって弧を描いていた。それは、子供たちが自分たちよりも豊かな暮らしができると各世代が確信していたアメリカだ。

大富豪と企業経営層が私たちの経済的成果をより多く奪うようになったので、国民生活は暗くなった。一九八〇年代には、規制緩和とトリクルダウン・エコノミクスが経済を不平等にしはじめ、やがて経済はトップの人々のためだけに機能するようになった。その変化は根本的だった。ロナルド・レーガンが大統領に選出されると、この国で生み出された新規所得のほぼ一〇〇％をトップ一〇％が手にし、九〇％の人々にはほとんど何も残されなかった[62]。

現在、私たちは最大の脅威に直面している。私たちの政府のレバーは、トリクルダウンと規制緩和をいまだに信じている人々の手に渡り、アメリカの中間層を空洞化させてきた政策を増幅するために、彼らはできることは何でもやろうとしている。ドナルド・トランプは国民の味方だと主張した。大統領に就任した日、就任演説で「国民が再びこの国を治める日として、これからずっと記憶に刻まれるだろう」と宣言した。だが、言うだけなら何とでも言える。行動がはるかに大切だ。選挙戦での勝利が確定するとすぐに、働く人々をさらに置き去りにし、企業国家アメリカを豊かにすることしか頭にない人たちで顧問チームと閣僚を固めた。

トランプ大統領、ミッチ・マコーネル上院多数党院内総務、ポール・ライアン下院議長、議会での彼らの仲間は皆、国民のために懸命に働くと約束して選挙に出馬した。宣誓就任して数時間のうちに、トランプは連邦住宅局（ＦＨＡ）住宅抵当ローンの負担を引き上げる大統領令に署名した――おそらく毎年約四万人の住宅購入機会を奪うことになる[63]。マコーネルは、上院で医薬品認可法案を成立させて、選挙献金者に大きな恩恵をもたらした[64]。ライアンは即座に、メディケアの民営化案と、トップ一％の金持ちに約三兆ドルをもたらすが他の誰にもほとんど何ももたらさない減税を一つにまとめた[65]。実に詐欺的なのはこういうことだ。つまり、住宅所有者を減らし、ウォール街のインサイダーに経済を支配させ、巨大銀行に人々を欺く機会を与え、環境を破壊するという綱領に則って選挙に立候補すれば、大敗北を喫しただろう。これは古くからのおとり商法と同じで、現在は、新たなトランプ版として装飾されているにすぎない。

トリクルダウン・エコノミクスの最も極端な提唱者が現在力を持っており、彼らはこの国がトップの人々にとってよりよく機能するように、あらゆるレバーを使っている。トランプは、税制を変更するために選挙運動を行った。最も裕福なトップ〇・一％の人々の懐に平均一一〇万ドルを残す減税だ[66]。金持ちが手にする特別減税一ドルにつき、ちょうど中間に位置する家族はいくら得るだろうか？ 一ドル？ 一〇セント？ それとも一ペニー？ いいえ。だいたい一ペニーの一〇分の一だ。さらに、多くのひとり親や大家族の税金は上昇するだろう。最後にだめ押しがある。できすぎた偶然なのか、トランプの税制改革はトランプ一家のビジネスに多額の節約をもたらすだろう。[67] 機会さえあれば、食卓の上の食べ物すべてを貪る人もいるのだ。

こうした減税はトランプと億万長者仲間をいっそう金持ちにするので、政府が学校、道路、橋梁、医学研究に投資する資金がさらに少なくなるだろう。学生ローンのコストを削減する資金が少なくなるだろう。グリーンエネルギーに移行する資金が少なくなるだろう。送電網を気候変動に対応できるようにし、全国で生活を破壊しているオピオイド濫用危機に対処し、公営住宅を修繕し、公共交通機関を再建する資金が少なくなるだろう。お互いに救いの手を差し伸べ、すべての子供のために本当の機会を築くため、私たちが一緒にできること、一緒にやらなければならないことをする資金が少なくなるだろう。

だが、それらの減税は、減税以外のもの、すなわち債務を私たちにもたらすだろう。トランプ減税は、一九兆五〇〇〇億ドルの国家債務に一〇年間で七兆ドル以上の債務を追加し、二〇年間で二一兆ドルという驚異的な債務を追加するだろう。[68] いつものように、トランプ大統領は自分の支出の請求書を他人に押しつけるだろう。押しつけられるのはアメリカの納税者だ。

もしトランプが好きなようにすれば、金持ちはいっそう金持ちになり、権力者はいっそう強力になる。彼にはそれをどうやって実現するかについてアイデアがたくさんある。中心になるのは、大手銀行が経済を爆破するのを防ぐための規制を撤廃すべきだという彼の信念だ。消費者金融保護局も標的にされているが、それはまさにあの理由のためだ。つまり、ＣＦＰＢは職務を十分に果たしているので、住宅抵当ローン、クレジットカード、その他数多くの金融商品で欺かれる人々が激減したという理由だ。投資家を詐欺から守る規制、呼吸ができるように大気の質を維持し、飲めるように水質を維持する規制と共に、より多くの労働者が残業代を受け取れるようにする規制も俎上に乗せられている。他の事例もたくさんあるが、そのテーマは明白だ。すなわち、市場を少しだけ公平に保ち、経済を少しだけ安全にし、私たちの生活を少しだけ良くするのに役立つ規則は短期的利益を圧迫する。トランプのトリクルダウンという無慈悲な新世界においては、短期的利益の圧迫という理由は、規則を撤廃するのに十分なものだ。

トリクルダウン・エコノミクスは三五年に及び、ときには激しく、ときには穏やかだったが、アメリカ人の対応力のおかげで、私たちはなんとか生き残ってきた。だが、中間層にはおそらく、あと四年間、こうした破壊的政策に耐えるほどの力は残されていない。国民はすでに忍耐の限界に迫っており、なおいっそうの支出増と賃金停滞で破綻してしまうだろう。巨大企業はワシントンを指示通りに動かし、税の抜け穴や規制上の綻びを掻い潜り、負担とリスクを国民や中小企業に転嫁するので、人々にはほとんど何も残されていない。トリクルダウン・エコノミクスが続けば、私たちの経済の土台が脅かされ、アメリカは機会の国だという基本的信念が脅かされる。

最近の選挙で明らかになったように、国民は怒っている。そしてとても怒っているので、わが国の政治的分断を修復できそうもない。確かに、私たちはいくつかの大きな争点で分断されており、いくつかの相違はきわめて大きい。だが、誰が前進するチャンスを掴み、誰がチャンスを得られないのかを決定する経済政策においては、何が壊れているのか、それを修復するのに何が必要かについて、実際には考え方に幅広い一致がある。

• 七〇%以上のアメリカ人は、債務を負わずに教育を受ける機会を学生に与えるべきだと考えている。[69]

・約四分の三のアメリカ人は、社会保障の拡充を支持している。
・三分の二のアメリカ人は、連邦最低賃金の引き上げを支持している。[71]
・四分の三のアメリカ人は、連邦政府にインフラへの支出を増額してほしいと思っている。[72]

これは大多数のアメリカ人――民主党支持者、共和党支持者、無党派、リバタリアン、ベジタリアン――が信じていることだ。私たちが雑音とナンセンスを無視すれば、本当のことがはっきりと聞こえるようになる。国民は実際には私たちすべてに機能するアメリカをいかに形成するかについて、非常にはっきりした考えを持っているのだ。

これらすべてに対し私たちはどのように資金を出したらよいのだろうか？　ここでもきわめて多数の国民の間に合意がある。トップの人々に増税することからはじめるということだ。現在、六　%の人々は、富裕層は公正なシェアの税金を支払っていないと考えており、[73] 六三%の人々は、超金持ちに対する税額控除や抜け穴を撤廃することに賛成している。[74] 二対一の多数には及ばないが、確かに良い出発点となる。

トリクルダウン・エコノミクスのもう半分についてはどうだろうか？　規制緩和の潮流を押し返すことについてはどうだろうか？　三対一の割合で、国民はウォール街に対する規制を弱めるのではなく、強めることを求めている。[75] 嬉しいことに、トランプに投票した二倍の人が、CFPBの権限を縮小するのではなく、保護したり強化することを望んでいる。[76]

アメリカの大多数の人は変化を受け入れる準備ができており、私たちの多くは機会を構築するアメリカというヴィジョンを共有している。そのヴィジョンを取り戻すことは、私たちができる最も重要なことだ。なぜか？　なぜならそれがアメリカであること――保障、楽観主義、私たちを生産的で革新的にするひらめき——を意味する核心だからだ。その革新は、私たちが何者なのかを決定するものだ。

民主主義を求める

ドナルド・トランプ、億万長者、銀行家、偏見の持ち主らが導くアメリカで、どのようにしたらこの変化を実現できるだろうか?

私たちは立ち上がり、反撃する。そして私たちはまさに個人レベルでそうするのだ。私たちは、戦うべき原則を明快にすることからはじめる。その原則とは、誰もが価値があり、誰もが何かを築くチャンスを得ることだ。別の言い方をすれば、アメリカは、すべての人に敬意を払う国で、一部ではなくすべての人に対して機会を築く国でなくてはならない。私たちは、信じられる国にするために戦う。

集団的行動は個人的行動からはじまるので、私たち一人ひとりが訴える方法を見つけなくてはならない。私はマテオという名の男性のことを思い浮かべた。彼は、三人の外科医を抱えた忙しいオフィスで、請求書と保険請求書の管理を手助けしている。彼はシャイで、穏やかな話し方をする。彼は、暗い色のカーリーヘアを伸ばし、子供のときに負った火傷の傷跡を部分的に隠している。彼は決して仕事中に政治の話をしなかった。彼が私に言った。「ここにはあらゆる人々が来て、そのうえ医者もいます。ここは彼らの場所なのです」。

トランプの大統領当選は彼にとって激しい打撃だった。彼は言った。「私はゲイです。アメリカは過去に戻ろうとしているようです。でも私は戻れません。この国が私を望んでいないように感じるのです」。トランプ大統領が選出されると、マテオは個人的に何ができるかじっくりと考えた。「私は勇敢ではありませんが、何かしなくてはならないのです」。だから彼は「ラブ・トランプス・ヘイト」、つまり「愛は憎しみを打ち負かす」という意味のバッジを毎日つけることにした。職場ではポケットにしまうが、昼食に出かけるときや、夕方店に行ったり外出するときには、彼はそのバッジをつけることで「これが私の立場だ」と示されると考えている。

今や、マテオとすれ違う人は、「私も同じ思いだよ」などと言う。彼は、ガソリンスタンドで若い黒人男性からハイタッチを求められ、モールのフードコートで学生の一団から励まされた。その話をして彼は微笑んだ。「私たちみんなが繋がっているように思えます」。

マテオは、自分に何かできることをそのバッジが教えてくれたと言った。感謝祭の期間、彼は若年ホームレスのためのシェルターでボランティアをしたが、またやろうと考えている。

確かに、それはバッジにすぎない。そして最高のバッジではないかもしれない。だが、それはマテオがつながりをつくり、自分の主張をする方法だ。それはもっと多くのことができると彼に教えたものだ。「マテオ、よくやったね！」。

本書を読んでいる皆さんにも同じことを言いたい。個人的に何かをはじめる。あなたに対しても他人に対しても憎悪を伴わないような、あなた自身の果敢な抵抗を選ぼう。他の人たちとつながり、アメリカのあらゆる人々が尊敬と尊厳に値するという考えに基づき、コミュニティを強くする方法を見つけよう。すべての子供にチャンスを与えるための戦いに加わることを決意しよう。わが政府を大金持ちと大権力者だけでなく、私たちすべてのためになるようにする戦いに、最大限の時間とエネルギーを捧げよう。なぜなら、こうした個人的な献身こそが、民主主義を機能させる集団的行動にあなたをつなげるからだ。

個人的行動は抵抗の第二のツールにつながる。私たちは自分たちの数字を使わなくてはならない。多くのアメリカ人は変革を望んでおり、民主主義では、多数派であることが重要だ。

私は今、ヒラリー・クリントンがドナルド・トランプを三〇〇万票上回ったと自分自身に言い聞かせて一日のスタートを切っている。地上の他の民主主義国家ならどこでも彼女が大統領だが、わが国の時代遅れの選挙人団方式によってドナルド・トランプが勝利した。いいだろう、それがルールだ。だが、そのことはあたかも全権を持つかのように彼が統治できることを意味しない。彼は民主主義の追い風を受けていない。それどころか、ドナルド・トランプは、「多くの人が望んでない大統領」で、多数派は、トランプの顔に激しい逆風を吹きつける権利を、そして義務を持っている。

どうすればいいだろうか？　私たちはみんなの力を使う。トランプは大聴衆がとても好きだ。だから彼にそれを見せつけてやろう。彼はテレビを見ることも大好きだから、素晴らしい番組を見せつけよう。彼と彼のチームがやることに注意を払えば、そして私たちが一致して反対の行動をとれば、大きな違いをもたらせるだろう。デモと集会？　その通り。オンラインの抗議や動画拡散？　そう。面白いもの、痛烈なもの、情熱的なもの？　もちろん。私たちはみんなの声を使わなくてはならない。みんなの声を使って悪いものに立ち向かい、良いものを要求するのだ。これがリアルタイムで私たちの価値観を生かすということだ。これが民主主義というものだ。

二〇一七年一月二一日のウィメンズ・マーチは、目覚しいものだった。全米の都市や町で湧き上がり、米国史上最大のデモ行進となった[77]。それは、盛大な集会を組織しようという何百万もの女性による有機的、自発的な決断だった。ドナルド・トランプが大統領就任の宣誓を行った翌日、私たちは脅しに屈しない、私たちは沈黙しない、この男は国民として一つになった私たちを代表する者ではないと全世界に知らしめた。すべてのデモ参加者が自分の味と色をつけ加えたが、何よりも私たちは自分たちの力、国民の力を示した。私たちは、はっきりと不屈の力を示し、すべてのアメリカ人に私たちの価値観を知らせ、そしてその価値のために戦う私たちの意志を知らせた。

しかし、ウィメンズ・マーチははじまりにすぎない。ドナルド・トランプの当選を不満に思っているすべての人は、どうしてこうなったのか忘れてはならない。私たちは、二〇一八年の中間選挙に向けて、今すぐ取り組みをはじめなければならない。二〇一六年の結果が気に入らないのならば、有権者登録のためのボランティアを推進し、一年以内ではなく今すぐ、新たな人々が登録するようにしなくてはならない。ボランティアをする場がないなら、あなた自身がその場を作ってほしい。そう、確かに困難だ。だが、これは変化を起こすのに必要だ。もしそれがうまくいかなければ、いまだに当日登録や期日前投票を認めていない州議会にロビー活動をしよう。人々が投票できるようにすることは、あなたができる最も愛国的な行為の一つだ。もしすべての人が投票すれば、間違いなくドナルド・トランプとその仲間は敗北するだろう。

他にもある。あなた自身が選挙に立候補することを考えてほしい。二〇一二年に初めて選挙運動をはじめたとき、私には何も経験がなかった。あなたもきっかけを掴み、変化を生み出す決断をすることができる。あなたは立候補したり、他の誰かが立候補するのを助けることができる。私たちが公職で必要とする人とは、コーク兄弟からもらったり、自分の口座の小切手を切ったりして数百万ドルを集められる者ではない。私たちが必要とする人とは、助けを必要とする人だ。選挙運動を盛り上げるたくさんのボランティアを必要とする人だ。民主主義には私たちが必要だ。

何でもやり、力をさらに入れ、二〇一八年を、中間選挙に関心がないというあらゆる統計結果通りにならないようにし、二〇一六年よりも投票率の高い年にしなくてはならない。私たちは民主主義が機能すると示すことができる。

投票して当選することが重要だという証拠がさらに必要だろうか？　二〇一六年一一月に起こったこと

は、アメリカのすべての人、すべての労働者、すべての家族に影響を及ぼすだろう。私の州、マサチューセッツを例にとろう。マサチューセッツは大きな州ではないが、医療費と処方薬の支払いのため、一〇〇万人以上がメディケアとメディケア・アドバンテージに依存している。[78] マサチューセッツ州の大学を卒業する学生三人のうち二人は、多額の学生ローン債務を抱えている。[79] マサチューセッツ州の七人に一人は、米国以外の生まれだ。[80] 介護施設に暮らす数万の人々は、請求書の支払いをメディケアに依存している。[81] ヘッドスタートには一万六〇〇〇人の子供がいて、[82] 二三万三〇〇〇世帯は州の運営する保険加入ウェブサイトで医療保険を買っている。[83] 四〇万人以上の労働組合員は、賃上げと労働環境改善を求めて団体交渉権を使っている。[84] 二〇一六年に、三万二〇〇〇人以上が人工妊娠中絶のために、プロチョイスの医療サービスNGO、マサチューセッツ州プランド・ペアレントフッドに行った。[85] 彼ら一人ひとり――またマサチューセッツ州の他のすべての人――は、トランプと共和党指導部が推進する政策によって影響を受けるだろう。影響を受ける？ いや、彼らの多くは傷つけられ、ひっぱたかれ、殴られ、打ちのめされ、中には粉砕されてしまう者もいるだろう。ドナルド・トランプと彼の政権のせいだろうか？ まさにその通りだ。

今後数年間、移民の大量本国送還の脅威、危険な連邦最高裁判事の指名、金持ちと権力者をいっそう有利にするルール変更の試みなど、恐ろしい構想に事欠くことはないだろう。しかも、それらははじまりにすぎないだろう。さらに悪いことに、私が恐ろしい構想と言ったものを、トランプとその仲間たちは光り輝く機会だと見なしている。トランプと彼のチームが、背後にある政府と共和党エスタブリッシュメントのすべての力を持ってして、どのような戦いを仕掛けてくるか知る由もないが、私たちが準備をしなくてはならないことは分かっている。私たちは自分自身を信じ、自分たちの大義を信じ、そこに飛び込んで戦う絶対的で揺るがない意志を信じなくてはならない。

インスピレーションを得るために、フランクリン・ローズヴェルトを思い出そう。ローズヴェルトは企業とウォール街に挑むと歯に衣着せずに言った[86]。彼は、企業国家アメリカを支配している「特権的王子」と「経済的王室」を非難した。そして財界の大物が悪質な攻撃を仕掛けてきたとき、ローズヴェルトは一歩も引かなかった。引くことなく彼は、「私はその憎しみを歓迎する」と宣言した。

今日のリーダーは、同じように勇気を示し、トランプに抵抗するために自らの役割を果たさなくてはならない。この戦いでは誰もが、選出された代表者に呼びかけ、彼らにも戦闘に加わることを要求する権利を持っている。強力な企業による政府支配を打破するには、議員と他の多くの政府職員が立ち向かうことが必要だ。大石油会社、大製薬会社、大タバコ会社、たくさんの大企業に立ち向かうことが必要なのだ。形勢を変化させるためには、民主主義の喉元を掴むマネー・モンスターを抑制しなくてはならない。雇われ専門家に懐疑的な眼差しを送り、連邦判事がご機嫌取りから「贈り物」を受け取るのを禁止しなくてはならない。それにはたくさんの変化が必要だが、なかでも戦う意志を養わなくてはならない。

この大々的な脅威に対して勝利を収めるには、とてつもない努力を要するだろう。それには規律が必要だろう。私たちは、一つひとつの小競り合いも一か八かの戦闘とするわけにはいかない。トランプの馬鹿げたツイート・ストームに対する戦いは、消費者金融保護局が妨害されたり、環境保護局が沈黙させられたりして、隠れている者が利益を得ないようにする戦いだ。確かに、そうしたツイートの一部は重要だが、すべてが重要というわけではなく、常軌を逸したツイートでさえ重要でないことがしばしばある。

いつ前進し、いつ休止するかについて、意見が一致しないこともあるだろう。私たちは賢明になり、落ち着きを保ち、中心的争点に関心を払い続け、すべてのことに対してではなく、国民生活に最も大きな変化をもたらすものに対してトランプに責任を負わせる必要がある。

私たちは訓練を受けなくてはならないが、最も重大な戦闘に立ち向かうための勇気も必要だ。戦場に通じる道は多いが、最初の段階は戦いに加わる誓いだ。それは軽く捉えられるような誓いではない。戦いは激しく、アメリカの国民生活のあらゆる部分をしっかり掌握している資金力あるグループとの戦いは本当に激しい。力を持つ者がおとなしく引き下がることはないだろう。彼らが抵抗せずに一インチたりとも譲歩することはない。戦いは形勢が悪くなることもあり、敗北を喫することもあるだろう。だが、私たちが戦わなければ、もっと不利な立場に追い詰められてしまうだろう。もし私たちが戦わなければ、私たちは負け続けることになるだろう。

勇気を振り絞ろう。誓いを立てよう。そして戦いに加わるのだ。

これからの戦い

私にとって一番つらい時間は夜中の三時頃だ。それは心配が脳裏に蘇って悩まされる時間だ。それは時々ジーナのことを考える時間だ。

ジーナは、私の母を思い出させる女性で、母よりたった一世代下なだけだ。ジーナは、よく笑い女性リーダーの本能を持ち合わせており、つねにウォルマートの同僚の面倒をみている。ジーナは長時間働いているが、それでも毎月、月末には食料貯蔵配給庫を訪れるはめになる。

二〇一六年大統領選で彼女は誰に投票したのだろうか？　彼女は誇りを持ってドナルド・トランプに投票し、トランプが「生活を一変」させてくれることを望んでいた。トランプが勝利して彼女は喜んだ。選挙から一カ月後、ウォルマートの人員配置方法が変更されたと彼女は語った。ウォルマートは、勤務時間が少なく何の給付も得られないことを厭わない臨時従業員を増やす決定をした。クリスマスの直前、ウォルマートはジーナを解雇した。

マイケルの困難な時期はもっと前のことだ――二〇〇八年のリセッションによってDHLでの仕事、住宅、保障を失った。二〇一六年初めには、マイケルの財政上の悪夢はほとんど終わったかに思われた。マイケルと妻のジャネットは、シカゴ近郊の小さな住宅に暮らし、ナビスコ工場で日勤のシフトで働けるようになっていた。だが三月に、ナビスコがシカゴ工場でレイオフを開始し、その仕事をメキシコに移転させると、彼は再び後退した。

マイケルは誇りを持ってヒラリー・クリントンに投票した。選挙運動中、ヒラリーはマイケルのナビスコ工場を訪問し、仕事を失いそうな労働者と話をした。そして彼は私に「ヒラリーは私たちを見捨てない」と確信したと語った。だが今、彼の未来は暗い。最近、彼は再びDHLのパートタイムの仕事に応募し、採用されることを願っている。勤務時間の保証はなく、給付もないが、それでも何もないよりマシだ。新たに住宅抵当ローンを借りたばかりなので本当にその仕事が必要だ。また、彼は医療保険の支払いについて心配している。あと数カ月で彼は六〇歳になる。

そしてカイだ。カイは投票しなかった。彼女はどちらの候補にも期待することができなかった。クリスマスの三日前、彼女は車に荷物を詰め込み、コネティカット州の姉の住まいからコロラド州の両親の家へと戻っていった。

希望に溢れ、この世界で足跡を残すと確信し、最初に大学に入学してから九年後、両親の家の元の自分の部屋へと戻っていくことになった。これからどこで働くか見当もつかなかった――ナップかそこそこ良いレストランの仕事が見つかれば、たぶんそこで働くだろう。カイは学位を取得することを断念した。今、彼女の唯一の目標は、毎月一回、学生ローンの返済を遅滞なく行うことだ。債務が九万ドルもあるのに仕事が最低賃金水準では、いつ債務を完済できるか計算すらできない。結婚は？　家族は？　自分の住宅は？　そうした夢はカイにとってははるか彼方のものだ。

これが正しいとは言えない。ジーナは懸命に働いた。マイケルとカイもそうだった。私の知る限り、彼らは無謀でも、愚かでも、不注意でもなかった。彼らはギャンブルをすることもなく、怠けることもなく、生活の蓄えをあやしげな儲け話につぎ込んだわけでもなかった。いや、彼らは懸命に働き、ルール通りにプレーし、最善を尽くした。変化の潮流に飲み込まれ、彼らは今、中間層に上昇するのが以前よりもはるかに困難になったアメリカに生きている――そして中間層からの転落がはるかに激しく致命的なアメリカに生きている。

一九六〇年代、私の母が地元のシアーズにハイヒールを履いて通勤していたとき、選択肢の中で全力を尽くした。彼女はシアーズが仕事を与えてくれるなら何でもやる覚悟でいた。もしシアーズが力になってくれなければ、通りの向こう側にはハンバーガー・ショップがあった。一ブロック先にはクリーニング店、ドラッグストア、保険代理店があった。家に給料を持って帰れるなら、彼女はどこでも働いてそうするつもりだった。

母はありったけの意志と覚悟の欠片をかき集めて、私たちの生活を救った。彼女の最低賃金の仕事によって、私たちは住宅抵当ローンを返済し、食卓に食べ物をならべることができた。最終的に父は仕事に復帰し、最後は清掃員として終えた。協力して彼らは請求書を支払った。私は大学に進学し、結婚し、夢見てきた通りに教師になれた。どれ一つ容易ではなかったが、私の両親は亡くなる時までずっとアメリカの中間層でいられた。

そう、私はジーナを心配している。彼女があらゆる点において私の母と同じくらい懸命でタフなことは分かっているし、母を上回っているかもしれない。だがジーナには、競技場が著しく不利になっていないアメリカが必要だ。マイケルはただチャンスを必要としており、チャンスはカイにも必要だ。

危険は現実のもので、残された時間は短い。だが、私たちならできるとみんなが分かっている。私たちはすべての人に機能するアメリカを構築できる。私たちは方法を知っているので、必要なのはそれを実行することだけだ。

わが国の未来はなんらかの物理法則によって決まるものではない。それは運命によって定められた道によって決まるものではない。それはドナルド・トランプによって決められるものでもない。わが国の未来は私たちの手にかかっている。私たちはアメリカの偉大な約束を死なせてしまうのか、それとも私たちは反撃するのか？　私？　私は反撃している。

この戦いはわたしたちの戦いだ。

エピローグ

「いったいどうしたの?」

屋外の喧騒が壁を隔てて聞こえていたが、大勢の人の声が突然一つになった。

ブルースと私はワシントンDCのアパートメントにいた。それは二〇一七年一月二〇日金曜日の早朝のことだった。その日は寒くて、曇り空で雨が降りそうだった。ブルースはすでに着替えており、新聞を取りに行った。彼は今でも朝にはコーヒーと新聞が欠かせない昔ながらのスタイルだ。私は、靴下、下着、タートルネックを重ね着して、ドナルド・トランプが第四五代アメリカ大統領として宣誓する間、数時間寒い屋外で座り込む準備をしていた。

七時頃起きて窓の外を見たとき、引きも切らない人の流れがすでにナショナル・モールに向かう通りに流れ込んでいた。ナショナル・モールは、国会議事堂からワシントン記念塔、リンカーン記念堂に通じる緑地だ。トランプのTシャツ、キャップ、その他の土産物が山積みされた露店の角で友人を見つけた。たくさんの人々が赤い帽子をかぶっていたが、それらは「アメリカを再び偉大にする」と書かれたキャップだろう。人々はサインボード、バックパック、ショッピングバッグ、傘を持っていた。就任式は一一時にはじまるので、早めに到着した人はしばらく外にいることになるだろう。

一時間近く、通りにいる人々の声を聞いていたが、歓声が大きくなったので窓際に向かった。そのときにはすでに通りは群衆でいっぱいだった。巨大な横断幕が群衆の上に広がっていて、両端にいる人はそれを高く掲げるポールを支えていた。横断幕に書かれているのはたった一つの単語で、すべてが大文字だった。

ファシスト。

喧騒が激しくなり、その横断幕を支えている人の周りで多くの小競り合いが起こっていた。怪我人が出ないように警察がすぐに割って入った。そのファシストという文字は消えた。小競り合いは止まった。喧騒は鎮まった。

私は冷たい窓に額を押しつけた。ファシスト。ここアメリカで、抗議をする人たちが就任しようとしている大統領をファシストだと断じていた。私は以前、数回、その言葉が浴びせかけられるのを聞いたことがあるが、ほとんどが子供時代のことだった。だが、今回は違った。

人生でこのような日を目撃することになるとは思いもしなかった。大統領として宣誓しようとしている人物は、独りよがりの考えから国民に多くの攻撃を仕掛けてきた人物だった。その男は、公然の人種差別を自分の魅力とした。その男は、女性のことを侮辱的に話し、障害を持つ記者を笑い者にした。その男は、たくさんの国民を立ち止まらせて、ここアメリカでファシズムがまだ生きているのではないかと思わせた。

国民に権力を取り戻すという彼の主張にさえ、私は苦痛を覚えた。権力を国民に取り戻す？　えっ、超金持ちに？　ゴールドマン・サックスの人々？　ウォール街の人々？　彼はすでに、まもなく発足する政権を運営するために次から次へと億万長者を指名し、政府で働くことが懐を肥やすことと矛盾しないと言って、恐ろしい事例を作った。

そしてこの男が大統領として宣誓しようとしていた。

＊　＊　＊

翌朝は、明るく晴れていた。

私はケンブリッジにある自宅の自分のベッドに戻っていた。目を覚ますと考えた。「ドナルド・トランプが大統領になって一日、少なくともまだ世界をぶち壊していない。あとわずか一四六〇日を残すだけだ」。

私が次に考えたのは、ワシントンのウィメンズ・マーチのことだった。最初にその話を聞いたとき、マサチューセッツ州でも同様のデモ行進をしたらどうかと思った。周りの人たちに聞いてみると、ボストンの「小さな集会」が同調するとのことだった。私は地元の人々に加わりたいと言った。

私はワシントンで大集会を開くアイデアをとても気に入った。私たちをバラバラにしようとしている男の大統領就任式の翌日、私たちの団結を祝うために大勢の人々が結集することの象徴的な意味を大変気に入った。だが、全国で国民が集会を開けばそのエネルギーと数は特別な魔法を生み出すとも考えた。私たち人民の方が憎しみに満ちた大統領よりも強いとの確信をもたらすように、大小のグループを結集することができる。

ボストンでウィメンズ・マーチが行われるまでの期間、集会を開催するためにボランティアが無我夢中で働いた。企画者は様々な場所から来たが、飛び入りをためらわなかった。憎悪の炎を掻き立てるのはもうたくさんだ。億万長者の政府はもうたくさんだ。アメリカ最古の公共公園、ボストン・コモンで私たちが主張してみたらどうだろうか？　メイフラワー号が到着した場所からわずか一マイルの場所で主張するのはどうだろうか？　奴隷制廃止論者、女性参政権論者、フリーダム・ライダーズが集まった場所で主張するのはどうだろうか？　何世紀にもわたる進歩と挫折、前進と後退を経て、ここでもう一度、多様性から成り、私たちは一つになると主張してはどうだろうか。今こそ、私たちの軍隊を結集する時だ。そしてボストン・ウィメンズ・マーチを組織したグループは非常に素晴らしい仕事をした。

そのようにして土曜の朝を迎えた。私は明るいピンク色のテニスシューズの靴紐を結び、プランド・ペアレントフッドの紫色のスカーフをし（ロゴが見えるように結んだ）、「青い爆撃機」に乗り込んだ。スタッフの地元責任者のロジャー・ラウ、彼の代理のジェシー・トレス、ブルースはすでに車に乗っていた。出発して集会に向かっていると、ストロウ・ドライブで渋滞にはまり、警察が大勢出動し、道路を閉鎖して迂回させているのが見えた。遅刻してしまうのではないかと心配した。

ボストン・コモンまで八ブロックから一〇ブロックくらいのところに差し掛かったときには、マーチがはじまろうとしていた。そのとき、私たちの軍隊を初めて見た。歩道にはボストン・コモンに急ぐ人がたくさんいた――プッシーハットというピンクの猫耳帽をかぶった女性、ベビーカーを押す男性、走りながら笑っている子供たち。父親に肩車をされた小さな女の子は、手書きの文字が書かれたサインボードを持っていた。そこには、「私は女の子のように戦う」と書かれていた。

私もそうよ、かわい子ちゃん。

数分後、群衆をかき分けてステージに向かっていたとき、ボストン・ウィメンズ・マーチは巨大な家族の再会のようだと気づいた。抱擁、喝采、そして旧交を温める姿があちこちに見られた。経験豊かな活動家がたくさんいたが、新顔もたくさんいた。赤ん坊やおばあさんがたくさんいた。学生や年配の参加者がたくさんいた。障害を持つ人々はとくに力強い姿を見せた。彼らも来るべき戦闘で強力な戦士になるだろう。

私はステージ上からプランド・ペアレントフッドとアメリカ自由人権協会（ACLU）のサインボードを見た。「教会になろう」[1]とか、環境保護、貧困救済、人種差別反対、弱者のための戦い、世俗的、宗教的な価値の共有、多様性の受容、神を愛すること、人生を楽しむことなど、主張を表す原則が示された巨大なサインボードを見た。サインボードはすべてを網羅していた。

私は大勢の人たちを見た。カラフルで善良で創造的なたくさんのサインボードがあった。

娘がやらなくてもいいように私がデモに参加する

トランプのツイートではなく、納税申告書を読もう
これは私にとって最初の抗議だが、最後ではない
いつもはサインボードを掲げたりしないんだけどな
これこそ民主主義というものだ
女性の権利は奪い取れない
ラテン系でクィアであることはずっと誇りだ
私たちは皆移民だ
ドナルド、お前はまだイヤな女を知らない
人民の力は権力者よりも強い
歴史がお前を見ている

デモ行進がはじまる前に群衆に演説をする機会が与えられ、ドナルド・トランプの大統領就任を目の当たりにしたことについて語った。就任式の光景は私の脳裏に焼きつき、決して忘れることはないだろう。忘れたくなかった。ドナルド・トランプが好む人たちのためだけでなく、私たちすべてのために機能するアメリカを目指し、よりしぶとく戦い、より激しく戦い、より情熱を持って戦う意味を思い出すために、私はその光景を心に刻んだ。

多くの歓声、抱擁、写真撮影が行われたが、最高だったのは群衆の中に戻っていったことだ。気分は高揚していたが目的を見定めていた。私が会ったすべての人が献身的で、戦いに加わる準備ができていた。私はたくさんの抱擁をし、とても小さなデモ参加者と写真を撮るためにしゃがんだ（ベビーカーの中にいたとしても、デモ参加者としての資格があると言えると思う）。ブルースは、集会に参加していた数人の教え子の元へ行った。

私たちはデモ行進をはじめようとして列を作っていた。エド・マーキー上院議員、マーティ・ウォルシュ・ボストン市長、マウラ・ヒーリー州司法長官と一緒に、私は最前列に立った。私たちに州財務官のデブ・ゴールドバーグ、州会計検査官のスザンヌ・バンプが加わった。

ブルースは、マーキー上院議員と私のすぐ後ろに立った。彼は手を伸ばしてウィリアム・グロス警察長官と握手を交わした。彼はボストンで最高位の警官だ。それから自己紹介をした。「私は上院議員の夫です」。ブルースは一呼吸置いて、「彼のではなく、彼女のです」と言った。

私はマサチューセッツ州を愛している。

ついに少しずつ進み、私たちはデモ行進を開始した。「小さな集会」は一七万五〇〇〇人のデモ参加者に

MASSACHUSETTS STATE SENATOR KAREN E. SPILKA

膨れ上がったが、ボストン・コモンに入りきらなかったために参加を断られた人はもっと多かった。警察はデモ行進の経路を空けるのに最善を尽くしてくれたが、最終的には群衆があまりにも多かったので、私たちはたんにゆっくり動く巨大な人の群れになってしまった。

私たちは完全には組織化されていなかったが、そこには力があり、どこにいてもエネルギーがあった。寒く、明るい土曜日の朝、何か特別なことが起きていた。一歩一歩が私たちを団結させていった——ボストン・コモンのすべての人、ワシントンのすべての人、アメリカ中、世界中の小さな町や大都市のすべての人を。

様々な場所で立ち上がり、様々な方法で訴えたが、私たちは人間の根源的な尊厳を信じていることを明らかにした。私たちはすべての人に価値があると宣言した。私たちは、多くの異なる経路を目指して話をし、サインボードを掲げたが、そうした経路すべてが、一部の人のためだけでなく国民すべてのために機会を構築することを目指していた。そして政府が人民のためのものだと主張することで、再び民主主義を機能させることができるという深遠かつ揺るぎない信念を、デモ行進という行為が高らかに謳いあげた。私たちこそ軍隊だ。楽観主義、希望、断固とした決意に満ちた軍隊だ。

その日、何万もの人たちとボストンを行進していたとき、私は幻想を抱いていたわけではなかった。激しい戦いになるだろう。絶望する瞬間もあるだろう。だが、私たちには何万もの人たちが共にいて、この戦いはわたしたちの戦いになると確信していた。

謝辞

私は人生で文字通り幸運にたくさん恵まれてきたが、最近幸運に恵まれたのは、アレクサンダー・ブレキンソップが本書の手伝いをしてくれると言った日だ。アレックスとは消費者金融保護局で一緒に働き、それから上院議員選挙も手伝ってくれたので、彼が賢明で、規律があり、勤勉なことはすでに分かっていた。だが、アメリカをより良い国にしたいという彼の熱い情熱を感じたのは、本書『この戦いはわたしたちの戦いだ』に取り組んでいるときのことだった。ほぼ不可能な要求がなされ、非常に厳しい締め切りの下で仕事をしていても、彼は快活さとユーモアを失うことがなかった。私に執筆スケジュールを守らせようとしたとき、鬼軍曹のように容赦しない一面もあることを知った。彼は、アメリカの中間層にとって何が問題なのか、中間層再建のために私たちに何ができるかについての叙述を大いに助けてくれた。

娘であり、共著者でもあるアメリア・ウォーレン・ティアギにも、私はとても助けられた。成長企業を経営し、私の三人の大切な孫を育てるという忙しいスケジュールにもかかわらず、彼女は本書で再び大事な役割を果たしてくれた。話の筋道を立て、中心的な論点から焦点が外れないようにし、原稿に結実することになったアイデアを出し、彼女自身の考えに基づく助言をくれた。その助言はしばしば、「ママ、またつまらなくなっているわよ」という言葉からはじまった。重要なことを主張しながらも興味を引くようにするという困難な道になんとか踏み止まれているなら、それはアメリアの多大な功績のおかげだ。

早いうちに原稿を読み、不明瞭だったり膨らませた方がよい箇所を指摘してくれた良い友人に恵まれた。

彼女らは、新たな見出しを追加し、段落を修正し、一部を削除することを提案してくれた。名前を挙げるべき人があまりにも多く、誰一人として忘れたくはないが、自分のことだと分かってくれていて、私が深く感謝していることも分かってくれていると思う。ダニエル・モロッコとイリーナ・サブリカには事実確認を手伝ってもらったが、二人とも厳しい時間的制約の中で長時間働いてくれた。

明快かつ興味深く素材を見せたいと願っていたので、本書のグラフには表現上の難しさがあった。ミッシェル・ルクレールは、素晴らしいスキルでそれを解決し、きちんと仕上げるために一緒に作業し、数え切れないほどのパターンを作り微調整を辛抱強くやってくれた。ジェイムズ・オマラはミッシェルを補佐し、その仕事に細心の注意を払ってくれた。

自分のことを私に話したいと思ってくれた人々に、私は深く感謝している。彼らの身元が明らかになってしまう具体的な詳細を伏せながら、忠実に改作することに最善を尽くした。マイク・ベルビルは非常に特別な人で、アルツハイマー病研究をもっと支援するように議会に迫る断固とした決意は、私を刺激したが、おそらく他の議員も刺激したことだろう。マイクと妻のシェリルには支援に感謝している。マイケル・J・スミスは時間と思いを提供してくれ、他の人の助けになるならという思いから、人生で非常につらい時期の詳細を自ら振り返ってくれた。マイケル、妻のジャネット、娘のアシュリーに感謝している。

ジーナとカイにも大変感謝している。本書に掲載したことしか言えないが、不公平な世界に立ち向かう彼女たちの勇気を知っているのは私の誇りだ。彼女たちは永遠に私の人生の一部だ。

編集者のジョン・スターリングは、前著『勝機』（未邦訳）で見事な働きぶりだった。本書にも、才能と思慮深い洞察をもたらしてくれたことに深く感謝している。彼がいなければ、この企画を引き受けなかったかもしれない。ヘンリー・ホルトの社長兼発行者のスティーヴン・ルービン、メトロポリタン・ブックスの発行者のサラ・バーシュテル、ホルトの発行者代理兼販売・マーケティング部長のマギー・リチャーズは、一緒に働くのに最高のチームだった。リック・プラチャーは最高の装丁をデザインしてくれて、ケリー・トゥーは本書の内装のデザインで優れた仕事をしてくれた。二人とも私に、視覚表現の創造力に優れた人がいることを教えてくれた。私にそうした力はないが、出来栄えに満足している。ホルトの編集長のケン・ラッセルは、スケジュールが非常にきつかったにもかかわらず予定通りの出版に導いてくれて、本書の原稿整理編集者のボニー・トムプソンは、明瞭で明快な文章になるように一流の仕事をしてくれた。ジョンの有能なアシスタント、フィオーナ・ローウェンシュタインはいつも助けになってくれた。ホルトの誰もが真のプロフェッショナルだが、書籍に、そして書籍でしか伝えられない話に熱意を持って取り組む人たちでもある。私は彼ら全員に感謝している。

今回も、ボブ・バーネットは思慮深いアドバイザーとなってくれて、賢明な助言や、とてもユーモアに溢れた手厳しい意見をつねに与えてくれた。

本書の基本的なアイデアは学者時代に生まれたものだが、これまでに遂行してきた戦いのほとんどは、長年の間に幸運にも出会えた有能なアドバイザーと、ボストン、スプリングフィールド、ワシントンのオフィスで長時間働いてくれた人たちがいたからできたことだ。私たちは、すべての人たちへの敬意と機会に基づいて建設されたアメリカというヴィジョンを共有している。そのうえ、彼らは信じられないほど献身的で、驚くべきスキルを持って仕事に打ち込んでいる。受け取るべき給付をもらえるように退役軍人を助けているときでも、医療座談会を組織しているときでも、SECで何が起きているのか調査しているときでも、彼らは正しいもののために戦い続けている。私は、彼ら一人ひとりを愛していて、彼らが成し遂げてくれたことすべてに本当に感謝している。

私はマサチューセッツ州の人々にも深く感謝している。過去に立候補したことのない私に期待してくれて、あなたたちのために戦うようにワシントンのリングに送り出してくれたことに感謝している。毎日、私は、ワシントンであなたたちの代弁者になるために懸命に挑戦している。毎日、素晴らしく、勤勉で、寛大な何百万もの人々がどれほどの危機に瀕しているのか思い起こしている。たとえ何が起ころうとも、この戦いに留まり続ける強さとモチベーションを、あなたがたは私に与えてくれる。この偉大な州を代表することは、生涯の栄誉だ。

最後になったが、家族には心の底から感謝している。すでにアメリアについては触れたが、他の家族すべてがそれぞれ特別な影響をもたらしてくれた。問題を議論するのに、息子のアレックス・ウォーレンほど楽しく、そして興味深い者はいない。彼には分かるだろうが、もともとは電話での話の最中に芽を出した多くのアイデアが、最終的に本書に結実している。エリーズ・ウォーレンとスシル・ティアギは、義理の娘、息子という以上に寛大だ。彼は、私たちをより強く、より幸せな一家にしてくれる大切な家族だ。孫のオクタヴィア、ラウィーニア、アティカスは、人生を本当に貴重なものにし、とても楽しくしてくれている。最後の感謝はブルースに対してのものだ。彼が最後になったのは、彼への感謝について考えると、私は胸がいっぱいになり言葉に窮するからだ。

place History and News: 23K Enrolled by November 17; ConnectorCare Subsidies Less Robust in 2017," HealthInsurance.org, November 20, 2016.

84 U.S. Department of Labor, Bureau of Labor Statistics, "Union Membership in Massachusetts and Connecticut—2012," Table A: Union Affiliation of Employed Wage and Salary Workers in Massachusetts and Connecticut, Annual Averages, 2003–2012.

85 Planned Parenthood League of Massachusetts, "Annual Report: FY16," p. 2.

86 Sally Denton, *The Plots Against the President: FDR, a Nation in Crisis, and the Rise of the American Right* (New York: Bloomsbury Press, 2012), p. 158; Franklin D. Roosevelt, "Address at Madison Square Garden, New York City," October 31, 1936.

エピローグ

Ian Holland, January 21, 2017.

2 Globe staff, "People Were Really Creative with Their Signs at Women's Marches," *Boston Globe*, January 21, 2017; Joan Wickersham, "You Said It All in Those Women's March Signs," *Boston Globe*, January 25, 2017.

65 Michael Hiltzik, "Paul Ryan Is Determined to Kill Medicare. This Time He Might Succeed," *Los Angeles Times*, November 23, 2016; Kelsey Snell, "Tax Reform Shaping Up To Be One of Washington's First Fights Under Trump," *Washington Post*, November 17, 2016; Jim Nunns, Len Burman, Ben Page, Jeff Rohaly, and Joe Rosenberg, "An Analysis of the House GOP Tax Plan," Tax Policy Center, September 16, 2016, pp. 2, 8, Table 5, p. 13.

66 Jim Nunns, Len Burman, Ben Page, Jeff Rohaly, and Joe Rosenberg, "An Analysis of Donald Trump's Revised Tax Plan," Tax Policy Center, October 18, 2016; Dylan Matthews, "Analysts: Donald Trump Changed His Tax Plan and Made It Even More Tilted Toward the Rich," *Vox*, November 8, 2016.

67 Jean Eaglesham and Lisa Schwartz, "Trump's Tax Plan Could Preserve Millions in Savings for His Businesses," *Wall Street Journal*, January 29, 2017.

68 Nunns, Burman, Page, et al., "An Analysis of Donald Trump's Revised Tax Plan"; Matthews, "Analysts: Donald Trump Changed His Tax Plan"; Federal Reserve Bank of St. Louis, "Federal Debt: Total Public Debt," updated December 14, 2016.

69 "New National Poll Shows 80% of Americans Support Addressing College Affordability Crisis," Demos, October 7, 2016.

70 Public Policy Polling, "National Survey Results," October 21, 2016.

71 "Poll Results: Minimum Wage," YouGov, April 13, 2016.

72 Frank Newport, "Americans Say 'Yes' to Spending More on VA, Infrastructure," Gallup, March 21, 2016.

73 Frank Newport, "Americans Still Sa Upper-Income Pay Too Little in Taxes, Gallup, April 15, 2016.

74 Frank Newport, "Americans React t Presidential Candidates' Tax Proposals, Gallup, March 17, 2016.

75 Celinda Lake, Bob Carpenter, Davi Mermin, and Zoe Grotophorst, "Strong B partisan Support More Financial Reform Lake Research Partners and Chesapeak Beach Consulting, memo to intereste parties, July 12, 2016.

76 Nik DeCosta-Klipa, "Trump Voters Do Want Trump to Get Rid of Elizabeth Wa ren's Consumer Agency," Boston.co December 21, 2016.

77 Matt Broomfield, "Women's Marc Against Donald Trump Is the Large Day of Protests in U.S. History, Say Poli cal Scientists," *Independent*, January 2 2017.

78 Centers for Medicare and Medica Services, "On Its 50th Anniversary, Mo Than 55 Million Americans Covered Medicare," press release, July 28, 2015.

79 This covers four-year institutions. Ins tute for College Access and Success, "Ma sachusetts—4-Year or Above," Colle InSight, 2013–14.

80 U.S. Census Bureau, "QuickFacts: Ma sachusetts."

81 Massachusetts Executive Office Health and Human Services and Executi Office of Elder Affairs, "Long Term Car Massachusetts: Facts at a Glance," Janua 26, 2009, pp. 4–5.

82 Kids Count Data Center, "Head Start E rollment by Age Group," updated Mar 2014.

83 Louise Norris, "Massachusetts Mark

Exxon CEO," *Vox*, December 13, 2016.

47 Alexander C. Kaufman, "Exxon Continued Paying Millions to Climate-Change Deniers Under Rex Tillerson," *Huffington Post*, January 9, 2017.

48 Chris Mooney, Brady Dennis, and Steven Mufson, "Trump Names Scott Pruitt, Oklahoma Attorney General Suing EPA on Climate Change, to Head the EPA," *Washington Post*, December 8, 2016.

49 Eric Lipton and Coral Davenport, "Scott Pruitt, Trump's E.P.A. Pick, Backed Industry Donors over Regulators," *New York Times*, January 14, 2017.

0 Allie Gross, "Lawmakers deciding the future of Detroit schools accepted thousands from pro-charter DeVos family," *Detroit Metro Times*, May 17, 2016.

1 Alyson Klein, "DeVos Would Be First Ed. Sec. Who Hasn't Been a Public School Parent or Student," *Education Week*, December 6, 2016.

2 Manu Raju, "Trump's Cabinet Pick Invested in Company, Then Introduced a Bill to Help It," *CNN Politics*, January 16, 2017.

3 Lisa Baertlein and Sarah N. Lynch, "Fast-Food Workers Protest Trump's Labor Secretary Nominee," *Reuters*, January 12, 2017.

4 Tal Kopan, "Democrats to Attack Labor Nominee's Employee *Treatment," CNN Politics*, January 10, 2017; Restaurant Opportunities Centers United, "Secretary of Labor Violations?," January 10, 2016, pp. 17–18.

David Wasserman, "2016 Popular Vote Tracker," Cook Political Report, January 3, 2017.

Gary Langer, Gregory Holyk, Chad Kiewiet de Jonge, Julie Phelan, Geoff Feinberg, and Sofi Sinozich, "Huge Margin Among Working-Class Whites Lifts Trump to a Stunning Election Upset," ABC News, November 9, 2016.

57 Martin Luther King, Jr., "Letter from a Birmingham Jail."

58 Jeremy C. Fox, "Thousands Protest Health Care Repeal at Faneuil Hall," *Boston Globe, January 15, 2017*; Corey Williams, "Thousands Rally to Resist Republican Health Law Repeal Drive," Associated Press, January ◦ .

59 "Community Forum on Trump-Era Immigration," *Martha's Vineyard Times*, December 28, 2016; Steven H. Foskett Jr., "Worcester Forum Seeks to Ease Post-Election Anxiety," *Worcester Telegram & Gazette*, December 1, 2016.

60 Shira Schoenberg, "Workers rally in Boston for $15 minimum wage," MassLive.com, November 29, 2016.

61 Bigotry is bad for business: "Video of Sen. Elizabeth Warren: Bigotry Is Bad for Business," *Wall Street Journal*, November 15, 2016.

62 Thomas Piketty and Emmanuel Saez, "Income Inequality in the United States, 1931–2002," later updated with Anthony B. Atkinson (November 2004) (online at http://eml.berkeley.edu/~saez/pikettysaezOUP04US.pdf, updated tables at http://eml.berkeley.edu/~saez/TabFig2015prel.xls).

63 Andrew Khouri, "HUD Suspends FHA Mortgage Insurance Rate Cut an Hour After Trump Takes Office," *Los Angeles Times*, January 20, 2017.

64 Office of U.S. Senator Elizabeth Warren, "Senator Warren Delivers Remarks on the Proposed 21st Century Cures Bill," press release, November 28, 2016.

34 C. E. Dyer, "SHOCK: Elizabeth Warren Just Said Something We Can All Agree On," Federalist Papers Project, September 21, 2016.
35 Nomi Prins, "Ex-Wells Fargo CEO John Stumpf Deserves Jail—Not a Plush Retirement," *Guardian*, October 14, 2016; James B. Stewart, "Wells Fargo Tests Justice Department's Get-Tough Approach," *New York Times*, September 22, 2016; Paul Blake, "Senators Call on Justice Department to Investigate Wells Fargo's Top Brass," ABC News, October 5, 2016.
36 Brett Molina and Matt Krantz, "Wells Fargo CEO Grilled by House Panel," *USA Today*, September 29, 2016.
37 Rick Rothacker and Deon Roberts, "Running Tally: Who's Investigating Wells Fargo?" *Charlotte Observer*, October 20, 2016.
38 Jonathan Tamari, "Toomey, McGinty Spar over Who Looks Out for Business and Who Favors Consumers," *Philadelphia Inquirer*, September 12, 2016; U.S. Senate Committee on Banking, Housing, & Urban Affairs, "Shelby Statement on the CFPB' s Unconstitutional Structure," statement by Senator Richard Shelby, press release, October 11, 2016.
39 2013年の『ロサンゼルス・タイムズ』紙のある記事が、ロサンゼルス市検事のマイク・ファウワーに捜査を促し、連邦規制当局による捜査の口火を点けた。E. Scott Reckard, "Wells Fargo's Pressure-Cooker Sales Culture Comes at a Cost," *Los Angeles Times*, December 21, 2013; James Rufus Koren, "Wells Fargo to Pay $185 Million Settlement for 'Outrageous' Sales Culture," *Los Angeles Times*, September 8, 2016.
40 Victoria Finkle, "Jeb Hensarling Plan Rekindles Debate as Republicans Aim to Dismantle Dodd-Frank," *New York Times*, June 7, 2016.
41 Jim Puzzanghera, "Republicans Say There's Another Villain in the Wells Fargo Scandal," *Los Angeles Times*, September 28, 2016; Yuka Hayashi, "5 Things to Watch at Wells Fargo's House Hearing," *Wall Street Journal*, September 28, 2016.
42 James Arkin, "Hopes Fade for Criminal Justice Reform This Year," *Real Clear Politics*, June 30, 2016; Greg Dotson and Alison Cassady, "Three Ways Congressional Mens Rea Proposals Could Allow White Collar Criminals to Escape Prosecution," Center for American Progress, March 11, 2016.
43 Jordain Carney, "GOP Blocks Minimum Wage, Sick *Leave Proposals," Hill*, August 5, 2015; Jonathan Cohn and Jeffrey Young, "Not Just Obamacare: Medicaid, Medicare Also on GOP's Chopping Block," November 15, 2016; Alec MacGillis, "Nuclear War," *New* Republic, July 15, 2013,; Tim Devaney, "Republicans Attack Persuader Rule," *Hill*, April 27, 2016.
44 Suzanne Gamboa, "Latinos Blast Trump's AG Pick Jeff Sessions over Race, Immigration," NBC News, November 18, 2016; Brian Tashman, "Two Peas in a Racist Pod: Jeff Sessions' Alarming History of Opposing Civil Rights," *Salon*, November 19, 2016; Scott Zamost, "Sessions Dogged by Old Allegations of Racism," CNN, November 18, 2016.
45 Southern Poverty Law Center, "Update: Incidents of Hateful Harassment Since Election Day Now Number 701," November 18, 2016.
46 Zeeshan Aleem, "Donald Trump's Pick for Secretary of State Is a Putin-Friendly

レンス・ミラーだった。ミラーは、いじめの話題になると私の知る誰よりも怖いもの知らずだった。

13 Jeff Stein, "Trump and the Racist Ghost of George Wallace," *Newsweek, March 1, 2016.*

14 Alabama Department of Archives & History, "The Inaugural Address of Governor George Wallace," January 14, 1963, p. 2.

15 Republican National Committee, "Growth and Opportunity Project," 2013, pp. 8, 22.

16 Shushannah Walshe, "RNC Completes 'Autopsy' on 2012 Loss, Calls for Inclusion Not Policy Change," ABC News, March 18, 2013.

17 Kyle Cheney, "Trump Kills GOP Autopsy," *Politico*, March 4, 2016.

18 Lydia O'Connor and Daniel Marans, "Here Are 13 *Examples of Donald Trump Being Racist," Huffington Post*, February 29, 2016; Steve Benen, "Trump Mistakes a Black Supporter as a 'Thug,'" MSNBC, *The Rachel Maddow Show, The Maddow Blog*, October 31, 2016.

9 Shawn Boburg, "Donald Trump's Long History of Clashes with Native Americans," *Washington Post*, July 25, 2016.

0 Eric Bradner, "Donald Trump Stumbles on David Duke, KKK," CNN, February 29, 2016.

1 Peter Holley, "KKK's Official Newspaper Supports Donald Trump for President," *Washington Post*, November 2, 2016.

2 Ben Smith and Sheera Frenkel, "Former Republican Party Chairman Says He Won' t Vote for Trump," BuzzFeed, October 24, 2016.

3 Office of U.S. Senator John McCain, "Statement by Senator John McCain Withdrawing Support of Donald Trump," press release, October 8, 2016.

24 Karl Rove, "Unity Won't Come Easy for Either Party," *Wall Street Journal, April 27, 2016*; Maggie Haberman, "At Odds Publicly, Donald Trump and Karl Rove Hold a Private Meeting," *New York Times*, June 2, 2016.

25 "Full Transcript: Mitt Romney's Remarks on Donald Trump and the *2016 Race," Politico*, March 3, 2016.

26 Jesse Hamilton, "Wells Fargo Is Fined $185 Million over Unapproved *Accounts," Bloomberg*, September 8, 2016.

27 U.S. Department of Justice, "Wells Fargo Bank Agrees to Pay $1.2 Billion for Improper Mortgage Lending Practices," press release, April 8, 2016.

28 Matt Egan, "5,300 Wells Fargo Employees Fired over 2 Million Phony *Accounts," CNN Mon*ey, September 9, 2016; Reuters, "Wells Fargo Employees Who Lost Their Jobs Are Suing the Bank," *Fortune*, September 26, 2016.

29 Matt Egan, "Who Owns Wells Fargo Anyway? You, Me and Warren Buffett," *CNN Money*, September 8, 2016.

30 Deon Roberts, "Emails Show Wells Fargo Kept Sales Probe to Itself for at Least 6 Months," *Charlotte Observer*, January 11, 2017.

31 株価は、9月7日（発表の前日）の 49.77 ドルから、公聴会の前日の 9月28日の 45.31 ドルまで約 9% 下落した。

32 Rick Rothacker, "What Happened to Wells Fargo CEO's Hand?," *Charlotte Observer*, September 20, 2016.

33 Abigail Stevenson, "Wells Fargo CEO John Stumpf on Alleged Abuses: 'I Am Accountable,'" *CNBC Mad Money*, September 13, 2016.

Taps Billionaire Who Owned Deadly Coal Mine for Commerce Secretary," *Huffington Post*, November 17, 2016.
161 Christine L. Owens, "NELP Raises Serious Concerns over Fast-Food CEO's Nomination for Labor Secretary," National Employment Law Project, December 8, 2016; Jodi Kantor and Jennifer Medina, "Workers Say Andrew Puzder Is 'Not the One to Protect' Them, but He's Been Chosen To," *New York Times*, January 15, 2017.
162 Jane Mayer, "Betsy DeVos, Trump's Big-Donor Education Secretary," *New Yorker*, November 23, 2016; Kate Zernike, "Betsy DeVos, Trump's Education Pick, Has Steered Money from Public Schools," *New York Times*, November 23, 2016.
163 Zeeshan Aleem, "Donald Trump's Pick for Secretary of State Is a Putin-Friendly Exxon CEO," *Vox*, December 13, 2016.
164 "Donald Trump's New York Times Interview: Full Transcript," *New York Times*, November 23, 2016.
165 Andy Sullivan, Emily Stephenson, and Steve Holland, "Trump Says Won't Divest from His Business While President," *Reuters*, January 11, 2017.

第五章　大変動の時代

1 2016年10月24日時点で、世論調査の平均によると、クリントンは6.5ポイント、リードしていた。"2016 General Election: Trump vs. Clinton," *Huffington Post*, November 8, 2016.
2 Matt Bai, "Obama vs. Boehner: Who Killed the Debt Deal?" *New York Times Magazine, March 28, 2012.*
3 Sara Jerde, "Trump Says He Will Cut the EPA as Prez: 'We'll Be Fine with The Environment,'" *Talking Points Memo*, Octobe 18, 2015.
4 Michael Corkery, "Trump Expected t Seek Deep Cuts in Business Regulations, *New York Times*, November 9, 2016.
5 Tom Musick, "OSHA Under Trump: Closer Look," *Safety+Health, January 2(2017.*
6 Donald J. Trump, "Healthcare Reform t Make America Great Again."
7 Donald J. Trump, "Tax Plan."
8 Jesse Hamilton and Elizabeth Dexheime "Victorious Donald Trump Is Devil Wa Street Doesn't Know," *Bloomberg*, Noven ber 9, 2016.
9 上院議員として宣誓就任したまさにその日、ある世論調査会社が潜在的な201年大統領候補者を尋ねる調査に私の名前を入れた。Public Policy Polling, "Clinto Could Be Hard to Beat if She Runs i 2016," National Survey Results, Januar 10, 2013.
10 3年後、ヒラリー・クリントンが副大統領候補選びをしていたとき、レイチェル・マドーは私に、副大統領の役割を果たす能力があると思うか、副大統領職を務める意思があるか尋ねた。私は3年間でたくさんのことを学んだので、イエスと答えた。Ian Schwartz, "Rachel Maddo to Elizabeth Warren: Are You Ready to I Commander in Chief?; Warren: 'Yes,'" *Re Clear Politics*, June 10, 2016.
11 これは、2012年の上院議員選挙で私に向けられた攻撃と似ていた。2014年に書いたように、「私と兄たちは出自を知っていた。私たちは自分たちの家族史を知っていた」。結局、共和党の攻撃は成功しなかった。Elizabeth Warren, *A Fightin Chance* (New York: Metropolitan, 201 pp. 239–42.
12 これらの戦いで私のパートナーはロ

36 John Cook, "The 5 Telltale Techniques of Climate Change Denial," CNN Opinion, July 22, 2015.

37 Pew Research Center, "Public and Scientists' Views on Science and Society," January 29, 2015, p. 47.

38 "Why BP Is Paying $18.7 *Billion," New York Times*, July 2, 2015.

39 Louis Jacobson, "Yes, Donald Trump did call climate change *a Chinese hoax," PolitiFact*, June 3, 2016.

40 Lee Epstein, William M. Landes, and Richard A. Posner, "How Business Fares in the Supreme Court," *Minnesota Law Review* 97 (2013): 1450–51.

41 Doug Kendall, "Not So Risky Business: The Chamber of Commerce's Quiet Success Before the Roberts Court—An Early Report for 2012–2013," Constitutional Accountability Center, May 1, 2013.

42 *Citizens United v. FEC*, 558 U.S. 310 (2010).

43 *Ledbetter v. Goodyear Tire & Rubber Co.*, 550 U.S. 618 (2007).

44 *Bell Atlantic Corp. v. Twombly*, 550 U.S. 544 (2007); *Ashcroft v. Iqbal*, 556 U.S. 662 (2009).

45 Adam Liptak, "Corporations Find a Friend in the Supreme *Court," New York Times*, May 4, 2013.

46 シェルドン・ホワイトハウス上院議員は、ロードアイランド州司法長官を務めていたときに、これらの団体と争った。「企業国家アメリカには、日々任務についているこの種の偽装団体があり、自分たちの目標に向かって前進するような訴訟を積極的に探している。Whitehouse, *Captured*, pp. 68–69.

47 Chris Young, Reity O'Brien, and Andrea Fuller, "Corporations, Pro-Business Nonprofits Foot Bill for Judicial Seminars," Center for Public Integrity, March 28, 2013.

148 Eric Lipton, "Scalia Took Dozens of Trips Funded by Private Sponsors," *New York Times*, February 26, 2016.

149 Ibid.

150 Ibid.

151 Joan Biskupic, *American Original: The Life and Constitution of Supreme Court Justice Antonin Scalia* (New York: Sarah Crichton Books/Farrar, Straus and Giroux, 2009), p. 346.

152 Amy Brittain and Sari Horwitz, "Justice Scalia Spent His Last Hours with Members of This Secretive Society of Elite Hunters," *Washington Post*, February 24, 2016.

153 Molly Hennessy-Fiske, "Scalia's Last Moments on a Texas Ranch—Quail Hunting to Being Found in 'Perfect Repose,'" *Los Angeles Times*, February 14, 2016.

154 Chris Frates, "Koch Bros.-Backed Group Gave Millions to Small Business Lobby," CNN, November 21, 2013.

155 Carl Hulse, "Small-Business Lobbying Group Steps into Supreme Court Fight," *New York Times*, FirstDraft, March 25, 2016.

156 Anna Palmer, "GOP Group Launches Supreme Court Ads vs. Dems," Politico, February 29, 2016.

157 Donald J. Trump, "Donald J. Trump Finalizes List of Potential Supreme Court Justice Picks," September 23, 2016.

158 Michael R. Bloomberg, "Go Out and Defeat the Demagogues," *Boston Globe*, May 3, 2016.

159 Richard Luscombe, "Trump's Donation to Florida's Attorney General: *The Controversy Explained," Guardian*, September 7, 2016.

160 Alexander C. Kaufman, "Donald Trump

Antoinette Schoar, "The Market for Financial Advice: An Audit Study," National Bureau of Economic Research Working Paper 17929, March 2012; Department of Labor, "Regulating Advice Markets: Definition of the Term 'Fiduciary,' Conflicts of Interest—Retirement Investment Advice, Regulatory Impact Analysis for Final Rule and Exemptions," April 2016.

117　Letter from Elizabeth Warren to Strobe Talbott, president of the Brookings Institution, September 28, 2015.

118　Tom Hamburger, "How Elizabeth Warren Picked a Fight with Brookings—and Won," *Washington Post*, September 29, 2015.

119　Dylan Matthews, "Elizabeth Warren Exposed a Shocking Instance of How Money Corrupts DC Think Tanks," *Vox*, September 30, 2015 (updated April 6, 2016).

120　Luigi Zingales, "Is Money Corrupting Research?," *New York Times*, October 9, 2015.

121　Jane Dokko, "Caveat Emptor: Watch Where Research on the Fiduciary Rule Comes From," Brookings, Up Front, July 29, 2015 .

122　Patrick Temple-West, "Backlash to Warren's Think-Tank Attack: 'McCarthyism' from the Left," *Politico*, September 30, 2015.

123　Ann Wagner, "Elizabeth Warren's Heavy Hand, " *Hill*, October 13, 2015.

124　Eric Lipton, Nicholas Confessore, and Brooke Williams, "Think Tank Scholar or Corporate Consultant? It Depends on the Day," *New York Times*, August 8, 2016.

125　Peter Whoriskey, "As Drug Industry's Influence over Research Grows, So Does the Potential for Bias," *Washington Post*, November 24, 2012.

126　ホワイトハウス上院議員も、彼の新著このことを語っている。Sheldon Whitehouse with Melanie Wachtell Stinnett *Captured: The Corporate Infiltration o American Democracy* (New York: Nev Press, 2017), pp. 75–76.

127　NASA, "Scientific Consensus: Earth's Climate Is Warming," January 18, 2017.

128　"American Academy of Pediatric Links Global Warming to the Health o Children," October 26, 2015.

129　"A Health Professionals' Declaratio on Climate Change," American Lung Association, September 21, 2016.

130　Lee Rainie and Cary Funk, "An Elaboration of AAAS Scientists' Views," Pev Research Center, July 23, 2015.

131　University of Massachusetts Amhers Political Economy Research Institute, "To 100 Polluter Indexes."

132　Denise Robbins, Kevin Kalhoefe and Andrew Seifter, "Study: Newspape Opinion Pages Feature Science Denial an Other Climate Change Misinformation Media Matters for America, September 2016.

133　Mayer, *Dark Money*, pp. 208–10.〔ジェイン・メイヤー著・伏見威蕃訳『ダークマネー——巧妙に洗脳される米国民』(東洋経済新報社、2017 年)〕

134　"Koch Industries: Secretly Fundin the Climate Denial Machine," Greenpeac Kate Sheppard, "Inside Koch's Climat Denial Machine," *Mother Jones*, April 2010.

135　Robert J. Brulle, "Institutionalizing Delay: Foundation Funding and the Creatic of U.S. Climate Change Counter- Movement Organizations," *Climatic Chan* 122, no. 4 (February 2014).

を失い、生産施設は閉鎖され、会社は破綻寸前になった。救済が与えられ、その結果残っていた労働者の多くが仕事をしている。だが、その産業のかなりの部分は二度と戻ってくることはない。

96 The Bakery, Confectionery, Tobacco Workers and Grain Millers International Union, "The Facts."

97 より詳しくは次のサイトを参照のこと。http://www.fightforamericanjobs.org/.

98 Annie Gasparro, "Mondelez CEO Stands by Efforts to Cut Costs," Wall Street Journal, August 23, 2015; Craig Giammona, "Mondelez Combats Slump with Cost Cutting, Lifting Profit," *Bloomberg*, July 27, 2016.

99 Greg Trotter, "Mondelez CEO's Total Compensation Down in 2015, Falls to $19.7 million," *Chicago Tribune*, March 28, 2016; BCTGM Local 300, "Nabisco 600 Series, Part Two," July 14, 2016.

00 Consumer Financial Protection Bureau, "CFPB Monthly Complaint Snapshot Spotlights Debt Collection Complaints," December 27, 2016.

01 Jesse Hamilton, "Wells Fargo Is Fined $185 Million over Unapproved *Accounts," Bloomberg*, September 8, 2016.

02 James Oliphant and Kim Geiger, "More House Democrats Targeted by Third-Party Groups," *Los Angeles Times*, October 19, 2010.

03 Alan Pyke, "Republican Debate Will Feature Goofy Attack Ad on the Agency That Protects You from Scams," Think-Progress, November 10, 2015.

04 Ibid.

05 Mike McIntire and Nicholas Confessore, "Tax-Exempt Groups Shield Political Gifts of Businesses," *New York Times*, July 7, 2012.

106 例えば、ANN はその献金者を公開しない。献金者の中には、ANN ではなく、自分自身で開示を決める者もいる。Zachary Roth, "The Newest Dark Money Power Player: American Action Network," MSNBC, March 18, 2014. (ANN のスーパー PAC は献金者を公開しない。)

107 Liz Whyte, "Corporations, Advocacy Groups Spend Big on Ballot Measures," *Time*, October 23, 2014.

108 Ibid.

109 Paul Farhi, "Influx of Ads for Military Weapons Throwing Commuters for Loop," *Washington Post*, June 25, 2010.

110 Erin Quinn, "Who Needs Lobbyists? See What Big Business Spends to Win American Minds," Center for Public Integrity, January 15, 2015.

111 Florens Focke, Alexandra Niessen-Ruenzi, and Stefan Ruenzi, "A Friendly Turn: Advertising Bias in the News Media," working paper, March 3, 2016.

112 Christine Hauser, "Cartoonist Fired from Farm News for Pro-Farmer Cartoon," *New York Times*, May 5, 2016.

113 Elizabeth Warren, Letter to Peter Hancock, CEO of AIG Companies, April 28, 2015.

114 Thomas Perez and Jeff Zients, "The Retirement Problem That Costs Americans $17 Billion a Year," *CNN Money*, September 15, 2015.

115 Testimony of Robert Litan before the Senate Subcommittee on Employment and Workplace Safety, Senate Committee on Health, Education, Labor, and Pensions, July 21, 2015.

116 Council of Economic Advisers, "The Effects of Conflicted Investment Advice on Retirement Savings," February 2015; Sendhil Mullainathan, Markus Noeth, and

"Obama to Nominate Lazard Banker for a Top Treasury Post," *Wall Street Journal*, November 12, 2014.

73 Jeanna Smialek, "Lazard's Weiss Due $21.2 Million to Leave for *Treasury*," *Bloomberg*, November 21, 2014.

74 Ibid.

75 Eamon Javers, "Citigroup Tops List of Banks Who Receive Federal Aid," CNBC, March 16, 2011.

76 Julie Creswell and Ben White, "The Guys from 'Government Sachs,'" *New York Times*, October 17, 2008.

77 "Pay for Eric Cantor's Wall Street Post: $3.4 Million," *Wall Street Journal*, Washington Wire, September 2, 2014.

78 "Moelis & Company Announces the Appointment of Eric Cantor as Vice Chairman and Member of the Board of Directors," press release, September 2, 2014.

79 Eric Lipton and Ben Protess, "Law Doesn't End Revolving Door on Capitol Hill," *New York Times*, February 1, 2014.

80 Eric Lichtblau, "Lawmakers Regulate Banks, Then Flock to Them, " *New York Times*, April 13, 2010.

81 Center for Responsive Politics, "Lobbyists Representing SLM Corp, 2015," OpenSecrets.org.

82 "Political Footprint of the Oil and Gas Industry— June 2015," Taxpayers for Common Sense, fact sheet, June 1, 2015.

83 Dakin Campbell, "Goldman Is Back on Top in the Trump Administration," *Bloomberg Businessweek*, December 22, 2016.

84 Ibid.「地上で最も幸せな場所」という言葉はこの記事の印刷版の見出しに見られる。"Goldman Sachs Happiest Place on Earth," *Bloomberg Businessweek*, December 26, 2016.

85 Creswell and White, "The Guys from 'Government Sachs.'"

86 Ibid.

87 Sam Levin, "Inside Trump Treasur Nominee's Past Life as 'Foreclosure King of California," *Guardian*, December 2 2016; Martin Crutsinger, Julie Bykowicz, and Julie Pace, "Treasury Nomine Mnuchin Was Trump's Top Fundraiser Associated Press, November 29, 2016.

88 Ibid.; Gideon Resnick, "Trump Pick Foreclosure King Mnuchin for Treasur Secretary," *Daily Beast*, November 2 2016.

89 David Dayen, "The Most Importar WikiLeaks Revelation Isn't About Hillar Clinton," *New Republic*, October 14, 2016

90 Christopher Ingraham and Howar Schneider, "Industry Voices Dominate th Trade Advisory System," *Washington Pos* February 27, 2014.

91 Aamer Madhani, "Oreo Maker Ignore Trump, Clinton Criticism, Begins Layoff in Chicago," *USA Today*, March 23, 2016.

92 Ibid.

93 Matt Krantz, "Oreo Maker Pays Crumb in Taxes," *USA Today*, March 11, 2016.

94 Madhani, "Oreo Maker Ignores Trum Clinton Criticism, Begins Layoffs in Ch cago."

95 Testimony of Leo W. Gerard, International President, United Steelworkers, before the Senate Finance Committee, Ju 25, 2014. ジェラードの証言は、そのプ セスがアメリカの労働者をいかに傷つ たのかを示している (p. 14)。

これについての完璧な事例は、塗装 の貿易問題だ。USW が提訴し、ダンピ グが見つかったが、その損害は救済す ほど大きくはないと判断された。数年後 私たちは基本的に同じ提訴をしたが、 のときまでに、7000 人以上の労働者が選出上院議員として大先輩にあたり、アメリカ史上最も偉大な上院議員の一人として幅広く認識されている。そして 19 世紀初めに 2 度にわたって国務長官を務めた。

8 U.S. Chamber of Commerce, “Building History.”

9 Danny Hakim, “Big Tobacco's Staunch Friend in Washington: U.S. Chamber of Commerce,” *New York Times*, October 9, 2015.

0 Sheryl Gay Stolberg, “Pugnacious Builder of the Business Lobby,” *New York Times*, June 1, 2013.

1 Ibid.

2 この総額には基本給とボーナスが含まれている。“Inside Compensation: CEO Salaries at Large Associations 2016 (Top Paid),” CEO Update.

3 Jim VandeHei, “Business Lobby Recovers Its Clout by Dispensing Favors for Members,” *Wall Street Journal*, September 11, 2001.

4 Senators Sheldon Whitehouse, Elizabeth Warren, Barbara Boxer, Bernard Sanders, Sherrod Brown, Jeff Merkley, Richard Blumenthal, and Edward Markey, “The U.S. Chamber of Commerce: Out of Step with the American People and Its Members,” June 14, 2016; Office of U.S. Senator Sheldon Whitehouse, “Senators Issue Report on U.S. Chamber of Commerce Lobbying,” press release, June 14, 2016.

5 “U.S. Chamber of Commerce Files Friend of Court Brief,” *CSP Daily News*, January 31, 2012.

6 Hakim, “Big Tobacco's Staunch Friend in Washington.”

7 James Verini, “Show Him the Money,” *Washington Monthly*, July/August 2010.

8 Raquel Meyer Alexander, Stephen W. Mazza, and Susan Scholz, “Measuring Rates of Return for Lobbying Expenditures: An Empirical Case Study of Tax Breaks for Multinational Corporations,” *Journal of Law and Politics* 25, no. 401 (2009).

59 “Money and Politics,” *Economist*, October 1, 2011.

60 “Convictions in the Abramoff Corruption Probe,” Associated Press, October 26, 2011.

61 Alex Blumberg and David Kestenbaum, “Jack Abramoff on Lobbying,” NPR *Planet Money*, December 20, 2011.

62 Raymond A. Bauer, Ithiel De Sola Pool, and Lewis Anthony Dexter, *American Business and Public Policy: The Politics of Foreign Trade*, 2nd ed. (New Brunswick, NJ: AldineTransaction, 2007), p. 324.

63 Drutman, “How Corporate Lobbyists Conquered American Democracy.”

64 Ibid.

65 “The Washington Wishing-Well,” *Economist*, June 13, 2015.

66 Lee Drutman, “How Corporate Lobbyists Conquered American Democracy.”

67 Ibid.

68 “American People Hire High-Powered Lobbyist to Push Interests in Congress,” *Onion*, October 6, 2010.

69 Paul C. Barton, “Congressional Staffers Capitalize on the Experience,” *Tennessean*, May 26, 2014.

70 James Politi, “Lazard Aims for New York Listing in March,” *Financial Times*, December 20, 2004.

71 David Dayen, “Elizabeth Warren's Real Beef with Antonio Weiss: What Her Fight Against Him Is *Actually* About,” *Salon*, December 23, 2014.

72 Victoria McGrane and Dana Cimilluca,

Hearings," *New York Times*, March 25, 2016.

27 "America's Largest Private Companies: #2 Koch Industries," Forbes, 2016 Rankings.

28 Justin Wingerter, "Conservative Groups Threaten to Fund Ads, Primary Opponent Against Sen. Jerry Moran," *Topeka Capital-Journal*, March 25, 2016.

29 Philip Wegmann, "Reinforced by Grassroots, Senate Republicans Hold Line on Supreme Court Nomination," *Daily Signal*, April 4, 2016.

30 Kristen East, "Kansas Senator Reverses Position on Garland Hearings," *Politico*, April 2, 2016.

31 Jane Mayer, *Dark Money: The Hidden History of the Billionaires Behind the Rise of the Radical Right* (New York: Doubleday, 2016)〔ジェイン・メイヤー著・伏見威蕃訳『ダーク・マネー――巧妙に洗脳される米国民』(東洋経済新報社、2017年)〕; Tim Dickinson, "Inside the Koch Brothers' Toxic Empire," *Rolling Stone*, September 24, 2014.

32 Lawrence Lessig, *Republic, Lost: The Corruption of Equality and the Steps to End It*, rev. ed. (New York: Twelve, 2015), p. 13.

33 Carl Hulse, "Steve Israel of New York, a Top House Democrat, Won't Seek Re-election," *New York Times*, January 5, 2016.

34 "Congressional Fundraising," *Last Week Tonight with John Oliver*, April 3, 2016.

35 Madeline R. Vann, "How to Pay for Costly Hepatitis C Drugs," *Everyday Health*, December 14, 2015.

36 *Bernie Sanders, Our Revolution: A Future to Believe In* (New York: Thomas Dunne Books, St. Martin's Press, 2016), 114.

37 Bill Allison, Mira Rojanasakul, Brittany Harris, and Cedric Sam, "Tracking the 2016 Presidential Money Race," *Bloomberg*, December 9, 2016.

38 Federal Election Committee, "Financia Summary," 8/16/2011–12/31/2012.

39 Mindy Myers, "One Year Ago Today, We Made History," Huffington Post, January 23, 2014.

40 Office of U.S. Senator Elizabeth Warren, "Warren to President-Elect Trump: You Are Already Breaking Promises by Appointing Slew of Special Interests, Wall Street Elites, and Insiders to Transition Team," press release, November 15, 2016.

41 Lee Fang, "Donald Trump's Big Ethic Move Is to Replace Lobbyists with Former Lobbyists," *Intercept*, November 2 2016; Aaron Blake, "4 Ways in Which 'the Swamp' Is Doing Just Fine in the Trump Era," *Washington Post*, January 3, 2017.

42 Shane Goldmacher, Isaac Arnsdorf, Jos Dawsey, and Kenneth P. Vogel, "Trum s Ex-Campaign Manager Starts Lobbyir Firm," *Politico*, December 21, 2016.

43 Lee Drutman, "How Corporate Lobb ists Conquered American Democracy *Atlantic*, April 20, 2015.

44 Ibid.; Ida A. Brudnick, "Legislati Branch: FY2016 Appropriations," Co gressional Research Service, February 2016.

45 「全米商工会議所への1億6400万ドの拠出金のうち、半分以上がわずか64拠出者によるものである。・・・そして位1500の拠出者が総拠出額の94%をめている」。David Brodwin, "The Cha ber's Secrets," *U.S. News & World Repo* October 22, 2015.

46 U.S. Chamber of Commerce, "Build History."

47 ウェブスターは、マサチューセッツ

11 E-mail, "Urgent Action: Stop the Republicans' Wall Street Giveaway," December 10, 2014.

12 Facebook and Twitter posts.

13 "Sen. Warren Urges Republicans to Oppose Bailout Provision in Government Funding Bill," speech on the Senate floor, December 11, 2014.

14 Steven Mufson and Tom Hamburger, "Jamie Dimon Himself Called to Urge Support for the Derivatives Rule in the Spending Bill," *Washington Post*, December 11, 2014.

15 "ABA Statement on Swaps Push-Out Provision in Omnibus Bill," statement by James Balentine, American Bankers Association, December 10, 2014; Lori Montgomery and Sean Sullivan, "Warren Leads Liberal Democrats' Rebellion over Provisions in $1 Trillion Spending Bill," *Washington Post*, December 10, 2014.（「金融サービス・ラウンドテーブルの首席ロビイストであるフランシス・クレイトンによると、銀行業界のロビイストは、その条項の比較的小さな変更を求めた。それは、『金融機関がデリバティブをリスクに対するヘッジとして使いやすくするもので、経済を機能させる重要な役割を持っている』。」）.

16 Toluse Olorunnipa, Kathleen Miller, and Brian Wingfield, "Shutdown Hit Boehner's Favorite Diner as $24 Billion Lost," *Bloomberg*, October 17, 2013; Tim Mullaney and Paul Davidson, "Shutdown Cost Billions in Wages, Shopping and More," *USA Today*, October 18, 2013.

多くの観測筋にとって驚きだったことに、2016年に「大きすぎて潰せない」とタグ付けされなかった巨大銀行はシティグループだった。シティグループはすでに、いくつかの部門を切り離し、縮小して複雑性を低下させはじめていた。Jesse Hamilton and Elizabeth Dexheimer, "Five Big Banks' Living Wills Are Rejected by U.S. Regulators," *Bloomberg*, April 13, 2016.

18 *The Morrow Book of Quotations in American History*, compiled by Joseph R. Conlin (New York: William Morrow, 1984), p. 48.

19 Center for Responsive Politics, "Winning vs. Spending," OpenSecrets.org, November 2, 2016; Center for Responsive Politics, "2016 Outside Spending, by Super PAC," OpenSecrets.org, January 17, 2017. 算出は、2017年1月4日時点のデータに基づいている。

20 Anu Narayanswamy, Darla Cameron, and Matea Gold, "Money Raised as of Nov. 28," *Washington Post*, December 9, 2016.

21 Rebecca Ballhaus, "$100 Million? How Trump's Self-Funding Pledges Panned Out," *Wall Street Journal*, November 7, 2016.

22 Thomas Ferraro, "Republican Would Back Garland for Supreme *Court," Reuters*, May 6, 2010.

23 Linda Qui, "Do Presidents Stop Nominating Judges in Their *Final Year?" PolitiFact*, February 14, 2016. 当時上院議員だったジョー・バイデンは、1992年にブッシュ大統領の任期が残り5カ月のとき、最高裁判事の空席が生じた場合、議会は公聴会開催を大統領選後まで待つべきだと考えていた。*C. Eugene Emery Jr., "In Context: The 'Biden Rule' on Supreme Court Nominations in an Election Year," PolitiFact, March 17, 2016.*

24 "About Jerry Moran," Jerry Moran for U.S. Senate.

25 Jerry Moran for U.S. Senate.

26 Emmarie Huetteman, "Backlash as Senator Breaks Ranks on Supreme Court

108 Era Dabla-Norris, Kalpana Kochhar, Nujin Suphaphiphat, Frantisek Ricka, and Evridiki Tsounta, "Causes and Consequences of Income Inequality: A Global Perspective," International Monetary Fund, June 2015; Gravelle and Marples, "Tax Rates and Economic Growth."

109 Lily L. Batchelder, "Families Facing Tax Increase Under Trump's Tax Plan."

110 Aaron Blake, "The First Trump-Clinton Presidential Debate Transcript, *Annotated,*" *Washington Post*, September 26, 2016.

111 Brian Beutler, "It's Unanimous! GOP Says No to Unemployment Benefits, Yes to Tax Cuts for the Rich," *Talking Points Memo*, July 13, 2010.

112 John McCormack, "Paul Ryan: More Important to Cut Top Tax Rate Than Expand *Child Tax Credit,*" *Weekly Standard*, August 20, 2014.

第四章　金持ちと権力者が支配権を掌握する

1 Reid Wilson, "Reid In: Cromnibus Decoded Edition," *Washington Post*, December 10, 2014.

2 Siobhan Hughes, "'Cromnibus' Highlights: IRS Cuts; No Raise for Biden; Break on School Lunches," *Wall Street Journal*, Washington Wire, December 10, 2014; Robert Pear, "From Contribution Limits to the Sage Grouse: What Is in the Spending Bill?," *New York Times*, December 12, 2014.

3 Susan Crabtree, "Conservatives Push Short-Term Spending Bill as Way to Defund 'Amnesty,'" *Washington Examiner*, November 13, 2014.

4 "Congress's Double-Edged Marijuana Stance," *New York Times*, editorial, Decem ber 10, 2014.

5 Jake Sherman and John Bresnahan, "Th President, the Panic and *the Cromnibus,* *Politico*, December 12, 2014; Wilson "Reid In: Cromnibus Decoded Edition."

6 Eric Lipton and Ben Protess, "House Set to Vote on 2 Bills, Is Seen as an All of Wall St.," *New York Times*, October 2 2013.

7 これは、13兆ドルの失われた経済 出と、9.1兆ドルのホーム・エクイテ の損失の合計である。U.S. Governme Accountability Office, "Financial Regul tory Reform: Financial Crisis Losses an Potential Impacts of the Dodd-Frank Ac January 16, 2013, pp. 17, 21; Eleazar D vid Melendez, "Financial Crisis Cost To $22 Trillion, GAO Says," *Huffington Po* February 14, 2013.

8 Office of U.S. Senator Elizabeth Warre "Warren and Cummings Investigati Finds That Repeal of Dodd-Frank Prov sion Now Allows Banks to Keep Near $10 Trillion in Risky Trades on Book press release, November 10, 2015.

9 "Sen. Warren Calls on House to Strike R peal of Dodd-Frank Provision in Fundi Bill," speech on the Senate floor, Dece ber 10, 2014; and Office of U.S. Senat Elizabeth Warren, "Senator Warren Ca on House to Strike Repeal of Dodd-Fra Provision from Government Spendi Bill," press release, December 10, 2014.

10 例えば次のものがある。Noah Bierm and Jessica Meyers, "As Clock Ticks, W ren Balks at Spending Bill," *Boston Glo* December 10, 2014; "Elizabeth Warr Bank Giveaway a Budget Deal Break *The Rachel Maddow Show*, December 2014.

Treatment by 2025 Saves Lives and Dollars," p. 6; Alzheimer's Association, "2016 Alzheimer's Disease Facts and Figures"; Harry Johns, "Change the Trajectory of Alzheimer's or Bankrupt Medicare," *Roll Call*, February 4, 2015.

91 Richard J. Hodes, Testimony before the Senate Special Committee on Aging, March 25, 2015, pp. 1–2.

92 Eduardo Porter, "Government R&D, Private Profits and the American Taxpayer," *New York Times*, May 26, 2015.

93 American Association for the Advancement of Science, "Historical Trends in Federal R&D." 非国防 R&D 総額を用いて算出されている。

94 Cary Funk and Lee Rainie, "Chapter 3: Support for Government Funding," Americans, Politics and Science Issues, Pew Research Center, July 1, 2015.

95 David Nather, "Elizabeth Warren, Newt Gingrich Team Up for NIH," *Boston Globe*, July 27, 2015.

96 Michael Collins, "Senators' Offices Showcase Tennessee Art, Artifacts," *Commercial Appeal* (Memphis, TN), January 2, 2016.

97 Mary Ellen McIntire, "HELP Panel Democrats Offer Bill for Annual NIH, FDA Funding," *Morning Consult*, March 3, 2016.

98 最終審議後、アレクサンダー上院議員のオフィスからの報道発表で、彼は NIH の資金について次のように述べた。「私たちは下院が同意し、上院が可決し、大統領が署名する金額を見つけるために引き続き努力する」。U.S. Senate Committee on Health, Education, Labor & Pensions Press Release, "Senate Health Committee Approves Last of 19 Bipartisan Bills, Completing Work on Companion to House-Passed 21st Century Cures Act," April 6, 2016.

99 Joe Williams, "Republicans Blame Warren for 'Cures' Delay," *CQ*, June 22, 2016.

100 この法案の懸念についてより詳しくは、私の演説の動画を参照のこと。Office of U.S. Senator Elizabeth Warren, "Senator Warren Delivers Remarks on the Proposed 21st Century Cures Bill," press release, November 28, 2016.

101 National Institutes of Health, "Estimates of Funding for Various Research, Condition, and Disease Categories (RCDC)," February 10, 2016.

102 Joseph A. McCartin, *Collision Course: Ronald Reagan, the Air Traffic Controllers, and the Strike That Changed America* (New York: Oxford University Press, 2011), pp. 289–319.

103 U.S. Department of Labor, Bureau of Labor Statistics, "Union Members Summary," January 28, 2016.

104 Hella Winston, "How Charter Schools Bust Unions," *Slate*, September 29, 2016.

105 Piketty and Saez, "Income Inequality in the United States, 1931–2002," later updated with Atkinson (November 2004). (online at http://eml.berkeley.edu/~saez/pikettysaezOUP04US.pdf, updated tables at http://eml.berkeley.edu/~saez/TabFig2015prel.xls).

106 データは「所得動態パネル調査」に基づき、ブランダイス大学資産・社会政策研究所が算出した。

107 データは「所得動態パネル調査」に基づき、ブランダイス大学資産・社会政策研究所が算出した。「消費者金融調査」のデータもまた格差拡大を示すが、その規模は小さい。Urban Institute, "Nine Charts About Wealth Inequality in America," Chart 3 with data.

7 Years Since I-35W Bridge Collapse," August 1, 2014.

72 Carissa Wyant, "Bridge Collapse Forces Layoffs," *Minneapolis/St. Paul Business Journal*, August 10, 2007; Diane L. Cormany, "Small Retailers Struggle to Survive Bridge Collapse," MinnPost, January 4, 2008.

73 NPR *Fresh Air*, "Aging and Unstable, the Nation's Electrical Grid Is 'the Weakest Link,'" August 22, 2016.

74 Darrell M. West and Jack Karsten, "Rural and Urban America Divided by Broadband Access," Brookings Institution, July 18, 2016.

75 Keith Miller, Kristina Costa, and Donna Cooper, "Ensuring Public Safety by Investing in Our Nation's Critical Dams and Levees," Center for American Progress, September 20, 2012.

76 Alex Prud'homme, "California's Next Nightmare," *New York Times Magazine, July 1, 2011*; "Prepare for a Flood of New Levee Work," *Sacramento Bee*, editorial, April 17, 2016.

77 Les Neuhaus, "Reeking, Oozing Algae Closes South Florida Beaches," *New York Times, July 1, 2016.*

78 Steve Hardy and David J. Mitchell, "Planned, Forgotten: Unfinished Projects Could've Spared Thousands from Louisiana Flood," *Advocate* (Baton Rouge), August 22, 2016; Craig E. Colten, "Suburban Sprawl and Poor Preparation Worsened Flood Damage in Louisiana," *Conversation*, August 22, 2016.

79 Claire Cain Miller, "Why the U.S. Has Fallen Behind in Internet Speed and Affordability," *New York Times*, October 30, 2014.

80 Jonathan Woetzel, Nicklas Garemo, Jan Mischke, Martin Hjerpe, and Robert Palter, "Bridging Global Infrastructure Gaps," McKinsey Global Institute, June 2016.

81 Ibid.

82 World Economic Forum, Global Competitiveness Index Report 2015–2016, "Competitiveness Rankings—Infrastructure."

83 連邦政府の研究投資は、1960年代には連邦予算の約10%を占めていたが、今日では4%未満になっている。"New MIT Report Details Benefits of Investment in Basic Research," MIT Energy Initiative, April 27, 2015. また次のものを参照のこと。American Association of the Advancement of Science, "Historical Trends in Federal R&D," June 2016, and the table "R&D as Percent of the Federal Budget: FY 1962–2017, in outlays."

84 Jane J. Lee, "Exclusive Video: First 'Glowing' Sea Turtle Found," *National Geographic*, September 28, 2015.

85 Global Health Initiative, "In Your Own Back-yard: How NIH Funding Helps Your State's Economy," Family USA, June 2008.

86 National Institutes of Health, "Research Project Success Rates by NIH Institute for 2015," Research Portfolio Online Reporting Tools.

87 Gavin Stern, "NIH Director Loses Sleep as Researchers Grovel for Cash," Scripps Howard Foundation Wire, July 30, 2014.

88 Hearing before the U.S. Senate Committee on Health, Education, Labor, and Pensions, "Examining the State of America's Mental Health System," January 24, 201

89 Alzheimer's Association, "2016 Alzheimer's Disease Facts and Figures," fact sheet, March 2016.

90 Alzheimer's Association, "Changing the Trajectory of Alzheimer's Disease: How

ラムは勤勉なアメリカ人を支援するために存在する。だが、会計方法の変更は、政府融資プログラムを高価にし、あまり望ましくないように見せかけることになる。これが問題点だ。会計方法の変更はまた、リスク調整の金額として一部の政府職員が正しいと見なすいかなる「推計値」も認める機会を作り出し、その結果、そうした推計を行う者に連邦会計のすべての数字を操作する力を与える。学生ローンの利益の問題はこの論点と絡み合っており、共和党は、会計方法を変更したときには、政府が本当に1740億ドルの利益を上げていることにならないと主張している。確かにその通り。昨年、無党派の会計検査院はそのデータを包括的に見て、驚いたことに、政府信用プログラムを実際よりも高価に見せかけるこのイデオロギー的な動きを完全に却下した。Congressional Budget Office, "CBO February 2013 Baseline Projections for the Student Loan Program," February 2013; U.S. Government Accountability Office, "Credit Reform: Current Method to Estimate Credit Subsidy Costs Is More Appropriate for Budget Estimates than a Fair Value Approach," January 2016.

7 Pro Publica, Bailout Tracker, January 3, 2017.

8 U.S. Government Accountability Office, "Federal Reserve System: Opportunities Exist to Strengthen Policies and Processes for Managing Emergency Assistance," Table 8, July 2011, p. 131,

Federal Reserve Bank of St. Louis, "Gross Domestic Product," December 22, 2016.

Karen G. Mills and Brayden McCarthy, "The State of Small Business Lending: Credit Access During the Recovery and How Technology May Change the Game," Harvard Business School Working Paper, No. 15-004, July 2014.

61 Federal Reserve Discount Window, "Current Discount Rates."

62 Senator Warren Introduces the Bank on Students Loan Fairness Act, May 8, 2013.

63 Van Jones, "A Trillion Dollar Anvil Dragging Us Down," *CNN Opinion*, June 6, 2013,; Howard Dean, "What's Really at Stake in the Fight over Student Loan Reform?," *Roll Call*, June 12, 2013,

64 Office of U.S. Senator Elizabeth Warren, "Higher Education Institutions, Organizations Endorse Sen. Elizabeth Warren's Bank on Students Act," press release, May 23, 2013.

65 Congressional Budget Office, Letter to Senator Elizabeth Warren regarding S. 2292, the Bank on Students Emergency Loan Refinancing Act, June 4, 2014.

66 U.S. Senate Roll Call Vote 113th Congress, 2nd Session, #185, June 11, 2014.

67 Rosalind S. Helderman, "Trump Agrees to $25 Million Settlement in Trump University Fraud Cases," *Washington Post*, November 18, 2016.

68 対GDP比で見ると、私たちは今日、インフラ全体に対して1960年代よりも、また1980年代よりも支出が少ない。Elizabeth C. McNichol, "It's Time for States to Invest in Infrastructure," Center on Budget and Policy Priorities, Plicy Futures, February 23, 2016, Figure 4, p. 9.

69 Lawrence H. Summers, "Reflections on Secular Stagnation," speech at Julius-Rabinowitz Center, Princeton University, February 19, 2015.

70 American Society of Civil Engineers, "Infrastructure Grades for 2013."

71 CBS Minnesota (WCCO), "Friday Marks

1934–2021.

38 Chris Good, "Norquist's Tax Pledge: What It Is and How It Started," ABC News, November 26, 2012.

39 National Public Radio, "Conservative Advocate," *Morning Edition*, May 25, 2001; Paul Krugman, "The Tax-Cut Con," *New York Times*, September 14, 2003.

40 Office of Management and Budget, "Historical Tables," Table 3.1— Outlays by Superfunction and Function: 1940–2021. すべてのデータは消費者物価指数でインフレ調整済みである。

41 Veronique de Rugy, "President Reagan, Champion Budget-Cutter," American Enterprise Institute, June 9, 2004.

42 States' Impact on Federal Education Policy Project, "Federal Education Policy and the States, 1945–2009: A Brief Synopsis."

43 First Focus, "Children's Budget 2015," June 24, 2015, p. 45.

44 Michael Leachman, Nick Albares, Kathleen Masterson, and Marlana Wallace, "Most States Have Cut School Funding, and Some Continue Cutting," Center on Budget and Policy Priorities, January 25, 2016.

45 Pew Research Center, "The American Middle Class Is Losing Ground," December 9, 2015, pp. 25–26.

46 State Higher Education Executive Officers Association, "State Higher Education Finance: FY 2013," 2014, p. 22, Figure 4; U.S. Department of the Treasury with the U.S. Department of Education, "The Economics of Higher Education," December 2012, pp. 21–22.

47 Doug Lederman and Libby A. Nelson, "Loans and the Deficit," *Inside Higher Ed*, July 18, 2011.

48 University of Houston, "Tuition and Fees."

49 UMass Lowell, "Tuition and Fees."

50 Jeffrey Sparshott, "Congratulations, Class of 2015. You're the Most Indebted Ever (For Now)," *Wall Street Journal*, May 8, 2015.

51 Katherine S. Newman and Hella Winston, "Straight from High School to a Career," *New York Times*, April 15, 2016.

52 Katherine S. Newman and Hella Winston, *Reskilling America: Learning to Labor in the Twenty-First Century* (New York: Metropolitan Books, Henry Holt, 2016), pp. 115, 118–19, 189, 198.

53 College Board, "Trends in College Pricing 2016," Figure 20: Enrollment by Level of Enrollment and Attendance Status over Time.

54 College Board, "Trends in College Pricing 2016," Enrollment by Level of Enrollment and Attendance Status over Time, Figure 20, p. 30.

55 Department of Education, Federal Student Aid, "Official Cohort Default Rates for Schools," FY 2013 official cohort default rates by institution type, September 28, 2016.

56 長年にわたり、共和党は、政府が連邦政府融資プログラムのコストの会計方法を変更するようにロビー活動をしてきた。現行の会計方法はすでに、予想債務不履行率と予想返済額を組み入れているが、政府が資本コストのより高い一民間企業であるかのように、共和党は政府融資を処理したいと考えている。もちろん政府は民間企業ではない。政府は、債務を完済してきた記録を持っており、政府融資プログラムの目的は連邦政府の利益を最大化することではないために、比較的安く借り入れられる。政府融資プロ

ished Expectations (New York: W. W. Norton, 1994).〔ポール・クルーグマン著、伊藤隆敏監訳、北村行伸・妹尾美起訳『経済政策を売り歩く人々――エコノミストのセンスとナンセンス』(ちくま学芸文庫、2009 年)〕

26 Economic Recovery Tax Act of 1981, H.R. 4242, 97th Congress, 1981.

27 Richard Rubin, "Donald Trump Got a Big Break on 2005 Taxes," *Wall Street Journal, March 17, 2016.*

28 James Kvaal, "Removing Tax Subsidies for Foreign Investment," *Tax Notes*, June 12, 2006.

29 Patricia Cohen, "When Company Is Fined, Taxpayers Often Share Bill," *New York Times*, February 3, 2015.

30 Credit Suisse, "Parking A-Lot Overseas," March 17, 2015, Exhibit 5, p. 8.

31 Gabriel Zucman, "Taxing Across Borders: Tracking Personal Wealth and Corporate Profits," *Journal of Economic Perspectives* 28, no. 4 (Fall 2014), Figure 2, p. 128. そして、非課税の在外子会社からの収入が加えられたとしても、フォーチュン 500 社は、オフショアの 2 兆 1000 億ドルの利益に対して 6 ～ 10% の平均実効税率しか支払っていない。Credit Suisse, "Parking A-Lot Overseas," p. 4; Kimberly A. Clausing, "The Nature and Practice of Capital Tax Competition," in Peter Dietsch and Thomas Rixen, eds., *Global Tax Governance: What Is Wrong with It and How to Fix It* (Colchester, UK: ECPR Press, 2016); Citizens for Tax Justice, "Fortune 500 Corporations Are Likely Avoiding $600 Billion in Corporate Tax Using Offshore Tax Havens," *Tax Justice* (blog), September 3, 2015.

二つだけ事例を挙げよう。フォックス・ニュースのコメンテーター、エリック・ボーリングは、「自由世界で最も高い法人税だ」と言った。Derek Tsang, "Does the U.S. Have the Highest Corporate Tax Rate in the Free World?," PolitiFact, PunditFact, September 9, 2014. また、ディズニー社の社長兼 CEO のボブ・アイガーは、フォックス・ビジネス・ネットワークのインタビューで次のように言った。「アメリカは法人税が非常に高い――世界で一番でなくても最も高い部類に入る。だから私は変えなくてはならないと考えている。私たちはもっと競争力をつけなくてはならない」。Jason Garcia, "*Orlando Sentinel:* After Record Profits, Disney CEO Calls for Corporate Tax Changes," Citizens for Tax Justice, August 8, 2012.

33 Citizens for Tax Justice, "U.S. Collects Lower Level of Corporate Taxes an Most Developed Countries," April 9, 2015.

34 Megan Murphy, "Jamie Dimon on Trump, Taxes, and a U.S. Renaissance," *Bloomberg Businessweek*, December 22, 2016.

35 Zucman, "Taxing Across Borders," p. 121. また、次のものを参照のこと。 Kevin S. Markle and Douglas A. Shackelford, "Cross-Country Comparisons of Corporate Income Taxes," *National Tax Journal* 65, no. 3 (September 2012): 493–527.

36 Robert S. McIntyre, Matthew Gardner, and Richard Phillips, "The Sorry State of Corporate Taxes," Citizens for Tax Justice, February 2014. たとえ企業がこの主張に異議を申し立てをしても、彼らの議論は成立しない。Bob McIntyre, "GE and Verizon's Claims About Their Taxes Don' t Stand Up," *Tax Justice* (blog), April 14, 2016.

37 Office of Management and Budget, "Historical Tables," Table 2.2—Percentage Composition of Receipts by Source:

Craig Phelan, *William Green: Biography of a Labor Leader* (Albany: State University of New York Press, 1989), pp. 64–66. を参照のこと。

10 Nelson Lichtenstein, *The Most Dangerous Man in Detroit: Walter Reuther and the Fate of American Labor* (New York: Basic Books, 1995), p. 61.

11 The Fair Labor Standards Act of 1938.

12 Will Kimball and Lawrence Mishel, "Unions' Decline and the Rise of the Top 10 Percent's Share of Income," Economic Policy Institute, Economic Snapshot, February 3, 2015; Claude S. Fischer and Michael Hout, *Century of Difference: How America Changed in the Last One Hundred Years* (New York: Russell Sage Foundation, 2006), Figure 5.8.

13 Kimball and Mishel, "Unions' Decline and the Rise of the Top 10 Percent's Share of Income."

14 Matthew Walters and Lawrence Mishel, "How Unions Help All Workers," Economic Policy Institute, August 26, 2003.

15 ずっと後になってもIBMは依然として労働組合結成をうまく回避していた。Patrick Thibodeau, "IBM Union Calls It Quits," Computerworld, January 5, 2016.

16 U.S. Census Bureau, Table P-2. Race and Hispanic Origin of People by Median Income and Sex: 1947 to 2015.

17 Thomas Piketty and Emmanuel Saez, "Income Inequality in the United States, 1931–2002," later updated with Anthony B. Atkinson (November 2004), updated tables at http://eml.berkeley.edu/~saez/TabFig2015prel.xls; Economic Policy Institute, "When Income Grows, Who Gains?"

18 Ibid.

19 Pew Research Center, "The Lost Decade of the Middle Class," August 22, 2012, p. 9.

20 Ira Katznelson, *When Affirmative Action Was White: An Untold History of Racial Inequality in Twentieth-Century America* (New York: W. W. Norton, 2005), p. 22.

21 Urban Institute, "Nine Charts About Wealth Inequality in America," February 2015; Henry S. Terrell, "Wealth Accumulation of Black and White Families: The Empirical Evidence," *Journal of Finance* 26, no. 2 (May 1971): 363–77; Francine D. Blau and John W. Graham, "Black-White Differences in Wealth and Asset Composition," *Quarterly Journal of Economics* 105, no. 2 (May 1990): 321–39.

22 Tami Luhby, "Could Elizabeth Warren Have Made It in Today's America?," *CNN Money*, June 9, 2014.

23 West Orange Photo Galleries, "I-280 Construction Train: 1970s."; AARoads, "Interstate 280."

24 George H. W. Bush, Speech at Carnegie Mellon University, April 10, 1980.

25 Jane G. Gravelle and Donald J. Marples, "Tax Rates and Economic Growth," Congressional Research Service, January 2, 2014; Jerry Tempalski, "Revenue Effects of Major Tax Bills: Updated Tables for All 2012 Bills," U.S. Department of the Treasury, Office of Tax Analysis, Table 2, February 2013; Michael Ettlinger and Michael Linden, "The Failure of Supply-Side Economics," Center for American Progress, August 1, 2012; Nouriel Roubini, "Supply Side Economics: Do Tax Rate Cuts Increase Growth and Revenues and Reduce Budget Deficits? Or Is It Voodoo Economics All Over Again?," 1997; Paul Krugman, *Peddling Prosperity: Economic Sense and Nonsense in an Age of Dimin*

Us," *Time*, October 13, 2016.

88 Landon Thomas Jr., "Deutsche Bank Singled Out in I.M.F. Stability Warning," *New York Times*, October 5, 2016.

89 Consumer Financial Protection Bureau, "Consumer Financial Protection Bureau Fines Wells Fargo $100 Million for Widespread Illegal Practice of Secretly Opening Unauthorized Accounts," press release, September 8, 2016.

90 Aruna Viswanatha, "Citibank to Pay $425 Million to Settle Benchmark Probes," *Wall Street Journal*, May 25, 2016.

91 Michael Corkery, "Wells Fargo's 'Living Will' Plan Is Rejected Again by Regulators," *New York Times*, December 13, 2016.

92 Natasha Sarin and Lawrence H. Summers, "Have Big Banks Gotten Safer?" Brookings Papers on Economic Activity, September 2016.

第三章　アメリカは中間層を創出した——そして破壊した

1 The Social Security Act of 1935, H.R. 7260, 74th Congress (1935).

2 William E. Leuchtenburg, *Franklin D. Roosevelt and the New Deal* (New York: Harper & Row, 1963), pp. 132–33.〔ウィリアム・ルクテンバーグ著、陸井三郎訳『ローズヴェルト』(紀伊國屋書店、1968年)〕

3 Patricia J. Gumport, Maria Iannozzi, Susan Shaman, and Robert Zemsky, "Trends in United States Higher Education from Massification to Post-Massification," National Center for Postsecondary Improvement, 1997.

4 States' Impact on Federal Education Policy Project, "Federal Education Policy and the States, 1945–2009: A Brief Synopsis," November 2009, p. 45.

5 Thomas D. Snyder, ed., "120 Years of American Education: A Statistical Portrait," U.S. Department of Education, Office of Educational Research and Improvement, National Center for Education Statistics, January 1993, pp. 26, 65, 67–68.

6 Farhad Manjoo, "Obama Was Right: Government Invented the Internet," *Slate*, July 24, 2012; Thomas Levenson, "Let's Waste More Money on Science," *Boston Globe*, December 11, 2016; National Institutes of Health, National Cancer Institute, "NCI's Role in Cancer Research," March 19, 2015.

7 あらゆる種類の研究——医学、科学、工学、心理学、社会科学——が敬意を払われ支援された。1930年代、医学研究は国立衛生研究所を通じて連邦政府の優先事項となった。1940年代、全米科学財団は全方面で研究資金を拡大した。1958年、新しい研究イニシアティブ——今日一般的には頭字語のDARPAとして知られている——が国防総省で行われ、直接的な軍事目的を超えてテクノロジーのフロンティアを広げた。同年、連邦議会は宇宙を探索するためにNASAを創設した。National Institutes of Health, "A Short History of the National Institutes of Health, WWI and the Ransdell Act of 1930."; National Science Foundation, "A Timeline of NSF History."; Defense Advanced Research Projects Agency, "History and Timeline."

8 Irving Bernstein, *The Lean Years: A History of the American Worker, 1920–1933* (Chicago: Haymarket Books, 2010), pp. 84, 335.

9 The National Industrial Recovery Act.

1999; "Secret History of the Credit Card: Interview: Elizabeth Warren," PBS *Frontline*, November 23, 2004.

69 Thomas A. Garrett, "100 Years of Bankruptcy: Why More Americans an Ever Are Filing," Federal Reserve Bank of St. Louis, Spring 2006; Robin Greenwood and David Scharfstein, "The Growth of Finance," *Journal of Economic Perspectives* 27, no. 2 (Spring 2013): 3–28.

70 Financial Crisis Inquiry Commission, "The Financial Crisis Inquiry Report: Final Report of the National Commission on the Causes of the Financial and Economic Crisis in the United States," January 2011.

71 Ibid.

72 Zachary A. Goldfarb and Brady Dennis, "Government Report Blames Regulators and Financial Institutions for Economic Crisis," *Washington Post*, January 27, 2011.

73 Financial Crisis Inquiry Commission, "The Financial Crisis Inquiry Report," p. xv.

74 Laura Kusisto, "Many Who Lost Homes to Foreclosure in Last Decade Won't Return—NAR," *Wall Street Journal*, April 20, 2015.

75 U.S. Department of Labor, Bureau of Labor Statistics, "The Recession of 2007–2009," February 2012; Small Business Association, Office of Advocacy, "Frequently Asked Questions About Small Business," September 2012.

76 Jim Clifton, "American Entrepreneurship: Dead or Alive?," Gallup, January 13, 2015; U.S. Department of Labor, Bureau of Labor Statistics, "Entrepreneurship and the U.S. Economy," April 28, 2016.

77 Thomas Luke Spreen, "Recent College Graduates in the U.S. Labor Force: Data from the Current Population Survey," *Monthly Labor Review* 136, no. 2 (February 2013): 8–9.

78 Shaila Dewan, "Frayed Prospects, Despite a Degree," *New York Times*, July 19, 2013.

79 Theresa Ghilarducci, "The Recession Hurt Americans' Retirement Accounts More Than Anybody Knew," *Atlantic*, October 16, 2015.

80 Aaron Reeves, Martin McKee, and David Stuckler, "Economic Suicides in the Great Recession in Europe and North America," *British Journal of Psychiatry* 210, no. 1 (June 2014).

81 これは、失われた経済産出 13 兆ドルと住宅価値損失 9.1 兆ドルの合計である。U.S. Government Accountability Office "Financial Regulatory Reform: Financial Crisis Losses and Potential Impacts of the Dodd-Frank Act," January 16, 2013, pp. 17, 21; Eleazar David Melendez, "Financial Crisis Cost Tops $22 Trillion, GAO Says," *Huffington Post*, February 14, 2013.

82 Mary Orndor Troyan, "Spencer Bachus Finally Gets His Chairmanship," *Birmingham News*, December 9, 2010.

83 Emily Flitter and Steve Holland, "Trump preparing plan to dismantle Obama's Wall Street reform law," *Reuters*, May 18, 2016.

84 Newt Gingrich, talk at the Heritage Foundation, December 13, 2016.

85 Dan Merica, "Warren Pushes for Return of Glass-Steagall After Clinton Adviser Says She Won't Back Measure," CNN, July 15, 2015.

86 Peter Schroeder, "GOP Platform to Call for Return to Glass-Steagall," *Hill*, July 18, 2016.

87 Rana Foroohar, "The Financial World's Rotten Culture Is Still a Threat—to All of

September 2003.

50 あらゆる種類の金融機関がリスクを積み上げていったとき、SECは、何度も見て見ぬ振りをした。Stephen Labaton, "S.E.C. Concedes Oversight Flaws Fueled Collapse," *New York Times*, September 26, 200.

51 Amit R. Paley and David S. Hilzenrath, "SEC Chair Defends His Restraint During Financial Crisis," *Washington Post*, December 24, 2008.

52 Charles Riley, "Prosecutors: Madoff Fraud Started in 1970s," *CNN Money*, October 2, 2012.

53 Jacqueline Palank, "Bernard Madoff Investors to Receive Another Payout," *Wall Street Journal*, June 16, 2016.

54 Zachary A. Goldfarb, "The Madoff Files: A Chronicle of SEC Failure," *Washington Post*, September 3, 2009.

55 Matt Taibbi, "Why Didn't the SEC Catch Madoff? It Might Have Been Policy Not To," *Rolling Stone*, May 31, 2013.

56 Associated Press, "Airline Consolidation Has Created Airport Monopolies, Increased Fares," *Denver Post*, July 17, 2015.

57 Jack Nicas, "Airline Consolidation Hits Smaller Cities Hardest," *Wall Street Journal*, September 10, 2015.

58 Haley Sweetland Edwards, "The Bubbling Concern Over Two Beer Giants' Blockbuster Merger," *Time*, July 26, 2016; Anjali Athavaley and Lauren Hirsch, "Mega Beer Deal Offers Molson Coors a Bigger Swig of U.S. Market," *Reuters*, October 13, 2015.

59 David McLaughlin, "Health Insurer Deals Face Market Review That Felled Past Tie-Ups," *Bloomberg*, May 23, 2016.

60 Nathan Bomey, "Walgreens in $17.2B Deal to Acquire Rite Aid," *USA Today*, October 28, 2015.

61 Peter Whoriskey, "Monsanto's Dominance Draws Antitrust Inquiry," *Washington Post*, November 29, 2009; Dan Mitchell, "Why Monsanto Always Wins," *Fortune*, June 27, 2014; Antonio Regalado, "As Patents Expire, Farmers Plant Generic GMOs," *MIT Technology Review*, July 30, 2015.

62 Christopher Leonard, *The Meat Racket: The Secret Takeover of America's Food Business* (New York: Simon & Schuster, 2014), p. 208.

63 Christopher Leonard, "How the Meat Industry Keeps Chicken Prices High," *Slate*, March 3, 2014.

64 Ibid.

65 Massachusetts Office of Consumer Affairs & Business Regulation, "Communities That Have Granted a License to More Than One Cable Operator."; Massachusetts Office of Consumer Affairs & Business Regulation, "Competition in the Cable Television Market."

66 Todd Shields, "Warren Among Six Senators Seeking to Stop Comcast-TWC Deal," *Bloomberg*, April 21, 2015.

67 Board of Governors of the Federal Reserve System, "Consumer Credit—G.19—Consumer Credit Historical Data," January 9, 2017.

68 Edmund Sanders, "Advertising & Marketing; Charges Are Flying over Card Pitches; As Banks Offer Increasingly Attractive Credit Deals, Their Tactics Are Being Challenged in a Rash of Lawsuits and Government Warnings," *Los Angeles Times*, June 15, 1999; "Credit-Card Companies Can't Tinker with the Rules," *Atlanta Journal-Constitution*, editorial, March 5,

30 Albert A. Foer, "The Federal Antitrust Commitment: Providing Resources to Meet the Challenge," American Antitrust Institute, Table 8, March 23, 1999.

31 Ronald Reagan, "Remarks at the Annual Meeting of the Boards of Governors of the World Bank Group and International Monetary Fund," September 29, 1981.

32 Donald J. Trump, "Unleashing America's Prosperity to Create Jobs and Increase Wages," August 8, 2016.

33 Eric Lipton and Coral Davenport, "Scott Pruitt, Trump's E.P.A. Pick, Backed Industry Donors Over Regulators," *New York Times*, January 14, 2017.

34 Melanie Trottman, Julie Jargon, and Michael C. Bender, "Trump Picks Fast-Food Executive Andy Puzder as Nominee for Labor Secretary," *Wall Street Journal*, December 8, 2016.

35 Aaron Blake, "Everything That Was Said at the Second Donald Trump vs. Hillary Clinton Debate, Highlighted," *Washington Post*, October 9, 2016.

36 Nelson D. Schwartz and Julie Creswell, "What Created This Monster?," *New York Times*, March 23, 2008.

37 Kenneth J. Robinson, "Savings and Loan Crisis," November 22, 2013, Federal Reserve Bank of Richmond, Federal Reserve History; FDIC, "History of the 80s," vol. 1, "An Examination of the Banking Crises of the 1980s and Early 1990s," ch. 4, "The Savings and Loan Crisis and Its Relationship to Banking," 1997.

38 Timothy Curry and Lynn Shibut, "The Cost of the Savings and Loan Crisis: Truth and Consequences," *FDIC Banking Review* 13, no. 2 (2000): 26–35; Kitty Calavita, *Big Money Crime: Fraud and Politics in the Savings and Loan Crisis* (Berkeley: University of California Press, 1997), p. 131.

39 U.S. General Accounting Office, "Financial Audit: Resolution Trust Corporation's 1995 and 1994 Financial Statements," July 1996.

40 Karl Galbraith, "Federal Budget Estimates, Fiscal Year 1995," Bureau of Economic Analysis, February 1994.

41 James Lardner, "A Brief History of the Glass-Steagall Act," Demos, November 10, 2009.

42 Hubert P. Janicki and Edward Simpson Prescott, "Changes in the Size Distribution of U.S. Banks: 1960–2005," *Economic Quarterly* 92, no. 4 (Fall 2006): 291–316. 業界再編を示す図については次のものを参照。Jeff Desjardins, "The Making of the 'Big Four' Banking Oligopoly in One Chart," *Visual Capitalist*, January 25, 2016.

43 Steve Schaefer, "Five Biggest U.S. Banks Control Nearly Half Industry's $15 Trillion in Assets," *Forbes*, December 3, 2014.

44 Lardner, "A Brief History of the Glass-Steagall Act."

45 FDIC, "Annual Financial Data—Commercial Bank Reports—CB04: Net Income 1934–2015."

46 U.S. Department of the Treasury, "Statement by President Bill Clinton at the Signing of the Financial Modernization Bill," November 12, 1999.

47 Mitchell Pacelle, "Growing Profit Source for Banks: Fees from Riskiest Card Holders," *Wall Street Journal*, July 6, 2004.

48 Joseph S. Enoch, "Senate Panel Slams Abusive Credit Card Practices," *Consumer Affairs*, March 7, 2007.

49 Tamara Draut and Javier Silva, "Borrowing to Make Ends Meet: The Growth of Credit Card Debt in the '90s," Demos

Mifflin, 2003), 3:329.〔アーサー・M・シュレジンガー著、岩野一郎ら訳『ローズヴェルトの時代Ⅲ――大変動期の政治』(論争社、1966年)〕

14 Ralph Young, *Dissent: The History of an American Idea* (New York: New York University Press, 2015), p. 377.

15 Robert F. Burk, *The Corporate State and the Broker State: The Du Ponts and American National Politics, 1925–1940* (Cambridge, MA: Harvard University Press, 1990), p. 188.

16 "Death of Howe," *Time*, April 27, 1936.

17 Sally Denton, *The Plots Against the President: FDR, a Nation in Crisis, and the Rise of the American Right* (New York: Bloomsbury Press, 2012), p. 158.

18 Smith, *FDR*, pp. 366–69; Jefferson Cowie, *The Great Exception: The New Deal and the Limits of American Politics* (Princeton, NJ: Princeton University Press, 2016), pp. 1–4; Franklin D. Roosevelt, "Acceptance Speech for the Renomination for the Presidency, Philadelphia, Pa.," June 27, 1936; Jack Beatty, "Conventions in History: The Most Frightful Five Minutes of FDR's Life," WBUR *On Point*, July 8, 2016.

19 Franklin D. Roosevelt, "Address at Madison Square Garden, New York City," October 31, 1936.

20 U.S. Department of Commerce, Bureau of Economic Analysis, "GDP & Personal Income," Table 1.1.1. Percent Change from Preceding Period in Real Gross Domestic Product, December 22, 2016.

21 Russell Sage Foundation, "Real Mean and Median Income, Families and Individuals, 1947–2012, and Households, 1967–2012," Chartbook of Social Inequality.

22 U.S. Census Bureau, Table P-2. Race and Hispanic Origin of People by Median Income and Sex: 1947 to 2015.

23 Lewis Powell, "Confidential Memorandum: Attack on the Free Enterprise System," August 23, 1971.

24 Joan Biskupic and Fred Barbash, "Retired Justice Lewis Powell Dies at 90," *Washington Post*, August 26, 1998; Linda Greenhouse, "Lewis Powell, Crucial Centrist Justice, Dies at 90," *New York Times*, August 26, 1998; Lewis F. Powell III, "Justice Powell and General Lee's College," *Washington and Lee Law Review* 56, no. 1 (1999): 9–10.

25 Jane Mayer, *Dark Money: The Hidden History of the Billionaires Behind the Rise of the Radical Right* (New York: Doubleday, 2016), pp. 72–75.〔ジェイン・メイヤー著・伏見威蕃訳『ダーク・マネー――巧妙に洗脳される米国民』(東洋経済新報社、2017年)〕

26 Moyers and Company, Excerpt from Jacob Hacker and Paul Pierson, *Winner-Take-All Politics: How Washington Made the Rich Richer—and Turned Its Back on the Middle Class* (New York: Simon and Schuster, 2010), September 14, 2012.

27 Franklin Delano Roosevelt, "Radio Address from Albany, New York: 'The "Forgotten Man" Speech,'" April 7, 1932.

28 Kim Phillips-Fein, *Invisible Hands: The Businessmen's Crusade Against the New Deal* (New York: W. W. Norton, 2010), pp. 243–47.

29 1980年にジミー・カーター大統領が署名して成立した預金取扱金融機関規制緩和・通貨管理法は、銀行規制緩和の大きな一歩となった。Elijah Brewer III, "The Depository Institutions Deregulation and Monetary Control Act of 1980," *Economic Perspectives* 4, no. 15 (September 1980).

United States, 1825–1929: Construction and Implications," *American Economic Journal: Macroeconomics* 7, no. 3 (July 2015): 295–330.

2 Federal Deposit Insurance Corporation, *The First Fifty Years: A History of the FDIC, 1933–1983* (Washington, DC: FDIC, 1984), p. 36, Table 3-1.

3 William E. Leuchtenburg, *Franklin D. Roosevelt and the New Deal* (New York: Harper & Row, 1963), pp. 1, 3〔ウィリアム・ルクテンバーグ著、陸井三郎訳『ローズヴェルト』(紀伊國屋書店、1968年)〕; Adam Cohen, *Nothing to Fear: FDR's Inner Circle and the Hundred Days That Created Modern America* (New York: Penguin Press, 2009), p. 272; Alexander Keyssar, "Unemployment," in *The Reader's Companion to American History*, ed. Eric Foner and John A. Garraty, p. 1095 (Boston: Houghton Mifflin, 1991); T. H. Watkins, *The Hungry Years: A Narrative History of the Great Depression in America* (New York: Henry Holt, 1999); David M. Kennedy, *Freedom from Fear: The American People in Depression and War, 1929–1945* (New York: Oxford University Press, 1999); John Kenneth Galbraith, *The Great Crash, 1929* (New York: Houghton Mifflin Harcourt, 2009).〔ジョン・K・ガルブレイス著、村井章子訳『大暴落 1929』(日経BP社、2008年)〕

4 米国銀行協会はFDIC保険に強く反対した。当初、ローズヴェルトもFDIC保険に抵抗感を示したが、最終的には不可避だと考え、署名し、法律として成立させた。Leuchtenburg, *Franklin D. Roosevelt and the New Deal*, p. 60〔ルクテンバーグ『ローズヴェルト』〕; Jean Edward Smith, *FDR* (New York: Random House, 2007), p. 332; Federal Deposit Insurance Corporation, *The First Fifty Years*, pp. 41, 43.

5 Federal Deposit Insurance Corporati *The First Fifty Years*, pp. 3–4, 52.

6 "The Glass-Steagall Banking Act of 193 *Harvard Law Review* 47, no. 2 (Decemb 1933): 325.

7 Franklin D. Roosevelt, "Statement Signing the Securities Bill," May 27, 19

8 Spencer Weber Waller, *Thurman Arno A Biography* (New York: New York Univ sity Press, 2005), p. 128.

9 Gary Reback, *Free the Market* (Ne York: Portfolio, 2009), p. 23; Wilson Miscamble, "Thurman Arnold Goes Washington: A Look at Antitrust Poli in the Later New Deal," *Business Histo Review* 56, no. 1 (Spring 1982): 5; Richa A. Posner, "A Statistical Study of Antitru Enforcement," *Journal of Law and Econo ics* 13, no. 2 (October 1970): 365–66.

10 Ellis W. Hawley, *New Deal and the Pro lem of Monopoly: A Study in Economic A bivalence* (New York: Fordham Universi Press, 1995), p. 430.

11 Gene M. Gressley, "Thurman Arno Antitrust, and the New Deal," *Busine History Review* 38, no. 2 (Summer 196 p. 225; Spencer Weber Waller, "Antitru Legacy of Thurman Arnold," *St. John's La Review* 78, no. 3 (2004), pp. 589–90.

12 これらの裁判の中で最も有名なのは アルミニウム市場の大半を占有してい アルコア社のものである。裁判は史上 長となり(当時)、アルコア社は裁判に 百万ドルを費やしたが、最終的には政 が勝利した。Alva Johnston, "Thurman A nold's Biggest Case—I," *New Yorker*, Jan ary 24, 1942; Spencer Weber Waller, "Th Antitrust Legacy of Thurman Arnold," p 591–92.

13 Arthur M. Schlesinger, *The Politics Upheaval, 1935–1936* (Boston: Houghto

105 Morrissey, "The State of American Retirement."

106 Patrick W. Seburn, "Evolution of Employer-Provided Defined Benefit Pensions," Monthly Labor Review 14 (December 1991): 20–21.

107 Employee Benefit Research Institute, "FAQs About Benefits— Retirement Issues. What Are the Trends in U.S. Retirement Plans?"

108 After a very full life, she died in July 2016. Reis Thebault, "Goldie Michelson, the Oldest Person in America, Dies at 113," *Boston Globe*, July 9, 2016.

109 KeBin Wu, "Source of Income for Older Americans, 2012," AARP Public Policy Institute Fact Sheet, December 2013, p. 1.

110 Lawrence Mishel and Alyssa Davis, "Top CEOs Make 300 Times More Than Typical Workers," Economic Policy Institute, June 21, 2015.

111 Chris Isidore, "Tie Social Security benefits to CEO pay, says Elizabeth Warren," *CNN Money*, November 6, 2015.

112 Ben Steverman, "'I'll Never Retire': Americans Break Record for Working Past 65," Bloomberg, May 13, 2016.

113 Consumer Financial Protection Bureau, Office for Older Americans, "Snapshot of Older Consumers and Mortgage Debt," May 2014, p. 8.

114 "Housing America's Older Adults: Meeting the Needs of an Aging Population," Harvard University, Joint Center for Housing Studies, 2014, p. 1.

115 Lori A. Trawinski, "Nightmare on Main Street: Older Americans and the Mortgage Market Crisis," AARP Public Policy Institute Research Report, July 2012, p. 15.

116 Amy Traub, "In the Red: Older Americans and Credit Card Debt," AARP and Demos, Middle Class Security Project, 2013, Tables 2–3, pp. 9–10.

117 Foohey, Lawless, Porter, and Thorne, "Graying of U.S. Bankruptcy"; Thorne, Warren, and Sullivan, "The Increasing Vulnerability of Older Americans."

118 Heather Long, "56% of Americans Think Their Kids Will Be Worse Off," *CNN Money*, January 28, 2016.

119 Frank Newport, "Many Americans Doubt They Will Get Social Security Benefits," Gallup, August 13, 2015.

120 "U.S. Voters Want Leader to End Advantage of Rich and Powerful: Reuters/Ipsos Poll," *Reuters*, November 8, 2016.

121 The White House, "Remarks by the President at Commencement Address at Rutgers, the State University of New Jersey," May 15, 2016.

122 Charlotte Alter and RyanTeague Beckwith, "Draining the Swamp?," *Time*, January 17, 2017.

123 Miles Corak, "Economic Mobility," Pathways (Special Issue 2016): 51–57, Stanford Center on Poverty and Inequality.

124 Chetty, Grusky, Hell, et al., "The Fading American Dream."

第二章　経済を少しでも安全にする

1　発生年は次の文献を参照し、重大な金融危機を総合したものである。Charles W. Calomiris and Gary Gorton, "The Origins of Banking Panics: Models, Facts, and Bank Regulation," in *Financial Markets and Financial Crises*, ed. R. Glenn Hubbard, pp. 109–73 (Chicago: University of Chicago Press, 1991); and Andrew J. Jalil, "A New History of Banking Panics in the

87 Board of Governors of the Federal Reserve System, "Student Loans Owned and Securitized, Outstanding," January 9, 2017.

88 Richard Fry, "For First Time in Modern Era, Living with Parents Edges Out Other Living Arrangements for 18- to 34-Year-Olds," Pew Research Center, Social & Demographic Trends, May 24, 2016.

89 Raj Chetty, David Grusky, Maximilian Hell, Nathaniel Hendren, Robert Manduca, and Jimmy Narang, "The Fading American Dream: Trends in Absolute Income Mobility Since 1940," National Bureau of Economic Research, December 2016.

90 Josh Boak and Carrie Antlfinger, "Millennials Are Falling Behind Their Boomer Parents," Associated Press, January 13, 2017.

91 Jaison R. Abel and Richard Deitz, "Working as a Barista After College Is Not as Common as You Might Think," *Liberty Street Economics* (blog), Federal Reserve Bank of New York, January 11, 2016.

92 Annie Lowrey, "Recovery Has Created Far More Low-Wage Jobs Than Better-Paid Ones," *New York Times*, April 27, 2014.

93 Pamela Foohey, Robert M. Lawless, Katherine Porter, and Deborah Thorne, "Graying of U.S. Bankruptcy: Fallout from Life in a Risk Society" (unpublished manuscript); Deborah Thorne, Elizabeth Warren, and Teresa A. Sullivan, "The Increasing Vulnerability of Older Americans: Evidence from the Bankruptcy Court," *Harvard Law & Policy Review* 3, no. 1 (Winter 2009): 87, 95 table 2.

94 Center on Budget and Policy Priorities, "Policy Basics: Top Ten Facts About Social Security," August 12, 2016.

95 National Center for Health Statistics "Nursing Home Care," July 6, 2016.

96 Morrissey, "The State of America Retirement," Retirement Inequality Chart book, March 3, 2016.

97 U.S. Census Bureau, "2010 Censu Shows 65 and Older Population Growin Faster Than Total U.S. Population," No vember 30, 2011.

98 Social Security Administration, "Calcula tors: Life Expectancy," accessed Decembe 31, 2016.

99 この数字は1970年から2016年まで における男性の余命の伸び（5.5年）と女 性の余命の伸び（3.0年）の平均値である Social Security Administration, "Social Se curity History—Life Expectancy for Socia Security."

100 Genworth, "Compare Long Term Car Costs Across the United States," Annua Costs: National Median (2016).

101 Amy Kisling, David P. Paul III, and A berto Coustasse, "Assisted Living: Trenc in Cost and Staffing," paper presented a 2015 Business and Health Administratic Association Annual Conference, p. 2.

102 Investment Company Institute, "Retir ment Assets Total $25.0 Trillion in Thi Quarter 2016," December 22, 2016.

103 例えば、所得階層上位20%は下 20%よりも401(k)を保有している可能 が17倍高く、圧倒的な金額の退職勘定 上位1%の10分の1によって保有され いる。Morrissey, "The State of Americ Retirement."

104 Jack VanDerhei, Sarah Holden, Lu Alonso, Steven Bass, and AnnMarie Pir "401(k) Plan Asset Allocation, Accou Balances, and Loan Activity in 201 Employee Benefit Research Institute Iss Brief, December 2014.

Programs," *AERA Open* 2, no. 1 (January–March 2016): 1–25.

71 Consumer Financial Protection Bureau, "CFPB and DOJ Reach Resolution with Toyota Motor Credit to Address Loan Pricing Policies with Discriminatory Effects," press release, February 2, 2016.

72 Dov Cohen and Robert M. Lawless, "Less Forgiven: Race and Chapter 13 Bankruptcy," chap. 10 in Broke: *How Debt Bankrupts the Middle Class*, ed. Katherine Porter (Stanford, CA: Stanford University Press, 2012).

73 Vijay Das and Adam Gaffney, "Racial Injustice Still Rife in Health Care," CNN, July 28, 2015.

74 Kelly M. Bower, Roland J. Thorpe Jr., Charles Rohde, and Darrell J. Gaskin, "The Intersection of Neighborhood Racial Segregation, Poverty, and Urbanicity and Its Impact on Food Store vailability in the United States," *Preventive Medicine* 58 (January 2014): 33–39.

75 Kenneth J. Cooper, "The Costs of Inequality: Faster Lives, Quicker Deaths," *Harvard Gazette*, March 14, 2016.

76 Laura Sullivan, Tatjana Meschede, Lars Dietrich, Thomas Shapiro, Amy Traub, Catherine Ruetschlin, and Tamara Draut, "The Racial Wealth Gap: Why Policy Matters," Demos and Brandeis University's Institute for Assets & Social Policy, March 10, 2015, p. 2.

77 U.S. Department of Labor, Bureau of Labor Statistics, "Employment Situation Summary," January 6, 2017.

78 Monique Morrissey, "The State of American Retirement," Economic Policy Institute, chart 10, March 3, 2016.

79 Casey Quinlan, "Why Students Say Their Degrees from The Art Institute Are 'Worthless,'" *ThinkProgress*, May 22, 2015.

80 Ben Casselman, "The Cost of Dropping Out," *Wall Street Journal*, November 22, 2012; FINRA, "Financial Capability in the United States 2016," p. 24; Caroline Ratcliffe and Signe-Mary McKernan, "Forever in Your Debt: Who Has Student Loan Debt, and Who's Worried?," Urban Institute, June 2013, Figure 2; Mary Nguyen, "Degreeless in Debt: What Happens to Borrowers Who Drop Out," *Education Sector*, February 2012, Chart 2; Board of Governors of the Federal Reserve System, "Report on the Economic Well-Being of U.S. Households in 2014: Education and Student Loans," Figure 16; Christina Chang Wei and Laura Horn, "Federal Student Loan Debt Burden of Noncompleters," U.S. Department of Education, Stats in Brief, April 2013.

81 U.S. Department of Labor, Bureau of Labor Statistics, "The Employment Situation—July 2016," Table A-4, news release, August 5, 2016.

82 College Board, "Trends in College Pricing 2016," Figure 20: Enrollment by Level of Enrollment and Attendance Status over Time.

83 College Board, "Trends in College Pricing 2015," p. 17, Table 2A.

84 Institute for College Access & Success, "Quick Facts About Student Debt," March 2014.

85 Board of Governors of the Federal Reserve System, "Consumer Credit—G.19," October 2016.

86 U.S. Department of Labor, Bureau of Labor Statistics, "Employment and Unemployment Among Youth Summary," news release, August 18, 2015.

It Looks Like When a Bank Goes out of Its Way to Avoid Minorities," *Washington Post*, September 25, 2015.

58 マイケルに貸したJPモルガン・チェース銀行は、住宅抵当融資プログラムにおける人種差別で何度も訴えられたが、それらの訴訟のどれも歯止めにならなかった。"Miami Sues JPMorgan for Racial Discrimination in Mortgage Lending," *Reuters*, June 16, 2014; Andrew Khouri, "L.A. Sues JPMorgan Chase, Alleges Predatory Home Loans to Minorities," *Los Angeles Times*, May 30, 2014; Aaron Smith, "NAACP Drops Lawsuit Against Wells Fargo," *CNN Money*, April 8, 2010; Robert Barnes, "High Court to Hear Case on Banks, Lending Practices," *Washington Post*, January 17, 2009.

59 Rakesh Kochhar, Richard Fry, and Paul Taylor, "Wealth Gaps Rise to Record Highs Between Whites, Blacks, Hispanics," Pew Research Center, July 26, 2011.

60 Renae Merle, "Minorities Hit Harder by Foreclosure Crisis," *Washington Post*, June 19, 2010.

61 Brena Swanson, "Zillow: Black and Hispanic Homeowners Denied Mortgages More Often," *HousingWire*, February 9, 2015.

62 Center for Responsible Lending, "The Nation's Housing Finance System Remains Closed to African-American, Hispanic, and Low-Income Consumers Despite Stronger National Economic Recovery in 2015," policy brief, September 2016.

63 Nora Naughton, "Stamford's Harbor Point Pays $40K in Racial Discrimination Settlement," *Stamford Advocate*, June 24, 2016.

64 U.S. Department of Housing and Urban Development, "HUD Reaches Agreement with California Landlords Resolving Claims of Discrimination Against Mexican Applicants," press release, March 23, 2016.

65 Jonathan Mahler and Steve Eder, "'No Vacancies' for Blacks: How Donald Trump Got His Start, and Was First Accused of Bias," *New York Times*, August 27, 2016.

66 Chris Isidore, "America's Lost Trillions," *CNN Money*, June 9, 2011; National Low Income Housing Coalition, "Report Show African Americans Lost Half Their Wealth Due to Housing Crisis and Unemployment," August 20, 2013.

67 Alexis C. Madrigal, "The Racist Housing Policy That Made Your Neighborhood," *Atlantic*, May 22, 2014; Fair Housing Center of Greater Boston, "1934–1968: FHA Mortgage Insurance Requirements Utilize Redlining."

68 Randall Kennedy, *Race, Crime, and the Law* (New York: Pantheon Books, 1997); Michelle Alexander, *The New Jim Crow: Mass Incarceration in the Age of Colorblindness* (New York: New Press, 2010); Andrew Kahn and Chris Kirk, "What It's Like to Be Black in the Criminal Justice System," *Slate*, August 9, 2015.

69 Devah Pager, "The Use of Field Experiments for Studies of Employment Discrimination: Contributions, Critiques, and Directions for the Future," *Annals of the American Academy of Political and Social Sciences* 609, no. 1 (2007): 104–33.

70 Gillian B. White, "The Data Are Damning: How Race Influences School Funding," *Atlantic*, September 30, 2015; Jason A. Grissom and Christopher Redding, "Discretion and Disproportionality: Explaining the Underrepresentation of High-Achieving Students of Color in Gifte

bor Statistics, "Consumer Expenditure Survey, 2015," Table 1400: Size of Consumer Unit: Annual Expenditure Means, Shares, Standard Errors, and Coefficients of Variation; U.S. Department of Labor, Bureau of Labor Statistics, "Consumer Expenditure Survey, 1972–73," Table 2: Selected Family Characteristics, Annual Expenditures, and Sources of Income Classified by Family Size, United States. データは消費者物価指数でインフレ調整済みである。

一部の者はこれをなかなか信じられない。彼らは、手に負えない消費者運動があちこちで議論されているのを見ている。アメリア・ウォーレン・ティアギと私は、2003 年刊行の共著『共稼ぎの罠』(原題 *The Two-Income Trap*、未邦訳) でこの「過剰消費神話」を扱った。私たちがそこに書いているように、「非難する人が忘れてしまっているのは、家族がもはやお金を使わないということだ」(p. 17)。

7 U.S. Department of Labor, Bureau of Labor Statistics, "Consumer Expenditure Survey, 2015," Table 1400: Size of Consumer Unit; U.S. Department of Labor, Bureau of Labor Statistics, "Consumer Expenditure Survey, 1972–73," Table 2: Selected Family Characteristics. 託児に関するデータは、エモリー大学社会学講座助教授のサビノ・コーニッチによる。データは消費者物価指数でインフレ調整済みである。

8 交通、住居、医療保険のデータは 1972 ～ 1973 年と 2013 年の比較である。男性の稼得統計は 1970 年と 2015 年の比較である。U.S. Census Bureau, Table P-2. 大学のデータは、1971 ～ 72 年及び 2015 ～ 16 年の州内出身学生の四年制公立大学授業料及び諸経費についてのものである。College Board, "Tuition and Fees and Room and Board over Time," Table 2: 名目ドル及び 2016 年ドルでの平均授業料、諸経費、寮費(在籍者数による加重平均)、1971 ～ 72 年から 2016 ～ 17 年。

49 Pew Research Center, "The Rise in Dual Income Households," June 18, 2015.

50 Elizabeth Warren and Amelia Warren Tyagi, *The Two-Income Trap: Why Middle-Class Mothers and Fathers Are Going Broke* (New York: Basic Books, 2003). 本書は 2016 年に副題を改訂して再刊された。副題は次の通り。*Why Middle-Class Parents Are (Still) Going Broke*.

51 Brigid Schulte and Alieza Durana, "The New America Care Report," New America Better Life Lab, September 2016, p. 5.

52 Federal Reserve Bank of St. Louis, "Personal Saving Rate."

53 Board of Governors of the Federal Reserve System, "Consumer Credit—G.19."; U.S. Department of Commerce, Bureau of Economic Analysis, "Disposable Personal Income."

54 Aaron Smith, "DHL to Cut 9,500 U.S. Jobs," *CNN Money*, November 10, 2008.

55 U.S. Department of Justice, "Justice Department Reaches $335 Million Settlement to Resolve Allegations of Lending Discrimination by Countrywide Financial Corporation," press release, December 21, 2011.

56 James Rufus Koren, "OneWest Bank Shut Out Nonwhite Borrowers While Owned by Steve Mnuchin-led Group, Advocates Say," *Los Angeles Times*, November 17, 2016.

57 Brentin Mock, "Redlining Is Alive and Well—and Evolving," Citylab, September 28, 2015; Jessica Silver-Greenberg and Michael Corkery, "Evans Bank Settles New York 'Redlining' Lawsuit," *New York Times*, September 10, 2015; Emily Badger, "What

Happened to the Party of the People? (New York: Metropolitan Books, 2016), p. 3; Sean Gorman, "Bernie Sanders Says Walmart Heirs Are Wealthier Than Bottom 40 Percent of Americans," PolitiFact, March 14, 2016; David De Jong and Tom Metcalf, "A Wal-Mart Heir Is $27 Billion Poorer Than Everyone Thought," *Bloomberg*, November 6, 2015.

32 Americans for Tax Fairness, "Walmart on Tax Day: How Taxpayers Subsidize America's Biggest Employer and Richest Family," April 2014.

33 Democrats of the House Committee on Education and the Workforce, "Low Wages at a Single Wal-Mart Store Cost Taxpayers About $1 Million Every Year, Says New Committee Staff Report," press release, May 30, 2013.

34 Americans for Tax Fairness, "Walmart on Tax Day."

35 バーニー・サンダースは正しくもこう主張している。「ウォルトン家は生活保護から脱却しなくてはならない」。Sanders, *Our Revolution*, p. 223.

36 Ken Jacobs, "Americans Are Spending $153 Billion a Year to Subsidize McDonald's and Wal-Mart's Low Wage Workers," *Washington Post*, April 15, 2015; Ken Jacobs, Ian Perry, and Jenifer MacGillvary, "The High Public Cost of Low Wages: Poverty-Level Wages Cost U.S. Taxpayers $152.8 Billion Each Year in Public Support for Working Families," UC Berkeley Center for Labor Research and Education, April 2015.

37 Weissmann, "Here's Exactly How Much the Government Would Have to Spend to Make Public College Tuition-Free," *Atlantic*, January 3, 2014; Anya Kamenetz, "Clinton's Free Tuition Promise: What Would It Cost? How Would It Work?," NPR *All Things Considered*, July 28, 2016; Robert Lynch and Kavya Vaghul, "The Benefits and Costs of Investing in Early Childhood Education," Washington Center for Equitable Growth, December 2, 2015.

38 U.S. Department of Veterans Affairs "Care and Benefits for Veterans Strengthened by $169 Billion VA Budget," press release, February 2, 2015.

39 Matt Hourihan and David Parkes "Federal R&D in the FY 2016 Budget: Ar Overview," American Association for th Advancement of Science, March 2, 2015.

40 Congressional Budget Office, "Publi Spending on Transportation and Wate Infrastructure, 1956 to 2014," Marc 2015.

41 J. D. Foster, "A Better Approach Tha the Minimum Wage Distraction," U.S Chamber of Commerce, Above the Fol January 10, 2014.

42 Sean Hackbarth, "Los Angeles Shows U the Real Reason Why Unions Are Pushin for Minimum Wage Increases," U.S. Chan ber of Commerce, Above the Fold, Ma 29, 2015.

43 Hiroko Tabuchi, "Next Goal for Walma Workers: More Hours," *New York Time* February 25, 2015.

44 Ibid.; Lonnie Golden, "Irregular Wor Scheduling and Its Consequences," Ec nomic Policy Institute, April 9, 2015.

45 2015年実質ドルで、1970年の中 完全就業男性は [illegible] ドルを稼いでい た。2015年、同じ中位完全就業男性 37,138ドルを稼いだ——45年間で 2 の上昇である。U.S. Census Bureau, "H torical Income Tables; People," Table P- September 13, 2016.

46 U.S. Department of Labor, Bureau of L

14 Adam Shell, "Dow Closes at Record High but Doesn't Top 20,000 Yet," *USA Today*, December 13, 2016; Oliver Renick, "U.S. Stocks Climb to Record Highs as Energy, Tech Shares Rally," *Bloomberg*, December 13, 2016; Matt Egan, "Boom: Dow Hits 20,000 for First Time Ever," *CNN Money*, January 25, 2017.

15 "The Problem with Profits," *Economist*, March 26, 2016.

16 "The Lowdown: Explaining Low Inflation," *Economist*, October 1, 2015; Federal Reserve Bank of Cleveland, "Recent Inflation Trends," January 14, 2016.

17 Federal Reserve Bank of St. Louis, "Real Gross Domestic Product," updated December 22, 2016.

18 U.S. Department of Labor, Bureau of Labor Statistics, "Employment Characteristics of Families Summary," April 22, 2016.

19 Brian Warner, "How Much Does It Cost to Book Your Favorite Band/Artist for a Private Concert?," Celebrity Net Worth, May 21, 2014; "Maroon 5 Performs at Citadel 25th Anniversary Bash," YouTube, November 15, 2015; "Citadel's 25th Anniversary," YouTube, November 8, 2015; Shia Kapos, "Katy Perry Headlines Chicago Bash for Citadel's Anniversary," *Crain' s Chicago*, November 9, 2015; Lawrence Delevingne, "Katy Perry and Andrea Bocelli; Hedge Funds Party Despite Losses," *Reuters*, December 16, 2015; Brendan Byrne, "Ken Griffin Has Katy Perry at Citadel Birthday Party," *ValueWalk*, November 10, 2015.

20 U.S. Department of Agriculture, "Official USDA Food Plans: Cost of Food at Home at Four Levels, U.S. Average, February 2015."

21 E. B. Solomont, "220 CPS Officially Has a $250M Mansion in the Sky," *Real Deal*, May 5, 2016; Robert Frank, "Kenneth Griffin Goes on a Record-Setting Real Estate Spending Spree," *New York Times*, October 3, 2015l.

22 U.S. Census Bureau, "2013 Housing Profile: United States, American Housing Survey Factsheets," May 2015.

23 "Kenneth Griffin's $300M Residential Spending Spree," Real Deal, October 4, 2015.

24 U.S. Census Bureau, "Historical Income Tables," Table H-11: Size of Household by Median and Mean Income, September 13, 2016.

25 National Foundation for Credit Counseling, "The 2015 Consumer Financial Literacy Survey," April 7, 2015, p. 3.

26 Board of Governors of the Federal Reserve System, "Report on the Economic Well-Being of U.S. Households in 2015," May 2016, pp. 1, 22.

27 Richard Fry and Anna Brown, "In a Recovering Market, Homeownership Rates Are Down Sharply for Blacks, Young Adults," Pew Research Center, December 15, 2016.

28 U.S. Census Bureau, Table P-2. Race and Hispanic Origin of People by Median Income and Sex: 1947 to 2015.

29 Board of Governors of the Federal Reserve System, "Report on the Economic Well-Being of U.S. Households in 2015," pp. 1, 7.

30 Walmart: Walmart 2016 Annual Report, pp. 18, 9.

31 "Forbes 400," 2016 ranking; Bernie Sanders, *Our Revolution: A Future to Believe In* (New York: Thomas Dunne Books, St. Martin's Press, 2016), p. 223; Thomas Frank, Listen, Liberal: Or, What Ever

注

第一章　アメリカの中間層が消えてゆく

1　John Schmitt, "The Minimum Wage Is Too Damn Low," Issue Brief, Center for Economic and Policy Research, March 2012.

2　2016年、連邦貧困水準は、二人家族で年間所得16,020ドルと定められた。週40時間、連邦最低賃金の時給7.25ドルで働いても、母親はわずか年15,080ドルの収入しか稼げない。Department of Health and Human Services, "Federal Poverty Level (FPL)."

3　2015年7月に最低賃金を10.10ドルに引き上げたことにより、3000万人以上の賃金が引き上げられることになった。David Cooper and Doug Hall, "Raising the Federal Minimum Wage to $10.10 Would Give Working Families, and the Overall Economy, a Much-Needed Boost," Briefing Paper, Economic Policy Institute, March 13, 2013.

4　動画は次の場所に掲載されている。http://www.help.senate.gov/hearings/keeping-up-with-a-changing-economy-indexing-the-minimum-wage.

5　1968年以降、最低賃金がインフレ率と同じように上昇した場合、最低賃金は2012年に時給9.22～10.52ドルほどになったと思われる。Schmitt, "The Minimum Wage Is Too Damn Low."

6　Floyd Norris, "Corporate Profits Grow and Wages Slide," *New York Times*, April 4, 2014.

7　Rebecca Hiscott, "CEO Pay Has Increased by 937 Percent Since 1978," *Huffington Post*, June 12, 2014.

8　Testimony by Professor Arindrajit Dube before the U.S. Senate Committee on Health, Education, Labor and Pensions March 13, 2013.

9　Josh Zumbrun, "Americans' Total Wealth Hits Record, According to Federal Reserve Report," *Wall Street Journal*, June 9, 2016.

10　1965年、最低賃金は時給1.25ドルだった。それは2016年価格では9.52ドルになる。U.S. Department of Labor, "Minimum Wage— U.S. Department of Labor—Chart 1."; U.S. Department of Labor, Bureau of Labor Statistics, "CPI Inflation Calculator."

11　National Low Income Housing Coalition, "Out of Reach 2016: No Refuge for Low Income Renters."

12　MIT Living Wage Calculator, "Living Wage Calculation for Oklahoma County, Oklahoma."

13　Noam Scheiber, "Trump's Labor Pick, Andrew Puzder, Is Critic of Minimum Wage Increases," *New York Times*, December 8, 2016; Eric Morath, "Andy Puzder, Donald Trump's Labor Pick, Is a Key Voice Against the 'Fight for $15,' " *Wall Street Journal*, December 9, 2016.

自分自身で道を切り開く機会があり、一生懸命働けば、家族を養い、家を構え、子供を大学に通わせ、十分な蓄えを持って退職後も暮らしていける。アメリカンドリームとはそういった普通の暮らしのことだ。そして子どもたちは自分たちの世代よりも豊かになり、次の世代へそれが受け継がれていく。だが、普通の暮らしが手に届かなくなるような中間層（ミドルクラス）の危機、崩壊が進んでいる。アメリカがアメリカでなくなる致命的な状態だ。

どうしてアメリカはそのように変質してしまったのか、どうすればかつてのアメリカを取り戻せるのか。これが本書『この戦いはわたしたちの戦いだ——アメリカの中間層を救う闘争——』の問いだ。

一九四九年生まれのエリザベス・ウォーレンは、自身の歩みと、現在苦境に立っている人々の姿を対比的に描いている。ウォーレンは十代の頃、父親が心臓発作で長期入院したため、ステーションワゴンを失い、家から放り出される寸前に陥った。家族がどうにかバラバラにならずにすんだのは、母親がシアーズのカタログ販売の仕事を得られたからだ。最低賃金だったが、フルタイムで働くことによって、一家は貧困状態に陥らずにすみ、自宅を失うこともなかった。家計に余裕はなかったが、全額支給奨学金でジョージ・ワシントン大学に進学することもできた。しかし一九歳で結婚してあっさり退学してしまう。それでも半期わずか五〇ドルの授業料で大学で学び直すことができ、夫ジム・ウォーレンの都合でニュージャージー州に転居してからも通信教育で学び学士号を得られた。さらに出産を経て、子育てをしながら公立のロースクールで学び、弁護士を開業し、大学で教鞭をとるまでになった。いくつかの大学を経てハーバード大学教授を務め、二〇一三年に上院議員になった。アメリカが教育、インフラ、研究に投資してきたからこそ実現したことだ。ウォーレンが育った時代には誰にでも機会があり、失敗してもやり直すチャンスがあった。しかし、現在、チャンスはほとんど消えてしまった。ウォルマートで最低賃金近くの給料しかもらえず、食糧配給貯蔵庫を頼らなくてはならないジーナ。一生懸命勉学に励んだにもかかわらず、営利大学を選んだばかりに学生ローンの返済の目処が立たないカイ。人種差別を伴うサブプライムローンの餌食になり、しかも長年勤めたDHLでの良い仕事を失ったマイケル。かつて中間層にいた人々が打ちのめされている。

中間層に起きていることについて、ウォーレンは、学者時代から強い関心を持っていた。ここで学者から上院議員になるまでの歩みを振り返ってみたい。

一九八〇年代初頭、テキサス大学オースティン校で破産法の講義を初めて担当し、いったい誰が破産しているのかという根本的な問いに取り組んだ。気鋭の社会学者でのちにヴァージニア大学学長となったテリー・サリバン、破産法と国際ビジネス法の専門家ジェイ・ウェストブルックと共に、破産した家庭に関するデータを収集し、何が破産の原因かを問うことにとどまらず、破産というレンズを通して中間層に何が起きているのかを明らかにした。それは、破産するのは日雇労働者や底辺層だという通説を覆すもので、三人の研究成果は『だから債務者を許す——アメリカにおける破産と消費者信用——』（未邦訳、一九八九年）、『脆弱な中間層』（未邦訳、二〇〇〇年）に結実した。それによると、破産していたのは普通の人々だった。しかも浪費の末の無責任な借金踏み倒しではなかった。そして、破産した人の九〇％は、失職、多額の医療費負担、家族崩壊（離婚や死別）を経験していた。なかでも自己破産の約半数は多額の医療費支出を経験した人々で、その四分の三は医療保険に加入していた。

破産が増える中、一九九〇年代に入ると、銀行は破産法改正を目論んだ。自己破産を難しくして貸倒れを防ごうというわけだ。一九八〇年に貸出上限金利規制が撤廃されてから、クレジットカードがばらまかれ、しかもその手数料も金利も跳ね上がっていた。銀行のビジネスは様変わりしていた。確実に返済ができる人だけに融資するのではなく、高い金利と手数料で誰にでも貸しつけるビジネスになった。

一九九五年、同郷のオクラホマ州選出の元下院議員マイク・シナーから、全米破産点検評価委員会の上級アドバイザーになるように要請された。ちょうどその頃、ウォーレンはハーバード大学に移っていた。再婚したブルース・マンと共にペンシルヴァニア大学で教鞭をとっていたが、破産法による保護の重要性を世の中に広く発信したいと考えていた彼女に、ブルースが一番高い場所から訴えるように後押ししたからだ。ウォーレンがワシントンの政治と関わるようになったのはこの委員会からだと言ってよいだろう。ウォーレンは、それから四半世紀にわたって、消費者運動や労働組合と連携し、ジョン・F・ケネディの末弟でテッドの愛称で知られるエドワード・ケネディ、ファーストレディだったヒラリー・クリントンの理解を得て、破産法というセイフティネットを守ってきた。しかし、とうとう二〇〇五年に破産法が改正され、ウォーレンは、競争条件が不平等なこと、中間層がひどく搾取されていることを確信するに至った。

ウォーレンは、金融業界の略奪的慣行に警鐘を鳴らしてきた。彼女は、ドキュメンタリー映画『マックスト・アウト――カード地獄USA――』(二〇〇六年公開)(ジェイムズ・D・スカーロック著、中谷和夫訳『借りまくる人々――クレジット依存症社会の真実――』朝日新聞社、二〇〇七年)で、悪質なクレジットカード・ビジネスを告発した。同じことがより大規模に住宅抵当ローンで行われていたことは、すぐにサブプライムローン問題で露呈した。のちにはマイケル・ムーアの『キャピタリズム――マネーは踊る――』(二〇〇九年公開）にも出演した。二〇〇七年には「どんな金利でも危ない」と題した論文を『デモクラシー』誌に発表し、消費者金融保護庁（CFPA）設置を構想した。家電、コンピュータ、子ども用品などの製品安全性は、消費者製品安全委員会によって守られている。だから五回に一回火を噴くようなトースターが売られることはない。しかし、金融商品についてはそのような安全基準や監視はない。だから五件に一件の住宅抵当ローンが不履行となり、差し押さえが連鎖して地域社会の崩壊をもたらすことになる。ほかにも、クレジットカードはもとより、金利が年利換算で数百%に上るペイデイローン、自動車担保ローン、学生ローンなど、消費者を搾取する略奪的慣行が蔓延していた。

二〇〇八年の金融崩壊の最中、七〇〇〇億ドル規模の不良資産救済プログラム（TARP）が成立した。ウォーレンは、ハリー・リード上院民主党院内総務から招かれ、TARPの議会監視小委員会委員長となった。のちに、シェイラ・ベア連邦預金保険公社総裁、メアリー・シャピロ証券取引委員会委員長と共に、「ウォール街の新たな保安官」として二〇一〇年五月一三日号の『タイム』誌の表紙を飾ることになる。

議会では金融改革が議論されようとしていた。バーニー・フランク下院金融サービス委員会委員長は、当初、CFPA設置を法案に含めるのは得策ではないと考えていた。ウォーレンは彼を説得した。大恐慌の時代に預金を安全にしたフランクリン・ローズヴェルトの功績を、政治に関心の薄い祖母やおばさんが後年になっても思い出していたことについて語った。そして、国民が理解できることから、国民が見えるように問題を解決することから手をつけるべきだと説いた。フランク委員長は同意し、二〇〇九年七月一七日、ホワイトハウスが発表した金融改革案にCFPA設置が盛り込まれることになった。金融業界は、一日当たり一〇〇万ドル、総額五億ドルもの大金をロビー活動と政治献金に費やしたが、金融改革法案は議会を通過し、二〇一〇年七月二一日、オバマ大統領はドッド＝フランク・ウォール街改革及び消費者金融保護法に署名した。

同法により、ＣＦＰＡは消費者金融保護局（ＣＦＰＢ）という名称で設立されることになった。ウォーレンをその局長にという声は大きかった。一四万人の署名を集めた請願書、下院議員五七人、上院議員一七人が署名した書簡がオバマ大統領に送られた。局長は、大統領が指名し、上院による承認を経なければ正式任命にならないが、反ウォール街の闘士として名を馳せたウォーレンが上院の承認を得られる見込みはなかった。そのため彼女は大統領補佐官及び財務長官特別顧問として、ＣＦＰＢの組織立ち上げを任されることになった。暫定的なポジションだ。条文上の問題により、正式な局長が任命されるまではＣＦＰＢは全権限を発揮できないという制約があったが、彼女はＣＦＰＢを二一世紀型政府機関としてふさわしいものにしようとした。例えば、法律により苦情申し立て窓口を設置することが求められていたが、たんに記録をつけるだけで、消費者を救えなければ意味がないと考えた。そこでオンラインで苦情申し立てを受け付け、それを電子的にタグ付けし、金融機関にｅメールを送付し、それを追跡するものにした。金融機関が迅速に対応すれば消費者を救えるし、もし放置すればＣＦＰＢが対抗措置を講じる。くわえて、苦情申し立てデータの公開にも踏み切った。

大手銀行の住宅差し押さえ不正があかるみになり、ウォーレンは、二〇一一年三月以降、ティーパーティ運動で勢いづいた共和党多数の下院で証言を求められた。ＣＦＰＢを擁護する民主党、攻撃する共和党という構図の中、金融業界を見張るＣＦＰＢの見張りがいないことが争点化し、全く筋の通らない攻撃も受けた。それは、ウォーレンに率いられたＣＦＰＢが規制機関として効果を発揮し、金融業界と共和党にとって脅威になっていることを意味した。したがって、正式に局長を任命する時期に来ていたが、ウォーレンが上院の承認を受けられる見込みはなかった。大統領には、議会休会中に空席となっている承認が必要な人事を任命する権限があった。その権限でウォーレンを任命することもできたが、オバマは通常の承認手続きを望み、二〇一一年七月一八日、ウォーレンの代わりにリッチ・コードレイを指名した。だが「ウォーレン以外なら誰でもいい」という約束は共和党に反故にされ、コードレイは休会任命されることになった。

ワシントンを去ったウォーレンは、マサチューセッツ州から上院議員選挙に出馬する決意をした。テッド・ケネディが一九六三年から亡くなる二〇〇九年まで守った議席は、共和党のスコット・ブラウンに奪われていた。彼は人気が高く、現役の軍人でもあり、ウォール街からもティーパーティからも支援を受けていた。ウォーレンには熱烈な支持者がいたとはいえ、勝機は無きに等しかった。共和党選挙参謀カール・ローブはスーパーPACを使ってネガティブ・キャンペーンを大々的に行った。ブラウン陣営は、インディアンの血を引くと嘘をついてハーバード大学に職を得たと非難し、血筋を文書で示すように迫り、亡くなった父母や、年老いた三人の兄も攻撃した。そして血筋を証明する文書がないとして、討論会でもテレビ・コマーシャルでもウォーレンは嘘つきだと印象づけようとした。また、「ウォール街占拠運動の知的基盤を形成したと発言」と報じられる失言もあった。娘のアメリアは、連邦有権者登録法の実施を各州に働きかける非営利組織の代表を務めていたが、その活動がウォーレンを有利にするものだとの理不尽な攻撃を受けた。

それでも戦い抜いた。二〇一二年一一月六日、ウォーレンは上院議員選挙を制した。得票率はウォーレン五四％、ブラウン四六％だった。投票率は七三％という驚くべき高さだった。上院議員選挙はお金がかかる。勝つには一〇〇〇万ドルが必要とも言われているが、ブラウンが集めた選挙献金は三五〇〇万ドルに上った。しかし、ウォーレンにはそれを上回る四二〇〇万ドルもの献金があり、その八〇％以上が五〇ドル以下の小口献金だった。
ウォーレンは何のために戦ったのか、どうしてそれほどの支持が集まったのか。上院議員選挙に立候補をする決意をしてから、マサチューセッツ州各地の家々で小さな集会を開いていた。二〇一一年八月二〇日、アンドーバーでの集会で、財政赤字について質問を受けた。共和党は大企業と金持ちに税の抜け穴を与えながら、必要な財政支出を削減していた。ウォーレンは、将来世代のために投資し続けるため、金持ちは税金をもう少し支払うべきだと回答した。

この国には、自分の力だけで金持ちになった人はいません。一人たりとも。あなたが工場を建設したとしましょう。それは良かった。しかし、はっきりさせたいことがあります。商品を市場に届けるとき、私たちがお金を出して作った道路を使っているのです。あなたが雇う従業員は、私たちがお金を出して教育したのです。工場が安全なのは、私たちがお金を出して警察や消防を支えているからです。暴徒に工場にあるすべてのものを奪い去られることを心配することもなく、そうしたことが起こらないように誰かを雇わなくてもいいのは、私たちがその仕事をしているからなのです。
さて、あなたが工場を建てて素晴らしいアイデアを生み出したとしましょう。おめでとうございます。儲けの大部分は手にしてください。儲けの大部分を手にしたら、次の世代の子どもたちのために税金を支払うのは、当たり前の社会契約なのです。

これが戦う大きな理由の一つだ。参加者の一人がこの模様を録画し、ユーチューブにアップした。視聴回数はすぐに一〇〇万回を超え、ブロガー、新聞、テレビが盛んに取り上げた。

「システムは仕組まれている」。それがもう一つの大きな理由だ。二〇一二年、ノースカロライナ州シャーロットで民主党全国大会が開催された。再選を目指したオバマが民主党大統領候補指名を受けた大会だ。九月四日、ビル・クリントン元大統領のすぐ前にウォーレンは登壇し、政府は金持ちと権力者のためにしか機能せず、「システムは仕組まれている」こと、「中間層が攻撃を受けている」ことを訴えた。聴衆の静寂と熱狂を操り、民主党の新たなスターの誕生を予感させる演説だった。

さて、本書で論じられたように、中間層の所得は停滞し、しかも不安定化し、最悪の場合、全くなくなってしまう。食費、被服費、交際費などをギリギリまで切り詰めても、住居費、教育費、交通費、託児などへの支出は増えるばかりだ。ウォーレンの父が働けなくなったとき、母親は働きに出ることでセイフティネットの役割を果たしたが、ジーナ、カイ、マイケル、他の多くのアメリカ人が苦境から脱することは難しい。

一九八一年に大統領となったロナルド・レーガンは、金持ち減税のトリクルダウン・エコノミクスと規制緩和に着手した。このレーガノミクスは、ニューディール政策体系の大転換を図ったものだ。規制すべきは企業国家アメリカではなく、肥大化した政府だというわけだ。中間層が守られなくなったため、レーガン政権以降、所得格差が拡大し、民主党の大テーマは中間層再生となった。

多くの研究で、所得格差の大きな原因は技術革新だとされている。また、グローバリゼーションも産業空洞化、雇用喪失の分かりやすい原因だ。こうした「市場」の力の結果に対し、「市場と国家（政府）の相補性」を打ち出したビル・クリントン以降の民主党政権は、衰退産業から成長産業への労働者の移動を促進するため、一時的なセイフティネットを整備し、教育・職業訓練へ支出するという対策をとってきた。だが、格差拡大は止まらなかった。

それに対しウォーレンは、すべての人のために機能する政府を提唱する。それによって、例えば最低賃金引き上げや労働組合の復活を実現するのだ。最低賃金引き上げは、まさにその政策が救おうとした低所得層の雇用を失わせる結果になるという見解がある。経済学的には正しそうだが、ある程度の最低賃金の引き上げは雇用にほとんど悪影響を及ぼさないという実証研究も積み重ねられている。労働組合は、かつてのように三人に一人の労働者が加入していた時代には大きな交渉力を持ち、組合員だけでなく労働者全体の生活水準を向上させることができた。現在のように労働組合が弱体化すると、労働者全体の生活水準も低下する。

最低賃金引き上げや労働組合の復活には「政府」の役割が不可欠だ。「市場」のルールを形成するのは「政府」だからだ。だが、その政府は一握りの金持ちと権力者に牛耳られ、中間層は攻撃を受けており、ゲームは仕組まれている。お金によって「政府」が支配され、企業、議会、政府の回転ドア、ロビイスト、雇われ専門家、政治献金によって競争条件は歪められている。

これに密接に関わっているのが偏見だという。二〇一六年大統領選で、ドナルド・トランプは「アメリカを再び偉大にする」と宣言し、「忘れられた人々」の心に訴えかけた。「忘れられた人々」とは、白人労働者階級（ワーキングクラス）のことだ。トランプが人種差別や女性差別など偏見を煽ることで、金持ちと権力者がますます有利になることから国民の目が逸らされてしまうと、本書は強く警告している。

このようにウォーレンは、史上最高の中間層を作り上げたニューディールの政策体系を現代に活かしていくことを提唱している。ウォーレンは民主党進歩派の旗頭とみなされているが、民主党を再生し、民主党が戦うべき理由を提示したのが本書だ。

原書は二〇一七年初頭に脱稿したものだが、その後もウォーレンは戦い続けている。ロシアゲート疑惑解明のため、債務者保護のため、オバマケア廃止反対のため、富裕層減税反対のために戦っている。二月にジェフ・セッションズ上院議員の司法長官任命が審議されていたとき、ウォーレンは、キング牧師の妻、コレッタ・スコット・キングが一九八六年にセッションズを非難した書簡を読み上げた。ミッチ・マコーネル上院共和党院内総務は「それでも彼女は発言を続けた」として、ウォーレンを審議から排除した。皮肉なことに、その言葉はウォーレン・グッズにプリントされて多くの支持を集めた。一一月末には、先住民の退役軍人を称えるセレモニーで、トランプは再びウォーレンをポカホンタスと揶揄した。ウォーレンが先住民の血筋だという物証がないからだ。それでも口を閉ざすことはない。

だが、戦いは厳しい。二〇一七年一一月二四日、コードレイのCFPB局長の任期が満了した。局長空白期間が生まれるが、辞任直前、コードレイは幹部職員のリーンドラ・イングリッシュを副局長に任命した。他方、同日、トランプ大統領はミック・マルバニー行政管理予算局長に暫定的にCFPB局長を兼任させることを発表した。マルバニーは下院議員時代にCFPB解体を主張した人物だ。ウォーレンはドッド＝フランク法の規定により、イングリッシュに権限があると援護したが、裁判所もそれほど公平ではない。イングリッシュはトランプによる指名の差し止めを請求したが、連邦地裁に棄却された。

今確かなことは、ウォーレンは二〇一八年に上院議員再選を目指して出馬することだけだ。しかし、ウォーレンが戦いを続ければ、二〇二〇年大統領選挙の注目の的になることだろう。

二〇一八年三月

大橋　陽

【著者】

エリザベス・ウォーレン（Elizabeth Warren）

マサチューセッツ州選出上院議員。元ハーバード大学ロースクール教授で、批評家に絶賛された全米ベストセラー『勝機』（未邦訳）など、十冊の著書を持つ。アメリカの主導的な進歩派政治家の一人で、長きにわたって労働者階級と中間層を擁護してきた。二人の子供の母親、三人の孫の祖母で、マサチューセッツ州ケンブリッジに夫のブルース・マンと共に暮らす。

【訳者】

大橋　陽（おおはしあきら）

金城学院大学国際情報学部教授。一橋大学大学院経済学研究科博士後期課程単位修得退学（2002年）。専門はアメリカ経済論、現代アメリカ経済史。

主要著作：「二分化された金融—低所得層の金融アクセスとフリンジ・バンキング」谷口明丈・須藤功編著『現代アメリカ経済史—「問題大国」の出現』（有斐閣、2017年）、「アメリカの対外経済政策と成長モデル」矢後和彦編著『システム危機の歴史的位相—ユーロとドルの危機が問いかけるもの』（蒼天社出版、2013年）、「金融システムとアンバンクト」中本悟・宮崎礼二編著『現代アメリカ経済分析—理念・歴史・政策』（日本評論社、2013年）。

主要訳書：萩原伸次郎監訳『米国経済白書』（蒼天社出版）、レイ・バチェラー著、楠井敏朗・大橋陽訳『フォーディズム—大量生産と20世紀の産業・文化』（日本経済評論社、1998年）。

この戦いはわたしたちの戦いだ—アメリカの中間層を救う闘争—

2018年4月20日　初版第1刷発行

著　者　エリザベス・ウォーレン

訳　者　大橋　陽

発行者　上野教信

発行所　蒼天社出版（株式会社　蒼天社）

101-0051　東京都千代田区神田神保町3-25-11

電話　03-6272-5911　FAX 03-6272-5912

振替口座番号　00100-3-628586

印刷・製本所　シナノパブリッシング

ISBN 978-4-901916-40-0 Printed in Japan